Daxue Junshi Lilun Jiaocheng

（第四版）

大学军事理论教程

◎ 主　编　翟毓兴

◎ 副主编　葛　泉　姜玉忠　刘广龙　叶德宝

◎ 编　委（按姓氏笔画为序）

　　　　　李光金　朱汉听　汪三宝　陆利军

　　　　　金德丰　赵　亮　胡光楣　蔡跃明

U0730640

复旦大学出版社

大学军事理论教程

（第四版）

主　编　翟毓兴

副主编　黄荣国　赵　亮

编　委　（按姓氏笔画为序）

叶德宝　李光金

朱汉听　陆利军

陈莹莹　范科琪

金德丰　姜玉忠

胡光楣　蔡跃明

葛　泉

再 版 说 明

 根据当前形势发展变化的需要,以及近年来军事课教学与研究成果,我们在 2008 年修改的《大学军事理论教程》第三版的基础上,对教材再次进行了修改,并增加了部分内容,第三章"军事思想"增加了"习近平国防和军队建设重要论述"。修改后的《大学军事理论教程》增加了可读性和时代感。

 教材在修改的过程中,参考并吸收了有关同行专家的学术研究成果,在此深表谢意!

 由于我们水平有限,难免有不妥甚至错误之处,恳请读者提出宝贵意见。

编 者

2017 年 5 月

目　　录

第一章　中国国防 ………………………………………………………… 1
　　第一节　国防概述 …………………………………………………… 1
　　第二节　中国的国防历史 …………………………………………… 8
　　第三节　国防法规 …………………………………………………… 15
　　第四节　新中国成立以来的国防建设 ……………………………… 22
　　第五节　国防动员 …………………………………………………… 31

第二章　中国武装力量 …………………………………………………… 41
　　第一节　武装力量体制 ……………………………………………… 41
　　第二节　中国人民解放军 …………………………………………… 44
　　第三节　中国人民武装警察部队 …………………………………… 61
　　第四节　中国民兵 …………………………………………………… 64

第三章　军事思想 ………………………………………………………… 66
　　第一节　中国古代、近代军事思想 ………………………………… 66
　　第二节　资产阶级军事思想 ………………………………………… 79
　　第三节　毛泽东军事思想 …………………………………………… 85
　　第四节　邓小平新时期军队建设思想 ……………………………… 110
　　第五节　江泽民国防和军队建设思想 ……………………………… 118
　　第六节　胡锦涛国防和军队建设重要论述 ………………………… 127
　　第七节　习近平国防和军队建设重要论述 ………………………… 134

第四章　国际战略环境 …………………………………………………… 140
　　第一节　战略环境概述 ……………………………………………… 140
　　第二节　国际战略格局 ……………………………………………… 146
　　第三节　我国周边安全环境 ………………………………………… 169

第五章　军事高技术 ……………………………………………………… 176
　　第一节　精确制导技术 ……………………………………………… 177
　　第二节　航天技术(空间技术) ……………………………………… 187

军事

  第三节 电子对抗···198

  第四节 激光技术···209

  第五节 夜视技术···222

  第六节 隐身与伪装技术·····································233

  第七节 自动化指挥技术·····································245

  第八节 新概念武器···253

  第九节 高技术与新军事变革·······························258

第六章 信息化战争···267

  第一节 信息化战争概述·····································267

  第二节 信息化战争的特征和发展趋势·····················271

  第三节 信息化战争与国防建设·····························278

参考文献···288

第一章

中 国 国 防

　　自古以来,有国必有防,国无防不立,这是历史和现实告诉我们的经验和教训。一个国家、一个民族最重要的是生存与发展的问题,这是关系到国家和民族生死存亡、荣辱兴衰的根本大计。尤其在 21 世纪的今天,世界新军事革命的兴起,各国都十分重视以维护国家安全为本质特征的国防建设,以确保国家的发展有一个长期和平安全的外部环境和稳定的内部环境。习近平主席强调我们要坚持富国与强军相统一,要建设同我国国际地位相称、同国家安全和发展利益相适应的巩固国防和强大军队,为实现"两个一百年"奋斗目标、实现中华民族伟大复兴的中国梦提供坚强力量保证。本章的学习目的主要是了解我国国防历史,明确"落后就要挨打"、"发展是硬道理"的真谛,树立现代国防观念;了解新中国成立以来国防建设取得的伟大成就,提高对现代国防的认识,增强民族自豪感;了解当前我国的安全形势,增强民族忧患意识,激发建设祖国、保卫祖国的社会责任感。

第一节
国 防 概 述

一、国防的概念

(一) 国防的概念

　　国防是指国家为防备和抵抗侵略,制止武装颠覆,保卫国家主权统一、领土完整和安全,而进行的军事及与军事有关的政治、经济、外交、科技、教育等方面的活动。是国家生存与发展的安全保障,也是国家固有的职能。国家的社会制度和政策决定国防的性质。

在人类社会发展的历史长河中,国防并不是一开始就有的。国防是随着国家的产生而产生,随着国家的发展而发展,最终,也将随着国家的消亡而消亡。追溯国防的渊源,可以说,国防萌芽于氏族时代。在国家尚未建立之前,就有了部落的武装组织和原始的武装冲突。那时,武装组织和生产组织是不分的,平时生产,一旦战争爆发,部落的所有成员在义务上都是战士。此时,人们的防卫观念还处在感性阶段。

随着社会生产力的发展、生产工具的改进和社会分工,出现了氏族和部落的剩余劳动成果可以交换,交换发展了商品,同时也产生了贪婪、不公平、剥削等现象,拥有财产数量的多寡促进了人群的分化和制度的变革。此时,战争中的俘虏也不再被杀,而是变成了奴隶,财富已成为人们追求的主要目标。拥有众多财富和本来就有势力的氏族、部落首领和家族为使自己的财富不受氏族共产传统的侵犯,把私有财产神圣化,将已经形成和正在形成的等级差别、阶级差别从制度上固定下来,于是,便产生了阶级统治的工具——国家。伴随着国家的诞生,便出现了新的防卫措施和防卫观念——国防和国防观念。

国家一经建立,抵御外来力量的侵扰和防止内部叛乱等巩固国家政权的问题就非常突出地摆在统治者及其人民面前。恩格斯在《家庭、私有制和国家的起源》一书中曾精辟地指出:"国家的产生是同暴力、军队同时发生的,自从有了国家,就开始有了防务。"这就是国防问题。

由此可以看出,国防是个历史范畴。它伴随着国家的产生而产生的,世界上只要有国家的存在,就有国防。任何国家,从诞生之日起,就要强边固疆,用武力抵御外来侵略,以保障国家安全,维系国家生存,巩固既得政权。国家从本质上看,是阶级专政的工具,是统治阶级利益与意志的体现,实现这种利益与意志,必须通过国家权力。国防就是要维护国家这种权力,同时,也只有依靠国家的这种权力才能使国家得以运转,只有国家,才能领导和组织国防事业。古往今来,国防虽依国家的性质、制度、国力及推行的政策不同而有其不同的特征,但一切国防的共同本质,都是以捍卫和扩大国家利益为核心来组织的。国家兴衰与国防密切相关,国防强弱直接关系到国家的安全、民族的尊严、社会的发展。

随着社会历史的发展,国防的含义不断更新。特别是现代国防,它不仅继承了传统国防"保卫国家主权、领土完整及安全"的职能,而且还增加了"维护国家利益"的重要内容,如维护国家海外的公有权益,包括在对外经济中的海上护航,世界公有通道的维护和享用,向世界公海、公共区域(如南极洲)和外层空间开发新的生存、发展和安全空间等。因此,现代国防同传统的国防相比,虽然目的都是为了维护国家利益,但现代国防所维护的国家利益,无论是在内涵上、范围上,还是在维护国家利益的行为方式上,都比传统的国防丰富得多。概括起来讲,现代国防是一个大系统,其主要内容包括武装力量建设、国防体制建设、国防经济、国防外交、国防科学技术研究、国防工业建设、国防工程建设、战场建设、军事交通、国防动员准备、对人民群众进行国防教育、建立国防法规等,这些都是属于国防建设的范畴。

(二) 国防的目的

国防的目的主要是捍卫国家的主权、统一、领土完整和安全。

1. 捍卫国家的主权

国家主权是一个国家具体按照自己的意愿,根据本国情况,选择适合自身发展的社会制度、国家制度,组织政府,独立自主地处理其国内事务和国际事务而不受他国干预或限制的最高权力和尊严。主权是一个国家存在的根本标志。按照国际法的表述,主权是一国不受外来控制的自由。它是完整无缺、不可分割而独立行使的,是最高的权力和尊严。倘若一个国家的主权被剥夺,其他的一切,包括国家的独立、领土完整、传统的生活方式、基本的政治制度、社会准则和国家荣誉等,都毫无意义了。因此,捍卫国家主权,是国防的首要目的和任务。

2. 保卫国家的统一、领土完整

国家的统一是指国家由一个中央政府对领土内一切居民和事务行使完整的管辖权,不允许另立政府或分割国家的管辖权。从国际法的角度来说,保卫国家统一、反对分裂,历来是一个国家的内部事务,绝不允许外国干涉,这是一个原则性问题,不能有丝毫的含糊。因此,保卫国家的统一历来是国防的重要任务。当外国敌对势力插手我国的民族事务,破坏我国的民族团结,危及国家的统一和完整时,国防力量必须予以坚决打击,发挥其维护国家统一和稳定的职能作用。

领土是指位于国家主权支配下的地球表面的特定部分,包括领土疆界以内的陆地、水域及其上空和底土,即由领陆、领海和领空所组成。领土是一个国家和民族赖以生存和繁衍的基本条件,是构成国家主权的有机组成部分。国家主权与国家领土具有密切联系,领土既是国家行使其主权的空间,也是国家主权行使的对象,没有领土,主权就失去了存在空间和行使对象。领土完整的含义是:凡属本国的领土,决不能丢失,决不允许被分裂、肢解和侵占。任何国家不得破坏别国的领土完整。任何集团或个人不得搞旨在分裂本国(或别国)领土完整的活动。国家的领土被侵占,主权必然要遭到侵犯。国防捍卫国家主权的独立,必然要保卫国家领土的完整。

3. 维护国家的安全和稳定

国家要正常地生存和发展,必须有一个和平安全的外部环境和稳定的内部环境。如果一个国家没有和平、稳定的环境,不仅难以建设和发展,而且连生存也会受到威胁。因此,维护国家的安全和稳定,也是国防的主要目的之一。一旦国家遭到外来侵略和颠覆,安全受到威胁,国防就必须履行自己的职能,抵御和挫败外来的侵略和颠覆,确保国家的和平和稳定;当国内敌对分子勾结外国敌对势力进行武装暴乱,危及国家安全和稳定时,国防力量就要采取一切措施,坚决制止和平息这种内外勾结的暴乱,保卫国家的安全和稳定。

（三）国防的手段

国防的手段是指为达到国防目的而采取的方法和措施。根据《中国人民解放军军语》关于国防概念的释义,我国国防的手段包括军事活动以及与军事有关的政治、经济、外交、科技、教育等方面的活动。这就表明,与军事有关的诸方面的活动,只要有利于捍卫国家的主权、保卫国家的统一、领土完整和安全的国防目的,都是国防的重要手段。现代国防的根本职能是捍卫国家利益,防备和抵御外来的各种形式和不同程度的侵犯,防备和平息内部外部势力互相勾结所发动的武装暴乱。在对国家利益的各种形式的侵犯中,其威胁和危害最大的是武装侵犯,包括军事威胁、军事干预、占领部分领土、武装掠夺经济资源、发动侵略战争等。上述活动和内部外部势力互相勾结发动的武装暴乱,不仅使国家主权和人民生命财产遭受损失,而且危及国家民族的生存与发展。对付武装入侵和武装暴乱最根本的和最有效的莫过于采取军事手段,因此,在实现国防目的的诸手段中,军事手段始终是国防的最主要手段。但是,在现代国防中,由于新军事革命对国防领域带来的巨大冲击,捍卫国防的目的,已不仅仅局限于军事的建设和斗争。而必须包括与军事有关的政治、经济、科技、文化、教育、外交等方面的建设和斗争。军事方面的建设和斗争,更多的是配合国家的政治、经济、外交和文化等方面的斗争,力求通过平时国防建设能量的有节制地释放,来实现"不战而屈人之兵"的最佳战略效果。当今世界各国都十分注重综合运用与军事有关的政治、经济、科技、文化、教育、外交等诸手段来达到国防的目的。因此,只有全面提高综合国力,才能真正建立强大的国防。

二、现代国防的基本类型和特征

（一）现代国防的基本类型

国家的社会制度和政策决定国防的性质。按照不同的国防概念和标准,当今世界各国从各自的利益和需要出发,将国防划分为以下四种类型。

（1）扩张型。扩张型是指某些国家为了维护本国利益,奉行霸权主义侵略扩张政策,打着防卫的幌子,对别国进行侵略、颠覆和渗透,其特点是把本国的"安全",建立在别国屈服的基础上,把"国防"作为侵犯别国主权和领土,干涉他国内政的代言词。

（2）自卫型。自卫型是指在国防建设上以防止外敌入侵为目的,主要依靠本国的力量,广泛争取国际上的同情和支持,以达到维护本国的安全、周边地区和世界的和平与稳定。

（3）联盟型。联盟型是指以结盟形式,联合一部分国家来弥补自身力量的不足。联盟型国防中又有自卫和扩张两种。从联盟国之间的关系来看,还可分为一元体系和多元体系联盟,前者有一个大国处于盟主地位,其余国家则处于从属地位。后者基本处于伙伴关系,共同协商防卫大计。

（4）中立型。中立型主要是指奉行和平中立政策的中小发达国家，为了保障本国的繁荣和安全，严守和平中立的国防政策，实施总体防御战略和寓兵于民的防御体系。

我国在对外关系方面一贯奉行"和平共处"五项原则，公开向世界承诺：永远不称霸，不做超级大国，不首先使用核武器或以核武器相威胁，不对无核国家和地区使用核武器，不侵略别国。在战略上，我国采取防御态势。我国国防建设的宗旨是反对侵略战争，维护世界和平，保卫国家的安全与发展。在国防力量的运用上，我国坚持自卫立场，实行积极防御的战略方针。因此，我国属于自卫型国防。

（二）现代国防的基本特征

现代国防又叫做社会国防、大国防、全民国防，它是对传统国防的继承和发展，是一种全新的国防观念和国防实践活动，是一个巨大的系统工程。它的外延和内涵都较传统国防有很大的扩展。它不仅涉及军事领域，而且，随着国家利益空间的拓展，国防已涉及与国家安全利益相关的政治、经济、科技、文化、教育等社会的各个领域。概括起来，现代国防具有如下几个基本特征。

1. 对抗的整体性

随着战争观念的发展和国家安全利益的泛化，以往那种单纯依靠军事力量来赢得战争胜利和谋取国家安全的思想，已经不能适应现代国防建设的需求。新军事革命的兴起，扩大了人们的视野，改变了人们的认识。依靠综合国力来谋求国家的安全，捍卫国家的利益已被世界各国所重视，现代国防对抗的整体性特征十分突出。这就表明，战略主动权的获取，并不完全取决于军事力量，最终将取决于由各种制胜因素构成的国家总体战争能力。国家总体战争能力之间的差距是战争胜负的根本因素。局部战争的实践表明，有的国家是被对手打垮的，有的国家是被对手拖垮的，有的国家是被对手吓垮的，不论是那种垮法，有一点是毫无疑问的，那就是这个国家的总体抗衡能力不如对手，综合国力有明显的差距。

因此，不论是与国家有关的自然力量还是社会力量，物质力量还是精神力量，军事力量还是非军事力量，都必须在追求国防系统整体功能优化的前提下发挥各自的作用。当今世界各国，围绕如何运用国家的所有力量来谋取国家的安全与发展，提高对抗整体性的效能是当代国防建设的基本目标。

2. 目标的层次性

国家安全目标是国防建设的路标，也是现代国防战略的三大支柱之一。国家安全目标的确立，必须以两个基本条件为前提，一是国家安全所面临的威胁，二是与目标相适应的实力保证。由于国家面临威胁的层次性和国防实力的制约，国家安全目标必然会呈现出层次性特征。

基于各国对国家安全利益考虑的出发点不同，对所面临威胁的区分标准不同，因而对国家安全目标层次的认识也不完全一致。概括地讲，国家安全目标基本的层次可分为自卫目标、区域目标和全球目标。

自卫目标主要着眼于维护国家主权、领土完整、海洋权益、政治制度、经济制度、意识形态和传统文化不受侵害;区域目标不仅着眼于自卫,而且更着重争取和维护周边地区的和平与稳定,扩大防卫的纵深和弹性,利用更多的有利因素,寻求更大的回旋余地;全球目标则着眼于全球的战略利益,不仅各个地区的安全与稳定与其国家利益息息相关,而且把维护国家在世界政治、经济、军事和文化所处的位置及影响力,看作是国家最根本利益的一部分。如果国家在这些领域的位置和影响力受到"挑战",则不惜使用武力来加以维护,把自己的意志强加在别国头上。因此,以全球为安全目标的国家,往往带有霸权主义的色彩。

然而,在一个大的层次范围内,目标又可以区分成更小的层次,以增加国家处理安全问题的灵活性。

由此可以看出,具有明确层次的安全目标体系,不仅为国防建设明确了重点,而且为运用国防力量处理不同类型、不同程度、不同地区和不同方向的威胁规定了基本依据和原则。

3. 手段的灵活性

目标和手段的一致性是现代国防建设的基本原则。现代国防目标体系的层次性特征,国防建设有效性和经济性的原则,客观上要求其实现的手段必须是有多种选择的,长期达到灵活运用的目的。现代国防构成因素的多样化,为实现国家安全目标提供了多种手段,诸如政治、经济、金融、外交、技术、文化、舆论等,其选择余地之大,前所未有。依靠综合国力,运用武力战、政治战、经济战、金融战、外交战、科技战、信息战、网络战、心理战等一系列方式来捍卫国家安全利益,不仅是可行的,而且也是极为理智和高明的。特别是在和平时期,现代国防的对抗形式已不仅仅局限于双方在战场上的武力较量,在其他领域的较量也在同时展开。以武力为后盾,有节制地控制武力手段使用的范围、力度和节奏,最大限度地发挥各种非武力手段的作用,力争"不战而屈人之兵",或"少战而屈人之兵",以最小的代价来换取最大的安全效果,已成为各国处理危机的必然选择,也是各国争取保持战略主动权和行动自由权的基本实施原则。也正因为如此,加大各个不同领域的建设,使各种手段都能发挥其应有的作用,是手段运用灵活性的可靠保证。

4. 职能的双重性

任何国家的生存与发展都需要国防上的安全,保卫国家安全利益是国防的基本职能。对于一个国家而言,最基本的利益是安全利益。国家安全利益中最重要的就是生存,即国家的生存,要保证国家的独立、领土完整、传统的生活方式、基本制度、社会准则和荣誉等不受损害。倘若一个国家作为主权实体被消灭了,其他一切也就毫无意义。因此,主权是一个国家安危、存亡的象征。各种从属的利益,不论是积极的还是消极的,地区性的还是世界性的,都要服从于国家求生存这个最根本的利益。

正因为国家生存是最基本的需要,当今世界各国为了自身的利益与安全,不得不在紧缺的财政中,支出一笔相当数额的军费。一方面不得不花,一方面又花不起,巨额的国防开支成为国民经济的沉重负担。所以,投入到安全领域的这一部分人力、物力和财力,从国防的根本职能角度看,既不能作为生产资料加入扩大再生产的过程,也不能作为生活资料进入人们的消费领域,这就在"大炮"与"黄油"之间产生了一对矛盾,一旦出现偏差,要么使国家安全受到挑战,要么迟滞国民经济的正常发展。

因此,在和平时期,国防在确保正常发挥根本职能的前提下,利用国防系统中固有的社会经济功能,充分发挥物质要素、科技要素、人力资源本身所具有的军民两用属性,在国防建设中,积极寻找军民结合点,努力做到军民兼容,协调发展,变消费型国防为增值型国防,已经成为当代各国追求的目标。

实践证明,国防建设走寓军于民,以军促民,军民结合的发展模式,使现代国防具有其职能的双重属性,不仅为国家提供安全保证,而且为社会释放更多的经济能量,从根本上改变了国防消费的传统形象。军事上的投入,"已不再是把钱往水里扔",而会成为产生二次效益的"聚宝盆"。

三、现代国防观念

现代国防观念是一种立体的、开放的、全领域、全民的、现代化的新型观念。

(1)立体的国防观念,是指国防安全利益空间的立体化。国家的防卫不仅有地域的、海域的、空域的防卫,还包括外层空间的防卫,电磁领域的防卫,互联网络的防卫;不仅有地域、海域、空域的前沿防卫,还包括全纵深的防卫。随着非线性作战、非对称作战样式的出现,使传统意义上的立体战、总体战、合成战的观念也显得苍白无力。那种"前方打仗、后方支援"的观念,已被新的战争理念和新的国防建设观念所替代。这就表明,随着战场空间多维化的发展,人们对战争的认识也逐渐趋向多维立体化。

(2)开放的国防观念,是指人们的安全观念及其视角应突破一国的界限,站在地区乃至全球的高度来审视国家的安全,站在未来的高度来看待民族的危机。这就是说,不仅要看到周边接壤国家之间的利益冲突给国家安全带来的影响,更要看到地区动荡和全球格局的变化对国家安全所带来的方方面面影响;不仅要看到目前和近期国家安全形势的变化,更要预见未来和长期的安全形势变化;不仅要正确看待自己的优势和劣势,更要洞察世界各国特别是战略对手的优势和劣势,真正做到"知己知彼",扬长补短,兼收并蓄一切先进的军事理论、战略思想和各种新的军事技术,把自己的国防建设与全球的安全和世界军事的发展有机地结合起来,使国防建设成为一个不断发展变化的动态工程体系。

(3)全领域的国防观念,是指国家安全领域的范畴不仅仅是捍卫国家的主权与疆域完整,而且还包括国家政治制度、经济制度、社会准则、社会意识形态,传统文化为代表的国家利益、国家权益和荣誉等一切需要保卫的东西,使用的力量也不仅仅是国家武装力量,还包括社会政治、经济、外交、科技、文化和教育等方方面面的力量。因此,全领域的国防观念,不仅涉及国防领域建设的方方面面,而且还涵盖了所有的领域。同时为国家安全手段的选择也提供了更大的灵活性。

（4）全民性国防观念，是指一个国家的安全绝不仅仅是军队的事、政府的事，国防是人民的国防，必须动员全国人民来关注国防，建设国防，每一个人对国家的安全都负有不可推卸的责任和义务。即使国家处于战争状态，动员全社会的力量来捍卫国家的主权和尊严也是当今世界各国的基本选择，大国、小国无一例外。过去战争的伟力之最深厚的根源，存在于广大民众之中的制胜法则，在当今的信息化战争时代，尤其能表现出它的真谛，局部战争的实践反复证明了这一点。

（5）现代化国防观念，是现代国防观念的时代特色。特别是科学技术的发展和新军事革命对国防建设的冲击，已经打破了许多的传统观念。用最先进的科学技术，最先进的武器装备，最先进的军事理论和最先进的国防体制来建设一个与高技术战争相适应的国防，已为世界各国所共识。现代化的国防观念要求人们，不墨守成规，敢于摒弃一切过时的、陈旧的传统理论、观念，乐于接受和吸纳具有生命力的新理论、新观念，用它来指导规划国防建设，敢于探索许多适应现代国防建设和高技术战争的新规律、新特点，创造出新的战法和新的战争样式，使国防建设始终能跟上时代的步伐和高技术战争的发展。

第二节
中国的国防历史

我国的国防具有悠久的历史。早在公元前 21 世纪，中国古代社会就过渡到奴隶社会，建立了国家。从此，作为抵御外来侵略和征伐别国的武备——国防雏形便产生了。中华民族沧桑五千年的光辉和屈辱、昌盛和衰败，给我们留下了丰富多彩的国防遗产，积累了极其宝贵的历史经验，也给我们留下了无限的感慨、深思与启迪。

一、中国古代的国防

我国古代的国防，从第一个奴隶制国家夏朝的建立，直至 1840 年鸦片战争爆发，历经数千年，并随着 20 多个朝代的盛衰更替和社会制度的演变而不断发展。这种完整一贯的历史延续，培育了民族的向心力和凝聚力，锤炼了民众维护国家和民族统一、勇于抵御外患的尚武精神，形成了习文善武、文治武功的优良传统。

（一）古代的兵制建设

兵制，就是军事制度，现在一般称为军制。它包括武装力量、军事领导体制和兵役制度等方面。兵制建设是我国古代国防的一个重要方面。早在夏朝之初，王已控制了军事大权,已有对参战人员编组和奖惩的规定。商和西周,王是最高军事统帅,军事领导职务由贵族大臣和方国首领担任;士卒主要由奴隶主和平民充当,奴隶一般只随军服杂役;车兵为主要兵种,师为最高建制单位。春秋时期,随着奴隶制的解体,各诸侯国开始实行兵制变革,废除奴隶不能充当甲士的限制,始行武官任免制度;车兵地位逐渐下降,步兵地位逐渐上升;依户籍定军队的编制,军为最高建制单位;开始出现郡县征兵制。

战国时期,封建制度开始确立,诸侯大国之间不断发生大规模的兼并战争,加速了军制变革。各国奖耕战,尚首功,修赋税,明法度,力争富国强兵,出现一系列反映新兴地主阶级意志的军事制度,如剥夺私属武装,集中军权,统一军队,文武分职;凭玺印、虎符任将发兵;扩大步兵,建立骑兵,有的还发展水军;建立按军功晋爵升赏制度;推行郡县征兵制,出现募兵制,主要征募农民当兵。

自秦统一中国到清末,历代封建王朝,根据各自的需要和条件,在专制主义中央集权制度的基础上,加强帝王的军权,从中央到地方建立了便于帝王控制的统帅指挥系统;常备军任务或武器编组,成为武装力量的主体,区分为中央军、地方军和边防军、地主私人武装;以步兵或骑兵为主要兵种。明朝开始出现专门装备火器的部队;建立武库、粮储和运输制度,主要武器装备和军需物品由国家监制和供给;因势采用征兵制、募兵制、世兵制等,多数以农民为军队的主要成分。兵制的许多内容通过法律形式颁布执行,如唐朝的《卫禁律》、《捕亡律》、《擅兴律》、《军防令》等,对军队的组织编制、番上宿卫、屯田戍边、兵役军赋、军队调发、军需补给、驿站通道、武器制造和配发、厩库管理等,都作了具体的规定。这一时期不少帝王、政治家、军事家对兵制进行了一定的研究和改革,推动了兵制的不断发展。

(二) 古代的国防工程建设

边防、海防建设是我国古代国防工程建设的重要内容。我国古代的边防建设,主要是修筑防御工程和实行实边固边政策。

著名的万里长城,是中国古代构筑的以长城城墙为主体,与其他工程设施相结合的连续线式防御工程体系。它是城池筑城体系的发展和运用。历史上先后有 8 个诸侯国和 10 多个王朝构筑、修建和连接,到明代形成了东起辽东山海关、西至甘肃嘉峪关全长 5 000 多公里的长城。长城拒险筑墙,关堡相连;烽燧相望,敌台林立,层层布防,在中国战国时期各诸侯国之间、秦统一之后国内民族之间的战争中,曾发挥过重要的防御作用。此外,我国少数民族金 (公元 1115 年至 1235年) 在东北也修筑了较为著名的被称为"边堡线"的长城。

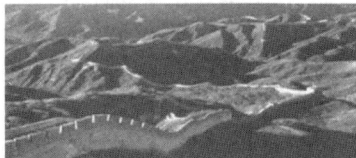

西汉文、景之时,为防御匈奴的一再侵犯,积极推行实边固边的政策。一是在边

关要地配置边防军,包括边境上的郡国兵和屯田兵,依靠边郡太守和都尉率兵防堵匈奴的进攻。二是输粟实边。文帝时,晁错提出奖励百姓输粟实边,依输粟多少,赐给一定的爵位,或赦免罪过,并令入粟者将粟运至长城沿线,待边境一带粮食充足后,再运至内地郡、县收藏。这一政策的实行,有效地巩固了边防,为武帝时大规模反击匈奴奠定了物质基础。三是徙民治边。晁错在《筹边策》中提出,在边境要害之处,联络城邑,高城新堑,以防袭扰。当时每一城邑,徙民不下千家,有才能、习风俗、知民心者充任首领,建立伍、里、连、邑制,平时首领组织徙民训练,战时则率徙民抗击敌人。这样,每个城邑都成为坚固的军事要塞,加强了边境地区的防御。到了汉武帝驱逐匈奴之后,在西北边境地区大量增设新郡,并实行大规模的军事屯田,使数十万边兵有警则战,无事则耕,戍卒无饥馁之忧,国家无转运之劳。屯戍军队与大量移民共同守边,且耕且守,较之"徙民实边"更为扎实有效。

我国古代的海防建设是从明代开始的。为防止倭寇的偷袭、骚扰,明王朝一是下令禁海,二是在沿海的主要地段,陆续修建了以卫城、所城为骨干,堡、寨、墩、烽燧和障碍物相结合的防御工程体系,有效地抗击了倭寇的侵扰。

(三) 古代富国强兵的国防思想

富国强兵是我国古代各朝代都十分重视的国防思想。早在春秋战国时期,许多统治者和军事家就已经认识到国防与经济的关系,提出"国不富"则无称雄之本,"兵不强"则无争霸之力,无不重视发展经济和充实武备。当时的军事家孙武在《孙子·作战篇》中就指出:"带甲十万","日费千金",说明军队进行战争必须要有物资作保证。而齐国著名政治家管仲也说:"甲兵之本,必先于田宅",进一步阐明国防强大依赖经济发展,加强国防建设,首先要发展生产。在富国乃强兵之本的思想主导下,他在齐国从整顿国政入手,推行乡制,使士农工商各处其力,经济发展,国家富裕很快带来了齐国国防的振兴。

此后,各朝代的统治者都十分强调这一思想,并采取一系列政策,努力把发展生产与加强国防建设统一起来。如汉高祖得天下后,实行裁军赐爵、与民生息、重视农业的政策,尽快恢复和发展生产、增强军力;西汉与唐朝的军事屯田收到明显的效果;明朝把开发边疆,繁荣经济同抵御外来侵略结合起来;而秦始皇之所以能吞并六国一统帝业,正是由于秦国推行富国强兵思想的结果。

二、中国近代的国防

19世纪上半期,西方资本主义国家为了开辟新的销售市场和原料产地,加紧对外侵略扩张。他们抓住了中国的"国防不固、军队不精"这一致命弱点,开始了对中国赤裸裸的侵略。

从1840年鸦片战争开始到1919年的"五四"运动,由于当时统治阶级的腐败衰落,国力日趋空虚,国防每况愈下,在外国列强弱肉强食的政策下,中华民族屡遭外敌的侵略、欺辱。1840年英国首先挑起了第一次鸦片战争。1856年,英法联军又发动了第二次鸦片战争。接着,帝国主义列强又相继挑起了1883年的中法战争、1894年的中日甲午战争、1900年的八国联军侵华战争。至抗日战争结束,先后有英、美、法、俄、德、瑞典、挪威、丹麦、荷兰、西班牙、比利时、意大利、奥地利、秘鲁、巴西、葡萄牙、日本、墨西哥、瑞士等近20个国家的侵略者,践踏过我们的国土,抢掠过我们的财物,屠杀过我们的同胞,参与过损害我国主权的罪恶活动。在此期间外国侵略者还强迫腐败的清政府签订了500多个不平等条约,每个不平等条约都是对中国最野蛮的掠夺。这种现象在古今中外都是前所未有的。列强的军事侵略,使中国在政治上、经济上、文化上蒙受了巨大损失。

香港,被迫割让给英国;澳门,被葡萄牙霸占;沙俄侵吞了我国东北150多万平方公里的土地,相当于德法两国面积的总和;日本占领了我国台湾地区及澎湖列岛;旅顺、胶州湾、广州湾等地成了帝国列强的租借地。

林则徐

支付战争赔款本应是对失败的侵略者的一种惩罚。但是中国近代史上,战争的赔款全都是由中国承担。据记载,列强对华的500多个不平等条约,几乎每个都有要求中方支付赔款的条款,多则千万两白银,少则数十万白银。1900年,为了镇压义和团运动,"八国联军"侵占北京,作为这项战争直接结果的"庚子赔款",数额之大,索赔方法之恶劣,堪称世界之最。为了勒索巨额赔款,帝国主义列强专门组成了"赔款委员会"和"资源调查委员会",研究了中国可能负担的最高限额。最后规定,赔款按当时中国人口计算,每人1两,共4.5亿两,分39年还清,年息4厘,本息共计9.8222亿两,全国每人平均2两以上。同时还规定,中国必须将海关税、常关税、盐税等作为来源抵押给列强。

中日甲午战争后,中国的主权被外国人一步步攫取。外国商船和车舰可以在中国内河、领海任意航行,自由停泊于各通商口岸。当时中国1.8万多公里的海岸线上,竟找不到一个中国自己享有主权的港口;外国人在中国犯罪,中国人无权审理;外国人在租界地实行殖民统治,形成了"国中之国";外国人甚至控制了中国的警察权,指挥中国的外交。

外国列强的入侵,使中国人的人格尊严更是丧失殆尽。殖民统治时期的上海外滩公园门口,曾挂着这样一个牌子——"华人与狗不得入内!"黄浦滩上,曾修建一座英国侵略者戈登的铜像,并且还规定中国人不得在铜像附近散步和停留。1860年10月,英法联军闯入圆明园内,平均每一个士兵都抢到了价值三四万法郎的珍贵物品和金银财宝,而后又纵火焚烧了这座世界闻名的,最美丽、最宏伟的皇家园林。

到了现代,日本帝国主义又发动了残酷的侵华战争,侵略者的铁蹄踏遍了大半个中国,两千多万人死于日寇的屠刀之下。1937年12月13日,日军占领南京后,将我同胞当作靶子用机枪、步枪射击,一直杀得路上无人。这种惨无人道的血腥暴行持续了长达六个星期,共屠杀我无辜平民 30 多万,制造了震惊中外的南京大屠杀。

有压迫就有反抗,有侵略就有斗争。在第一次鸦片战争中,与清兵的节节败退形成鲜明对照的广东三元里人民,首先自发地兴起了抗英斗争。它向全世界昭示,中国人民决不甘当亡国奴,帝国主义永远也不能灭亡中国。1900 年,当八国联军进攻中国之际,农民阶级再一次担负起挽救民族危亡的历史重任,掀起了义和团运动。为了争取民族强盛和反对外来侵略,中华民族的优秀儿女赴汤蹈火,奋斗不息。正是由于中华民族的不屈不挠和浴血奋战,使得列强企图把中国变成其殖民地、附属国的阴谋始终未能得逞。从这个意义上说,一部近代国防史,并不是国防每况愈下,有国无防的失败记录,而是中华民族从漫漫长夜中迎接黎明曙光,不断觉醒、不断斗争的历史。

1921 年 7 月,中国共产党正式宣告成立,从此,中国无产阶级有了自己的战斗司令部,中国人民救亡图存的革命斗争有了自己的组织者和领导者。1926 年,国共两党合作进行了北伐战争,扫平了封建军阀割据局面。但 1927 年蒋介石叛变革命,使国家又陷入了镇压人民革命的内战中。当日本军国主义侵略,国家到了危亡时刻,中国共产党高举团结抗日旗帜,领导全国人民一致抗战,驱逐日寇,才使我国国防得以建立和发展。

八年抗战中,中国共产党领导的抗日军队,在敌后战场共歼灭日军 52.7 万多人,歼灭伪军 118.6 万余人,解放国土近 100 万平方公里、人口 1.25 亿。在解放战争中,先后消灭国民党军队 800 万余人,终于把日本侵略者、美帝国主义和国民党反动派驱逐出中国内地,从而永远结束了帝国主义在中国为所欲为的历史。中华民族和中国人民从此获得了解放,一个独立的、人民民主的新中国从此屹立于世界东方。

三、国防历史的启示

我国四千多年的国防历史,有过声威远播、天下归附的武功;有过引而不发、强虏驻足的宁静;有过遍体创伤、不堪回首的屈辱;也有过抗敌卫国的巨大胜利。重温这一漫长的国防历史,我们从中可以得到不少有益的启示。

(一) 经济的强盛,是国防强大的基础

经济是国防的物质基础,国防强大依赖经济发展,这是我国国防历史给予我们的深刻启示。早在春秋战国时期,统治者就认识到国富才能兵强,自强方可自立,无不把发展经济作为巩固国防,争夺霸业的重要措施。当时,晋国本是一个国贫兵弱的小国,晋文公执政后,通过整顿内政、发展经济、扩充军队等一系列的综合治理,使晋国实力急剧膨胀,有"晋国天下莫强"的声威,先后兼并二十余国,一跃而成为中原霸主。秦国重用商鞅,进行变法,推行了"开阡陌"、"废井田"等一系列土地改革措施,极大地解放了生产力,促进经济的发展,这对秦军南征百战、北逐匈奴,最终并吞

六国完成统一大业起到了重要作用。而唐朝由"贞观之治"达到封建社会的鼎盛时期,更是当时统治者注重发展经济的结果。

与此相反,各个朝代的衰落、灭亡,一个王朝被另一个新生的王朝所取代,几乎毫无例外是这个王朝后期政治腐败,经济落后,结果动摇了国防的根基,才使得政权易手。由此可见,只有经济的强盛,才能有强大的国防,才能有政权的稳固、国家的安全。

(二) 政治的昌明,是国防巩固的根本

纵观我国几千年的国防兴衰史,我们不难看出,当统治阶级处于上升时期时,政治昌明,经济发展,民族团结,国家统一,国防就强盛;当统治阶级走下坡路时,政治腐败,经济凋敝,民族分裂,国内混乱,国防就衰落、就崩溃。因此,统治阶级实行什么样的统治政策,直接关系到国防的兴与衰,只有政治的昌明,才能有巩固的国防。这是国防历史给我们提供的又一深刻启示。

春秋战国时期,各诸侯国就十分注意昌明政治,变法图强,把尊贤厚士,举贤任能,选拔优秀人才治理国家作为强国的根本大计。如齐国得管仲、孙膑、孟尝君、邹忌等而崛起争霸;越国得范蠡、文种而复国称雄。而汉高祖得天下后,实行"文武"政策,建立法制,此后,文帝、景帝至武帝,都实行比较开明的治国之策,国家得昌盛,才为西汉长达200多年的国家基本安定奠定了基础。

相反,秦朝实行暴政,激起农民起义,终至推翻秦始皇梦想千秋万年,子孙相继的基业;宋朝由于机构臃肿,官员奢侈腐化,国力衰竭不堪,无力抵抗外侵,终为元兵所灭亡;明朝由于皇帝昏庸,宦官专政,结党营私,始被起义军所败,后又清兵入关,政权沦丧。特别是近代中国,由于清政府政治日趋腐朽,国防日益虚弱,面对列强入侵屡战屡败,乞降求和,割地赔款,使我国遭受了前所未有的奇耻大辱,将中国人民带进了苦难的深渊。

总之,国防史的兴衰,王朝的更替,近代中国的百年国耻,都深刻地告诉我们,政治的昌明,是国防巩固的基础,是国家得以长治久安的根本保证。

(三) 科技的进步,是国防强大的重要保证

回顾历史,自鸦片战争打开了清政府的大门后,中华民族就开始了用血泪写成的"百年屈辱史"。由于清政府的腐败无能、闭关自守、不注重发展科技,致使武器装备发展十分缓慢,西方资本主义国家在工业革命中后来居上,并在我们祖先创造发明的军事科技成果的基础上,进行加工和技术改造,用所谓的洋枪洋炮打败了清军大刀长矛和低劣的火炮等武器装备,造成了交战双方科技水平上的"代差"。落后就要挨打,这就是当年殖民战争给予我们的最深刻的教训,我们应当永远牢记。以史为鉴,我们可从中看出科技进步对国防强大的重要性。在新的世纪,科技进步和创新,对国防现代化的作用也越来越突出。

纵观古今中外历史,国防科技发展大致经历了古代(石器和冷兵器时代)、近代(热兵器时代)和现代(高科技兵器时代)三个时期。20世纪,既是科技发展最辉煌的时代,也是科技成果最多和最快应用于军事领域、彻底改变战争形态和战争样式的世纪。这一百年来,人类经历了大大小小的武装冲突和局部战争,也经历了有史以来殊死搏杀、绝无仅有的两次世界大战,更经历了长达近半个世纪重兵对峙、核弹密布的冷战时期。由于科技的进步,在战争需要的巨大刺激和推动下,国防科技及武器装备得到了前所未有、超乎想象的发展。

改革开放以来,邓小平同志提出了"科学技术是第一生产力"的著名论断,并明确指出四个现代化的关键是科学技术的现代化。我国科技工作者经过不懈地努力,在技术创新和工程技术领域中取得了辉煌的成就。他们先后攻克了原子弹、氢弹、卫星、宇宙飞船及其运载工具和地面发射支持系统尖端技术,特别是"一箭多星"及"神舟十号"、"嫦娥三号"等尖端航天技术的发展,极大地增强了我国的国防实力,提高了我国的国际地位。

党的十六大又提出了实施科技强军战略,就是要把科学技术贯穿和运用到军队建设的方方面面,全面提高军队建设的科技含量,依靠科技进步加速军队的现代化,为我军在新时期进一步做好军事斗争准备指明了方向。

和平与发展是时代主题,但和平是争取来的,而争取和平的手段,主要就是保持必要的国防水平。鉴于1991年海湾战争和2003年伊拉克战争的经验教训,我们必须清醒地认识到:高科技武器装备在战争制胜因素中的地位更加突出,而且将越来越重要。因此,要建立强大的国防,就必须依靠科技的进步。尤其是面对当前世界高科技发展的浪潮,科技的进步不仅是国防强大的重要保证,而且已成为我军必然的历史性抉择。

(四) 国家的统一和民族的团结,是国防强大的关键

面临外敌入侵、国家危亡的关头,只有全民族团结起来,共同抵抗,才能筑起一道坚强的国防长城,取得反侵略战争的胜利。这是我国国防史给予我们的另一重要启示。

近代,西方列强发动了对我们的一系列侵略战争,使中国逐渐沦为半殖民地半封建社会,山河破碎,有国无防。一个重要的原因是,清朝统治者在侵略者面前,不仅不发动和依靠广大人民进行反侵略的正义战争,反而认为"患不在外而在内",甚至在义和团奋起抗击八国联军的时候,清朝统治者竟企图借外国侵略者之手消灭义和团。由于统治者害怕人民,采取与人民对立的立场,尽管广大人民奋起反抗侵略者,但是处于自发、分散的状态,缺乏统一指挥,没有形成一致对外的合力,无法改变战争的局面。

相反,在抗日战争时期,中国共产党主张全国军民团结起来,建立抗日民族统一战线,抵抗日寇侵略,并坚持人民战争的战略战术,放手发动群众,团结一切可以团

结的力量,共同抗击敌人,开辟了广大的敌后抗日根据地,有效地打击了日本侵略者,最后取得了抗日战争的全面胜利。

历史证明,只有坚持人民战争的方针,团结全国各族人民,筑成统一的国防长城,才能打败外来侵略者,使中国永远屹立于世界民族之林。

第三节
国 防 法 规

国防法规是由特定的国家机关根据法定权限和程序制定的。它是规定国防建设和武装力量建设、有关军事方面的组织机构、管理权限及其活动的法律规范。它的任务是调整国防、军事领域里的各种社会关系,维护国家的军事利益,保证国家关于国防和军队建设的方针、政策的贯彻执行,保障和促进国防和武装力量建设总目标的实现。国防法规的内容十分广泛,主要包括:国防领导体制、武装力量的体制编制、战争准备和动员、全面防御、国防建设、军费开支、国防教育、国防科研、国防生产、公民兵役义务、武装力量建设、军队人事管理、军事犯罪惩治等方面的法律规定。

健全的国防法规是加强国防建设,实现国防现代化目标的客观要求,对于调节和发展国防机制,充分发挥国防威力和活力有着十分重要的意义,也是一个国家的国防是否现代化的重要标志之一。

一、国防法规概述

(一) 国防法规的含义

国防法规是指国家为了加强防务,尤其是加强武装力量建设,用法律形式确定并以国家强制手段保证其实施的行为规则的总称。国防是国家的总防务;国防建设是国家总体建设的重要组成部分;武装力量建设是国防建设的核心。国防法规作为国防活动的基本法律规范,其主要任务是调整和规范国家在国防领域中的各种社会关系,把国防建设纳入法制化轨道,确保军队革命化、现代化、正规化建设总目标的实现。

(二) 我们现行国防法规的等级

国防法规是以国家宪法为基础,根据国防建设的实际需要而制定的,其内容十分广泛。目前,我国现行的国防法规有规范国防建设基本任务、方针原则、领导体制及制度的《中华人民共和国国防法》(简称《国防法》);有规范兵役和兵役制度的《中华人民共和国兵役法》(简称《兵役法》);有规范全民国防教育的《中华人民共和国国防教育法》(简称《国防教育法》);有规范武装力量作战、训练、管理等内容的行政法规;有规范军官和士兵服役、军衔等内容的国防人事法规;还有规范发展武器装备、保护军事设施的《国防科技法》、《军事设施保护法》等。

根据宪法规定、立法权力及立法原则,我国现行的国防法规可分为五个等级。

一是全国人民代表大会及其常务委员会制定颁布的法规。如《国防法》、《兵役法》等是由国家最高权力机关全国人民代表大会制定颁布的,处于国家基本法的地位;中国人民解放军《军官服役条例》、《军官军衔条例》等是全国人大常务委员会制定颁布的,属于基本法之外的其他法律。

二是国务院、中央军委制定颁布的行政法规。如《军人优恤优抚条例》、《退伍义务兵安置条例》等是由国务院制定颁布的,《征兵工作条例》、《警官警衔制度的具体办法》等则是由国务院和中央军委联合制定颁布的。

三是国务院各部委和中央军委各部委总部制定颁布的法规。如《应征公民体格条件》、《交通战备科研管理暂行规定》等。

四是各军兵种和大军区制定颁布的法规细则。如陆军颁布的《战斗条令》,海军颁布的《舰艇条令》,空军颁布的《飞行条令》等。

五是各省、自治区、直辖市人大和政府制定的地方性法规规章。如《关于加强人武部建设意见》、《征兵工作若干规定》、《国防教育条例》等。

二、主要国防法规简介

(一)《国防法》

为了适应社会主义民主与法制建设迅速发展的新形势,加快国防建设的步伐,保障改革开放和经济建设的顺利进行,保证国家长治久安,《中华人民共和国国防法》于1997年3月14日经第八届全国人民代表大会第五次会议审议通过,国家主席江泽民签署命令公布施行。《中华人民共和国国防法》共12章70条,包括总则、国防机构的国防职权、武装力量边海防和空防、国防科研生产和军事订货、国防经费和国防资产、国防教育、国防动员和战争状态、公民组织的国防义务和权利、军人的义务和权益、对外军事关系等。其主要内容包括以下几个方面。

(1)国家防务建设的基本方针和原则。如抵御外敌入侵,防止颠覆,维护国家安全,捍卫国家主权,保证国家领土、领海、领空不受侵犯,坚持全民自卫,坚持国防建设与经济建设协调发展以及独立自主处理国防事务等原则。

(2)国防建设的基本制度。如兵役、军事人事、军事经济、国防科技、国防动员、国防协调会议、国防教育等若干基本制度。

（3）党对武装力量和国防活动的领导及国家机构的国防职权等。

（4）公民、国家机关、社会组织的国防义务和权利。如依法征兵，保证兵员质量，公民依法服兵役，自觉接受国防教育，相关企事业单位要保质保量地完成国防科研生产、接受国防军事订货等。

《国防法》是根据宪法制定的一部综合性的调整和规范国防与武装力量建设的基本法律。它是用来调整和指导国防领域中各种社会关系的基本法律规范，在国防法规体系中占有统师地位并起着核心作用，是其他军事立法的基本法律依据。它既是一部充分体现国家意志，凝聚着全国各族人民根本利益的国防建设的总章程，又是一部全面继承中国革命和建设优良传统，凝结改革开放硕果，吸收国外先进经验，反映现代化国防建设规律，适应社会主义市场经济需要，并具有时代特征和中国特色的国防法典。它的颁布实施是我国国防史上一件具有划时代意义的大事，也是国防和军事法制建设的一个重要里程碑。

（二）《兵役法》

为了加强国防和军队建设，依法开展兵役工作，依法保障军人的合法权益，第十一届全国人民代表大会常务委员会第二十三次会议于 2011 年 10 月 29 日审议通过了《中华人民共和国兵役法修正案》。这是继 1998 年、2009 年后，对于 1984 年颁布的《兵役法》进行的第三次修正。修正后的《兵役法》共 12 章 74 条，包括总则、平时征集、士兵的现役和预备役、军官的现役和预备役、军事院校从青年学生中招收的学员、民兵、预备役人员的军事训练、高等院校和高级中学学生的军事训练、战时兵员动员、现役军人的优待和退出现役的安置、法律责任等规定。其主要内容有以下几点。

（1）兵役制度。兵役制度是《兵役法》的核心。《兵役法》规定，中华人民共和国公民，不分民族、种族、职业、家庭出身、宗教信仰和教育程度，都有义务按照本法规定服兵役。我国现行《兵役法》规定：中华人民共和国实行义务兵与志愿兵相结合，民兵与预备役相结合的兵役制度，这是我国现行兵役制度最突出、最鲜明的一个特点。

（2）兵员的平时征集。《兵役法》对征集的年龄规定：每年 12 月 31 日以前年满 18 周岁的男性公民，应被征集服现役。当年未被征集的，在 22 周岁以前，仍可以被征集服现役，普通高等学校毕业生的征集年龄可以放宽至 24 周岁。根据军队需要，可以征集满 18 周岁的女性公民服现役。如有特殊需要，在自愿的原则下，也可以征集少量在 18 周岁以下的男女公民服现役。应征公民是维持家庭生活的唯一劳动力的，可以缓征。正在全日制高等学校就学的学生符合服役条件者，可以批准服现役，原就读学校应当按照有关规定保留其学籍，退伍后准其复学。

（3）现役军人和预备役军人。《兵役法》对士兵和军官的现役和预备役的规定：士兵包括义务兵和志愿兵。义务兵服现役的期限为 2 年。现役士兵包括义务兵役制士兵(称义务兵)和志愿兵役制士兵(称士官)。义务兵服现役满 2 年后,根据军队需要和本人自愿,经团级以上单位批准,可改为士官。士官实行分级服现役制度,从改为士官之日算起,至少 3 年,一般不超过 30 年,年龄不超过 55 周岁。这对稳定部队的专业技术力量,提高部队战斗力有十分重要的作用。

现役军官指军队中被正式任命担任领导、指挥或相当管理职务和技术职务的现役军人。一般指被任命为排长及以上职务或初级以上专业技术职务,并被授予少尉以上军衔的现役军人。军官服现役和服预备役的最高年龄由《中华人民共和国现役军官法》和《中华人民共和国预备役军官法》规定。

士兵服现役期满,应当退出现役。退出现役时,符合预备役条件的,由部队确定服士兵预备役;经过考核,适合担任军官职务的,服军官预备役。军官退出现役时,符合预备役条件的,转入军官预备役。

《兵役法》对高等院校、高级中学学生的军事训练作了如下规定:高等院校的学生在就学期间,必须接受基本军事训练。

对高等院校就学的学生必须进行军事训练,包括两种:一种是对学生普遍进行基本军事训练,主要学习基本的军事理论和军事技能,增强国防观念;另一种是培养预备役军官的训练,即在普遍训练的基础上,挑选一部分符合担任军官职务条件的学生再进行短期集训,考核合格者服军官预备役,作为战时军官补充的一个来源。

(4) 公民履行兵役义务的形式。《兵役法》规定公民履行兵役义务有多种形式:参军服现役是履行兵役义务,服预备役、参加民兵组织、高等院校和高级中学学生参加军事训练等,也是履行兵役义务。《兵役法》对公民如何履行兵役义务提出了明确的要求:一是年满 18 周岁的公民要积极报名应征入伍;二是青年学生要积极报考军事院校;三是现役军人要安心服役,忠于职守,努力学习军事技术,积极参加国家社会主义建设,英勇作战,不怕牺牲,全心全意为人民服务;四是符合预备役条件的公民,要积极参加民兵组织,及时办理预备役登记,并按要求参加军事训练,战时,接到通知后,必须准时到指定地点报到;五是高等院校和高级中学的学生,要自觉接受军事训练,适合担任军官职务条件的高等院校学生,还要按照规定参加培养预备役军官的集训;六是各级领导要积极教育和支持公民履行兵役义务,认真做好本部门、本单位的兵役工作。

《兵役法》明确了由省军区、军分区和县、自治县、市、市辖区人民武装部,兼各同级人民政府的兵役机关,在上级军事机关和同级人民政府的领导下,负责办理本区域的兵役工作。同时对公民服兵役而产生的权利义务等各个方面都作了相应的规定。

总之,《兵役法》的颁布是加强我国现代化国防建设的重要法规。这对进一步完善我国的社会主义法制,对加强国防建设,对我国公民自觉地履行兵役义务以及进一步加强民兵预备役建设和加强全民国防教育,增强全国各族人民的国防观念与国防意识,都有着十分重要的现实意义。

（三）《国防教育法》

《国防教育法》是规范全民国防教育的基本法律。九届全国人大常委会第二十一次会议审议通过的我国第一部《国防教育法》,于 2001 年 4 月 28 日由国家主席江泽民签署主席令公布施行。《中华人民共和国国防教育法》共 6 章 38 条,包括总则、学校国防教育、社会国防教育、国防教育的保障、法律责任等。其主要内容包括以下几点。

（1）总则。明确了国防教育的领导体制,国防教育的目的、意义和实施方法。总则中明确指出:国防教育是建设和巩固国防的基础,是增强民族凝聚力、提高全民素质的重要途径。国家通过开展国防教育,使公民增强国防观念,掌握基本的国防知识,学习必要的军事技能,激发爱国热情,自觉履行国防义务。中华人民共和国公民都有接受国防教育的权利和义务。该法规定:"国务院领导全国的国防教育工作,中央军事委员会协同国务院开展全民国防教育。"同时,明确了各级政府和各部门对国防教育的职责,国家设立全民国防教育日(每年 9 月第三周的周六为全民国防教育日)。

（2）学校国防教育。《国防教育法》指出:"学校的国防教育是全民国防教育的基础,是实施素质教育的重要内容。"第 15 条规定:"高等学校、高级中学和相当于高级中学的学校应当将课堂教学与军事训练相结合,对学生进行国防教育。高等学校应当设置适当的国防教育课程,并可以在学生中开展形式多样的国防教育活动。"对于学校军事训练的组织实施,明确规定,由学校负责军事训练的机构或者军事教员按照国家有关规定实施,军事机关应当协助学校组织学生的军事训练。要求学校应将国防教育列入学校的工作和教学计划,采取有效措施,保证国防教育的质量和效果。

（3）社会国防教育。明确了国防教育领导体制,对国家机关和地方各级人民政府、各部门、各企事业单位、各社会团体、部队和民兵、预备役人员的国防教育工作的机构、职责、开展国防教育的内容、方法都做了规定。

（4）国防教育的保障。对国防教育经费的筹集和使用,物资、场地及教育大纲、教材、国防教育教员的选拔等保障做了规定。

（5）法律责任。《国防教育法》规定:"国家机关、社会团体,企业事业组织以及其他社会组织违反本法规定,拒不开展国防教育活动的,由人民政府有关部门或者上级机关给予批评教育,并责令限期改正;拒不改正,造成恶劣影响的,对负有直接责任的主管人员依法给予行政处分。"同时对于其他违反国防教育法规定的行为,以至破坏国防教育基地设施,寻衅滋事,扰乱国防教育工作和活动秩序,以及负责国防教育的国家工作人员玩忽职守,滥用职权,徇私舞弊的,依法给予行政处分;构成犯罪的,依法追究刑事责任。

《国防教育法》的公布实施,标志着我国国防教育事业迈入了法制化轨道。这对于保证全民国防教育的开展,推动新时期的国防建设,增强全民国防观念和民族凝聚力,提高全民素质,促进社会主义精神文明建设,必将产生重大而深远的影响。

(四) 其他军事法规

1.《中华人民共和国预备役军官法》

为了健全预备役军官制度,完善国家武装力量动员体制,加强国防后备力量建设,1995年5月10日第八届全国人民代表大会常务委员会第十三次会议通过了《中华人民共和国预备役军官法》,2010年8月28日第十一届全国人民代表大会常务委员会第十六次会议作了修正。本法是根据宪法和兵役法制定,共11章66条。包括总则、预备役军官的来源和选拔、预备役军官的职务等级和预备役军官的军衔、预备役军官的登记和征召、培训、待遇、退役和法律责任等。《预备役军官法》的颁布,标志着我国兵役制度和军官制度更加完善,对于增强公民的国防意识,依法开展预备役军官工作,对进一步完善国家武装力量动员体制,加快建设具有中国特色的国防后备力量体系,维护国家的安全和稳定,保障改革开放和现代化建设,都具有非常重要的意义。

2.《中华人民共和国军事设施保护法》

为了保护军事设施的安全,保障军事设施的使用效能和军事活动的正常进行,加强国防现代化建设,巩固国防,抵御侵略,1990年2月23日第七届全国人民代表大会常务委员会第十二次会议通过了《中华人民共和国军事设施保护法》,自1990年8月1日起施行。这部法规共8章37条,包括总则、军事禁区和军事管理区的划定及保护、没有划入军事禁区和军事管理区的军事设施的保护、管理职责、法律职责等。《军事设施保护法》的颁布,不仅为我国军事设施保护提供了法律依据,而且对于维护国家安全利益,加强新时期国防现代化建设具有非常重要的意义。

3.《民兵工作条例》

在未来战争中,武器装备、战争规模、战争样式以及作战方法等都将发生巨大的变化。但是,根据我国的社会制度和基本国情,对外反侵略战争的性质和依靠人民,实行人民战争的这一指导思想是不会改变的。在现代战争中,民兵的地位和作用,不仅不会降低,而且还将得到进一步的提高和加强。因此,国务院、中央军事委员会从国家和国防后备力量建设的实际出发,以《兵役法》为依据,于1990年12月24日,国务院、中央军委第71号令,从1991年1月1日起实施新的《民兵工作条例》。该条例共9章46条,对民兵的性质、民兵工作的任务、指导原则、各级职能和民兵组织建设、政治工作、军事训练、武器装备管理、战备执勤、民兵事业费管理、奖惩等做了明确规定。同时强调了民兵作为我国武装力量的重要组成部分,必须置于中国共产党的绝对领导之下。各级地方党委和人民政府必须加强对民兵工作的领导,要统筹安排注意解决民兵建设中的一些实际问题,加强各级民兵建设。

4.《军人抚恤优待条例》

军人优抚法律制度是国家和军队有关优待、抚恤革命军人及其家属的法律和法规所确定的制度。它包括国家及省、市、自治区人民代表大会、人民政府和军队所制定、颁布的对现役军人及其家属、革命残废军人、退出现役军人、革命烈士家属、牺牲、病故军人家属实施物质帮助和精神安抚的具有法律性质的规定和办法。2004年，中华人民共和国国务院、中华人民共和国中央军事委员会第413号令公布《军人抚恤优待条件》。2011年，国务院、中央军事委员会公布修改决定，自2011年8月1日起实施。《军人抚恤优待条例》共6章54条，主要内容有：军人优抚工作的基本原则、优抚对象和优抚内容等。这是一部维护和保障对象权益的重要优抚法规。它的贯彻实施对加强人民军队的革命化、正规化建设，对于增强广大人民群众的国防观念，对保障优抚对象的生活和提高他们的社会地位，都具有十分重要的意义。

5.《动员工作条例》

1985年颁布的《中国人民解放军动员工作条例》，根据《兵役法》的有关条款，从建立健全中国人民解放军动员工作制度，保证战时实施快速动员，完成组、扩建部队的任务出发，对动员工作的基本任务、基本原则、组织领导、职责分工、动员计划的拟制、平时和战时的动员扩编等，做了明确的规定，提出了具体的要求。例如，动员工作的基本原则要求平时的动员扩编的准备工作要服从于国家经济建设，按照国家提供的财力、物力等实际情况和战备的需要，有计划、有步骤地进行，要求坚持人民战争思想，实行全党动员、全民动员；就地出干部、就地出装备的方针；强调要以现役部队为骨干，以民兵、预备役人员为基础；并提出了战时动员扩编速度要快，兵员质量要好，行动要隐蔽安全的标准。这一条例的颁布，对我国国防后备力量完成动员任务提供了可供遵循的章程，为保证战时实施快速动员创造了重要的条件。

完善的国防法制体系，是搞好国防建设的保障。有了国防法规，还需要人们去自觉地遵守。宪法赋予了每个公民保卫祖国、抵抗侵略的神圣职责，这是一个总的要求，公民具体的国防义务，包括有履行兵役的义务，支持人民军队的建设和改革的义务，支持民兵、预备役建设的义务，支前参战的义务，拥军优属的义务，军民联防的义务，保守国家军事机密的义务，保护国防工程和设施的义务，发展生产、增强国家经济实力的义务等，这些都是公民应自觉履行的国防义务。当然，没有无义务的权利，也没有无权利的义务。公民在承担国防义务的同时，也应享受相应的权利。如义务兵家属的优待，对烈士、牺牲、病故者的抚恤，对立功的褒奖，国家、政府都以法律、法令和条例的形式作出了明确的规定。每一个公民都应自觉做到在履行义务中争做模范，发扬中华民族的传统美德，不计较个人的利益得失，为国防事业作出自己的贡献。

爱国主义是千百年来形成的对自己祖国的一种最深厚的感情。这种深厚的感情是维系祖国安全的巨大凝聚力和向心力，是中华民族之魂。遵守国防法规，履行国防义务，是建立在高度的爱国主义觉悟基础之上的。在中华民族的历史上，每当民族存亡的危急时刻，无数爱国志士挺身而出，义无反顾地奉献自己，写下了许许多多可歌可泣的壮丽诗篇。爱国主义是履行国防义务的思想基础，有了这种崇高的觉悟,遵守国防法规就会自觉自愿、积极主动。我们每一个有志青年都应做遵守国防法规、履行国防义务的模范,为建设祖国保卫祖国作出积极的贡献。

第四节
新中国成立以来的国防建设

旧中国有国无防,国门洞开,受尽了帝国主义列强的侵略欺凌,中国人民为此付出了惨重的代价,经历了一百多年丧权辱国的屈辱历史。新中国的诞生结束了中国封建地主阶级和外国帝国主义统治的历史,标志着中国从此开始了由人民当家作主的新纪元,同时也使我国的国防性质发生了根本的变化。60 多年来,在中国共产党的领导下,新中国国防建设取得了举世瞩目的巨大成就。今天,中华人民共和国之所以能在世界上赢得大国强国的地位和声誉,主要在于政治上独立自主,经济发展和国防力量的不断增强。

一、新中国成立以后我国国防建设的主要发展阶段

中华人民共和国成立以来,我国国防建设大体经历了以下五个阶段。

第一阶段是从 1949 年底到 1953 年。这一阶段国家正处在外御帝国主义侵略,内治战争创伤和恢复经济时期。中国人民解放军在共产党领导下,在广大民兵和人民群众的积极配合、支援下,解放了西藏,完成了统一祖国大陆的伟大事业;剿灭了大批土匪,平息了匪患,保卫了革命胜利果实,巩固了人民民主专政;进行了抗美援朝的斗争,迫使美帝国主义不得不在停战协议上签字。为适应新的形势和现代战争的要求,国家成立了统一的军事领导机构,加强了对全国武装力量的领导。随着建立新的军兵种的条件逐渐成熟,我军开始着手组建新的军种和兵种,逐步开始从单一陆军向诸军兵种全面建设过渡。同时,还提高了全国人民的政治觉悟,增强了国防观念。从而把我国的国防建设推进到了一个新的阶段。

第二阶段是从 1953 年到 1965 年。这一阶段是我国国防现代化建设突飞猛进的时期。1953 年 12 月召开的全国军事系统党的高级干部会议,是军队建设和国防建设的一个里程碑。这次会议确定了我国国防建设的主要任务,防御帝国主义侵略,保卫社会主义建设,保卫亚洲与世界和平。为加速军队现代化的步伐,中共中央和中央军委制定了减少军队数量,提高军队质量,精兵、合成的战略决策。中国人民解放军于 1950 年至 1958 年,连续进行四次大规模的精简整编,取得了显著成效:一是压缩了军队规模。到 1958 年,军队

总数由 1950 年的 540 多万人降至 240 万人左右,武器装备和军队成员的现代化水平也明显提高。二是确立了诸军兵种合成体制。建立了空军、海军和陆军各特种兵领导机构,完成了由单一兵种向诸军兵种合成军队的历史性转变。三是调整了军委和总部领导机构,1954 年 9 月,中共中央军事委员会重新成立,直接领导人民解放军和其他武装力量。并几经调整,恢复和确立总参谋部、总政治部、总后勤部三总部的领导体制,加强了对全军的集中统一领导。四是重新划分了军区。1950 年大军区有 6 个,1955 年增加至 12 个,1956 年增加至 13 个。军区体制由一、二、三级军区和军分区四级体制,改为军区、省军区、军分区三级体制,精简了机关,提高了指挥效能;五是健全了院校和科研机构。继初、中、高三级院校体制建立之后,军事科学院和国防科学技术委员会相继成立,军事理论和国防科学技术的研究工作进一步加强;六是统一了部队编制。通过精简整编,军队的编制体制更加科学合理,战斗力大大增强,初步形成了具有中国特色的国防体系。

这一阶段,为增强国防建设的物质技术基础,党中央把发展我国自己的国防工业,包括原子武器和导弹武器的研制,提到了重要的议事目标上。1955 年 11 月 14 日,毛泽东同志主持召开中共中央书记处扩大会议,决定着手发展我国的原子能事业,研制核武器,从而揭开了我国尖端武器发展的序幕。1964 年 10 月 16 日,我国第一颗原子弹爆炸成功。中国政府随即发表声明:中国发展核武器,并不是由于相信核武器的万能要使用核武器。恰恰相反,中国发展核武器是被迫而为的,是为了防御,打破核大国的核垄断、核讹诈,是为了防止核战争、消灭核武器。此后,中国政府又曾多次郑重宣布:在任何时候、任何情况下,中国都不会首先使用核武器,并就如何防止核战争问题一再提出了建议。中国的这些主张已逐渐得到越来越多的国家和人民的赞同和支持。

第三阶段从 1965 年 5 月到 1976 年 10 月,我国处在十年"文化大革命"时期,也是国防现代化建设的低潮时期。这一时期,尽管有林彪、"四人帮"的干扰破坏,国防建设遭受严重挫折。但这期间,毛泽东、周恩来等主要领导人仍然警觉地注意维护我国的安全,毛泽东针对林彪和"四人帮"破坏军队的阴谋严肃指出"还我长城"! 保持了军队的稳定,顶住了霸权主义的压力。同时对发展国防尖端技术始终没有放松,因而保证了我国氢弹试验和人造卫星发射回收的成功。

第四阶段是从党的十一届三中全会到 1988 年。在具有伟大历史意义的十一届三中全会上,邓小平根据国际形势的不断缓和,特别是世界和平力量的增长,提出了"和平与发展"是当今世界两大主题的观点,从而确定全党工作的着重点和国防建设指导思想实行战略性转变。1985 年 5 月 23 日召开的中央军委扩大会议,作出了军队建设和国防建设实行战略性转变的重大决策。其基本精神:一是国防建设和军队工作从立足于"早打、大打、打核战争"的临战状态转变到和平时期正常建设的轨道。

二是在服从国家经济建设大局的前提下，有计划、有步骤、有重点地加强以现代化为中心的国防建设。三是强调军队建设转变到全面增强综合国力上来。四是从主要准备对付全面战争转变到重点准备打赢现代条件下的局部战争上来。并根据这一决策，采取了一系列重大措施：裁军100万；进行编制体制改革；走"军民兼容"的国防发展道路；不断完善和加强战争动员体制与后备力量建设；更加重视军事理论和国防科技研究。在邓小平新时期军队建设思想指导下，中国人民解放军进入到一个新的发展阶段。

第五阶段是从1989年到现在。江泽民、胡锦涛、习近平同志先后当选为中共中央军事委员会主席和中华人民共和国军事委员会主席，我国国防建设进入了一个历史性飞跃发展的时期。在这个时期，世界格局发生了根本性的变化：前苏联解体、东欧剧变、两大阵营的冷战宣告结束。世界由两极变为一超多强。特别是1991年爆发的海湾战争，一场以信息技术为基础的新军事革命浪潮蓬勃兴起，世界各主要国家为抢占21世纪的军事制高点，纷纷调整自己的军事战略和建军思想，力求赶上时代发展的步伐。江泽民、胡锦涛、习近平同志为总书记的历届中央领导核心，在继续坚持毛泽东军事思想和邓小平新时期军队建设思想的基础上，根据国际形势的新变化，着眼于把我国国防建设全面推向21世纪，与时俱进，及时进行国防建设指导思想战略性转变，军队现代化和信息化水平跃上了一个新台阶，有效地履行了人民军队在新时期的历史使命。

二、新中国国防建设的主要成就

国防建设是国家为提高国防能力而进行的各方面的建设。主要包括：武装力量建设，边防、海防、空防、人防及战场建设，国防科技与国防工业建设，国防法规与动员体制建设，国防教育，以及与国防相关的交通运输、邮电、能源、水利、气象、航天等方面的建设等。

重视国防和军队建设，是党的历代中央领导核心的一贯思想。从新中国成立以来，在党中央、中央军委的领导下，国防和军队建设取得了巨大成就。党的历代中央领导核心高度重视国防和军队建设，从根本上说，是因为国防的强弱与国家的安危存亡、兴衰荣辱紧密相关。当前，在新世纪的征途上，我们要坚定不移地贯彻党的十八大精神，按照中央军委习近平主席提出的"听党指军、能打胜仗、作风优良"的要求，大力加强国防和军队建设，更好地担负起保卫国家主权和领土完整的神圣使命，保证社会主义现代化建设顺利进行。

（一）建设了一支具有现代化正规化的诸军兵种合成的革命军队

军队是国防力量的主体，我国根据国防的实际需要和国家的基本承受能力，建设了一支诸军兵种相结合的具有现代化作战能力的革命化、现代化、正规化的军队。

我国在陆军的基础上,先后建立了空军、海军和战略导弹部队。陆军在步兵的基础上,相继建立了炮兵、装甲兵、工程兵、通信兵、防化兵等兵种。全军形成了诸军种、兵种统一的合成体系。

现在,陆军在原有的特种兵得到加强的同时,又增加了陆军航空兵、电子对抗兵、气象兵和山地作战部队等兵种。陆军中特种兵的数量近年来已经超过步兵,实现了建军史上的伟大转变,大大加强了陆军的火力、突击力、机动力和快速反应能力,增强了现代化国防的威力。陆军既能独立作战,又能与海军、空军联合协同作战。1985年,陆军改编为合成集团军,使诸兵种合同作战能力和整体作战效能又有了新的增强。

我国海军以舰艇部队为主体,由水面舰艇部队、潜艇部队、海军航空兵部队和海军陆战队等兵种组成。舰艇部队日趋导弹化、电子化、自动化。舰艇普遍采用了卫星导航技术。过去的小炮舰和鱼雷艇已被国产的导弹驱逐舰、导弹护卫舰、导弹快艇和各类潜艇所代替。训练舰、大型补给船、科研实验船和核动力潜艇等新型舰艇开始服役。整个海军具有在水下、水面、空中和岸上实施作战的立体攻防能力,还可协同其他军种进行海上作战。

我国空军以航空兵为主体,由航空兵和地空导弹兵、高射炮兵、空降兵、雷达兵、通信兵等兵种组成,拥有的作战飞机数量居世界第三位。其中有高空高速重型歼灭机,有具有先进水平的轻型歼灭机,有具备一定突防攻击轰炸能力的轻型强击机和中程亚音速轰炸机,还有布雷飞机、电子干扰飞机。在全国范围内,构成以航空兵为主体和地面诸兵种合成的完整的防空体系。

我国战略导弹部队,于20世纪60年代中期创建,由周恩来总理亲自命名为第二炮兵,由近程导弹、中程导弹、远程导弹和洲际导弹部队组成。装备多种型号战略导弹,射程从数百公里至一万多公里,威力从几十万吨到数百万吨TNT当量。可实施固定发射,也可机动发射。建有与之相配套的作战、防护工程和各种设施,具有较强的生存能力。由于采用了先进可靠的制导技术,可随时按党中央和中央军委的命令给敌方以摧毁性的还击。

加强军队院校建设,不断提高各级干部的组织指挥能力和各类专业技术人员的水平,是加强常备军建设的重要环节。新中国成立以后,我军各类军事院校在解放前有限院校的基础上得到了迅速发展,培养了大批的国防人才。在新的历史时期,中央军委进一步强调"要把教育训练提高到战略地位"。在这个思想指导下,全军又开办了各级各类指挥院校和专业院校,培养了一批又一批能适应现代战争需要的各级指挥人才和各类专业技术人才。

20世纪90年代,人民解放军继续向着更高级的阶段迈进。根据高技术战争的特点和影响,人民解放军开始把军事斗争准备的立足点放在打赢现代技术特别是高技术条件下的局部战争上面,军事技术正在逐步实现由数量规模型向质量效能型、由人力密集型向科技密集型转变;在发展武器装备方面,人民解放军根据现代技术特别是高技术条件下局部战争的需要,努力发展高技术"杀手锏";在改革调整体制编制方面,人民解放军在进一步压缩军队规模,优化诸军兵种比例结构,完善合成体制,使军队体制编制更能适应现代合同作战和联合作战的需要;在改革教育训练方面,为培养掌握现代科技知识和战争知识,精通现代军事科学理论的高层次指挥人才,指挥院校增设了硕士、博士生教育,部队训练加大了实战力度。近年来,人民解放军多次在东海、南海进行了导弹发射训练,并在东海、南海和台湾海峡先后举行了大规模海空实弹演习和陆海空联合作战演习。1999 年 10 月 1 日,为庆祝中华人民共和国成立 50 周年,在北京天安门广场举行了建国以来规模最大的一次阅兵式。受阅官兵 1 万多名,400 多台车辆,组成 17 个徒步方队和 25 个机械化方队;受阅飞机编队首次由陆海空三军航空兵共同组成,由歼击机、歼击轰炸机、强击机、轰炸机、加油机、直升机等 9 个机种、15 个机型、132 架飞机编成 10 个空中梯队。这次阅兵展示了大量新型武器装备,既显示了国威、军威,也体现了人民解放军现代化建设的新水平。

21 世纪的人民解放军按照新时期打赢信息化战争的要求,继续优化体制编制,更新教育训练内容和手段,改善武器装备,加强军队的质量建设,提高诸军兵种的合成化水平,向现代化和信息化方向发展。

(二) 形成了综合的国防工业和国防科研体系

国防科技是衡量一个国家综合国力的重要标志之一,也是国防现代化建设的一个重要方面。新中国成立以来,在党中央、国务院、中央军委的领导下,经过六十多年的建设和发展,我国的国防科技工业从无到有,从小到大,从落后到先进,建立起了包括电子、船舶、兵器、航空、航天和核能等门类齐全,综合配套的科研实验生产体系,取得了一大批具有国内或国际先进水平的科研成果,为我军现代化建设和切实增强我国的综合国力作出了重要贡献。在军事电子方面,逐步发展成为具有相当规模,门类齐全的新兴工业部门,特别是在指挥自动化、情报侦察、预警探测、电子对抗和通信等方面,为我军提供了各种新式装备和产品,进一步增强了部队侦察、通信、指挥和作战能力;在船舶工业方面,先后自行研制建造了核动力舰艇、常规舰艇、导弹驱逐舰、导弹护卫舰、导弹快艇等作战舰艇,以及各种辅助船舶和新型鱼雷、水雷、反水雷等新装备;在兵器工业方面,研制生产了一大批具有先进性能的坦克、装甲车辆、火炮、弹药、轻武器、军用光电器材和综合火控、指挥系统等新型武器装备,为我军现代化作出了重要贡献;在航空工业方面,已能够生产歼击机、轰炸机、直升机、运输机、教练机等,基本满足了海空军作战和飞行训练的需要;在航天科技工业方面,已拥有地地、地空、海空和空空导弹武器系统,运载火箭、各种应用卫星的研制和实验能力以及各种应用卫星的发射能力,在世界高技术领域占有自己的一席之地;在核工业方面,我国不仅可以生产制造原子弹、氢弹、中子弹,还掌握了核潜艇技术,形成了有效的核威慑力量;在和平利用核能方面,我国已取得了突破性进展。新世纪,我国又取得了"神舟十号"载人飞船试飞并与"天宫一号"交会对接和"嫦娥三号"探月成功及"辽宁"号航空母舰成功服役。这些都说明,我国尖端武器技术和航天技术都取得了可喜的成就,标志着我国国防科学技术在某些方面已经达到或接近世界先进水平。

(三) 进一步完善了国防动员体制

完善国防动员体制,最主要是建立雄厚的国防后备力量。为使战时有效而迅速地展开动员,我国在完善国防动员体制方面做了大量工作。

1. 建立了国防动员机构

中央军委下设有人民武装委员会,负责指导协调全国的后备力量建设和动员工作。国务院部分部委设有动员机构,如国家计委设有国防局。各省、市、自治区的政府动员机构,有的设在计委或经委,有的设在国防科工办或机械厅。政府部门动员机构的职能是:根据国家动员计划和权力,督促各条战线落实动员任务。平时本着平战结合的原则,积极做好人力、物力、财力、资源的开发和储备;战时按照军民结合原则,采取有效措施,将各种资源的潜力迅速转变为实力。军队从总部机关到各战区、集团军、师(旅)均设有动员机构或动员军官。省军区、军分区、人武部,既是同级党委的军事部门,又是政府的兵役机关,是兼后备力量建设与动员工作于一体的机构。所有这些动员机构的建立,为战时动员的顺利开展奠定了良好的基础。

2. 建立了雄厚的国防后备力量

全国实行了民兵制度,明确规定了社会主义革命和建设时期民兵工作的方针和任务,自上而下建立了人民武装的领导机构,加强民兵工作的领导,党的十一届三中全会以来,国家颁布了新的兵役法,规定重新恢复预备役,实行民兵和预备役相结合的制度。这对建立雄厚的国防后备力量,进一步完善动员体制,具有重要的战略意义。现在全国的民兵组织,已由单一的步兵发展成为包括高炮、地炮、通信、工兵、防化、侦察以及海、空军等专业技术在内的强大的群众武装力量。民兵训练,不断向高层次发展。训练对象由过去主要训练步兵转向以训练干部和专业技术兵为主;训练内容,由过去以队列、射击、投弹为主,转到主要以"新三打三防"(即打隐形飞机、打巡航导弹、打武装直升机,防电子干扰、防精确打击、防侦察监视)为主的现代条件下人民战争上来;训练形式,由过去小型、分散训练逐步转到了县(市)民兵训练基地集中训练;训练手段也向电教化、模拟化方向发展。从1985年以来,全国又在普通高校和高级中学开展了学生军训,为国防培养了一批能文能武的后备力量。预备役部队是以现役军人为骨干、预备役人员为基础组成的,是战时实行快速动员的一种组织形式。转业退伍官兵编入预备役部队,由于他们经过正规部队的培养和训练,使预备役部队在军政素质、动员速度、反应能力等方面都达到了较高水平。

3. 依托地方高校培养国防优秀人才

为了进一步适应高新技术在军事领域广泛运用的新形势,拓宽选拔培养高素质军队建设人才的途径,培养和造就大批军政兼优、掌握现代科学文化知识的新型军事人才,2000年5月,国务院与中央军委颁布了《关于建立依托普通高等教育培养军队干部制度的决定》。其主要方式:一是军队从普通高等学校低年级在校生中确定培养对象,毕业后选拔担任军队干部;二是军队从普通高等学校的应届毕业生(含研究生)中,择优挑选热爱国防事业,全面素质高的学生,直接接收入伍担任军队干部;三是普通高等学校按照国家和军队有关部门下达的招生计划,招收品学兼优的高中生,毕业后定向分配到军队工作;四是采取军地院校联合培养人才,选送现役干部到普通高等学校学习深造。军队在普通高等学校设立国防奖学金,享受国防奖学金的学生,毕业后应到军队工作。

三、中国国防体制与国防政策

(一) 我国的国防体制

我国根据宪法、国防法以及其他有关法律,进一步建立和完善国防体制,国家对国防活动实行统一的领导。

中华人民共和国全国人民代表大会是最高国家权力机关,决定战争与和平的问题,并行使宪法规定的国家方面的其他职权。全国人民代表大会常务委员会是全国人民代表大会的常设机关,决定战争状态的宣布,决定全国总动员或者局部动员,并行使宪法规定的国防方面的其他职权。国家主席根据全国人民代表大会的决定和全国人民代表大会常务委员会的决定,宣布战争状态,发布动员令,并行使宪法规定的国防方面的其他职权。国务院领导并管理国防建设事业。中央军事委员会领导并统一指挥全国武装力量。

中华人民共和国武装力量由中国人民解放军现役部队和预备役部队、中国人民武装警察部队和民兵组成。中国人民解放军由陆军、海军、空军、火箭军和战略支援部队组成,在全国范围内设五大战区。各战区下辖若干个陆军集团局、各兵种部队、后勤保障部队和省军区(卫戍区、警备区)。

国家对国防科研生产实行统一领导和计划调控,国务院负责领导和管理国防科研生产,管理国防经费和国防资产。中央军事委员会批准武装力量的武器装备体制和武器装备发展规划、计划,协同国务院领导和管理国防科研生产,会同国务院管理国防经费和国防资产。国家实行国家军事订货制度,保障武器装备和其他军用物资的采购供应。国家对国防经费实行财政拨款制度,并根据国防建设和经济建设的需要,确定国防资产的规模、结构和布局,调整和处分国防资产。

国务院和中央军事委员会共同领导动员准备和动员实施工作,国家在和平时期进行动员准备,将人民武装动员、国民经济动员、人民防空、国防交通等方面的动员准备纳入国家总体发展规划和计划,逐步完善动员体制,建立战略物资储备制度。国家重视开展国防教育,并将国防教育纳入国民经济和社会发展计划。

（二）我国的国防政策

我国政府坚定不移地奉行防御性的国防政策。《中华人民共和国宪法》明确规定，中华人民共和国武装力量的任务是巩固国防，抵抗侵略，保卫祖国，保卫人民的和平劳动，参加国家建设事业，努力为人民服务。我国的国家利益、社会制度、对外政策和历史文化传统，决定其必然实行防御性的国防政策。

我国始终把维护国家的主权、统一、领土完整和安全放在第一位。保卫祖国、抵抗侵略、维护统一、反对分裂，是我国国防政策的出发点和立足点。

我国正处于社会主义初级阶段，国家的根本任务是集中力量进行社会主义现代化建设。目前，我国面临着极为繁重的经济建设任务，国防建设必须服从和服务于国家经济建设的大局。

我国的发展需要一个长期的国际和平环境特别是良好的周边环境。我国始终不渝地奉行独立自主的和平外交政策，主张从中国人民和世界人民的根本利益出发来处理国际事务，不同任何大国或国家集团结盟；主张通过协商和平解决国家间的纠纷和争端，反对诉诸武力或以武力相威胁，反对霸权主义和强权政治；主张在和平共处五项原则的基础上，建立公正合理的国际政治经济新秩序，同所有国家发展友好合作关系。中国永远是维护世界和平和地区稳定的重要力量。中国即使将来强大了，也决不走对外侵略扩张的道路。永远不称霸，是中国人民对世界的庄严承诺。

我国实行防御性的国防政策，还渊源于我国的历史文化传统。我国是一个有五千年文明历史的国家，有爱好和平的传统。我国古代思想家曾提出过"亲人善邻"的思想，反映了自古以来我国人民就希望天下太平、同各国人民友好相处。这种思想表现在军事上，就是主张用非军事手段来解决争端、慎重对待战争和战略上后发制人。在几千年的历史进程中，爱和平、重防御、求统一、促进民族团结、共御外侮，始终是中国国防观念的主题。新中国的国防政策，继承和发扬了我国优良的历史文化传统。

我国的国防政策，主要包括以下内容。

（1）巩固国防，抵抗侵略，制止武装颠覆，保卫国家的主权、统一、领土完整和安全。我国的国防现代化建设完全是为了自卫，是保障国家现代化建设和安全的需要。这是中国国防政策的基本目标，也是我国宪法赋予中国武装力量的主要职责。我国努力避免和制止战争，努力用和平方式解决国际争端和历史遗留问题。但是，在霸权主义和强权政治依然存在的情况下，国家必须具有军事手段捍卫主权、统一、领土完整和安全的能力。我国武装力量的规模是与保卫国家安全和利益的需要相适应的。我国独立自主、自力更生地建设和巩固国防。

（2）国防建设服从和服务于国家经济建设大局，国防建设与经济建设协调发展。这是国家建设的两大战略任务。国防现代化需要国家的经济力量和技术力量的支持，国防现代化水平只能随着国家经济实力的增强而逐步提高。国家坚持以经济建设为中心,国防建设必须服从和服务于这个大局,军队积极参加和支援国家经济建设。国家在集中力量进行经济建设的同时,加强国防建设,促进国防建设与经济建设协调发展。

(3)贯彻积极防御的军事战略方针。我国在战略上实行防御、自卫和后发制人的原则,坚持"人不犯我,我不犯人,人若犯我,我必犯人"。我国坚持全民自卫原则和人民战争的战略思想,增强全民国防观念,完善国防动员体制,加强国防后备力量建设;立足现有武器装备,继承和发扬优良传统;适应世界军事领域的深刻变革,做好现代技术特别是高技术条件下的防卫作战准备。

(4)走有中国特色的精兵之路。在新的历史时期,军队努力加强质量建设,走有中国特色的精兵之路,目标是建设一支有中国特色的革命化、现代化、正规化的人民军队。军队现代化建设的基本方针是减少数量,提高质量,依靠科技强军,实现军队由数量规模型向质量效能型、由人力密集型向科技密集型的转变;按照现代战争的特点,努力提高武器装备现代化建设的水平,改革和完善军队的体制编制,改进部队的训练和院校教育的内容与方法,培养高素质的优秀军事人才,全面提高部队战斗力。

(5)维护世界和平,反对侵略扩张行为。我国坚持和平共处五项原则,独立自主地处理对外军事关系,开展军事交流与合作,不搞霸权主义,不搞军事集团,不进行军事扩张,不在国外驻军或建立军事基地。我国反对军备竞赛,主张根据公正、合理、全面、均衡的原则,实行有效的军备控制和裁军。我国支持国际社会采取的有利于维护世界和地区和平、安全、稳定的活动,支持国际社会为公正合理地解决国际争端,军备控制和裁军问题所做的努力。

我国拥有少量核武器完全是出于自卫的需要。我国承诺不首先使用核武器,不对无核武器国家使用或威胁使用核武器。我国不参加核军备竞赛,也从不在国外部署核武器。我国保持精干有效的核反击力量,是为了遏制他国对我国可能的核攻击,任何此种行为都将导致中国的报复性核反击。我国核武器的数量一直维持在较低水平,其规模、结构组成和发展与我国的积极防御军事战略方针相一致。

解决台湾问题,实现中国完全统一,是中华民族的根本利益。我国政府解决台湾问题的基本方针是"和平统一,一国两制",并贯彻发展两岸关系,推进祖国和平统一进程的八项主张。台湾问题完全是我国的内政,我国政府坚决反对任何国家向台湾地区出售武器或与台湾地区进行任何形式的军事结盟,反对任何形式的外来干涉。我国政府尽一切可能争取和平统一,主张通过在一个中国原则基础上的对话与谈判来解决分歧。2005年3月14日第十届全国人民代表大会第三次全体会议以高票审议通过的《反分裂国家法》,充分反映和代表了全体中国人民的共同愿望和根本利益。中国人民解放军坚定不移地以国家意志为最高意志,以民族利益为最高利益,坚决捍卫国家的主权和领土完整,绝不容许任何分裂祖国的图谋得逞。

国 防 动 员

国防动员,是指国家或政治集团由平时状态转入战时状态,统一调动人力、物力、财力为战争服务所采取的措施。其实质就是将战争潜力转化为战争实力的过程。国防动员的主体是国家,因此是国家行为,是国家职能的重要内容,也是国家利益和意志的体现。国防动员的主要内容包括:武装力量动员、经济动员、人民防空动员、交通战备动员和国防教育。

(一) 武装力量动员

武装力量是国家或政治集团拥有的各种武装组织的总称。

武装力量动员是指国家为了适应战争的需要,将军队及其他武装组织由平时体制转为战时体制所采取的措施,是国防动员的核心内容,也是战争初期夺取战略主动权和取得战争胜利的关键环节,通常包括现役部队动员、后备兵员动员和民兵动员。

1. 现役部队动员

现役部队动员是指将现役部队由平时编制转为战时编制的活动。现役部队是国家的常备军,通常包括各军种部队和武装警察部队,是保卫国家安全的支柱力量。

现役部队动员的内容主要包括:

(1) 现役部队接到命令后,停止转业、复员、退伍、休假等活动,迅速召回外出人员,做好征召预备役人员、补充和扩编部队的准备。

(2) 按照战时编制和兵员补充计划以及划定的兵员补充区,与地方政府的动员部门取得联系,紧急征召集结预备役人员,调整建制和人员,补充武器装备和物资,达到齐装满员。

(3) 迅速按照动员扩编计划和预定方案组建新的建制部队。

(4) 将地方部队升级为机动作战部队。

2. 后备兵员动员

后备兵员动员是指将平时储备的后备兵员转服现役的活动,与现役部队动员同步实施。后备兵员动员以地方政府为主组织实施,通常包括:预备役部队动员、非编组预备役人员补充满员动员和组建地方部队动员。

后备兵员动员的主要程序和方法是:

(1) 根据战争需要,迅速修订后备兵员动员计划。

(2) 发放通知,召回休假外出的预备役人员。

（3）组织预备役人员报到或组织预备役部队的集结,向预备役部队或新组建的地方部队发放武器装备和物资。

（4）实施临战训练,组织后勤保障。

（5）根据上级命令,预备役部队转服现役,宣布新组建部队的命令。

3. 民兵动员

民兵动员是指根据战争需要,动员民兵参战支前的活动,其主要内容和方法是:

（1）按战时要求调整健全民兵组织,包括配齐人员、调整骨干、落实制度。

（2）按计划配发武器装备,并突击抢修或制造适合民兵参战支前特点的武器装备,满足民兵执行任务的需要。

（3）修订参战支前计划,组织各种保障。

（4）组织民兵进行临战训练,提高参战支前能力。

（二）经济动员

经济动员是指国家将经济部门、经济活动和相应体制从平时状态转入战时状态所采取的措施,目的是充分调动国家的经济能力,提高生产水平,扩大军品生产,保障战争需要。经济动员是构成战争实力的基础,为取得战争胜利提供重要的物质保障。内容通常包括工业动员、农业动员、建筑业动员、信息产业动员、贸易动员、财政金融动员、卫生力量动员等。

1. 工业动员

工业动员是指国家将工业部门及相应的体制从平时状态转入战时状态所采取的措施。它是经济动员的基本组成部分,其任务是扩大军品生产规模,并为各经济部门提供原材料、燃料、动力和设备,提高生产能力,保障战争需求,以解决平时有限的军工生产规模与战时急剧膨胀的需求之间的矛盾。

工业动员依据国家动员法令、计划,由政府组织实施。主要做法是:

（1）调整产业和产品结构,扩大军工生产规模,加强新式武器装备的研制和生产,增加军品产量。

（2）调整工业布局,新建、扩建、改建和搬迁部分工厂。

（3）实施工业转产,将部分民用企业改为军工企业。

（4）挖掘生产潜力,扩大生产资料的生产,使能源和原材料的生产适应军工生产的需要。

（5）扩大被服、食品、医药等军需品的生产,使轻纺、食品、医药等工业重点保障战争需要。

（6）实行战时军用产品的技术标准。

（7）改革管理体制,加强集中管理,实行战时劳动制度,调动广大职工的生产积极性,提高生产效率。

2. 农业动员

农业动员是国家战时为保障战争对粮食、副食品和工业原料的需求所采取的措施,是经济动员的重要组成部分。主要任务是以粮食生产和供应为中心,调整农业结构,扩大生产;对农产品流通、分配和消费实行统一管理。

农业动员的主要内容和做法是:

(1) 调整农业生产结构和布局,扩大谷物的播种面积,增加粮食产量,制定适应战争需要的农业生产计划,规定农产品的品种,扩大战争急需的粮食和经济作物的播种面积,提高单位面积产量。

(2) 对农产品实行统管,加强收购,禁止粮食自由买卖,实行严格的粮食配给制度。

(3) 增加农业投资,加强农业生产管理,对遭受战争破坏的农业地区,动员和组织农民生产自救,保障正常的生产和生活需要。

(4) 挖掘农业劳动潜力,组织妇女、少年、老人和闲散人员参加农业生产。

(5) 组织后方部队和工矿企业,自己动手进行农副业生产,弥补粮食供应的不足。

(6) 抢收临近前线地区的庄稼,抢运农业机械,组织居民后撤,保护农业生产力。

3. 建筑业动员

建筑业动员是指将国民经济中,专门从事建筑安装工程施工的物质生产部门的人力、物力、设备等,有组织、有计划地投入战争,保障战争需要的活动。建筑业动员在战场工事构筑、桥梁道路建设、建筑物的抢修等方面起着十分重要的作用。

建筑业动员的主要内容和做法有:

(1) 调整建筑业的生产计划和生产任务,即根据战场建设、战时抢修与后勤保障的需要,有计划、有组织地调整建筑业人员、设备等以保障战争需要。

(2) 调整建筑业的生产组织,即组建适应战时需要的各种专业分队,支援战场建设与战时抢修。

(3) 统一调拨用于建筑业的资源,将有限的资源用于保障战争的需求。

(4) 加强重要目标的防护与抢修,对重要的目标应修建一定的防护与伪装工程,以保护目标免受战争破坏,对已遭战争破坏的目标迅速组织人员进行抢修。

4. 信息产业动员

信息产业动员是指国家为保障战争对信息力量的需求所采取的措施,是现代经济动员的重要组成部分,通常包括对信息从业人员、设备的动员。

现代化的作战指挥系统一刻也离不开信息技术的保障,以指挥、控制、通信、情报、计算机为要素的 C^4I 系统已成为现代化作战指挥系统的神经中枢。

信息产业动员的主要内容和措施是:

(1) 扩大信息产品生产能力,满足军队需要。

(2) 组织信息技术人员、设备支援前线。

(3) 调整通信网络,组织通信防卫,抢修抢建通信线路和设施,确保通信联络安全、稳定、畅通。

5. 贸易动员

贸易动员是指国家为满足战争要求在商品流通领域所采取的措施。

战时贸易动员的主要内容和措施为：

（1）扩大国家直接计划管理物资的种类和数量，特别是对一些重要的战略物资实行严格控制和按计划分配，利用法律、行政、经济等手段干预物资流向，使之符合战争的需要。

（2）建立适合战时特点的贸易管理体制，在大规模战争中实行高度集中的管理，在局部战争中实行部分产品集中管理，使重要物资的供应得到可靠的保证。

（3）实行严格管制与搞活流通相结合的贸易动员方针，拓宽战时物资保障的渠道。

6. 财政金融动员

财政金融动员，是指国家为保障战争需要而采取的筹集战时经费的活动，其主要内容和措施有：

（1）实行战时税制，加强税收管理。

（2）调整和平时期的预算，实行战时预算。

（3）适当增加举借债务。

（4）调节货币流通，增发货币，加强金融管理。

7. 卫生力量动员

卫生力量动员是指统一调度和使用医药卫生方面的人力、药品和器材设备，对军民实施卫生保障的措施。

战时卫生力量动员的主要内容和措施有：

（1）国家统一管理、调度、使用卫生人力、卫生器材设备和药品，为战争服务。

（2）协调各种卫生力量，重点保障作战部队的需要，加强战场医疗救护，尽量缩短伤病员后送过程，增强分队救治和后送伤病员的能力，将伤病员及时、迅速、妥善地转送到后方治疗。

（3）及时组织调运和生产药品、卫生器材和设备，包括血液、氧气和生物制品等，保证军民伤病员救治所需药品器材的供应。

（4）组织卫生防疫系统，开展群众性的卫生防疫运动，加强卫生防疫工作，落实各项卫生防疫措施等。

（三）人民防空动员

人民防空动员是指国家发动和组织民众战时防备敌人空袭，消除空袭后果所采取的措施。主要任务是：依据国家有关法律法令，动员社会力量，进行防空设施建设，组建防空专业队伍，普及防空知识教育，组织隐蔽疏散，配合防空作战，消除空袭后果。目的是保护居民、经济设施及其他重要目标安全，减少国家及人民群众生命财产的损失，保存战争潜力。现代战争条件下，空袭与反空袭已成为重要的作战样式之一,人民防空动员对赢得战争的胜利具有极为重要的地位和作用。

战时人民防空的内容包括以下几个方面。

1. 疏散防护

疏散是战时防护的基本措施之一,疏散防护是指从敌人攻击所造成的危险区中,将人员撤至安全地带的行动。

现代战争条件下,疏散仍然是城市居民防护的一项主要措施。疏散防护包括早期疏散、临战疏散和紧急疏散。

早期疏散,是指国家判断战争将要爆发至宣布进入战争状态之前的时间内,按照国家或战区发布的动员令,组织城市居民、物资工厂、设施等按计划分批进行的疏散。早期疏散规模较大,牵涉到城市国民经济各个部门及城市人民生活的各个方面。疏散的地点一般选择在本市中、远郊区,重要的物资、设施、工厂的疏散距离,通常距城区和主要目标的边缘30公里以外,老、弱、病、残、妇、幼等人员的疏散距离一般距城60—80公里。

临战疏散,是指国家在宣布战争状态后至战争爆发之前这段时间内,按计划组织以城市居民为主的疏散,疏散对象以重要目标附近的人员、物资、设施为主,疏散地区以城市近郊为主。

紧急疏散,通常是指首次空袭前24小时内,或在空袭的间隙实施的撤退隐蔽行动。准确获取空袭情报,迅速传递警报信号是组织紧急疏散的重要环节。正确把握紧急疏散的时机,及时发放警报信号,是战时人民防空指挥部的重要任务。

2. 掩蔽防护

掩蔽防护是指在遭到敌人空袭时,有计划、有组织地将城市的人员、物资、工厂、设施等转入地下隐蔽,对地面的重要目标实施伪装的防护行动。主要包括转入地下防护、利用地形地物防护和对重要目标进行伪装。

转入地下防护,是指利用地下掩蔽工事对人员和物资提供屏蔽防护的一种措施。它的主要任务是向居民提供掩蔽室或为战时行动提供掩蔽工程保障。它是人民防空最基本、最活跃的一项措施。其中,构筑掩蔽工事是掩蔽防护的一项中心内容。掩蔽工事按作用时段可划分为永久型掩蔽工事和临时型掩蔽工事,民防掩蔽工事特别是永久型掩蔽工事的建设是大多数国家一项主要的也是耗资巨大的民防准备活动。它具有安全系数高、反应速度快、效费比高等特点。

利用起伏复杂的地形和地面坚固的建筑物进行隐蔽,是最简便易行的防护措施。通常是在紧急情况下,或在掩蔽工事较少,或距离掩蔽工事较远无法及时转入地下隐蔽时采用。利用地形地物进行隐蔽时,应本着就近就地的原则,事先要将人员、物资、设备、车辆等分门别类地定点划片,区分好隐蔽地域,以防止拥挤混乱。

有效的伪装,是高技术条件下防止敌人空中侦察和破坏,防敌精确制导武器袭击的主要措施之一。其目的是为了隐蔽自己,迷惑敌人,以造成敌人的错觉和不意,有效地降低敌发现和袭击的概率。

3. 消除空袭后果

消除空袭后果是指遭受空袭后实施迅速抢救、抢修和重建的行动。其重要意义在于通过这些行动保障幸存人员的安全,保障基本经济活动的进行和城市功能的恢复。

消除空袭后果的主要手段有消防、紧急救援和紧急修复。

(四) 交通战备动员

交通战备动员,是指国家在战时统制各种交通运输线、设施和运输工具,进行人员、物资、装备运输的措施。其任务是:保障军队机动,兵员和武器装备的补充,军工生产,军品供应,居民疏散,工厂搬迁,以及其他人员、物资的前送后运等。

交通战备动员的主要内容包括:铁路运输动员、公路运输动员、水路运输动员、航空运输动员及管道运输动员等。其基本措施包括:

（1）征用运输工具。战时征用民用运输工具用于战争,是提高军事运输效率的普遍做法。

（2）实行交通运输管制。战时,交通运输量剧增,为解决运力不足和时间紧迫的矛盾,避免交通拥挤和堵塞,必须由政府对整个交通运输系统实行军事管理,即交通管制。

（3）加强交通战备动员的组织指挥。主要是指在战时采取组织和技术管理措施,提高运输工具的运输能力和交通线的通过能力。

（4）加强交通线的防护。高技术局部战争条件下,交通线路成为交战双方袭击的重点目标,因此,必须加强对重要交通线路的防护,以确保部队的机动与后勤保障的需要。

(五) 国防教育

国防教育,是国防领域里的教育现象,是为捍卫国家主权、统一、领土完整和安全,防御外来侵略、颠覆和威胁,维护世界和平,对全体公民进行有组织、有计划的国防政治、思想品德、军事理论、军事技术战术和体质及国防形势等诸方面施以影响的一切活动。它是人类社会发展到一定阶段,由于国防的需要而产生的社会各领域的教育现象。一定社会的国防教育,是一定社会的政治经济的反映,同时又给一定社会的政治经济以影响和作用。社会主义社会的国防教育,是巩固和加强国防,促进政治、经济和社会发展的重要手段。

1. 国防教育的目的

不同时期赋予了国防教育不同的内容,国防教育的目的也随着时代的发展而不断提出新的要求。在新的历史时期,我国国防教育的目的主要有以下几个方面:

（1）增强国民的国防观念。

强烈的国防观念,是增强国家向心力和民族凝聚力的强大精神力量,是保卫祖国、建设伟大社会主义强国的重要思想基础。国防观念是通过坚持不懈的国防教育,在长期的实践中逐渐形成的。

（2）增强国防职能意识。

国家的宪法、法律、法规规定了社会组织和公民在国防建设中所应该承担的国防职能和义务。作为武装集团的军队,和平时期的根本职能仍然是战斗队的职能。地方各社会集团的国防职能主要是发展社会生产力,建设强大的现代化经济,在为国防建设提供雄厚的物质基础的同时,大力加强与军队建设和国防后备力量建设有关的工作。各个社会集团尽管地位不同,性质不同,其国防职能也不尽一致,但是,只要在社会中生活,就有承担国防职能的义务。而增强国防职能意识,最根本、最有效、最长远的手段是进行国防教育。我们的国防是全民的国防,应该通过国防教育,使全社会和全体公民都明确自己在国防建设中应该承担的责任和义务,树立起"国家兴亡、匹夫有责"的观念,自觉接受国防教育,自愿地为国防建设作贡献。

（3）提高国民的民族素质。

国民的民族素质由思想道德素质、科学文化素质和身体素质等构成。爱国主义、民族自信心与自尊心是民族思想道德素质的重要组成部分,先进的科学文化和技术以及强健的体魄,是一种强大的国防力量。国防教育的实质,是爱国主义和革命英雄主义的教育,是民族精神和气节的教育,是唤起人民忧患意识和民族危机感的教育,是提高民族思想道德修养的教育。

（4）培养国防科技人才。

国防教育除增强人们国防观念外,新时期还把培养国防科技人才作为主要目的之一。国家有计划地招收国防生,扩大军队院校招生范围,加大国防科技人才培养力度,在国防科技人才培养上加大科技含量,确立以培养国防科技人才为目的的国防教育体制。

2. 国防教育的地位与作用

国防教育是国家必不可少的基础教育,是进行爱国主义、革命英雄主义和传统美德教育,增强公民国防观念的一项战略措施,是国防建设的重要组成部分,是建设国防、保卫国防、抵御外来侵略、捍卫国家主权和安全的重要思想保障,在国家生存和发展中具有极其重要的战略地位。

（1）国防教育是关系到国家生死存亡的社会工程。

中外历史发展的经验一再证明,国防教育对于国家的兴衰存亡,具有十分重要的作用。古人云"天下虽安,忘战必危"。三国时的诸葛亮也说过:"若有居安而不思危,寇至而不知惧,此谓燕巢于幕,鱼游于鼎,亡不待夕矣"。就是说,处于和平安定年代不考虑战争的危险,敌人突然进攻,又不知如何抵御,这就像在幕上筑巢的燕子,在热锅里游泳的鱼一样,立即就会灭亡。世界历史上,类似的教训也不胜枚举。纵观古今,由于忽视国防,忽视国防教育而导致国家衰亡的事例屡见不鲜。

正因为如此,当今世界各国,无论是发达国家还是发展中国家,无论是安全系数大还是小的国家,几乎都把加强国防教育视为一项重要的社会性工程,把国防观念作为最高的社会公德来培养,并以法制措施加以保障。

(2)国防教育是加强国防建设的思想保证。

国防教育不仅是国防建设的重要组成部分,而且是国防建设的思想保证。无论是军队、民兵、预备役部队建设,还是国防科研、军工生产和国防施工,都需要让人们懂得这些工作在国防建设中的地位和作用。在和平时期,如果没有国防教育作先导,国民就很难具有强烈的国防意识和国防责任感,也就不可能动员各级党政干部和人民群众来关心、支持和参加国防建设,也就不可能建设一个强大的国防。

(3)国防教育是提高战斗力的重要手段。

国防教育是战争中精神要素的重要来源之一,可以产生出巨大的精神力量和物质力量。平时通过国防教育,使国民树立强烈的意识,到战时就会转化成巨大的战斗力。古今中外的军事理论和实践证明,战争不仅是物质的较量,武器装备的较量,而且是人的因素的较量,是人的意志、精神、思想、信念、智能的较量。一个国家,国民如果有了强烈的爱国精神和忧患意识,能时刻把国家安危、民族兴亡记在心上,就能转化为勤奋学习、积极工作、苦练精兵的报国之志,战时就能成为战斗力的"增效剂",释放出超常的能量,不仅战争潜力能得到充分的动员,而且人的主观能动性也会得到充分的发挥。

(4)国防教育是一种强大的威慑力量。

国防建设不仅应致力于夺取战争的胜利,更应着眼于制约战争的爆发。维护国家安全,在发挥外交、宣传作用的同时,还必须以强大的实力作后盾,这种实力,既包括装备精良的强大军队和经济力量,也包括全国人民强烈的国防观念和充分的动员准备,这就需要平时的国防教育来实现。古人曰:"畏危则安,畏亡则存"、"居安思危"。这些话充满了安危、存亡的辩证法,说明了一个共同的道理:和平时期,你越是想到战争的危险,并做好充分的准备,战争发生的可能性就越小,否则,就可能遭到外敌的入侵,甚至导致亡国。我国古代军事家孙武有句名言,"不战而屈人之兵"。"不战"的前提是自身的强大、警惕而有准备。周恩来也曾讲过:"敢战方能言和,言和必须备战"。说明和平必须用实力和充分的战争准备去争取。

(5)国防教育是提高国民素质的有效途径。

国民的素质,一般包括思想道德素质、科学文化素质、身体素质等方面的内容。提高国民素质的根本途径是大力发展教育事业,国防教育作为整个教育事业的一个组成部分,其基本内容包括与国防密切相关的品德教育、智力教育和体质教育等。

(6)国防教育是增强民族凝聚力的有效途径。

加强全民的国防教育,增强人民的国防观念,不仅是保障国家安全的需要,也是国家发展、民族振兴、增强凝聚力和向心力的"黏合剂"。通过形式多样的教育,能极大地激发国民的爱国之情、忧国之心和报国之志,时刻关心祖国的前途和命运,终生为祖国的繁荣富强而奋斗,能使其树立强烈的民族自尊心和自信心,处处维护国家的利益、尊严和荣誉;能使其自觉地关心国防事业,为建设和保卫国防奉献自己的聪明才智乃至热血和生命。这是一种巨大的精神力量,是团结、武装人民,战胜敌人的有力武器。而这种爱国情感和国防观念,在民族生存和发展中,能显示出巨大的凝聚力。

3. 国防教育的内容

(1) 国防历史教育。

我国的国防历史,伴随着中华民族五千年的历史,记录了中华民族悲壮的过去,有着沉痛的教训,也积累了成功的经验,充满着中华民族的勇敢和智慧,不仅是中国人民的精神财富,也是我们进行现代国防教育的生动教材。我国的国防产生于公元前21世纪的夏朝。夏王朝贵族统治阶级为了巩固自己的统治地位,建立了我国第一支军队,从而相应地产生了早期的国防。自夏以后,历经商、周两代,约在春秋与战国之交,我国由奴隶制社会进入封建社会,在漫长的封建社会中,我国的国防随着历史的发展而不断发展变化。

(2) 国防理论教育。

国防理论,是对国防的系统化理性认识,是国防问题本质、规律性的反映,是关于国防的科学理论知识。国防理论教育,是国防教育的重要内容,是深层次的国防教育,就是把增强国防意识建立在理性认识的基础上,使人们的国防意识从感性认识向理性认识转变,从朴素感性状态向理性思维状态转变,从根本上树立国防意识。国防理论教育主要有:国家政权理论教育、战争与和平理论教育、马克思主义军事理论教育、人民战争理论教育等。

(3) 国防精神教育。

国防精神是指一个国家的公民关心祖国的前途和命运,维护国家的尊严和安全,支持国防的巩固与强大所表现出的一种民族意识和道德规范。在实际生活中,表现为保卫祖国、建设祖国的高度热情和献身精神。进行国防精神教育,就是要倡导和运用这种闪烁着中华民族历史辉煌的崇高精神,对全体公民尤其是青少年进行教育,这对于保证国防建设和军队建设的正确的政治方向,对于普及科学文化知识,对于增强民族的凝聚力和向心力,对于将公民爱国之心、报国之志转化为保卫祖国和建设祖国的实际行动,都有着十分重大的意义。国防精神教育主要有:爱国主义精神教育、革命英雄主义精神教育、爱军尚武精神教育、国际主义精神教育等。

(4) 国防常识教育。

国防常识是指国防领域里的战争、军兵种知识、武器装备、领土和领空及领海、国防历史、军事地理、防空防化、法规军纪、国防技能等方面的一般知识。进行国防常识教育,是要使大家了解当代世界军事领域的深刻变化和战争的主要形态,掌握履行国防义务所必要的知识和技能,从而更好地履行公民的国防义务和权利。搞好这一教育,对于深刻理解我国的国防战略和国防政策,了解高技术条件下局部战争的特点和规律,改变人们的国防知识结构,培养现代战争需要的人才,加强国防建设,都有着十分深远而重大的意义。

（5）国防科技教育。

国防科技,是指在国防领域里开发和应用的科学技术,亦称军事科学技术。它作为国防和军事领域里的知识体系,主要体现在武器装备、国防设施、军事管理上,制约着武器装备的发展水平和军队战斗力的强弱,是现代国防综合实力和威慑力的重要标志,是现代战争胜负的重要因素。

国防科技教育的主要内容有:信息技术、空间技术、生物技术、光电子技术、新材料技术、新能源技术、海洋技术等。

（6）国防法规教育。

国防法规,是有关国防的法律、法令、规则、章程等法律文件的总称。它对国防领导体制、武装力量体制编制、国家兵役制度、兵员动员制度、训练、管理、作战、保密制度、国防科研和教育制度、国防经费的保障、军人待遇及其相互关系、军人犯罪惩治和教育、军事设施保护以及国防建设的诸方面活动起规范作用。它是国家法律法规的重要组成部分。

国防法规教育,是国防教育的重要内容。国防法规是国防的法律依据,它既是法律建设的重要内容,也是国防建设的重要任务和保证。进行国防法规教育,对于增强国防法律意识,提高依法办事的自觉性,对于加强武装力量建设,提高军队战斗力,对于保证实现国防现代化、增强防卫和应急作战能力、遏制和赢得战争胜利等,都具有重要意义。

（7）国际形势与安全教育。

尽管世界形势发展的主题是和平与发展,但有些地区的局势还相当紧张。中国周边虽然出现了一个相对和平的局面,但我国的国防环境仍然存在着许多隐患。要通过国防教育,使全体公民认识到我国所面临的国际形势和安全的现实。

复习思考题:

1. 现代国防有哪些基本类型和特征?

2. 回顾我国的国防历史,带给我们哪些启示?

3. 新中国国防建设取得了哪些主要成就?

4. 我国国防政策和国防动员的主要内容有哪些?

第二章

中国武装力量

　　武装力量是国家各种武装组织的总称,是国家机器的重要组成部分。中华人民共和国的武装力量是中国共产党缔造和领导的,用马列主义、毛泽东思想武装起来的,全心全意为人民服务的无产阶级性质的人民武装力量,是人民民主专政的工具。我国宪法规定:"中华人民共和国的武装力量属于人民。它的任务是巩固国防,抵抗侵略,保卫祖国,保卫人民的和平劳动,参加国家建设事业,全心全意为人民服务。"在新的历史时期,建设一支具有中国特色的强大的武装力量,对于维护世界和平,保卫祖国安全,为改革开放和社会主义现代化建设创造一个安全稳定的良好环境,具有十分重要的意义。本章重点介绍我国武装力量体制和中国人民解放军各军兵种的编成和任务及装备概况。

第一节
武装力量体制

一、武装力量的组成

　　《中华人民共和国国防法》和《中华人民共和国兵役法》规定:中华人民共和国的武装力量,由中国人民解放军现役部队和预备役部队、中国人民武装警察部队和民兵组成。

　　中国人民解放军现役部队是国家的常备军,由陆军、海军、空军和第二炮兵组成,主要担负防卫作战任务,必要时可以依照法律规定协助维护社会秩序。预备役部队是国防后备力量的重要组成部分,是战时实施成建制快速动员的主要组织形式。预备役部队平时按照规定进行训练,必要时可以依照法律规定协助维护社会秩序,战时根据国家发布的动员令转为现役部队。

中国人民武装警察部队在国务院、中央军事委员会的领导下,担负国家赋予的安全保卫任务,维护社会秩序。

民兵在军事机关的指挥下,担负战备勤务、防卫作战任务,协助维护社会秩序。

中华人民共和国武装力量的建设要以毛泽东军事思想和邓小平新时期军队建设思想及江泽民、胡锦涛、习近平新时期军队和国防建设思想为指导,按照党中央和中央军委的指示要求,不断加强革命化现代化正规化建设。

二、武装力量的领导体制

中华人民共和国武装力量的领导体制是中央军委领导下的总部对各军区、各军兵种、武装警察部队和民兵实施领导指挥的领导体制。

(一)中央军委

我国宪法规定:"中华人民共和国设立中央军事委员会,领导全国武装力量。"中央军事委员会,简称中央军委,是中华人民共和国武装力量的最高领导机关和最高统帅部。其职权是:统一指挥全国武装力量;决定军事战略和武装力量的作战方针;领导和管理中国人民解放军的建设,制订规划、计划并组织实施;向全国人民代表大会或全国人民代表大会常务委员会提出议案;根据宪法和法律,制定军事法规,发布决定和命令;决定中国人民解放军的体制和编制,规定军委机关以及战区、军兵种和其他直属单位的任务和职责;依照法律、军事法规的规定,任免、培训、考核和奖惩武装力量成员;批准武装力量的武器装备体制和武器装备发展规划、计划,协同国务院领导管理国防科研生产;会同国务院管理国防经费和国防资产。中国共产党的中央军事委员会和中华人民共和国的中央军事委员会是一个机构,组成人员和对武装力量的领导职能完全一致,实行这种领导体制既能保证党对武装力量的领导,又能通过国家机构加强武装力量的建设,有利于加强国防现代化建设。中央军委由主席、副主席若干人、委员若干人组成,实行主席负责制。

(二)军委机关

军委机关是中央军委的参谋机关、执行机关、服务机关。2015 年,军委机关进行了调整组建,把总部制改为多部门制,由原来的总参谋部、总政治部、总后勤部、总装备部 4 个总部,改为军委办公厅、军委联合参谋部、军委政治工作部、军委后勤保障部、军委装备发展部、军委训练管理部、军委国防动员部、军委纪律检查委员会、军委政法委员会、军委科学技术委员会、军委战略规划办公室、军委改革和编制办公室、军委国际军事合作办公室、军委审计署、军委机关事务管理总局15个职能部门。

(三) 战区及军委直属的其他单位

1. 战区

2016年,我国将原有的"七大军区"调整划设为东部、南部、西部、北部、中部五大战区。战区是根据国家的行政区划、地理位置和战略战役方向、作战任务等设置的。按照"军委管总、战区主战、军种主建"的原则,在战区组建战区联合作战指挥机构,是战略区域内合成军队的军事领导指挥机关。

省军区(卫戍区、警备区)是我国行政区划的省(自治区、直辖市)的军队一级组织。它是中国共产党省(自治区、直辖市)委员会的军事工作部门和政府的兵役工作机构,受军区和省(自治区、直辖市)党委、政府的双重领导。设有司令部、政治部、后勤部、装备部等领导机关。其主要任务是:负责所在省(自治区、直辖市)的军事工作;领导预备役、民兵、兵役、动员工作和主要城市的警备工作。有的还担负边防、海防守备任务。省军区下辖若干个军分区和一定数量的部队。军分区是在行政区划的地区(省辖市、自治州)所设立的军队一级组织。其主要任务是:负责所在地区(省辖市、自治州)的军事工作以及民兵、兵役和动员工作。军分区下辖若干人民武装部。人民武装部既是中国共产党同级地方委员会的军事工作部门,又是军队的民兵、兵役和动员工作部门。

2. 军委直属的其他部门

军事科学院。军事科学院是中央军委领导下的全军高级军事研究机构,是全军军事科学研究的中心,是中央军委和总部机关从军事理论高度指导军队建设的助手。其任务是:进行军事基础理论和国防建设、军队建设重大问题的研究;为军委和总部决策提供战略性建议和咨询;组织协调全军的军事学术研究工作等。

国防大学。国防大学是中央军委直属院校。主要负责培养高级指挥人员、高级参谋人员和高级理论研究人员。它组建于1985年12月,由中国人民解放军军事学院、政治学院和后勤学院合并组成。

国防科学技术大学。国防科学技术大学是直属中央军委领导的综合性院校。主要负责培养高级科学和工程技术人才与专业指挥人才,培训军队高级领导干部,从事先进武器装备和国防关键技术研究。1999年4月,根据中央军委的命令,长沙炮兵学院、长沙工程兵学院和长沙政治学院并入国防科学技术大学,组成新的国防科学技术大学。

军事

第二节
中国人民解放军

中国人民解放军是中华人民共和国武装力量的主要组成部分。它诞生于1927年8月1日。是中国共产党缔造和领导的,用马列主义、毛泽东思想武装起来的,全心全意为人民服务的军队,是我国人民民主专政的坚强柱石。在党中央和中央军委的领导下,肩负着保卫国家的主权和领土完整,防御外来侵略的神圣职责。中国人民解放军由陆军、海军、空军和第二炮兵组成。

一、陆军

中国人民解放军陆军是在陆地上作战的军种。它具有强大的火力、突击力和高度的机动能力;既能独立作战,又能与海军、空军合同作战,是决定陆战场胜负的主要力量。

(一) 陆军的编成及其任务

1. 陆军的编成

陆军由步兵、炮兵、装甲兵、防空兵、陆军航空兵、电子对抗兵、工程兵、通信兵、防化兵、侦察兵和汽车兵等兵种和专业兵组成。陆军各兵种以其特有的战斗能力,协同或独立遂行战斗任务,或按其专业特性,保障部队的战斗行动。陆军按其担负的任务可分为野战机动部队、海防部队、边防部队、警卫警备部队等。野战部队的编制序列一般是:集团军、师(旅)、团、营、连、排、班。海防部队、边防部队和警卫警备部队,根据担负的作战任务和地理条件,确定编组方式。

2. 陆军的任务

陆军是中国人民解放军的核心力量,在防御外来的入侵、保卫国家的领土主权、维护国家的和平统一和社会的稳定与安全等方面,发挥着重要作用。

(1) 抗击外来的军事入侵。在今后相当长的时期内,对我国的主要威胁是外来的军事入侵。在抗击外来的军事入侵中，陆军将担负着陆战场的作战任务，以保卫国家的领土完整和人民生命财产的安全。

（2）在一定地区（方向）上打赢局部战争。近一个时期以来虽然我国周边安全环境得到不断巩固和发展，但仍存在着现实的潜在的可能发生边境摩擦和军事冲突的危险因素，有可能在我国某个地区（方向）发生武装冲突，甚至爆发局部战争。一旦出现上述情况，陆军将在其他军兵种的协同下或单独地遂行自卫反击的作战任务，消除外来威胁，以保卫边境安宁。新中国成立后，1962 年在中印边境、1969 年在我国珍宝岛地区、1979 年在中越边境，我国边防部队曾先后对入侵我国的外国军队，进行了坚决地自卫反击作战，击退了印、苏、越军的武装挑衅和军事入侵，取得了边境自卫反击作战的伟大胜利，打击了霸权主义的嚣张气焰，维护了我国的领土完整和主权尊严，保卫了我国边境的安全。

（3）实现、维护国家和平统一和社会稳定。国家的统一和完整是国家独立自主的重要标志，要完全实现我国的统一大业尚有待于台湾的回归，以及南沙和其他有关岛屿的收复。我国的社会主义现代化建设也需要有一个和平稳定的国际国内环境。但当今世界，国内外的敌对势力依然存在，我们要始终保持高度警惕，陆军将责无旁贷随时准备粉碎国内外敌对势力可能挑起的各种事端，甚至颠覆和破坏活动，坚定不移地维护国家和平统一和社会稳定。

（二）陆军各兵种的任务及其武器装备

1. 步兵

步兵是陆军进行地面作战的主要兵种，担负着直接歼灭敌人、坚守和夺取重要目标和地区的作战任务。步兵由摩托化步兵、机械化步兵和山地步兵组成，按师、团、营、连编成。

（1）步兵的任务。夺取或扼守阵地，歼灭敌有生力量。还可搭乘直升机或登陆舰船，遂行机降或登陆作战任务。

（2）步兵的特点。武器装备简单、轻便，具有夜战、近战和独立战斗的能力。受地形和气象的影响较小，能在各种艰险困难的条件下独立持久地作战，具有很强的灵活性和顽强性；又能在其他军兵种的协同下联合作战，善于扼守阵地。现在，我军步兵的机动能力和火力有了很大提高，并由过去只能徒步冲击，发展到能乘车直接冲击，甚至还能从空中垂直加入战斗。在火力方面，既有能打摩托化步兵的能力，又有较强的打装甲目标的能力，还有一定的对敌空中目标攻击的能力。

（3）步兵的武器装备。轻武器：手枪，冲锋枪，机枪和手榴弹；反坦克武器：反坦克火炮，反坦克火箭和反坦克导弹；轻便火炮：加农炮，榴弹炮，加农榴弹炮，火箭炮和迫击炮等；战斗车辆：步兵战车和装甲输兵车。

2. 炮兵

炮兵是以火炮、火箭炮和战役战术导弹为基本装备的战斗兵种，是陆军的重要组成部分和主要火力突击力量。它通常与其他军兵种协同作战,也可单独地遂行火力突击任务。炮兵由地面炮兵、高射炮兵和战术导弹部(分)队组成,按师(旅)、团、营、连编成。

(1) 炮兵的任务。一是压制、摧毁敌炮兵、导弹阵地以及 C3I 系统和核、生化武器;二是击毁敌坦克和装甲目标;三是歼灭敌空降兵和有生力量;四是破坏、封锁敌交通枢纽、机场港口、桥梁、渡口和空降场,破坏敌工程设施及其他目标;五是必要时,可在障碍物中为我军开辟通道,还可执行照明战场、纵火、散发传单等特种射击任务。

(2) 炮兵的特点。具有强大的火力、较远的射程、良好的射击精度和较高的机动能力。火炮射程远、射界广,能及时广泛地实施火力机动,杀伤敌人,摧毁敌武器装备和工程设施,适时机动,且能在一段时间内集中火力对敌实施猛烈突击。炮兵的弱点是机动易受气象、地形、道路等条件的限制和影响;装备复杂,补给困难;射击准备时间较长。

(3) 炮兵的武器装备。加农炮,适用于对垂直目标、装甲目标和远距离目标射击。目前我军装备的主要有口径为 130 mm、122 mm、85 mm 加农炮。

榴弹炮,适用于对水面目标和隐蔽目标射击。目前我军装备的主要有口径为 152 mm 榴弹炮。

加农榴弹炮(口径有 152 mm)具有加农炮和榴弹炮两种弹道性能,发射速度快、火力猛、机动性好等特点。

迫击炮,主要用于歼灭近距离遮蔽物后的目标和对水平目标射击。目前我军装备的主要有口径为 120 mm、100 mm、82 mm 的迫击炮。

无坐力炮,适用于对近距离的装甲目标和火力点射击。

反坦克导弹,射程较远,命中精度高,破甲威力大,抗干扰能力强,适用于摧毁敌坦克和其他装甲目标。目前我军装备的主要有红箭-73(第一代)和红箭-8 系列(第二代)反坦克导弹。

3. 装甲兵

装甲兵是以坦克和其他装甲战斗车辆为基本装备的陆军的一个兵种,是陆军中的一支重要突击力量。在合成作战中,它可以配属步兵作战,也可在其他军兵种的协同下单独地遂行战斗任务。按师(旅)、团、营、连编成。在坦克师、团中,还编有装甲步兵、炮兵等部(分)队及其他勤务保障分队。

(1) 装甲兵的任务。主要用于对敌坦克和其他装甲车辆作战,也可以用于压制、消灭敌反坦克武器,摧毁野战工事,歼敌有生力量和武器装备,夺占重要目标和地区,阻敌增援、突围和退却;对突入我防御阵地之敌实施反冲击(反突击),快速封闭该突破口,抢占和扼守要点,阻敌扩张,掩护我军主力转移和调整部署;配合我空降兵作战和歼敌空降兵。

(2) 装甲兵的特点。具有较强的火力,较好的通行能力,快速的机动能力和一定的夜战能力及良好的装甲防护能力。但其战斗行动受天候和地形的一定影响;车辆多,目标大,难以隐蔽和伪装;物资供应和技术保障较为繁重和复杂。

（3）装甲兵的武器装备。主要为坦克、装甲车辆和自行火炮。坦克分为主战坦克和特种坦克。目前我军装备的主战坦克有 T-69 式、T-80 式、T-85 Ⅲ 式和 T-90 Ⅱ 式,水陆两用坦克有 T-63 式,另外还有扫雷坦克、喷火坦克和步兵战车、装甲输送车、装甲侦察车和装甲指挥车等。

4. 防空兵

防空兵是以地空导弹和高射炮为基本装备的一个兵种,是陆军对空作战的主要力量,主要遂行野战防空任务。由高射炮兵、地空导弹兵和雷达兵等部(分)队组成,以队属高射炮兵为主的体制,按旅(团)、营、连编成。

（1）防空兵的任务。实施对空侦察、警戒和空情报知;制止敌航空侦察;拦截和消灭敌飞机、直升机、巡航导弹和其他航空器及空降兵载机,掩护我军主要部署和后方重要目标免遭敌空袭;必要时,消灭敌地(水)面目标。

（2）防空兵的特点。具有较强的火力,较远的射程,良好的射击精度,较高的机动能力和快速的反应能力,能在昼夜和复杂气象条件下,持续地打击来自高、中、低空的敌飞行器。

（3）防空兵的武器装备。主要有高射机枪、高射炮和防空导弹。目前我军装备的有高射机枪,口径为 37 mm、57 mm、100 mm 的高炮和 25 mm 自行高炮及红缨-5 系列便携式防空导弹和"红旗-7"系列中低空防空导弹。

5. 陆军航空兵

陆军航空兵是陆军空中机动和支援地面作战的重要力量,是陆军 20 世纪 80 年代组建的一个兵种。它既可担负战勤运输和机降作战任务,也可以实施强有力的近距火力支援或突击。按团、大队、中队编成。

（1）陆军航空兵的任务。对地面战斗进行直接的火力支援,重点摧毁敌装甲目标和坚固工事;保障兵力实施机动,快速布雷及与敌直升机作斗争;执行侦察校射、通信联络、指挥、救护、战术运输、电子对抗和对宽阔地域、暴露的我军侧翼进行警戒。

（2）陆军航空兵的特点。具有较强的攻击火力,广泛的机动能力和快速的反应能力,且隐蔽性好,不受地形的影响,具有超低空、"贴地"飞行的本领,能在地形复杂的条件下,远离机场遂行多种作战任务,能快速地从各个方位将兵力集中于主要作战方向,令敌人防不胜防。它在侦察、运输空降作战、反坦克、布雷、电子战等方面,将发挥愈来愈大的作用,成为坦克、装甲目标的"天敌"、步兵的"克星"。

（3）陆军航空兵的武器装备。目前我军装备的有直-9、"小羚羊"攻击直升机(也称武装直升机)、直-8、米-6、米-8、云雀、黑鹰等运输直升机和其他种类专用直升机。机上除航空枪炮外,还可携载各种航空炸弹、航空火箭弹和导弹等。

6. 电子对抗兵

电子对抗兵是对敌实施电子战的主要力量。通常协同其他兵种作战,有时也可单独地遂行电子侦察、电子干扰和电子摧毁任务。按团(大队)、营、连编成。

(1)电子对抗兵的任务。搜索、截获敌电子设备的电磁辐射信号,查明其类型、技术参数和部署;干扰敌无线电通信,阻止或延误其指挥和协同;干扰敌武器控制与制导的电子装置,使其失控;发现并测定敌电子干扰兵力,协同其他军兵种组织电子战;实施电子伪装;为其他军兵种摧毁敌指挥、控制、通信和情报(C3I)系统的电子设备提供情报。

(2)电子对抗兵的特点。是以电子设备或器材为武器,以电子斗争为主要作战形式,作战双方通过电磁波在空间的传播进行斗争,因而通常双方并不接触,斗争具有很强的技术性、谋略性和欺骗性。

(3)电子对抗兵的装备。主要有各种类型的电子侦察设备,电子干扰机和电子伪装器材。

7. 防化兵

防化兵是担负防化保障任务的兵种,是对核、生、化武器防护的技术骨干力量。它既是军队对核、生、化武器防护的一支专业技术力量,又是一支可以直接杀伤敌人的战斗力量。由防化(观测、防化侦察、洗消)、喷火和发烟等部(分)队组成,按团、营、连编成。

(1)防化兵的任务。实施不间断的核观察、化学观察;组织实施化学侦察、辐射侦察(并兼负非专业性生物侦察)、沾染检查和剂量监督;对人员、服装、武器装备、食物、用水等进行沾染检查和洗消;对染毒道路和重要地域进行消毒;使用喷火、纵火武器直接消灭敌人;施放烟幕,掩护部队的作战行动和遮蔽后方目标;组织指挥部队和人民群众对核、化武器和燃烧武器的防护。

(2)防化兵的特点。专业性、技术性和完成任务的时效性强;执行任务分散,保障目标多,因而具有较强的独立性、机动性和灵活性。现在,防化兵增强了野战条件下的群防能力和快速侦毒能力,成为我军一支技术程度较高的专业力量。

(3)防化兵的武器装备。主要有防化、喷火和发烟等技术器材和设备。

8. 通信兵

通信兵是担负军事通信联络任务,保障军队指挥的专业兵种。具有在各种战斗情况下遂行通信保障任务和提高指挥效率的能力。由通信、通信工程、无线电通信对抗、航空兵导航和军邮勤务等专业部(分)队组成,按团(站)、营、连编成。

(1)通信兵的任务。组织与实施作战指挥,诸军、兵种的作战协同和后勤保障的通信联络;组织与实施警报和情报的报知的通信联络;组织与实施航空兵的导航和野战军邮;根据上级指示,统一管理、调度和使用战区内的通信设施。

(2)通信兵的特点。装备复杂,通信联络手段多,技术性、专业性、保密性和时效性强。

(3)通信兵的装备。有多种型号的短波、超短波电台,单边带电台,超短波接力机,载波电话机、收讯机等各种通信联络和自动化指挥的器材和设备。

中国人民解放军陆军已发展成为一支现代化的合成军队,除上述诸兵种外,在其编成内还有工程兵、侦察兵和汽车兵等若干专业兵种。工程兵是担负工程保障任务的兵种,具有快速遂行多种工程作业和遂行一定战斗任务的能力,在合成作战中,工程兵与其他兵种密切配合,保障己方军队隐蔽安全、稳定指挥、快速机动和阻碍敌机动,并能以地雷爆破器材直接歼灭敌有生力量,是遂行作战工程保障任务的技术骨干力量,其武器装备主要有地雷、爆破、筑路、渡河、野战供水和工程侦察等器材及机械设备。侦察兵是获取军事情报的专业力量,装备有观察、照相、雷达、传感、无线电截收和测向侦察器材等。其任务主要是:查明供战斗所需的敌情、地形、气象、水文和社情等情况,并提供给指挥员和有关部门;同敌侦察兵作斗争,并协同其他兵种实施反侦察;必要时,还可遂行特种任务。汽车兵是利用汽车运送部队和物资器材的主要力量。其装备主要有运输、牵引、加油、救护和修理等各种车辆,具有在陆地上快速、连续、灵活的运输能力,用以保障军队机动,运送装备和物资器材。

二、海军

中国人民解放军海军是以水面舰艇部队为主体,在海洋上遂行作战任务的军种。成立于 1949 年 4 月 23 日。具有在水面、水下、空中和岸上实施攻防作战和战略袭击能力,既能独立在海上作战,又能协同陆军、空军作战,是海上作战的主力。在保卫祖国海防的斗争中不断发展壮大,为维护国家领海主权和海洋权益作出了重大贡献。它已成为一支装备复杂、技术密集、由多兵种合成、具有现代化作战能力的近海防御力量。

(一) 海军的编成及其任务

1. 海军的编成

海军是一支由多兵种组成的合成军种,主要由水面舰艇部队、潜艇部队、海军航空兵、海军岸防兵、海军陆战队和其他专业勤务保障部队组成。

海军的最高领导和指挥机关是军委海军,下辖有东海、南海、北海 3 个海军舰队和海军航空兵部。编制序列为:军委海军—海军舰队—海军基地(海军航空兵部队)—舰艇支队(水警区)。

舰队是海军担负某一战略海区作战任务的海军建制单位。其规模和所辖兵力是根据所辖作战海区的特点和所担负的作战任务的需要而确定的。它由海军基地、舰艇部队、海军航空兵部队、岸防兵、海军陆战队以及各种专业勤务部(分)队组成。舰队是我国海军作战兵力编成的主要组织形式。

海军基地是担负一定海区的作战任务,并为辖区内海军兵力的驻屯、补给、维修和日常训练、战斗活动提供全面保障的海军军级单位。它由水警区、舰艇部队、岸防部队、防空部队和航空反潜部队等作战部队和各种勤务保障部(分)队编成。海军基地是海军舰队赖以在海上进行作战、训练的重要保证和依托,也是濒海地区的主要防御枢纽,是我国海军的一级领导指挥与后勤保障相结合的实体。

舰艇支队是执行海洋战区战术任务的作战实体,它是由一种或几种舰艇编成的海军师级作战单位。我国海军的舰艇支队是海军的一级领导指挥和后勤保障相结合的建制单位。

水警区是担负一定海区水上警备任务的海军师级单位,主要担负所辖海区作战、巡逻、警戒和其他作战保障任务。它由轻型水面舰艇、辅助船只、岸防部队和观察、通信等勤务分队组成。

2. 海军的任务

我国是一个濒海大国。宽广的海域不仅是我国安全的天然屏障和门户,更是中华民族生存的重要空间。海军的使命是:防御敌人从海上入侵,收复敌占岛屿,统一全部国土;保卫我国领海主权,维护我国海洋权益。

(1)消灭敌战斗舰艇和运输舰船,破坏敌海上交通运输。作战需要运送人员和武器装备,补给物资,尤其是现代武器杀伤破坏力巨大,战争物资器材消耗、补给量大,交通运输的畅通和安全是关系战争胜负的重要因素。海上运输是运送人员和物资的重要渠道,在未来反侵略战争中,破坏敌海上交通运输,切断其供应线,为我夺取战争胜利创造条件,这将是海军在反侵略战争全过程中一项重要任务。

(2)袭击敌海军基地、港口和海岸附近的重要目标。海军基地、港口等目标是敌海军驻屯、活动的主要场所,也是敌赖以发动侵略的出发点和重要依托,袭击此目标,可以消耗敌有生力量,削弱其战争潜力,又可达到牵制敌人、打乱敌人作战行动的目的,因此它是海军的一项重要任务。

(3)进行海上封锁和反封锁作战。当敌对我海军基地、港口实施兵力封锁和布雷封锁时,我海军将迅速实施反封锁作战。

(4)协同陆军、空军进行反袭击,保卫海军基地、港口和沿海重要目标。海军基地、港口地处前沿,是大陆的重要门户,也是我防御敌从海上入侵的重要依托,在未来反侵略战争中,沿海重要目标仍是敌首先袭击和夺取的目标。因此,组织力量反袭击,保卫我海军基地、港口和沿海重要目标,必将是海军的一项重要任务。

(5)协同陆军、空军进行登陆作战和抗登陆作战。在收复被敌侵占的岛屿和濒海地区,海军将独立地或协同陆、空军进行登陆作战,担负夺取制空权、制海权,运送兵员和物资,进行火力准备和火力支援,掩护和支援登陆部队抢滩上陆和扩大战果;当敌由海上入侵,我实施抗登陆作战时,海军主要是在远海和近陆海区积极主动地打击敌输送登陆作战部队的舰船和战斗舰艇,协同陆军坚守岛屿、要塞和濒海地区,进行抗登陆作战。

（6）保护我海上交通运输、渔业生产、资源开发、科学实验和海洋调查的安全。

（二）海军各兵种的任务及其武器装备

海军是由多兵种组成的、技术装备比较复杂的合成军种,各兵种有其明显的特点,担负着不同的任务。

1. 水面舰艇部队

水面舰艇部队是海军在水面上遂行作战任务的兵种。它是海军兵力中类型最多的基本突击力量,主要分为战斗舰艇和辅助舰船两大类,具有在中、近海区独立作战和合同作战的能力。水面舰艇部队由驱逐舰、护卫舰（艇）、导弹艇、鱼雷艇、猎潜艇、扫（布）雷舰（艇）等战斗舰艇部队和登陆舰（艇）以及担负各种保障任务的勤务舰船部队组成。水面战斗舰艇部队按舰艇支队、大队、中队编成;辅助舰船编成大队,根据专业性能和担负的任务分别组成不同专业性质的辅助船大队。

（1）水面舰艇部队的任务。袭击敌水面舰艇编队和潜艇,夺取制海权;封锁敌重要港口、航道,破坏敌海上交通线;排除水雷,保护我舰船安全通过敌封锁区;破坏和压制敌岸上目标和火力,输送和保障我登陆部队在敌岸登陆;突击敌登陆输送队和舰艇编队,消耗敌登陆兵力,迟滞敌登陆行动;执行海上侦察、巡逻、警戒、护航、救生和运输任务。

（2）水面舰艇部队的特点。装备种类多,武器和技术装备复杂,装载力较大;执行作战任务范围广。可遂行多项作战和保障任务,可以担任攻击、保障、防御任务,也可执行海上运输任务,可以对沿海目标、水面目标和水下目标实施攻击,还可以反击空中目标,既可单独编成舰队独立遂行作战任务,又可与其他军兵种协同遂行作战任务;航速快,续航力大,航海性能好。既可长期在远洋活动,又可在近岸、浅水、岛礁区活动。

（3）水面舰艇部队的武器装备。战斗舰艇主要有 051、051I、051G、052I 等多种型号的驱逐舰;053H、053H1、053K 等型号的护卫舰;21、24 等型号的导弹艇;24、25、26 等型号的鱼雷艇;037-2、037-162 等型号的护卫艇;037、037I、037IS 型号的猎潜艇;还有 10、082、312 型号扫雷舰艇、918 型号布雷舰、072、073Ⅱ、067 型号登陆舰艇、气垫船以及专业勤务船。

舰艇上的武器装备主要有:舰炮（口径为 130 mm、100 mm、76 mm、57 mm、37 mm、30 mm、25 mm 等）;舰舰导弹（海鹰-8 系列、鹰击-8 系列、上游-1）;舰空导弹（红旗-61、红旗-7 系列）;反潜武器（深水炸弹、鱼雷等）;有的舰上还有舰载直升机。

2. 潜艇部队

潜艇部队是海军在水下遂行作战任务的兵力,是海战场的重要突击力量。携带战略导弹的核潜艇是国家战略核反击力量的重要组成部分。潜艇部队能单独地或协同海军其他兵力完成战役战斗任务。潜艇部队按潜艇动力可分为常规动力潜艇部队和核动力潜艇部队,按武器装备可分为鱼雷潜艇部队、导弹潜艇部队和战略导弹潜艇部队。

（1）潜艇部队的任务。担负战略核打击；消灭敌运输舰船和大、中型战斗舰艇；袭击敌基地、港口和岸上重要目标；担任反潜作战；实施海上侦察、巡逻、布雷和遂行输送人员、物资、遣送侦察爆破组上岸、救护落水飞行人员，提供水文、气象和航海勤务保障等特种任务。

（2）潜艇部队的特点。潜艇可长时间隐蔽于水下，以逸待劳，伺机突然出击，对敌造成极大的威胁。潜艇部队具有重要的突击作用和广泛的牵制作用及有效的威慑作用。

（3）潜艇部队的武器装备。我国海军装备的潜艇主要有：常规动力潜艇（31、33、34G、035、035G、039 型）和核动力潜艇（09-1、09-2 型）。艇上的武器装备有鱼雷、水雷、巡航导弹、弹道导弹。

潜艇的主要战术技术特点：一是有良好的隐蔽性。潜艇主要活动在水下，有较大的下潜深度，不易被水面舰艇、飞机和卫星侦察发现，这是潜艇区别于其他舰艇的主要特点和优点。而探测潜艇最有效的器材——声纳作用距离有限，故对在大洋深处活动的潜艇也难以探测到。相反，潜艇却能对水面和空中的反潜兵力实施隐蔽的搜索观察，做到先发现敌目标，及早主动采取避防措施。一旦被敌发现，还可使用各种伪装和干扰器材欺骗和迷惑敌人，以隐蔽自己。二是有较强的突击威力。潜艇可在水下发射鱼雷、导弹和布放水雷，突然地对敌各种舰船和岸上目标实施攻击，命中精度高，破坏威力大，并可实施多次攻击。三是有较大的续航力和自给力。潜艇在水下航速快，续航时间长，常规动力潜艇续航力在 5 000 到 10 000 海里，自给力可达60 昼夜；核动力潜艇的续航力和自给力更大。因此，潜艇可远离基地到中、远海区长时间游弋，独立地遂行作战任务。

3. 海军航空兵

海军航空兵是在海上遂行作战任务的一个重要兵种，是海军重要的突击和保障力量之一。可以单独地、也可以协同海军其他兵种完成海上多种作战任务。成立于1952 年 4 月，是航防合一的体制，最高领导机关是海军航空兵部，下辖各舰队航空兵和海军航空兵的其他部队。

（1）海军航空兵的任务。消灭敌水面舰船；袭击敌海军基地、港口等沿岸目标；掩护和支援水面舰艇和潜艇的战斗行动；参加沿海要地和岛礁的防空；保障海军基地及沿海重要目标；协同空军航空兵夺取沿海和海战区的制空权；进行海上侦察、巡逻、反潜、布雷、扫雷、空中预警、通信等。

（2）海军航空兵的特点。海军航空兵装备的飞机有岸基飞机、舰载飞机和水上飞机。舰载飞机主要依靠舰船起降，水上飞机可在江、河、湖、海水域或大型水库起飞、降落，能到达岸基飞机不能到达的远海（洋）战区活动；主要使用空舰导弹、鱼雷、水雷和深水炸弹，在海洋上空协同水面舰艇和潜艇作战，打击和歼灭敌水面舰艇和潜艇。

（3）海军航空兵的武器装备。主要有：歼击机歼-6、歼-7、歼-8、歼-8Ⅱ、歼轰-6；轰炸机轰-6、轰-6丁；强击机强-5；侦察机歼侦-5、歼侦-6，反潜机水轰-5；水上飞机青-6和其他特种飞机等。机载武器有航炮、航空火箭弹、各种类型的航空炸弹、空空导弹、空舰导弹、鱼雷和深水炸弹等。防空部队装备有100 mm、57 mm、37 mm的高炮。

4. 海军岸防兵

海军岸防兵是部署在沿海重要地段，以火力参加沿海防御作战的一个兵种，是海岸防御的主要火力。能充分利用岛、岸的有利条件，预先构筑多种阵地，储备大量作战物资，进行持久作战，是近岸坚守防御战中的主要兵力之一。由海岸导弹部队和海岸炮兵部队组成，按团、营、连编成。

（1）海军岸防兵的任务。保卫海军基地、港口和沿海重要目标；参加抗登陆和封锁海峡、水道作战；参加近岸保卫或破坏海上交通线作战，掩护我军舰船的活动；支援岛屿、要塞的守备部队作战和近岸岛屿的登陆作战。

（2）海军岸防兵的武器装备。主要装备是岸舰导弹（海鹰-1、海鹰-2、鹰击-8）；岸炮部队主要装备是130 mm的自动化火炮。

5. 海军陆战队

海军陆战队是海军担负登陆作战任务的重要兵种之一。它是一支由诸兵力合成的、能实现快速登陆或担任海岸、岛屿防御任务的两栖作战部队，是海军对岸作战的重要力量，是国家海上威力的组成部分，是实现国家海洋战略的重要兵力。按旅、营、连编成。

（1）海军陆战队的任务。独立地或配合陆军部队实施登陆作战；协同其他军兵种部队保卫海军基地、港口和沿海重要地段；支援和参与岛屿、要塞和海军基地的防御，以及抗登陆作战。

（2）海军陆战队的武器装备。主要有自动化的步兵武器、反坦克导弹、防空导弹、各种火炮、火箭炮以及舟桥、冲锋舟、气垫船、水陆两用坦克、装甲输送车等。具有两栖化、装甲化、自动化、轻型化的特点，具有强大的火力，较强的机动能力，很强的突击力和较强的保障能力。

海军除上述5个主要兵种外，还有侦察、观察、通信、工程、航海保障、水文气象、防险救生、后勤供应和修理等专业勤务保障兵种。

三、空军

中国人民解放军空军是以航空兵为主体、空防合一的、以航空空间为主战场的军种。成立于1949年11月11日。它是空中进攻和对空防御的主要力量，是现代战争中首先和大规模使用的重要力量。具有高速机动、远程作战和猛烈突击的能力。它既能协同陆军、海军作战，又能单独作战。其作战行动对战争

的进程和结局具有重大影响。

（一）空军的编成及其任务

1. 空军的编成

空军由航空兵、高射炮兵、地空导弹兵、雷达兵、空降兵等兵种和其他专业兵部队组成。最高领导和指挥机关是军委空军,其编成为:军委空军、军区空军、空军军(空军基地)、师(旅)。

军区空军没有固定编成,通常下辖空军军(空军基地)及各兵种和专业兵部(分)队,担负战区内的空军各项作战任务,受军委空军和所在军区的双重领导,战时由所在战区首长直接指挥。

空军军下辖空军各兵种和专业兵部(分)队,担负一个方向(地区)空军的具体作战任务。空军基地相当于军,负责对责任区内的空军各兵种和专业兵部(分)队的作战指挥和管理,主要担负某一地区(方向)空军的具体作战任务。空降兵军下辖空降兵部队,负责空降兵的行政管理、军事训练和作战的组织指挥。

2. 空军的任务

空军是中国人民解放军的重要组成部分,是空中作战和防御的主要力量,其使命是组织国土防空,掌握制空权,协同陆军、海军作战,保卫国家领土、领空、领海主权和国家利益,维护国家统一和安全,保障我国改革开放和经济建设的顺利进行。

（1）国土防空。国土防空是保卫国家领土、领海、领空和重要目标安全的防空。由于现代战争的空袭规模、范围、破坏力和突然性不断增加,因此国土防空具有重大的战略意义。防范和打击敌航空器对我国领空的侵犯、侦察、骚扰和空袭,保卫国家政治、经济中心、首脑机关、军事要地、工业基地、交通枢纽等重要目标,掩护国家转入战时体制及我军重兵集团的应急步骤,逐步实现对我海洋权益区和宇宙空间的监控,将是空军的一项重要任务。

（2）实施相对独立的空中进攻作战。随时准备以自身的兵力或在其他军兵种的协同下,组织相对独立的空中进攻作战,或以精干的兵力对敌要害目标进行"外科手术式"的空袭,直接实现或与其他军兵种共同实现作战目的。

（3）实施空降作战。空降作战在现代战争中的地位极为重要,顺利地在岛屿、高原地区实施空降作战,是空军的一项任务。

（4）实施空中威慑。军事威慑是军事力量运用的一种基本形式,而空中威慑又具有其独特的作用。通过演习、兵力机动、空中巡逻等显示空中力量,并保持高度戒备状态,对作战对象保持强大压力,使敌不敢轻易发动战争。

（5）实施空中输送。现代战争,兵力机动频繁,及时向战区运送应急机动部队和作战物资,是空军一项特殊任务。

（6）协同陆、海军作战。为陆、海军的作战实施空中掩护,实施航空火力突击,歼敌有生力量,支援地面部队的突击和反突击,破坏敌后方重要目标和作战设施,打乱敌作战部署,迟滞敌作战行动,削弱敌作战能力;协同或联合陆、海军实施登陆、海空封锁、山地和城市攻防作战及边境反击作战,是空军的重要任务。

(7)实施电子对抗、航空侦察、无线电技术侦察和雷达侦察。通过侦察手段搜集和掌握敌区重要目标资料和敌情动态,为我军制定作战方案提供依据,将是空军一项特殊任务。

(二)空军各兵种的任务及其武器装备

1.航空兵

航空兵是装备军用飞机在空中遂行作战任务的兵种,是空军的主体。按照装备飞机机种的不同,可分为歼击、轰炸、强击、侦察和运输等航空兵。除侦察航空兵,都是按师、团、大队、中队编成,侦察航空兵是按团、大队、中队编成。根据各航空兵所装备机种性能和特点不同,各航空兵所担负的任务有所侧重。

(1)歼击航空兵。

歼击航空兵是空中战斗的主要力量,具有高速机动和猛烈攻击能力,能在各种天候条件下歼灭敌空袭兵器。在争夺制空权、对空防御和对地攻击方面具有重要作用。

歼击航空兵的任务。争夺制空权。制空权是指在一定时间内对一定空间的控制,有效地限制敌方航空兵和地面防空部队的作战行动,使己方航空兵享有行动自由。它对掩护和保障各军兵种的作战行动,保障航空兵本身各机种的战斗行动均具有特殊意义。

歼击航空兵的武器装备。主要有歼-6、歼-7、歼-8、歼-8Ⅱ等型号的歼击机和引进的苏-27、苏-30等型号歼击机。机载武器除航炮外,还可携带航空火箭弹、航空炸弹和中、远程空空导弹等武器。

(2)轰炸航空兵。

轰炸航空兵是空中突击的主要力量,具有猛烈突击、远程作战和全天候出动的能力,能摧毁敌战役、战略纵深目标,在争夺制空权、削弱敌作战能力和战争潜力方面具有重要作用。

轰炸航空兵的任务。破坏敌纵深的政治、经济、军事等目标;消灭敌有生力量;突击敌航空兵基地,夺取制空权;阻滞敌交通运输。此外,还可遂行空中侦察、布雷及反潜等任务。

轰炸航空兵的武器装备。主要有轰-6型轰炸机。它的特点是:作战半径大,载弹量大,既可携带各类常规炸弹(航爆弹、航杀弹、航杀爆弹、航穿弹、航燃弹、航子母弹、航坦弹等)、制导炸弹,也可携带核弹,还可携带照明弹、烟幕弹、照相弹等辅助炸弹。

(3)强击航空兵。

强击航空兵是航空火力支援的主要力量,具有高速机动和猛烈突击的能力,能从中、低、超低空攻击地面、水面目标,直接协同陆、海军作战。

强击航空兵的任务。压制敌战场目标;消灭敌有生力量;阻滞敌交通运输;突击敌航空基地,压制敌防空兵器,争夺制空权;必要时,实施航空侦察和歼灭空中目标。

强击航空兵的武器装备。主要有强-5、强-5Ⅱ等型号的强击机。机载武器有航炮、航空火箭弹、航空炸弹等。

(4)侦察航空兵。

侦察航空兵是空中侦察的主要力量。它能及时获取敌各种情报,为作战决策和作战指挥提供依据,对保障指挥和战役战斗行动具有重要作用。

侦察航空兵的任务。查明敌兵力部署;查明敌政治、经济、军事、交通等重要目标情况;查明敌电子技术设备的性能和配置;发现敌实施突然袭击和使用核武器的征兆;检查我军的伪装情况和对敌突击的效果。

侦察航空兵的武器装备。主要有歼侦-6、歼侦-8、轰侦-6等型号侦察机。机载设备有航空照相机、测视雷达、电视和红外等侦察设备。

(5)运输航空兵。

运输航空兵是空运、空投和保障空降作战的主要力量,具有远程、快速的运输能力和广泛的机动能力,对保障军队机动和补给具有重要作用,甚至对战争的进程和结局将会产生重要影响。

运输航空兵的任务。保障地面部队实施空中机动;协同其他航空兵转场;输送空降兵实施空降作战;空运武器装备和物资器材;实施空中救援。

运输航空兵的武器装备。主要有运-7、运-8、安-12、安-26、依尔-76、图-154等各型号的运输机和直升机。

此外,我军航空兵还有电子战、空中加油、空中指挥预警等各种专业飞机。

2. 高射炮兵

高射炮兵是以高射炮为基本装备,遂行防空作战任务的兵种,是国土防空的重要力量。具有迅猛的火力和较强的机动能力,能在昼夜间各种天候条件下持续地进行战斗,特别对中低空目标,更能发挥其战斗威力。按旅、团、营、连编成。

(1)高射炮兵的任务。歼灭来袭的敌空袭兵器,掩护国家要地;歼灭敌侦察机,制止敌航空侦察;歼灭敌运输机和伞降、机降的空降兵;必要时,掩护陆、海军的主要部署和歼灭敌地(水)面目标。

(2)高射炮兵的武器装备。主要有口径为57 mm、100 mm的高炮。高炮系统配有炮瞄雷达,具有全自动、全天候作战性能,射速快,可以连续射击,这对提高空军部队的作战能力具有重要作用。

3. 地空导弹兵

地空导弹兵是装备地空导弹(也称防空导弹)武器系统,遂行防空作战任务的兵种。它是国土防空的重要力量。具有较强的战斗力,较高的射击精度和一定的机动能力,能在昼夜各种天候条件下遂行作战任务。地空导弹兵和高射炮兵是空军两个地面防空作战的兵种,两者既有分工,又密切协同,通常在要地周围,按远、中、近(程)和高、中、低(空)构成严密的防空火力网。按师、团、营或旅、营编成。

地空导弹兵的任务。歼灭来袭的敌空袭兵器,掩护国家要地;歼灭敌侦察机,制止敌航空侦察;歼灭敌运输机,制止敌空运、空投和空降;必要时,掩护陆、海军的主要部署。

地空导弹兵的武器装备。主要有红旗-2号、红旗-7号地空导弹和国外引进的第三代地空导弹。

4. 雷达兵

雷达兵是以雷达获取空中情报的兵种,是国土防空预警系统的主体和指挥、引导的主要保障力量。具有全天候搜索、探测和监视空中目标的能力。随着装备的不断更新,探测范围不断扩大,现在已构成了覆盖全国的雷达预警网,在保障国土防空、飞行管制、航空兵的作战和训练等方面,都发挥了巨大作用。按旅(团)、营、连编成。

(1)雷达兵的任务。实施对空警戒侦察,及时提供防空作战和协同陆、海军作战以及人民防空所需的空中情报;提供空中敌、我机的活动情况,保障空军各级指挥所指挥引导我机的战斗活动,保障航行管制部门实施飞行管制,并将有关违反飞行规划、偏航、迷航、遇险等情况及时通知有关部门,对经批准在我国领空飞行的一切飞行器进行监察。

(2)雷达兵的武器装备。主要有多种型号的远、中、近程警戒雷达,包括超视距雷达、超远程雷达;有引-2、引-3、引-5、383、384等多种引导雷达。

5. 空降兵

空降兵是以伞降或机降方式投入地面作战的兵种。具有作战空间范围大,可大范围超越地理障碍,全方位机动能力强,行动隐蔽速度快,应急作战能力强和可遂行的作战任务及作战式样多等特点,是一支具有空中快速机动、能实施远程奔袭、全纵深作战的突击力量。我军的空降兵是以陆军为基础,按军、师、团、营、连编成。

(1)空降兵的任务。夺取、扼杀敌纵深内的重要目标,断敌后路,阻敌增援,配合正面进攻部队歼敌或夺取登陆场、配合登陆部队登陆;摧毁或破坏敌指挥机构、导弹、核武器、电子设备、机场、交通枢纽和后方供应设施等重要目标;应急部署,掩护正面部队的机动和展开;支援敌后作战的部队和游击队;参加反空降作战和担负其他特殊作战任务。

(2)空降兵的武器装备。主要有步兵武器(冲锋枪、自动步枪、机枪等);炮兵武器(82 mm、100 mm 迫击炮,82 mm、105 mm 无坐力炮,高射机枪和双 25 mm 高炮,107 mm 火箭炮和 122 mm 榴弹炮);特种装备有超短波侦听机,轻型雷达干扰机,无线电干扰机等;还有各型降落伞。

空军除上述主要兵种外,还有通信兵、电子对抗兵、工程兵、防化兵、技术侦察兵等部(分)队,并在空军长期建设中有不同程度发展。

四、火箭军

火箭军是 2015 年由第二炮兵更名而来。中国人民解放军第二炮兵是装备地地战略导弹武器系统,是实施积极防御战略任务的重要核反击力量,是 20 世纪 60 年代中期组建的一个独立兵种,受党中央、中央军委直接领导和指挥。它与海军潜地战略导弹部队和空军战略轰炸机部队构成我国三位一体的战略核力量。

火箭军的建立和不断发展壮大,是我国综合实力和国防现代化的重要标志之一。它不仅展示了我国拥有强大的军事实力和尖端科学技术,同时也标志着我军现代化进入了新的阶段。它对于提高我国的国际威望,遏制超级大国对我国发动的战争,争取一个和平稳定的国际环境都具有重要作用。

(一)火箭军的编成

火箭军由地地战略核导弹部队、战役战术常规导弹部队及相应保障部(分)队组成,编制序列为:火箭军、导弹基地(相当于军)、旅、营。

(二)火箭军的任务和特点

1. 火箭军的任务

火箭军是执行战略核反击任务的地地战略导弹部队。根据我国一贯奉行"积极防御"的战略方针和坚持后发制人的原则。火箭军的战略任务是:发挥核威慑作用,遏制敌国可能对我国发动的核战争,并为我国的和平外交政策服务。

火箭军遂行的作战任务:一是打击敌军事进攻力量,削弱敌远程航空兵和海军的作战能力,减轻来自空中和海上对我的威胁;二是打击敌重要的交通枢纽,在一定时期内中断敌人的交通运输,以阻止或迟滞敌人的战略机动和物资补给;三是打击敌重要的经济目标,削弱敌战争潜力和进攻能力;四是打击敌政治、经济中心,在政治上、心理上威慑敌人,使其国民经济和战争潜力遭受严重损失;五是打击敌军政首脑指挥中心,打乱和破坏其战略指挥;六是根据战场形势的发展变化,也可担负打击敌重点集结地域或战略预备队,杀伤敌有生力量,削弱敌地面部队的作战能力;七是配合其他军种作战,必要时,也可遂行发射常规弹头和宣传弹头的任务。

2. 火箭军的特点

火箭军是我国核威慑的主要力量之一,担负着实施核反击的战略任务。拥有现代化的武器装备,具有知识密集、技术先进、合成化程度高等特点。在核武器使用上,我国一贯奉行"积极防御"的战略方针,其核力量是防御性的;它坚持自卫立场和后发制人的原则,对向我国发动核袭击的国家实施战略核反击。

(三) 火箭军的武器装备

火箭军的武器装备有:一是战略弹道导弹的型号有:"东风-3 号"(射程在 4 000 公里左右,具有多弹头施放能力,能带 3 枚核弹头),"东风-4 号"(射程在 5 500—6 000 公里,可带 2 200 千克重的核弹头),"东风-5 号"(射程在 11 000 公里左右,可携带一枚 400 万吨级 TNT 当量的氢弹弹头),"东风-31"(射程在 8 000 公里左右,具有装分导弹多弹头的能力),"东风-41"(射程在 12 000 公里左右);二是战役战术导弹的型号有:M7 导弹(射程为 180 公里,可携带 500 千克的弹头)、M9 导弹、M11 导弹和 M18 导弹等。

随着科学技术的飞速发展,火箭军装备的导弹武器将会在固体化、小型化和机动化等方面进一步得到改进,并进一步提高其命中精度、快速反应能力和生存能力,更好地发挥它的威慑作用和突击作用。我国已建立了一支具有一定规模和作战能力的战略导弹部队,这对提高我军的战斗力和威慑力,提高我国的国际地位具有重要意义。

(四) 我国的核政策和核战略

1. 核政策

我国从拥有原子弹的第一天起,就向全世界郑重声明:我们"发展核武器,是为了防御,为了保卫中国人民免受超级大国发动核战争的威胁"。声明还指出,"中国发展核武器,是被迫的,是为了打破核垄断,反对超级大国的核威胁,最终目的是为了消灭核战争,保卫祖国的安全和独立,维护世界和平。"并表示:"中国在任何时候,任何情况下,都不会首先使用核武器,"也不向外国扩散核武器,不在外国部署核武器。决不拿核武器去威胁别人,让别人屈服于我们。这是中国使用核力量的一贯政策,得到了全世界爱好和平的国家和人民的高度赞扬。独立使用核武器是我国重要的核政策,我国政府一贯坚持独立自主的和平外交,坚持独立使用核力量,既不做超级大国的附庸,又不同超级大国结盟,使我国核力量在维护世界和平的核战略格局中起到重要的作用。我国对核战争的态度:一是明确反对,二是不惧怕,三是坚决还击。

2. 核战略

我国的核战略是有限报复核战略。其基本点是"威慑"和"报复"。核威慑对维护我国的独立和安全是必要的;报复是被迫的,我们的最终目的是消灭核武器和核战争。

我国的核战略具有以下特点:一是防御性。它是我国积极防御战略的重要组成部分,是遏制和反对核战争的战略。二是威慑性。体现"不战而屈人之兵"思想,迫使敌对使用核武器有所顾忌,不敢轻易对我发动核袭击。三是报复性。即后发制人。我们承诺不首先使用核武器,也不谋求第一次核打击,但保留对敌坚决还击的权利。四是有限性。我国一贯反对超级大国的核军备竞赛。因此,拥有核武器的数量是有限的,只是保持一定规模的报复力量。五是有效性。我国核力量虽然有限,但实施威慑和报复是有效和可信的。一旦对敌实施核反击,可危及敌国重大战略利益,使其遭到难以承受的破坏和损失。

五、战略支援部队

战略支援部队成立于 2015 年 12 月,是维护国家安全的新型作战力量,是我军新质作战能力的重要增长点,主要是将战略性、基础性、支撑性都很强的各类保障力量进行功能整合后组建而成的。成立战略支援部队,有利于优化军事力量结构、提高综合保障能力。我们将坚持体系融合、军民融合,加强新型作战力量建设,努力建设一支强大的现代化战略支援部队。

六、预备役部队

(一) 概述

中国人民解放军预备役部队是以现役军人为骨干,以预备役军官、士兵为基础,按照中国人民解放军的统一编制组建起来的一支新型部队。它是战时实施成建制快速动员的主要组织形式,是我国国防后备力量的重要组成部分。预备役部队在中央军委的领导下,由总参谋部统一归口管理,列入中国人民解放军建制序列。预备役部队的师、旅、团级单位授有番号、军旗,执行中国人民解放军的条令、条例,平时隶属于省军区(卫戍区、警备区),战时动员后归指定的现役部队指挥或单独遂行作战任务,海、空军预备役师归海、空军指挥,平时受海、空军和省军区(卫戍区、警备区)双重领导。预备役部队组建于 1983 年 3 月。

预备役部队的建制按中国人民解放军建制师、团、营、连、排、班体系编成,师、团设司令部、政治部、后勤部、装备部,各部机关编有相应业务部门。预备役部队的人员编成,干部由一定数量的现役军官和预备役军官组成,预备役士兵由符合预备役士兵条件的民兵和其他人员组成。预备役部队的领导体制,实行地方党委、政府和军事机关双重领导。预备役部队的军事训练,按总参谋部制定的军事训练大纲,有计划、成建制地分期分批实施,定期进行动员演练。预备役部队的预备役人员除集中军事训练外,平时都分散在各自的工作和生产岗位。

（二）预备役部队的任务和特点

1. 预备役部队的任务

一是努力提高部队的军政素质，不断增强现代化条件下快速动员和整体作战能力；二是切实做好战时动员的各项准备工作，随时准备转为现役部队，执行作战任务。三是积极参加社会主义现代化建设，在物质文明和精神文明建设中，发挥骨干作用。

2. 预备役部队的特点

组建预备役部队，既能节省军费开支，又能加强国防后备力量建设，还可以保证战时顺利实施成建制快速动员，及时遂行作战任务，是加强国防现代化建设的重要措施。

第三节
中国人民武装警察部队

一、武装警察部队概述

中国人民武装警察部队是中华人民共和国武装力量的重要组成部分，是保卫社会主义现代化建设的一支重要力量。中国人民武装警察部队正式组建于 1983 年 4 月 5 日。《中华人民共和国国防法》规定，武装警察部队担负国家赋予的安全保卫任务，维护社会秩序。它是人民民主专政的重要工具之一。武装警察部队的主要职能是：第一，维护国家主权和尊严。武装警察部队主要是通过执行边境武装警卫勤务、边防检查勤务、安全检查勤务、海上巡逻勤务来履行这一职能的。第二，维护社会治安。作为公安机关的一部分，武装警察部队担负着用公开武装的形式预防和镇压敌对势力的破坏、应付各种紧急意外情况、维护社会治安的任务。第三，保卫党政领导机关、重要目标和人民生命财产的安全。主要通过执行警卫勤务、守卫勤务、消防工作、反恐怖活动来实现。先后列入中国人民武装警察部队序列的有：武装警察内卫部队，武装警察边防部队，武装警察消防部队，武装警察森林部队以及水电、交通、黄金武装警察部队。

二、武装警察部队的体制

中国人民武装警察部队属于国务院编制序列,受国务院、中央军委双重领导,实行统一领导管理与分级指挥相结合的体制。在北京设立总部,在各省(自治区、直辖市)设立总队,在地区(市、州、盟)设立支队,根据任务需要,支队下设若干大队、中队,即武装警察部队的编制序列为总部、总队、支队、大队、中队。中国人民武装警察部队实行义务兵和志愿兵相结合的兵役制度,执行中国人民解放军的条令、条例,享受中国人民解放军的同等待遇。

武警总部是中国人民武装警察部队的最高领导机关。总部机关设司令部、政治部、后勤部和装备部等机构,下辖若干个总队、专业部队指挥部和武警院校等。其主要任务是宣传、执行党的路线、方针、政策和国家的法律;贯彻党中央、国务院、中央军委关于武警部队建设的方针、原则和指示;组织领导教育训练;办好院校,为部队培养合格的中队、大队和支队级干部;轮训支队以上干部,提高他们的组织指挥能力和管理教育能力;领导部队搞好党的建设,做好思想政治工作,全面加强部队建设,完成党中央、国务院、中央军委赋予的一切任务。武警总部设司令员、政治委员、副司令员、副政治委员,公安部长兼任第一政治委员。

武警总队、支队、大队和中队。各省、自治区和直辖市设立人民武装警察总队,隶属于武警总部,同时受省、自治区、直辖市公安厅(局)领导,公安厅(局)长兼任武警总队第一政委。总队设总队长、政委、副总队长、副政委,机关设司令部、政治部、后勤部和装备部,下辖若干个直属支队和地区(自治州、市)支队。各地区、自治州、市的武警支队隶属于武警总队,同时受所在地区公安处(局)领导,公安处(局)长兼任第一政委。支队设支队长、政委、副支队长、副政委和领导机关,下辖若干个大队。各县、旗、县级市设武警大队或中队,大队为营级,中队为连级,隶属于支队。中队是武警部队的基层单位,以执勤为中心任务。

三、武装警察部队的任务和特点

(一) 武装警察部队的任务

《中华人民共和国国防法》规定,中国人民武装警察部队主要是依照党的方针、政策和国家的法律、法令,以公开的武装形式,维护国家安全和社会稳定。具体任务包括以下几个方面。

(1) 警卫党政机关和国家领导人、大型集会、重要外宾和外国驻华使(领)馆的安全;

(2) 负责国家重要设施的守卫、守护勤务;

(3) 负责对监狱、劳改场所和看守所实行看押、看守勤务,配合公安机关依法逮捕、追捕及押解罪犯；

（4）执行城市武装巡逻任务，防范和打击敌对分子的阴谋暗害和破坏活动；

（5）确保国家和人民生命财产安全，维护社会治安，保卫社会主义现代化建设；

（6）担负守卫边防国界警戒任务、保卫边防地区，维护边境安宁，维护开放口岸的社会治安。

战时，除继续维护国家内部安全，保持后方稳固外，还要在各地军事机关的统一指挥下，协同与配合野战军作战，抵抗侵略，保卫祖国。战时具体任务包括以下几个方面。

（1）协同人民解放军保卫边防和海防，抗击敌人的入侵；

（2）参加城市防卫和保卫重要目标的战斗，积极组织对空防护，组织对重要机场、车站、桥梁和隧道的防护；

（3）守卫重要的电台、工厂、仓库和科研设施等目标，掩护工业和人口疏散；

（4）打击敌特和不法分子的破坏活动，保障作战地区的社会秩序及人民群众的安全等。

（二）武装警察部队的特点

中国人民武装警察部队的任务决定了它具有以下三大特点。

（1）军事性。中国人民武装警察部队同中国人民解放军一样，根据中国人民解放军的建军思想、宗旨、原则，按照中国人民解放军的条令、条例和有关规章制度，结合武警部队特点进行建设，以军事手段履行自己的职能。

（2）公安性。中国人民武装警察部队是公安机关的组成部分，在完成任务上，要坚持以执勤为中心，有效地保卫国家安全，这种任务有着很强的执法护性；在隶属关系上，武警部队接受公安机关的分级管理、分级指挥以武装形式配属公安机关，与公安队伍在同一战线上一起以不同方式履行同一职责。

（3）地方性。中国人民武装警察部队按照国家区域分级设置，遍布全国各地，多数情况下都是在本地区执行任务，接受地方各级党委、政府的领导，对稳定和发展本地区政治、经济、文化具有重要作用。

四、武装警察部队的组成

1. 武装警察内卫部队

武装警察内卫部队是中国人民武装警察部队重要组成部分。受武警总部的直接领导管理，省以下设总队、支队、大队、中队。其基本任务：警卫党政机关和外国使（领）馆，守卫机场、电台、仓库、科研单位；守卫重要的桥梁、隧道；看守和押解罪犯，追捕逃犯；防范和镇压反革命暴乱；应付各种紧急意外情况等。

2. 武装警察边防部队

武装警察边防部队是中国人民武装警察部队的组成部分，列入武警部队编制序列,受公安部门领导,有关部队的军事、政治、后勤工作接受武警总部的指导。边防武装警察部队在公安部设边防局,省以下设总队(省边防局)、支队(边防分局)、边防大队、边警队,在国家开放口岸设边防检查站、民航机场设安全检查站、海边地区设边防派出所、边防工作站、公安检查站。其基本任务:担负边境地区的治安管理和对敌斗争;搞好出入境人员的检查,处理涉及事件;打击潜入的敌人和各种刑事犯罪活动,把好祖国大门。

3. 武装警察消防部队

武装警察消防部队是中国人民武装警察部队的组成部分,列入武警部队编制序列,隶属于公安部门领导,有关部队的军事、政治、后勤工作接受武警总部的指导。消防武装警察部队设消防局,省以下设总队、支队、大队、中队。消防武装警察部队在各级公安机关领导下开展工作,实行"统一规划,分级管理,分级指挥"的原则,其基本任务是:同火灾作斗争,宣传教育和发动群众建立安全防火措施,协助有关单位积极预防各种火灾,保护人民生命财产的安全。

4. 武装警察森林部队

武装警察森林部队是中国人民武装警察部队的组成部分。1988 年 1 月,国务院、中央军委决定将黑龙江、吉林、内蒙古森林武装警察部队正式列入中国人民武装警察部队序列,全部实行兵役制。森林武装警察部队由林业部门和公安部门双重领导,以林业部门领导为主;中央和地方双重领导,以地方领导为主;有关部队的军事、政治、后勤工作接受武警总部的指导。

中国人民武装警察部队除上述专业部队外,还有武装警察水电部队、武装警察黄金部队、武装警察交通部队、武装警察机动部队和武装警察特种大队(又称特种警察学校)等。

第四节

中 国 民 兵

一、概述

中国民兵是不脱离生产的群众武装组织,是中华人民共和国武装力量的组成部分,是中国人民解放军的后备力量。它是我国兵员动员的基础。民兵制度是我国一项传统军事制度。全国的民兵工作由总参谋部主管。各大军区按照上级赋予的任务,负责本区域的民兵工作;省军区、军分区和县(市)人民武装部是本地区的民兵领导指挥机关;乡、镇、部分街道和企事业单位设有人民武装部,负责民兵和兵役工作。地方各级人民政府,对民兵工作实施原则领导,对民兵工作实施组织和监督。加强民兵建设是我国国防现代化建设的一个重要方面,是党和国家的一项长期战略措施。

民兵分为基干民兵和普通民兵。根据我国兵役法关于民兵年龄的规定,28周岁以下退出现役的士兵、经过军事训练的人员以及规定参加军事训练的人员编为基干民兵;其余18—35周岁符合服兵役条件的男性公民,编为普通民兵。女民兵只编基干民兵,人数控制在适当的比例内。陆海边疆、少数民族地区和城市有特殊情况的单位,基干民兵的年龄可适当放宽。对于没有编入民兵组织,但符合民兵条件的人员,进行预备役登记。

民兵的编组,农村一般以行政村为单位编民兵连或营。基干民兵以行政村编排或班,乡(镇)编连或营。城市一般以厂矿企业为单位,根据民兵人数多少,分别编为民兵排、连、营和团。基干民兵单独编组,视人数多少,分别编班、排、连、营。专业技术分队,原则上按照战备需要和装备情况决定,有什么装备,编相应的分队。

民兵训练,原则上由县(市、区)人民武装部组织实施。根据训练大纲的要求,干部训练时间为30天,一般在一年内完成;民兵训练时间为15天,一次完成。通过训练,干部具备相应的军事技能和组织指挥能力,并提高开展本职工作的能力;民兵学会使用手中武器装备,掌握基本军事技能;分队能担负一般战斗任务。

二、民兵的任务

民兵是国家的后备武装力量。《中华人民共和国国防法》规定:"民兵在军事机关的指挥下,担负战备勤务、防卫作战任务,协助维护社会治安。"基本任务主要有以下几点。

(1)积极参加社会主义现代化建设,带头完成生产和各项任务;

(2)担负战备值勤,保卫边境,维护社会治安;

(3)随时准备参军参战,抵抗侵略,保卫祖国。

复习思考题:

1. 我国武装力量由哪几部分组成?其职能是什么?

2. 中国人民解放军由哪几部分组成?其主要任务是什么?

3. 中国人民武装警察部队的主要任务是什么?

军事

第三章

军 事 思 想

军事思想是关于战争和军事问题的理性认识,它来源于军事实践,又给军事实践以指导,并伴随着战争中军事实践的发展而发展。军事思想具有鲜明的阶级性和时代性,不同的时代、国家和阶级及代表人物,有着不同的军事思想。本章重点介绍中国古代军事思想、毛泽东军事思想和邓小平新时期军队建设思想。

第一节
中国古代、近代军事思想

中国古代近代军事思想,是我国在奴隶社会、封建社会时期和半封建半殖民地社会时期,各阶级、政治集团、军事家和军事论著者对战争与军事问题的理性认识。它随着时代的变迁,战争的变化而不断深化,经历了产生和发展的沿革过程。

一、中国古代军事思想的形成与发展

(一) 初步形成时期

公元前21世纪至公元前8世纪,我国先后建立了夏、商、西周三个王朝,这是我国古代军事思想的初步形成时期。这个时期军队数量不多,没有专职的指挥将领,武器也很简陋,士兵主要使用木、石兵器,作战方式基本上是以密集队形进行团队正面肉搏冲杀。商代以后逐步发展以车兵为主,作战中形成以车兵为核心的方阵队形。由于当时对战争客观规律认识的局限,战争受迷信的影响极大,经常以占卜、观察星象等来决定战争行动,产生了以“天命论”为中心内容的战争指导思想。军队的治理以“礼”、“刑”为基础。“礼”主要适用于上层的贵族和将领,讲究等级、名分,上

下有序;"刑"主要是对下级和士兵的管理。这个阶段已产生了一些萌芽形态的兵书。商代的甲骨文和商周的金文中就有大量关于军事活动的记载。西周时期出现的《军志》《军政》等军事著作,标志着我国古代军事思想的初步形成。

(二) 基本成熟时期

公元前 8 世纪初到公元前 3 世纪末,即春秋战国时期,是我国古代政治、经济大发展的一个历史时期,也是古代军事思想大发展的时期。因为阶级矛盾不断深化,所以战争连绵不断,战争规模不断扩大,而且形式多样。许多代表新兴地主阶级的军事家和军事著作相继出现。春秋末期孙武所著《孙子兵法》以及《吴子兵法》《司马法》《孙膑兵法》《尉缭子》《六韬》等著作,奠定了我国古代军事思想的基础,标志着我国古代军事思想已基本成熟。

(三) 进一步发展时期

公元前 3 世纪初到公元 10 世纪中叶,我国主要经历了秦、汉、晋、隋、唐等几个王朝,是中国封建社会发展的上升阶段,军事思想也得到了进一步发展。秦朝以后进入了以铁兵器为主的时代,骑兵成了战争的主角,舟师水军也时有参战。这就要求作战指挥必须加强步、骑、水军的配合作战。战争中,政治斗争与军事斗争的结合,谋略与决策的运用,以及作战指挥艺术都达到了相当高的水平。战争的发展促使战略战术的运用和指挥艺术都得到进一步发展,战略思想也日臻完善。诸葛亮的《隆中对》就是当时战略决策的代表作。这个时期出现了许多总结军事斗争经验的兵书。其中汉朝初期出现的《黄石公三略》和后来的《李卫公问对》等,是传世的重要著作。《黄石公三略》是一部从政治与军事关系上论述战争攻取的兵书。《李卫公问对》,联系唐朝初期的战争经验,对以往兵书进行了探讨,发展了前人的思想,深化了先秦时期某些用兵原则的内涵,开创了结合战例探讨兵法的新风,受到历代兵家名将的高度赞赏并仿效。

(四) 形成完整体系时期

公元 960 年到 1840 年,中国历经宋、元、明、清(前期)四个朝代。这个时期火药和火器逐渐使用于战争,进入了冷、热兵器并用的时代。宋朝从建国初期,就面临着民族矛盾扩大,阶级矛盾激化和统治阶级内部矛盾加剧的局面。因此,统治者为了维护自身利益,确立了兵书在社会的正统地位,武学开始纳入国家教育体系。北宋中叶开始兴办武学,设立武举,发展军事教育。统治者为了教习文臣武将熟悉军事,命曾公亮等编纂《武经总要》,总结古今兵法和本朝方略,并颁布《孙子兵法》《吴子兵法》《司马法》《六韬》《尉缭子》《三略》和《李卫公问对》为《武经七书》,官定为武学教材,为培养军事人才,繁荣军事学术发挥了重要作用。

这个时期,是中国古代军事思想历经漫长的发展之后,走上体系化的时期。其主要表现为兵书数量繁多，门类齐全，已自成体系，是我国古代兵书数量最多的一个时期，据《中国兵书总目》统计，总共1815种，占我国古代兵书总数的70%以上，而且内容丰富，包括了军事思想的各个方面，形成了逻辑性较强的完整的军事思想体系。

二、中国古代军事思想的主要内容

（一）战争的起因

《吴子兵法》认为："一曰争名，二曰争利，三曰积恶，四曰内乱，五曰因饥。"就是说引起战争的原因有五个方面：一是争夺霸主地位；二是争夺土地、财产和人口；三是积恨深怨；四是国家发生了内乱；五是国家遭受了饥荒。

（二）战争的性质

《吴子兵法》指出："一曰义兵，二曰强兵，三曰刚兵，四曰暴兵，五曰逆兵。"即禁暴除乱，拯救危难的军队叫义兵；仗恃兵强，征伐列国的军队叫强兵；因君王震怒出师的军队叫刚兵；背理贪利的军队叫暴兵；不顾国乱民疲，兴师伐众而出征的军队叫逆兵。

（三）战争的作用

《司马法》指出："是故杀人安人，杀之可也；攻其国爱其民，攻之可也；以战止战，攻之可也。"《尉缭子》则明确指出："故兵者，所以诛暴乱，禁不义也。"

（四）战争与政治

《孙子兵法》指出："用兵者，修道而保法，故能为胜败之政。"《尉缭子》指出："兵者，以武为植，以文为种；武为表，文为里。"《淮南子·兵略训》指出："兵之胜败，本在于政。……为存政者，虽小必存；为亡政者，虽大必亡。"《司马法》指出："以义治之谓正，正不获意则权，权出于战争，不出于中人。"意思就是说采用合于正义的措施治理国家，这是正常的方法。用正常的方法达不到目的就采取特殊的手段，特殊手段是以战争方式表现出来的，而不是以和平方式表现出来。

（五）战争与经济

经济是战争的物质基础，战争是以巨大的物质消耗为代价的。《孙子兵法》指出："凡用兵之法，驰车千驷，革车千乘，带甲十万，千里馈粮；则内外之费，宾客之用，胶漆之材，车甲之奉，日费千金，然后十万之师举矣。"又指出："善用兵者，役不再籍，粮不三载，取用于国，因粮于敌，故军食可足也。"春秋时期的管仲也曾深刻地论述：地之守在城，城之守在兵，兵之守在人，人之守在粟。又明确指出：一期之师，十年之蓄积殚；一战之费，累代之功尽。

（六）战争与主观指导

《孙子兵法》明确指出，"因利而制权……故兵无常势，水无常形，能因敌变化而取胜者，谓之神"。因为"兵无常势"，指挥者必须不断根据敌情、我情的变化修正主观指导，采取克敌制胜的有效手段。掌握客观规律，充分发挥主观指导作用，就能赢得战争胜利。

（七）将帅修养

古代军事家特别重视将帅在战争中的地位和作用，认为"知兵之将，民之司命，国家安危之主也"。为此，从封建统治阶级的利益出发，提出了将帅修养的标准。《孙子兵法》强调，"将者，智、信、仁、勇、严也"。《吴子兵法》则提出，"总文武者，军之将也"。故将之所慎者五："一曰理，二曰备，三曰果，四曰戒，五曰约。"怎样考核将帅呢？《武经总要·选将》提出"九验"："远使之以观其忠，近使之以观其恭，繁使之以观其能，卒然问焉以观其智，急与之以观其信，委之以货财以观其仁，告之以危以观其节，醉之以酒以观其态，杂之以处以观其色。"

（八）治军

一是法规法令的建立与实施。《尉缭子》中有《重刑令》、《伍制令》、《勒卒令》、《经卒令》和《兵令》等等，就是为了"明刑罚，正功赏"，"鼓之，前如雷霆，动如风雨，莫敢当其前，莫敢蹑其后"，使军队"方亦胜，圆亦胜，错邪亦胜，临险亦胜"。二是教育训练。《吴子兵法》指出，"敢用兵之法，教戒为先。一人学战，教成十人。十人学战，教成百人。百人学战，教成千人。千人学战，教成万人。万人学战，教成三军"。《兵略丛言提纲》中指出，"不教则不明，不练则不习"。在训练方法上主张"教得其道"，"练心"、"练胆"、"练艺"。

（九）战略战术

古代兵书中关于战争谋略与战术的论述，有许多是很有见地的。如："上兵伐谋"，"以全争于天下"的全胜论；"不战而屈人之兵"的威慑论；"度势"、"料势"、"为势"的"胜可为"论；"先人有夺人之心"，"兵贵先"的先发制胜论；"后人发，先人至"的后发制胜论；"制人者，握权也；见制于人者，制命也"，"致人而不致于人"的掌握战争主动权论；"战势不过奇正，奇正之变，不可胜穷也"，"善用兵者，无不正，无不奇，使敌莫测"的奇正用变论；"我专而敌分，我专为一，敌分为十，是以十攻一也"的"以众击寡"论，"避其锐气，击其惰归"，"以治待乱，以静待哗"，"以近待远，以逸待劳，以饱待饥"，"无邀正正之旗，勿击堂堂之阵"的"治气"、"治心"、"治力"、"治变"的四治论等等，均从不同的侧面和角度论述了战争谋略和战术。

（十）战争保障

古代军事思想家重视战争物质储备和后方补给，《孙子·军争》指出，"军无辎重则亡，无粮食则亡，无积委则亡"。《六韬·军略》则说，"三军用备，主将何忧"。孙武明确提出，"取用于国，因粮于敌"。

重视和利用地形。《武经总要·九地》提出"夫屯兵之道有地利焉。我先据胜地，则敌不能以胜我；敌先据胜地，则我不能以制敌"。

三、《孙子兵法》及其影响

《孙子兵法》，现仅存13篇。13篇可分为三个部分：第一部分由《计》、《作战》、

《谋攻》、《形》、《势》和《虚实》组成，侧重论述军事基础理论和战略问题。主要强调战略速决和伐谋取胜，另外还有对战争总体，实力计算和威慑的深刻认识。第二部分由《军争》、《九变》、《行军》、《地形》和《九地》组成，侧重论述运动战术，地形与军队配置，攻防战术和胜败关系。具体有奇正、虚实、勇怯、专分、强弱、治乱、进退、动静和生死等辩证关系。第三部分由《火攻》和《用间》组成，论述了战争中的两个特殊问题。

（一）《孙子兵法》的作者

据史书记载，《孙子兵法》是我国春秋时期大军事家孙武所著。1972年山东临沂银雀山汉墓出土的《孙子》竹简和1978年7月青海大通县上孙家寨西汉木简《孙子》的出土，进一步证明了孙武所著兵法13篇。

春秋时期战争频繁，在上层社会中逐渐形成尚武习俗，加之齐国先后出现过吕尚、管仲、田雨直等著名政治家、思想家、军事家，尤其是孙武出生在军旅家族，为其学习和继承前人的军事思想创造了良好条件。也正是在孙武的青年时代，齐国发生（田、鲍、栾、高）"四姓之乱"，孙武为了避嫌而投奔吴国。孙武到了吴国后，定居在吴都姑苏（今江苏省苏州市）郊外罗浮山之东，结识了从楚国投奔吴国的伍员（伍子胥）。两人都因避乱奔吴，理想、志向相投，又都学过军事，懂得兵略，因此结为亲密至交。孙武这时一面过着半自耕农式艰苦生活，一面观察吴国政治动向潜心研究兵法。

公元前516年，吴国公子光在伍员的协助下指使勇士专诸刺杀吴王僚，自立为王，即吴王阖闾。吴王"乃召伍员以为行人，以谋国事"。公元前512年，吴王阖闾决心同楚大战。伍员乘机一连七次向吴王竭力推荐孙武，吴王采纳了伍员建议决定召

见孙武。孙武经过精心准备,带上他已写成的十三篇兵书觐见吴王,孙武杰出的才能和出色的表现,深得吴王的赞誉和信任,"卒以为将"。

孙武为将以后,同伍员一起为吴国的争霸事业作出了重大贡献。公元前511年,孙武协助伍员指挥吴军,攻克楚国的舒城,杀死从吴国逃亡到楚国的两个公子盖余、烛庸。公元前510年,孙武又同伍员、白喜率兵伐楚,攻克六(安徽六安)、潜(安徽潜山)两城。

公元前508年,伍员在孙武的协助下率领吴军,包围楚军于豫章,大破之,进而攻占巢城,俘获楚守卫巢城的公子繁。公元前506年,吴国伐楚时,伍员、孙武建议吴王争取位于楚国北侧的唐国、蔡国协同攻楚。吴军采取正面钳制、侧面进攻的战略,从唐、蔡两国境内,千里迂回,深入楚国内地,与楚军夹汉水布阵。吴军以三万人战楚军二十万人,在柏举决战中大破楚军,最后一举攻占了楚国国都郢城。此次战役无论是作战规模还是实际效果都是春秋时期最大的,被史学家称为"东周第一大战",创造了我国历史上以少胜多的光辉战例。

公元前504年,孙武带领吴军又两次重创楚军,楚惧亡而迁都。公元前494年,孙武协助伍员以"诈兵"打败越军,越王屈辱求和。公元前484年,孙武协助吴王夫差胜齐。如果从公元前512年算起至公元前484年,孙武在吴国度过近30年的戎马生涯,战功卓著。

(二)《孙子兵法》13篇简介

1.《计》篇

它主要论述了三个问题,是全书的总纲。一是重战思想。孙武在本篇一开头就明确指出:"兵者,国之大事,死生之地,存亡之道,不可不察也。"他认为战争是关系到国家生死存亡的大事,用兵之前,必先审视自己估量敌人。计其胜负之情。这是孙武的重战思想,是他对战争的基本看法和态度。二是决定战争胜负的条件。孙武认为"道、天、地、将、法"五个要素是取得战争胜利的基本条件,以此为基础对敌我双方进行具体的比较,从而找出胜负的可能性。孙武在论述胜负的基本条件时,把"道"即政治放在首位,这表明他在一定程度上已看到了战争与政治的关系,这是孙武的重要贡献。三是实现战争胜利的手段。孙武认为,实现战争胜利的手段即选将、造势、善用计谋。选将就是挑选能带兵打仗的将帅;造势就是设法造成战场上对自己有利的态势;善用计谋就是用兵打仗要善于运用计谋,兵不厌诈,运用多种手段迷惑敌人,调动敌人,以达到"攻其不备,出其不意"的目的。

2.《作战》篇

主要论述战争对经济的依赖关系,强调速战速决。孙武认为:进行战争首先要详细计算战争的费用、粮食、器械、装备等,这是进行战争的基本条件。"兵贵胜,不贵久","久暴师则用兵不足"。孙武从军事上、经济上、政治上分析了战争久拖的弊端,主张以战养战,为了减轻战争中的经济负担,军队作战中所需的粮食要在敌国就地解决,用缴获敌人的武器装备充实自己,用俘虏来补充壮大自己的队伍,这样就能战胜敌人。

3.《谋攻》篇

主要论述用谋略战胜敌人。孙武强调"以谋胜敌",并揭示了"知彼知己,百战不殆"的著名军事规律。孙武对以武力强攻和以谋巧攻的两种方式进行了分析比较,提出了"不战而屈人之兵"的军事名言。孙武提出以智谋取胜的方法:"上兵伐谋,其次伐交,其次伐兵,其下攻城。"他强调,首先以争取"伐谋"、"伐交"取胜,其次立足于"伐兵"。他同时认为:敌我力量对比,一般有三种情况,即我处于优势,势均力敌,我居劣势。在这三种情况下,要随机应变,用智谋取胜,只有不得已才去攻打敌人的营寨。

孙武认为在战争指导上,重要的是知彼知己,才能取得战争的胜利,否则会产生极其危险的后果。"知彼知己,百战不殆"这一具有普遍意义的战争指导规律,是《孙子兵法》的精华,是始终贯穿于 13 篇中的一条重要线索。

4.《形》篇

主要论述军队作战首先要使自己处于有利态势,然后寻找敌人的可乘之隙,以压倒性的优势战胜敌人。孙武认为:创造条件,提高军队的作战能力,是战胜敌人的客观基础。

孙武提出三种寻机胜敌的方法:一是灵活运用攻防两种作战方式。二是敢于打必胜之仗,以迅雷不及掩耳之势打垮敌人。三是以优势兵力对劣势之敌。敌我双方军事实力的优劣,是战争胜利的基础。作为一个军事家在指导作战时,必须根据本国军队和战场的实际情况,造成军事实力上的绝对优劣,然后开战。

5.《势》篇

主要论述在战争中要发挥将帅的才能,而且要善于造成和利用有利形势,出奇制胜,打败敌人。孙武明确提出要灵活运用奇正战术。何谓奇正? 即军队作战所采用的传统战法和灵活机动的战术。用兵打仗应有一定的规则,但又不要一成不变,要根据实际情况的变化,不断创新,时正时奇,奇正并用而且彼此呼应,使敌人捉摸不透,才能收到出奇制胜的效果而战胜敌人。

孙武认为:指挥作战必须选择合适的人,充分利用有利态势,运用"示形"、"动敌"等手段,创造有利形势。同时,用兵要不拘一格,要针对不同的形势,不同的任务而选用合适的指挥人才,这样才能有效地打击敌人。

6.《虚实》篇

主要论述"避实击虚"、"因敌制胜",主动灵活地打击敌人的作战指导思想。首先要争取主动,避免被动。孙武认为:"致人而不致于人。""致人"就是调动敌人;"不致于人"就是不被敌人所调动。指挥作战要争取主动,避免被动,这是作战指导思想上的重要原则。二是避强击弱。孙武认为要做到避强击弱,必须变强敌为弱敌,即强弱转化,抓住时机,以实击虚,以众击寡;选弱敌击之,即作战对象和攻击方向的选择,要善于利用和抓住敌人的弱点,以己之实,击敌之虚;要以多胜少,即兵力运用上,以压倒优势以多胜少。孙武认为:要做到避实击虚,就要运用多种手段调查研究敌人的虚实,这样才能取得战争的胜利。三是随敌而变。孙武认为"兵无常势","能因敌变化而取胜者,谓之神"。战场上的情况是瞬息万变的,只有根据敌情的变化,做到敌变我变,才能取得战争的胜利。

7.《军争》篇

主要论述军队作战争取主动,争取先机的原则和方法。孙武认为:军队作战要做到先敌一步,处处争取主动,这样才能趋利避害,达到胜利的目的。孙武认为军争的原则有三个方面:一是用兵的方法,对占领高地的敌人,不能去仰攻;敌人背靠高地,不能正面进攻;对佯装失败的敌人,不能跟踪追击;对锐气方盛的部队,诱敌就范的小股部队,不能进攻;对正向敌国撤退的敌人,不要去阻拦它;包围敌人时要留有缺口;对已陷入绝境的敌人,不要过分地去进攻它。二是作战指挥的方法,孙武主张要统一号令,统一指挥。勇敢的军士不得一人独自前进,胆小的军士绝对不能一人独自后退。三是对军队行军的要求,行动快速时,要像风一样;行动缓慢时,犹如严整的森林;进攻敌人时,要像燎原烈火,势不可挡;部队驻扎时,要像山岳一般,不可动摇。

8.《九变》篇

主要论述作战要根据实际情况而灵活多变的原则,并提出了有备无患的备战思想。一是随机应变。孙武认为:指挥作战应随机应变,反对一成不变,因循守旧。战场上出现的多种复杂情况,指挥员可灵活处置。二是分清利害。孙武认为:只有分清利害关系,趋利避害,才能作出正确的选择,指挥好每一场战争。三是有备无患。孙武认为:作战前必须做好充分的准备,使敌人无空子可钻,逼敌就范。四是带兵要克服五个弱点。孙武认为"五个弱点"分别是:勇而无谋,只知死拼;临阵畏怯,贪生怕死;急躁易怒,一触即暴;过分看重自己的廉洁名声;过于自尊。因此,必须克服这五个弱点,否则,在指挥作战上就不能灵活多变,会招致失败之祸。

9.《行军》篇

主要论述军队行军作战的要领和在各种地形上观察判断敌情的方法,并提出了用道义来教育士兵,用军纪来统一行动的治军思想。一是在不同地形下的行军方法。孙武分析了军队在山地、江河、盐碱地和平原地行动时的处置方法,并提出了一般原则:军队行动要在高处和干燥的地方,而不是低处和潮湿的地方。军队要驻扎在便于生活和地势较高处。二是观察判断敌情的方法。孙武全面总结了依自然景象特征和变化以及依敌人行动来观察和分析敌情的经验。三是管理军队的方法。孙武提出:要以道义来教育军士,用军纪军法来统一军队的行动。强调军队管理要文武并用,严格执行军纪。

10.《地形》篇

主要论述利用地形的重要性,强调将帅应重视对地形的研究和利用。一是对六种地形的利用。孙武认为有六种地形必须要很好地利用。这六种地形是:平坦的、四通八达的地形;易进不易出的地形;双方据险对峙,谁先出击就对谁不利的地形;两山之间狭窄的地形;形势险要的地形;敌我相距很远的地形。以上六种地形,指挥作战的将帅必须认真考察,研究并制定对策。二是地形是将帅指挥作战的重要依据,必须认真对待。孙武认为:地形在战争中具有重要作用,它是将帅指挥作战的重要依据。判断敌情,研究和利用地形,是将帅的职责。三是知彼知己是取得战争胜利的重要保证。孙武认为:将帅指挥作战,必须做到知彼知己,强调指导战争必须对敌我双方兵力情况、地形、粮草供应等有全面正确的判断,方能取得战争的全胜。

　　11.《九地》篇

　　主要论述九种不同地区的用兵原则,并阐述了集中兵力攻击敌人的要害等问题。首先是根据九种不同地区,采取不同的作战方法。孙武把军队远征所经之地,分为九种作战地区。强调要依据不同战区的特点及对军队作战行动的影响,采取不同的处理方法,并且关注情况变化,这是取得战争胜利的基本方法。第二是兵贵神速,攻其不备。孙武认为:兵贵神速,乘敌人措手不及的时候,在敌人不加戒备的地方,突然对敌人发动进攻,这样才能攻破敌人。为了达到迅速突袭的目的,孙武主张:战前要封锁消息,取消一切通行,断绝敌国来使;行动时,不能和敌人约战,并抓住敌人的空隙,迅速地乘机而攻,夺取敌人的要害;在计划实施时,要随着敌情的变化而变化;当战争取得胜利后,部队要迅速撤离。第三是将帅应沉着指挥,做到有条不紊。孙武认为:将帅不管在什么情况下,都要沉着冷静,临阵不乱。而且还要蒙蔽士兵的耳目,使士兵对军事行动计划一无所知,事先不告诉其危险的一面,使士兵在生死关头破釜沉舟,勇敢地与敌人拼杀,以取得战争的最后胜利。

　　12.《火攻》篇

　　主要论述火攻的种类、条件和方法。同时还提出了"主不可以怒而兴师;将不可以愠而致战"的慎战思想。孙武认为,火攻分五种:一是焚烧敌军的士卒;二是焚烧敌军的粮秣;三是焚烧敌军的辎重;四是焚烧敌军的仓库;五是焚烧敌军的运输设施。火攻的条件,一是天气干燥;二是风向与风力大小。并且强调军队打仗如用火攻必须了解这五种火攻的方法,并根据具体条件加以实施,不可盲目行事。孙武还认为:对战争必须持慎重态度,如采取军事行动必须符合国家利益,动用军队必须有获胜的把握,不到关键时刻,不要轻易开战。国君不要因一时恼怒而兴师打仗,将帅不能因一时怨恨而贸然与敌军交战。

　　13.《用间》篇

　　主要论述使用间谍的方法和重要性,并提出了从实际出发"先知敌情",反对迷信的朴素唯物主义观点。孙武认为:举兵十万,千里出征要战胜敌人,首先要了解敌情。他反对用迷信鬼神或主观臆断的方法获取情报,主张了解敌情的手段之一就是使用间谍。不懂得使用间谍侦察敌情的将领,是最不明智的,是不能最后取得胜利的。孙武把使用间谍分为五类:一是用敌国中熟悉乡情者充当我方的间谍;二是了解敌国内幕的官吏充当我方的间谍；三是把敌方间谍诱降为我方间谍；四是送假情报给敌人而事后被敌人察觉而处死的间谍；五是派往敌国收集情报而又能活着回来的间谍。孙武认为：使用间谍要把握三个原则，一是间谍为将帅的亲信，对待他应有丰厚的奖赏；二是使用间谍要严格保密；三是间谍应具有超群的才智和为正义而战的决心，否则不能担当间谍的重任。

(三)《孙子兵法》的影响

《孙子兵法》是我国奴隶制向封建制过渡的社会大变革时代的产物。它被誉为现有兵书中最有价值、最具影响的军事专著。

1.《孙子兵法》在军事领域影响深远

中国历代兵家名将都十分重视对《孙子兵法》的研究与应用。三国时期著名军事家曹操评价："吾观兵书战策多矣，孙武所著深矣。"明代的茅元仪曾说："前孙子者，孙子不遗；后孙子者，不遗孙子。"宋朝将《孙子兵法》列为《武经七书》之首，成为习武必读的教科书。

中国革命的先驱者孙中山先生对《孙子兵法》高度评价为"中国的军事哲学"。我国老一辈革命家毛泽东、朱德、刘伯承等都十分重视对《孙子兵法》的学习和研究。毛泽东称孙武是"中国古代大军事学家"，并在他的著作中系统引用《孙子兵法》的一些原则和观点。新中国成立后，国内兴起《孙子兵法》的研究热潮，在军事科学院和其他军事院校专门成立了研究机构，组织人员进行深入学习和研究。刘伯承元帅对《孙子兵法》颇有研究，他在担任军事学院第一任院长时，曾专门讲授过《孙子兵法》，被誉为"当代孙吴子"。

2.《孙子兵法》在社会其他领域也有广泛影响

在哲学方面，《孙子兵法》被公认为是一部很有价值的著作，全书充满了朴素的唯物主义和辩证法思想。在文学方面，它也达到了很高的水平，其结构严谨，逻辑严密，语言生动、简练、准确，而且修辞方式丰富多彩，含义深刻，是一部难得的优秀文学作品。《孙子兵法》的研究与应用极为广泛，它不仅极大地吸引了军事家、政治家、哲学家、文学家和历史学家，而且连企业家、管理学家等也争相阅读。《孙子兵法》成了取之不尽、用之不竭的百科全书。军事家称之为"兵学圣典"；文学家称之为"不朽不灭的大艺术品"；哲学家称之为"人生的哲学"；政治家称之为"政治秘诀"；外交家称之为"外交教科书"；企业家和管理学家则把《孙子兵法》规定为企业管理和市场竞争的必读书。

3.《孙子兵法》在国外久负盛名

在唐代初期，《孙子兵法》就传入日本，18世纪下半叶传入欧美等地，成为近代资产阶级军事理论的一个重要思想来源。

公元735年，《孙子兵法》传入日本，日本皇室贵族及各界人士都十分重视对《孙子兵法》的学习研究，他们把孙武推崇为"百世兵家之师"、"东方兵学的鼻祖"，称

《孙子兵法》为"兵学圣典"和"世界古代第一兵书"。

《孙子兵法》传入欧美的时间晚于日本、朝鲜等亚洲国家。18世纪后半叶,第一个用欧洲文字翻译《孙子兵法》的是曾在中国居住40多年的法国神父阿米奥(中文名王若瑟),他把《孙子》13篇,《吴子》6篇等中国兵书译成法文,以《中国军事艺术》为书名于1772年出版。该书在欧洲流传很广,影响甚大。如叱咤风云的军事家拿破仑对《孙子兵法》评价极高。著名的资产阶级军事理论家克劳塞维茨也曾受到《孙子兵法》的影响。在美国,《孙子兵法》中"知彼知己,百战不殆","攻其不备,出其不意"等名言被列入《美军作战纲要》,以指导部队的作战训练。美国著名战略家李德、哈特指出,在导致人类自相残杀,灭绝人性的核武器研制成功后,就更需要重新而且更加完整地翻译《孙子兵法》这本书了。美国战略研究中心斯坦福研究所主任、美国著名战略家福斯特和日本东京都产业大学教授三好修合作研究运用《孙子兵法》,三好修称之为"孙子的核战略"。这种新核战略不仅影响了美国政府的战略政策,而且在全世界也将产生深刻影响。

总之,《孙子兵法》是古今中外军事学术史上一部具有极高科学价值的军事理论名著。它对于我们继承和发扬中华民族优秀文化遗产,学习研究现代军事思想,发展无产阶级军事理论,都具有极高的研究和应用价值。

四、中国近代军事思想

(一) 中国近代军事思想的产生,形成和发展

从1840年第一次鸦片战争起至1919年五四运动止,是我国的近代史时期。当时闭关锁国的清王朝,政治日趋腐败,导致殖民主义列强对华侵略逐步加剧。中国从古老的封建社会逐步沦陷为半殖民地半封建社会,我国古代军事思想也受到西方资产阶级军事思想的挑战。一些有识之士提出了"师夷长技以制夷"的主张,开始学习研究西方资产阶级军事思想和军事科技,使我国近代军事思想既有我国古代军事思想的根基,又有西方资产阶级军事思想的色彩。

(1) 第一次鸦片战争前夕,我国面临西方殖民主义国家入侵的威胁,两广总督林则徐开始收集外国军事资料,研究敌情,提出了组织民众,沿海各省协力筹防和以守为战,以逸待劳,在近海和陆地歼敌的作战方针。战后,魏源等有识之士,总结了清军战败的教训,提出了"师夷长技以制夷"的著名战略思想,以及"器良、技熟、胆壮、心齐"的建军方针。尽管这些思想并未被清政府所采纳,但是却代表了我国近代军事思想的发展方向。

(2) 第二次鸦片战争之后,统治阶级中有远见之士,如奕䜣、曾国藩、左宗棠、李鸿章等提出了"自强以练兵为要,练兵又以制器为先"的方针,筹办近代军事工业,仿造西式武器装备。并且在"练兵与制器相为表里"的方针指导下,着手整顿军队,创练新军,加紧筹办海防,使北洋、南洋、福建三支海军初具规模。他们还按照"用人最

为急务,储才最为远图"的方针,着手兴办海军、陆军、船政等学堂,选派学生出国留学。此外,又参照"西法",拟定了《北洋海军章程》。随着西式武器陆续装备军队,引起了作战样式和战术的变革,如步骑和步炮协同作战;海军独立作战和陆海协同抗登陆作战;战斗队形由密集向疏散发展等,标志着我国近代军事思想已经形成。但由于受朝廷"中学为体,西学为用"指导思想的束缚,新建军思想并未能从根本上改造清军,加之清政府的腐败、妥协,最终仍然导致了中日甲午海战和抗击八国联军入侵的失败。

(3) 辛亥革命前后,以孙中山、黄兴为代表的资产阶级革命党人,已认识到我国"和平之法无可复施",决心摒弃改良主义,走武装斗争夺取政权的道路,实行了由联合会党为主转为争取新军为主的武装斗争方针。孙中山在如何建立一支资产阶级军队问题上,经历了漫长、曲折的道路,最终在共产国际和中国共产党的帮助下,才认识到建立一支革命军队对于中国革命的绝对必要性,提出了军队必须与"国民相结合",使之成为"国民之武力"的建军思想。孙中山关于建立中国国民革命军的思想,是我国资产阶级登上政治历史舞台后,把我国近代军事思想推向新阶段的标志。与此同时,一些西方资产阶级军事理论,也开始影响到我国,如保定军官学堂潘毅等人编译的克劳塞维茨的《大战学理》(即《战争论》)、两江督练公所排印的《日本陆军大学战术讲义》等,试图以新的军事思想影响我国近代军事思想。但是,只有到了以总结辛亥革命战争经验,全面吸收外国近代资产阶级军事理论成果为内容的新型军事著作《兵学新书》问世后,才真正标志着我国传统兵书被资产阶级军事著作所代替。我国近代军事思想的代表作有《海国图志》、《兵学新书》、《医时六言》、《兵镜类编》、《曾胡治兵语录》、《军事常识》等。

(二) 中国近代军事思想的主要内容

由于我国近代军事思想家深受我国近代诸种客观条件和西方资产阶级军事思想的影响,在继承我国古代军事思想的同时,又有一些不同于我国古代军事思想的明显特点。

(1) 师夷长技,重整军备。第一次鸦片战争之后,面对西方列强的入侵,清朝的有识之士清楚地看到了西方列强的"船坚炮利"和我国军事技术的落后,提出了"师夷长技以制夷"的思想。在洋务派官僚的倡导下,开始学习和引进外国军事科学技术。先后开办了江南制造局、福建船政局、汉阳枪炮厂等30 多个军工(局),仿造西式武器装备,建造蒸汽舰船,使清军的装备得到了改善,组织体制和编制也发生了重大变化,从18 世纪60 年代起,清政府开始改造旧式水师,到18 世纪80 年代初,北洋海军、南洋海军、福建海军已初具规模,并在沿海建设了部分基地和要塞。陆军经过几次变革,也按照西方

模式编成步、骑、炮、工、辎等兵种。同时，还聘请了外国军事教员，指导军事训练，讲授西方军事科学技术。随着新的军兵种的建立和西式武器的装备，在作战样式和战术原则方面也有了新的变化。

（2）依靠民众，积极备战。针对西方列强的侵略野心，清政府中的有识之士，主张动员依靠民众，整顿海防，积极抵抗。林则徐就是其中的杰出代表人物。他相信"民心可用"。他在向朝廷上书中说："臣等察看民情，所有沿海村庄不但正上端人，衔之刺骨，即渔舟村店，亦惧恨其强梁，必能自保身家，团练抵御。彼见处处有备，自必不敢留。"因此，他亲自察看海口形势，安设木排铁链，添置炮台，购买西方各国火炮，整顿水陆官兵，严格训练，积极备战。这种积极抵抗列强侵略的思想，虽因清政府的腐败、妥协等原因未能得到贯彻，但在我国近代军事思想史上，确实谱写了光辉的一页。

（3）避敌之长，救吾之短。针对西方列强的"船坚炮利"，擅长海战等特点和我国军队屡次失利的教训，有些爱国之士提出了一些独到的见解，如翁传照在他编撰的《医时六言》中明确提出："欲求胜敌，必先筹所以避之。避，非怯也。""避其长以救吾之短，安吾短以废敌之长。""敌有千里镜、电气灯，我则焚五色烟、五里雾，以迷敌眼。敌不轻易放炮，我则每放一枪，连放大纸爆，以乱敌耳。敌所恃唯枪炮，我则长以参短，短以参长，疾趋而前，短兵相接，以忙敌手。"另外，他还提出根据不同敌人创造新的制敌方法。李蕊在《兵镜类编》一书中说："兵事争短不如避长"，"反我之短制敌之长，此法更善"。"反字中有无穷妙用，必审实长短所在。有所长必有所短，亦有所短必有所长。善于反即善于制变化之妙，总在一心，岂可安于短而唯长是爱乎。"这种以短制长的辩证法思想是对我国古代军事思想的继承和发展。

（4）以弃为守，诱敌入险。近代军事思想家根据时代变化和作战对象武器装备占优势的特点，强调改变战法。如李蕊《兵镜类编》中指出："守城之法今与古异，古人以战为守，今人当以弃为守。"他所说的"以弃为守"，是指先躲避敌人的炮火，减少伤亡，待敌入城，不能发挥火力时，用短兵巷战歼灭敌人。翁传照进一步提出"守城不如守险"，因为"城有形而险无形，城明险暗，城少险多"，守险更有利于消灭敌人。这种斗暗、斗险的思想对于以弱胜强来说，是有一定的实用价值的。

清末一些有识之士在"师夷长技以制夷"思想指导下，翻译了一批西方军事书籍，如《海防新论》、《水师操练》、《克卢布炮图说》、《爆药纪要》、《水雷秘要》等，对当时学习研究西方军事思想和军事科学技术，起到了推动作用，使我国近代军事思想呈现出中西融合的特点。

资产阶级军事思想

资产阶级军事思想是资产阶级关于战争和军事问题的理性认识,它主要包括对战争本质、战争目的、战争性质、战争规律以及其他社会现象之间的关系等诸方面的认识及其军队建设、作战指导原则、战略战术等理论。

一、资产阶级军事思想的形成与发展

资产阶级军事思想是人类军事思想发展史中一个重要时期,它伴随着资本主义生产方式在欧洲国家的逐步确立而产生并不断发展。

(一) 资产阶级军事思想的产生与形成

资产阶级军事思想产生至今已有数百年的历史,最早可追溯到欧洲文艺复兴时期(16 世纪初)。欧洲新兴资产阶级为反对教会和封建制度的统治、建立统一的中央集权的民主国家,逐步认识军事的重要性。当时的意大利政治家马基雅弗利在他的著作中提出,君主要巩固自己的权势,必须专心致力于战争,切实掌握军事力量。

从 17 世纪中期英国资产阶级革命战争到 19 世纪初期的法国拿破仑战争,是资产阶级军事思想形成的重要时期。经济的迅速发展,科学技术的进步,推动着社会思想包括军事思想的不断变革。当时频繁的战争实践,又为从事军事理论著述提供了必要的条件,涌现出一大批军事家和军事理论家。这一时期主要军事理论著作有普鲁士克劳塞维茨的《战争论》和瑞士若米尼的《战争艺术概论》。他们在总结历史上各次重大武装冲突,尤其是在总结法国大革命和拿破仑战争的基础上,对战争和军事的一些基本问题,如战争的本质、军队建设、战略战术等作了较全面系统的理论概括。《战争论》和《战争艺术概论》是资产阶级军事思想具有奠基性质的理论名著,它标志着资产阶级军事思想的形成。

(二) 资产阶级军事思想的丰富与发展

从 19 世纪中期到第二次世界大战结束,是资产阶级军事思想的丰富与发展时期。这一时期,不仅战争频繁,规模巨大,而且随着科学技术的进步,武器装备有了巨大发展,出现了飞机、坦克、舰艇等许多新式武器和新的军种、兵种,随之而来的是战争样式和作战方法的变革。所有这些,为新的军事理论问世提供了条件,产生了一大批新的军事理论著作。如美国马汉的《海权论》、意大利杜黑的《制空权》、德国鲁登道夫的《国家总体战论》、英国富勒的《机械化战争论》、英国利德尔·哈特的《战略论》,以及德国和日本等国在第二次世界大战中盛行"闪击战"理论等。这些理论曾对不少国家,尤其是对西方资本主义国家的军队建设、战争准备和作战指导,都产生过极其重要的理论指导作用,其中有些理论直到现在还在继续发挥作用。

第二次世界大战结束后,由于导弹、核武器、航天兵器等高技术武器的出现,资产阶级军事思想的发展进入了一个新的时期。资产阶级军事思想的重心从西欧转到美国,其基本思想是以新的技术兵器,特别是以威力巨大的核武器为后盾,保持强大的威慑力量的军事优势,进行军备竞赛,争夺世界霸权。今后,随着社会生产力和科学技术的不断进步和世界政治形势的不断变化,资产阶级军事思想还将会不断丰富和发展。

二、资产阶级军事思想的著名代表人物与主要观点

资产阶级军事思想从产生、形成到发展的历史过程中,曾出现过许多有影响的资产阶级军事家和军事理论家。他们从大量的战争和军事实践中,不断总结经验,深入探讨,著书立说,从而确立了资产阶级军事思想在人类军事思想发展史上的重要地位。

(一) 拿破仑

拿破仑(1769—1821),法兰西第一帝国皇帝,军事家,统帅。生于科西嘉岛。法国大革命时期参加革命军,1793 年土伦战役中指挥出色,擢升准将。1795 年镇压王党叛乱有功晋升少将,任巴黎卫戍司令。次年率兵进攻意大利,打败奥地利。1798 年侵入埃及。1799 年发动雾月十八日政变,组成执政府,自任第一执政官。1804 年加冕称帝,建法兰西第一帝国。强化中央集权,镇压波旁王朝复辟势力,并颁布《民法典》(通称《法国民法典》),巩固资产阶级革命成果。对外不断进行战争,多次打败反法联军。但对英采取大陆封锁政策无成。1812 年发动对俄战争惨败,加速帝国崩溃。1814 年反法联军攻陷巴黎,被放逐于厄尔巴岛。1815 年再返巴黎,重掌政权(史称"百日王朝")。滑铁卢战役失败后,被流放到圣赫勒拿岛。终病死于该岛。

拿破仑的一生几乎是在战火中度过的。他二十多年纵横驰骋于欧洲战场,指挥过大小战役近 60 次,并取得了一系列辉煌的战果。他虽因多年征战和忙于国事,未能留下理论名著,但他的大量书信、手稿、命令、日记、批注和他的回忆录中,其杰出的军事才能展露无遗。后人评价他是"真正的军事艺术的巨匠",马克思曾称赞他是"伟大军事家"。

拿破仑的军事思想,突出表现在以下四个方面:一是重视武力和思想的双重作用。他认为世界上只有两种强大的力量,即刀枪和思想。同时也看到思想比武力更加重要。他说:"从长远来看,刀枪总是被思想战胜的。""精神与物质的力量是三与

一之比"。所以在军队中他十分重视思想教育,使军队在战斗中英勇顽强,坚贞不移。二是十分重视军队的改革与建设。他大胆地对旧的军队进行改编,将原来的步兵师和骑兵师,合编成由步兵、骑兵、炮兵和工兵组成的合成军,并特别注意加强对军官素质的培养和部队的严格训练、严格要求。他认为只有"好的将领,好的军官,好的组织,好的训练,好的纪律,才可形成一个好的部队",才可以在战斗中取得辉煌的战果。三是十分重视歼灭战的作战原则,把消灭敌人的有生力量作为战争的主要目的。在战争中他从来不在乎攻占了多少要塞和领土,而关键是强调要大量地消灭敌人的有生力量。他指出:"欧洲有很多优秀的将军,但他们一下子就看到很多东西,而我只看到一个东西,那就是敌人的大量军队。我力图消灭他们,因为我相信,只要把军队一消灭,其他一切就会随之而土崩瓦解。"四是重视集中优势兵力和实施机动作战。他认为战争的第一原则,就是要求所有的部队在战场上集中好了之后才进行会战,而且必须将主要兵力集中于主要的作战方向上,并采取灵活机动的作战方法,做到出奇制胜。他说:"要战胜敌人,就必须出其不意地行动。"否则就会被动挨打。

(二) 克劳塞维茨

克劳塞维茨(1780—1831),普鲁士军事理论家,军事史学家。1792 年加入普军。次年参加对法战争。1803 年从柏林军官学校毕业。1808 年任总参谋长办公室主任,积极从事普鲁士军事改革。1812 年转入俄军,参加抗击拿破仑一世入侵的战争。1814 年回普军后任军参谋长,次年参加利尼会战。1818 年任炮兵监察,次年任边境普军参谋长。长期致力于军事历史和军事理论研究,著有《战争论》等。

克劳塞维茨 12 岁进入军营,从军 40 年。他对军事历史和军事理论进行了刻苦的钻研与认真的探索,他所撰写的《战争论》享誉世界,成为资产阶级军事思想具有奠基性质的理论名著之一。他从战争性质、战争理论、战略、战斗概论、军队编组及行动、进攻和防御、制定战争计划等庞大的体系出发研究战争,以辩证的方法揭示了战争的本质、战争的规律、战争与政治的关系、战争应遵循的一系列原则等。他力图揭示形成战争现象的各种原因的内在联系,并总结出最简单的原因。他给战争下了这样的定义:"战争是迫使敌人服从我们意志的一种暴力行为。"他认为战争是政治的一种工具,他说:"战争无非是政治通过另一种手段的继续。"同拿破仑一样,他认为战争的最终目的在于彻底消灭敌人,而会战是歼灭敌人的最好方法。他强调军事艺术最一般的原则是兵力数量上的优势、兵力的集中以及战场机动和突然性。他将决定战争的战略要素区分为五类:即精神要素、物质要素、数量要素、地理要素和统计要素。他认为这些要素在军事行动中大多是错综复杂并紧密地结合在一起的,同时他强调,精神要素应为各要素之首。克劳塞维茨为资产阶级军事理论的确立作出了突出贡献,他的最大功绩在于他研究了战争与政治的关系并作了正确的阐述。

马克思主义的经典著作家对克劳塞维茨和他的《战争论》都给予高度的评价。

恩格斯说："克劳塞维茨和若米尼一样,是世界文献中研究线式军队的典范著作家。"马克思称克劳塞维茨"具有近乎机智的推断能力。"列宁在《社会主义与战争》一文中指出："战争是'政治的继续'这是造诣极高的军事问题著作家克劳塞维茨说过的一句至理名言,马克思主义者始终把这一原理公正地看作考察每一战争的意义的理论基础。"克劳塞维茨提出的"战争无非是政治通过另一种手段的继续"的这一著名论断深刻地影响了资产阶级军事科学的发展。同时也成为马克思主义战争观的重要认识来源之一。列宁把战争的本质概括为"战争是这个或那个阶级的政治的继续",就是在克劳塞维茨这一认识的基础上发展而成的,从而更加科学准确地揭示了战争的本质。

(三) 若米尼

若米尼(1779—1869),军事理论家。生于瑞士。早年任瑞士陆军部长的副官和秘书长等职。1813年起在俄军供职,任沙皇军事顾问近二十年。1826年晋升为俄国步兵上将。1840年转入法军,曾任内伊元帅的参谋长,参加过拿破仑战争。长期从事军事理论研究,著有《战争艺术概论》等。

若米尼在军事思想上的主要观点:一是要重视战史的研究,因为它是战争艺术原则的唯一理论基础;二是提出了战略是进行战争的科学,战术是进行战斗的科学;三是肯定了进攻的重要性,认为进攻优于防御;四是强调了集中兵力,并及时地将主力投到具有决定意义的地段;五是主张快速机动,果断突击,并毫不迟疑地追击敌人。他的这些观点,对资产阶级军事思想的发展有很大的影响,他被西方军事理论界称为"完全合乎时代要求的军事理论家"。

(四) 马汉

马汉(1840—1914),美国海军将领、历史学家。海权论倡导者。安纳波利斯海军学校毕业。参加过美国内战。1886至1889年、1892至1893年任海军学院院长。1893至1895年任巡洋舰舰长。1896年退役。1898年任美国海军战略委员会委员。1902至1903年任美国历史学会主席。1906年晋升为海军少将(非现役)。1908年任海军事务委员会主席。著有《海权对历史的影响》等。

马汉在军事思想上的突出贡献是提出了"海军制胜论"的重要理论。他通过对十七、十八世纪多次海战的研究,系统地调查了制海权在历史上的重大意义,提出并创立了帝国主义时代的海战理论。马汉理论的核心是:海军是决定国家历史的决定性因素,"制海权",特别是在与国家利益和贸易有关的主要交通线上的制海权,是民族强盛和繁荣的纯物质因素中的主要因素。他提出海军的使命在于控制海洋,掌握制海权。为完成这一使命,舰船必须具备的要素不是航速,而是作战能力。因此,海军应该注意增强其作战能力。总之,在马汉的军事思想中,既涉及海军的建设,又研究和探讨了海军作战的战略战术等问题。他的军事思想对世界各国海军的建设和发展起到了重大作用。

（五）杜黑

杜黑（1869—1930），意大利军事理论家。制空权理论倡导者。毕业于炮兵工程学校和陆军大学。1912 年任意大利第一个航空营营长。第一次世界大战中任步兵师参谋长。主张建立轰炸机部队参战。因批评统帅部指挥失误，被判监禁一年。1918 年任国防部航空处主任。1921 年晋升为少将。次年任航空部长。1923 年辞职。著有《制空权》等。

杜黑是制空权理论倡导者，空军学术理论的先驱。他的《制空权》于 1921 年发表后，立即受到不少国家的关注和重视。这部著作的基本思想是：空军是未来武装斗争的主要和决定性的工具。他断言："未来战争将从空中开始，而且在宣战以前就会发生大规模的空战。因为任何一方都将力求用空袭来取得优势地位，不夺取制空权就不可能在现代战争中获得胜利。"他认为使用航空兵力摧毁敌人抵抗力量的基础，可以在短时间内结束战争。他还极力主张，应该把战略目标指向敌对国家的后方。同时他还提出了空军使用的基础原则：密集使用；集中力量摧毁主要目标；在最短的时间内给敌人造成最大的损失。杜黑预见到空军发展的道路和在未来战争中的作用，他的观点对许多国家的军事理论和空军建设实践产生了重大影响。

三、当前西方主要国家军事思想的主要观点

当前西方主要国家的军事思想，继承了近代西方几百年来资产阶级军事思想的理论遗产，尤其是总结了第二次世界大战后半个世纪以来的军事实践和上百次局部战争的实践经验，具有鲜明的资产阶级特征。

（一）强调核威慑与常规威慑相结合

军事威慑的基本表现形式是一种潜在战争状态。通常采取非战争手段，如进行大规模的部队调动、部署；进行军事演习；试验威力巨大的新式武器、实行军事封锁等，以此向对方暗示或显示其力量和决心，动摇对方军民的迎战决心和信心，从而达到遏制战争，实现自己的政治和军事目的之企图。

美国的威慑理论一直是它制定军事战略的重要指导思想。尤其是它首先造出原子弹并在日本的广岛、长崎投下爆炸并产生毁灭性后果之后，就始终握住这根核大棒而耀武扬威。"冷战"结束后它又先后提出了"多层次威慑"、"全球威慑"和"地区战略威慑"等理论，强调今后要加强对一些地区性军事强国进行战略威慑，以防止这些国家在本地区称霸而危害美国的利益。

英国认为，核武器不仅是军事上的战略威慑力量，而且也是政治上发挥大国作用的重要条件。有了核武器就可以理直气壮地参加世界强国的"国际安全俱乐部"，

就能对敌国构成战略威慑,使其不敢轻易地对英国本土发动大规模的军事进攻。"冷战"后英国的军事战略尽管有所调整,但仍然以威慑求安全。同时,它还十分重视常规力量的建设,其目的就在于充分利用核威慑和常规威慑相结合的手段,以保障国家安全。法国于1992年在"冷战"时期的"有限、合理、足够"的核威慑理论基础上,又提出了"严格足够"的核威慑理论新概念。其含义是:核武器的规模与数量将压缩,但必须保障其质量和性能,并争取在敌人胆敢发动对法战争时,能以"最起码的"核威慑力量来保住本国的大国地位和影响。俄罗斯认为足够的核力量及其核反击能力是地区性威慑战略的现实手段,因此,俄罗斯所拥有的核力量必须要"能在核反击中完成任务"。

(二) 重视部队精简和质量建军

"冷战"后,西方一些国家都在纷纷调整各自的建军方针,提出了新的建军思想,强调要"建设一支质高、量少、合理、足够"的常备军,而且要进一步重视和加强后备力量建设。

美国为了维护和扩展在世界各地区的战略利益,着重强调在军队建设中,要突出应付中、低强度冲突的力量结构、战备水平和作战能力,要把常规力量和战略防御力量作为军队发展的重点。

英国从1990年起开始对军队建设进行大规模的调整,其目标是将英军建设成一支人员精干、装备精良、训练有素、机动灵活的武装力量。法国于1989年秋制定的"2000年军队计划"中,曾明确提出:"要建设一支既能适应欧洲作战,又能在海外进行军事干预的人员精干、装备精良的现代化军队。"德国在新推出的"第五结构德军计划"中,确定其建军的基本指导思想是侧重于质量建军和科技建军。俄罗斯把职业化、专业化作为其建军的主要方向。

(三) 提倡多国联盟的作战行动

联盟作战是指由国家间结成的军事联盟,为反对一国或数国而准备和实施的战争。两次世界大战都是联盟战,二战后的许多局部战争也有联盟战的性质,如:朝鲜战争、海湾战争等。联盟战一般包括以下形式:一是建立军事联盟和"共同防御"体系,如"北大西洋公约组织"等。二是制定共同的军事战略,建立联盟军事集团或联合武装力量,如"北约"武装力量和"欧洲军团"等。三是战争爆发之前,纠集某些国家组织联合作战,如朝鲜战争中,美国纠集15个国家组成所谓的联合国军;海湾战争则有28个国家组成多国部队参战;在1999年科索沃战争、2001年阿富汗战争和2003年伊拉克战争中,美国均纠集多国军队参战。

在新的形势下,原有的军事联盟可能不断调整其职能,如"北约"近年来根据欧洲政治与军事形势发生的重大变化,正在由原先一个单一的军事集团向军事和政治相结合的组织演进。同时,一些新的地区性政治、经济、军事等联盟集团将逐渐形成;地区危机时期或引发战争后,还会有临时性的军事联盟组织出现。可以预料,联盟战思想将进一步受到西方各国的推崇和重视。

(四) 强调应急反应和快速部署

近年来,西方各国对应急反应和快速部署越来越重视。20 世纪 80 年代,美国首先使用了远距离奔袭利比亚卡扎菲营地成功。人们把这种作战行动称之为"外科式手术"或叫做"点穴式"的速决战术。从目前形势看,这种"点穴式"的速决战术正在迅速地发展。

美国在新修订的"空地一体战"作战纲要中,首先强调了"大机动"原则,即按照海湾战争的模式,实施跨洋远距离投送,以迅速增援在危机和冲突地区的军事力量,及时解决问题。美国在部队建设上,增加了快速反应部队的比重。在军事部署上,将原来的"前沿部署"改为现在的"抵近部署"和"本土部署",力争在危机、冲突甚至战争突发时迅速作出反应,在危机或冲突的初级阶段就予以解决。与此同时,美国还不断加强了对欧、亚、中东等地区的应急作战能力和战略投送能力。

"北约"各国目前正积极地将过去奉行的"灵活反应"战略发展成为"应急反应"战略。他们针对东(东欧,特别是巴尔干地区)、南(中东,特别是海湾地区)两线可能出现的突发性危机和冲突,确定新的战略部署,将"应急反应"作为首要的军事原则。在部队的编成及部署上,西方其他各国也普遍组建和扩充快速反应部队,加强训练,改善武器装备,以备一旦需要,能拉得出,打得赢。同时,他们还围绕着应急反应,快速部署这一总体思想,提出了一些各自的观点。如德国实行"分散"与"均衡"部署,以适应"全方位防御"的应急需要;法国则不仅提出了"多方位防御战略",而且还强调要有"远距离干涉"和"防止危机"的作战能力;意大利推行"应急"战略。这些,都是当前西方国家"应急反应"、"快速部署"这一基本思想的集中反映。

第三节
毛泽东军事思想

毛泽东是伟大的无产阶级革命家、军事家、战略家,是中国人民解放军的主要缔造者和领导者。毛泽东在长期的革命战争实践中,运用他的聪明才智,凝聚了全党全军的集体智慧,创立了毛泽东军事思想。

一、毛泽东军事思想的科学含义

毛泽东军事思想是马克思主义普遍原理同中国革命战争的具体实践相结合的产物，是中国革命战争和军队建设实践经验的科学总结，是中国共产党集体智慧的结晶，是毛泽东思想的重要组成部分。毛泽东军事思想是毛泽东关于中国革命战争、人民军队和国防建设以及军事领域一般规律问题的科学理论体系。

（一）毛泽东军事思想是马克思主义普遍原理同中国革命战争的具体实践相结合的产物

毛泽东军事思想的产生和发展，离不开马克思主义的理论基础作指导，也离不开中国革命战争的实践。毛泽东创造性地学习运用俄国十月革命成功的经验，根据当时中国是一个以农民为主体的半殖民地半封建社会的国情，开辟了农村革命根据地，走农村包围城市，最后夺取全国政权的道路。毛泽东创立了以农民为主体的新型的无产阶级人民军队，人民战争学说和一整套人民战争的战略战术等。毛泽东军事思想是中国式的马克思主义军事理论。

（二）毛泽东军事思想是中国革命和军队建设经验的科学总结

中国长期革命战争的实践是毛泽东军事思想赖以产生与发展的前提和基础。如果没有中国革命战争的具体实践，就不可能产生毛泽东军事思想。以毛泽东为首的中国共产党在领导人民进行新民主主义革命时期，经历了北伐战争、土地革命、抗日战争、解放战争。新中国成立后，又进行了抗美援朝战争，中印、中苏边界自卫反击战。毛泽东集军事统帅和军事理论家于一身，以他惊人的才能和非凡的智慧，坚忍的毅力和丰富的经历，渊博的知识和深邃的洞察力，罕有的分析力和高超的指挥艺术，将中国革命战争和人民翻身解放的群众运动融为一体，而且他长期亲身参加和领导战争实践，并从中总结经验上升为理论；又用此理论指导战争和军队建设的实践，使之不断丰富和发展，由此循环往复不断完善，成为科学的理论体系。

（三）毛泽东军事思想是集体智慧的结晶

毛泽东在《反对本本主义》一文中指出："共产党的正确而不动摇的斗争策略，绝不是少数人坐在房子里能够产生的，它是要在群众的斗争过程中才能产生的，这就是说要在实际经验中才能产生。"毛泽东军事思想作为中国人民革命战争的理论概括和行动指南，在人民群众的战争实践中产生、发展和不断完善。毛泽东在领导我们党进行长期的武装斗争中，一贯遵循"从群众中来，到群众中去"，善于从人民群众和我军广大指战员斗争经验和首创精神中吸取营养，制定军事方针、政策和战略战术原则，丰富军事理论。毛泽东的军事著作中，处处闪耀着人民群众智慧的光辉。

毛泽东的许多军事著作,或是经过集体讨论由毛泽东起草的,或是毛泽东写成的稿子征求大家的意见然后修改定稿的。我党我军许多老一辈的无产阶级革命家、军事家都曾为毛泽东军事思想的形成和发展作出过重要贡献。毛泽东作为我军的主要缔造者和最高统帅,以他出众的才能,在长达半个世纪的革命实践中,总结并撰写了大量的军事著作,对我党的军事理论作了最集中、最深刻的概括。以毛泽东的名字命名我党的军事理论,是完全符合历史实际的,是当之无愧的。

(四) 毛泽东军事思想是毛泽东思想的重要组成部分

毛泽东思想是以毛泽东为代表的中国共产党人,根据马克思主义的基本原理,紧密联系中国革命实践并有所创造上升为理论,形成了适合中国国情的科学的指导思想。毛泽东思想主要包括:关于新民主主义革命的理论;关于社会主义革命和建设的理论;关于革命军队的建设和军事战略的理论;关于政策和策略的理论;关于思想政治工作和文化工作的理论;关于党的建设的理论。

在取得全国政权前的22年里,军事斗争是我们党的工作重心。毛泽东和他的战友们以极大的精力研究和探索革命战争的规律,用以指导战争,毛泽东的军事实践活动,是他一生中最伟大、最光辉和最成功的部分,其军事著作在他的著作中占有大量篇幅和重要地位。毛泽东军事思想是毛泽东思想的重要组成部分。

二、毛泽东军事思想的形成与发展

毛泽东军事思想的形成与发展是一个历史过程,它是在中国革命战争的发展过程中逐步形成为一个科学体系的。

(一) 毛泽东军事思想的产生

从中国共产党诞生到党的遵义会议,是毛泽东军事思想的产生时期。在俄国十月革命的影响下,中国共产党从接受马克思主义关于暴力学说开始,逐步认识到军事工作在中国革命中的重要性。第一次大革命失败的严酷现实,使中国共产党进一步认识到武装斗争和掌握军队的极端重要性。1927 年 8 月 1 日的南昌起义,打响了武装反抗国民党反动派的第一枪,开创了中国共产党独立领导武装斗争的新时期。同年 8 月 7 日,毛泽东在党的"八七会议"上,提出了"枪杆子里面出政权"的著名论断。9 月,毛泽东又亲自发动和领导了湘赣边界的秋收起义。他带领秋收起义的部队进军井冈山,建立了第一个农村革命根据地,实行"工农武装割据",开辟了一条以农村包围城市的崭新的革命道路。从"三湾改编"到"古田会议",毛泽东提出并制定了一套较为完整的人民军队的建军原则。在"反围剿"的斗争中提出并实践了动员群众、依靠群众和武装群众的人民战争思想;总结出了游击战争的"十六字诀"(敌进我退,敌驻我扰,敌疲我打,敌退我追)和诱敌深入、集中兵力、运动战、速决战、歼灭战等红军的作战原则。由此可以看出,毛泽东关于武装斗争思想、农村根据地思想、人民军队思想、人民战争思想、人民战争的战略战术思想均已初步产生,为其科学体系的形成奠定了坚实的基础。这一时期,毛泽东的主要著作有《政权是由枪杆子取得的》《中国红色政权为什么能够存在?》《井冈山的斗争》《关于纠正党内的错误思想》《星星之火,可以燎原》和《反对本本主义》等。

(二) 毛泽东军事思想的基本形成

从遵义会议到抗日战争结束,是毛泽东军事思想的基本形成时期。遵义会议纠正了王明"左"倾冒险主义在军事领导上的错误,重新肯定了毛泽东为代表的正确军事路线,确立了毛泽东在红军和中共中央的领导地位。这是中国革命由挫折走向胜利的一个伟大的历史转折点,也是毛泽东军事思想由产生到形成发展的起点。

红军长征到达陕北后,毛泽东开始总结土地革命以来的经验,把土地革命战争时期产生的军事思想创造性地运用于抗日战争,制定了抗日民族统一战线的政治路线和军事战略方针,并完成了他一生中最辉煌的军事理论巨著。毛泽东军事思想所涉及的无产阶级战争观和方法论、人民军队、人民战争、人民战争的战略战术等方面,都已发展成为系统的理论,形成了比较完整的军事科学体系。这一时期,毛泽东的主要著作有《中国革命战争的战略问题》《实践论》《矛盾论》《论持久战》《战争和战略问题》等。

(三) 毛泽东军事思想的全面成熟

解放战争时期,是毛泽东军事思想的全面成熟时期。抗战胜利后,国内阶级矛盾上升为主要矛盾。国民党军队向解放区发动了大规模进攻,企图一举消灭中国共产党领导的人民军队,毛泽东为首的中国共产党人领导我军和广大人民群众与国民党的军队进行了针锋相对的斗争。我军经历了战略防御、战略进攻、战略决战和战略追击等阶段。采取了以运动战为主并配以攻坚战、阵地战等多种形式,进行了数以千计的战斗,其规模之大,情况之复杂多变是空前的。毛泽东在解放战争中,以其雄才大略和高超的军事艺术,统率千军万马,运筹于帷幄之中,决胜于千里之外,创造了战争史上的奇迹。标志着毛泽东军事思想进入了全面成熟时期。这一时期,毛泽东的主要著作有《抗日战争胜利后的时局和我们的方针》《以自卫战争粉碎蒋介石的进攻》《集中优势兵力,各个歼灭敌人》《大举出击,经略中原》《解放战争第二年的战略方针》《目前的形势和我们的任务》《评西北大捷兼论解放军的新式整军运动》《关于三大战役的作战方针》《将革命进行到底》等。

(四) 毛泽东军事思想的不断发展

夺取全国政权后,毛泽东根据新的历史条件,及时提出了建设现代国防、抵御外国入侵的战略任务,并领导我军进行正规化和现代化建设。1949 年 9 月 21 日,毛泽东就指出:"我们将不但有一个强大的陆军,而且有一个强大的空军和一个强大的海军。"抗美援朝战争是一场挫败现代化武器装备之敌的反侵略战争。毛泽东先后发表了《给中国志愿军的命令》《采取轮番作战的方针》《对美英军目前应实行战术的小包围、打小歼灭战》《祝贺中国人民志愿军的重大胜利》《抗美援朝的伟大胜利和今后的任务》等著作和电文,提出了一系列现代条件下进行反侵略战争的理论与原则。在社会主义建设时期,毛泽东强调指出,我们的陆军、空军和海军都必须有充分的机械化的装备和设备;要在大力发展国民经济、增强国家经济实力的基础上,建立完整的国防工业体系,发展现代化的技术装备,独立自主地建设强大的国防。毛泽东还领导并制定了积极防御的战略方针;强调要加强后备力量建设;强调现代条件下的人民战争;指出帝国主义是现代战争的根源;提出了三个世界划分的理论和建立反霸统一战线的策略;要求平战结合,加强三线建设,作好反侵略战争的准备等。

三、毛泽东军事思想的历史地位

毛泽东是现代中国革命军事理论的奠基人和集大成者,是国际无产阶级革命史以及世界军事史上屈指可数的伟大的军事家和军事理论家。毛泽东军事思想,在军事科学发展史上独树一帜,在中国乃至世界军事思想史上都占有重要的历史地位。

(一) 毛泽东军事思想丰富发展了马克思主义军事理论

毛泽东创造性地运用和发展了马克思主义军事理论,极大地丰富了马克思主义的军事科学的理论宝库。毛泽东的主要贡献在于:开创了一条农村包围城市,武装夺取政权的革命道路;创建了一支新型的人民军队;丰富和发展了马克思主义的人民战争学说;创造了适合中国国情的人民战争的战略战术;科学地阐明了无产阶级的战争观和方法论等。对此,世界许多知名人士曾给予了很高的评价,例如:日本著名军事评论家指出,毛泽东"创造性地、科学地、划时代地发展了马克思列宁主义的革命军事理论,建立了与资产阶级军事学说在本质上根本不同的无产阶级军事学说和军事原则"。美国著名军事评论家评价毛泽东既是伟大的政治家,又是伟大的军事家,是政治军事天才。这种天才演变成为一种万古长存的思想,开始对历史的进程产生深远的影响。

(二) 毛泽东军事思想是中国革命取得胜利和国防建设的理论指南

毛泽东军事思想运用辩证唯物主义和历史唯物主义的原理,批判地吸收了古今中外优秀的军事思想遗产,是科学的、先进的军事理论。毛泽东军事思想既揭示了中国革命战争的特殊规律,也反映了现代战争和国防建设的一般规律,是经过实践检验的科学真理。正是因为这一强大的思想武器被人民所掌握,中国革命战争才节节胜利,中国历史才开创了新纪元。尽管现在国际、国内形势发生了很大变化,科学技术发展日新月异,但毛泽东军事思想的立场、观点和方法,对我军打赢未来高技术条件下的局部战争,对我国的国防建设和把我军建设成为现代化、正规化的革命军队依然具有重要的指导作用。

(三) 毛泽东军事思想在世界上具有广泛而深刻的影响

毛泽东军事思想,不仅是我军夺取胜利的指南,也是被压迫民族和被压迫人民战胜敌人、争取解放的强大思想武器。对此,世界各国媒体和政要都给予了积极评价。马里《发展报》1976 年 9 月发表的一篇文章指出:"由于有了毛泽东的领导,中国革命首先从农村开始,建立农村革命根据地,以农村包围城市,最后一个一个地夺取城市。""毛使中国走上战胜帝国主义、建立中华人民共和国的道路,是对殖民地或半殖民地、封建或半封建国家人民的最好指引,这条道路将是第三世界大多数人民要走的道路。"孟加拉《新世纪》周刊的一篇文章指出:"为了夺取人民战争的胜利,毛泽东同志写下了大量关于人民战争的著作,这些都是从事革命斗争的人必读的作品。"

在亚洲,越南人民曾结合自己的斗争实际,运用毛泽东人民战争的战略战术,采取破袭战、伏击战、地雷战等多种战法,先后战胜了拥有优势装备的法国殖民主义者和美国侵略者。日本的市川宗明在其《毛泽东的世界战略》一书中指出:"胡志明的军队自始至终把毛泽东的军事理论作为其战略战术的基础,并以此来发展自己"。

在非洲,阿尔及利亚军民,在反对法国殖民主义者的武装斗争中,曾从《中国革命战争的战略问题》这一文献中吸取力量,经过七年的战争,终于战胜了法国殖民主义者,赢得了民族独立。莫桑比克、津巴布韦、安哥拉和"葡属"几内亚的自由战士,运用毛泽东人民战争理论,结合本国实际,在农村建立根据地,建立民兵、游击队和正规军,开展游击战争,最后取得了独立。

在一向被称为"美国后院"的拉丁美洲,民族独立和人民解放斗争此起彼伏。毛泽东军事思想对那里人民的革命斗争产生了深刻影响。一位古巴起义时的游击队指挥官著文说:"我在古巴发现许多革命军官都在读毛泽东论中国国内战争的著作。

毛主席对古巴革命的影响虽然是间接的,但是这种影响却是无法估量的。"

原联邦德国《军事与经济》杂志1965年11月号载文说,总览一下地球上无数焦点:"给人的印象是毛泽东的游击战略正在全世界广泛传播","毛泽东的游击战略在全球取得胜利,这种战略已有效地改变了世界政治面貌"。毛泽东的游击战理论,不但在第三世界广泛传播,成为第三世界人民广为采用的斗争形式,而且引起帝国主义的恐惧。1961年2月26日美国《星条报》登载了合众社如下一则消息:"肯尼迪在一方面成了中国共产党领袖毛泽东的学生,他对毛泽东有关游击战的著作很重视,并要求陆军研究毛泽东有关这个问题的言论。"

学习研究毛泽东军事思想的人,尽管身份不同,动机迥异,但都从不同侧面证明:毛泽东军事思想不仅为马克思主义军事理论宝库增添了新财富,而且为世界军事理论增添了新内容。

随着人类历史的不断发展,毛泽东军事思想的具体内容也要在实践中不断丰富、充实和发展。但它的马克思主义的立场、观点和方法,犹如璀璨的瑰宝,必将在国际无产阶级和革命人民的武装斗争中,以及在世界军事思想发展中放射出更加灿烂的光辉。

四、毛泽东军事思想的主要内容

毛泽东军事思想是一个科学体系,内容非常丰富。它主要包括战争观、战争方法论、人民军队思想、人民战争思想、人民战争的战略战术等。战争观与战争方法论,是毛泽东研究和指导战争的基本立场、观点和方法,揭示了中国革命战争的指导规律,是毛泽东军事思想的理论基础;人民军队思想是人民军队建设的指南,是毛泽东军事思想的重要内容;人民战争思想是我军的根本指导思想,是毛泽东军事思想的核心内容;人民战争的战略战术是进行人民战争的战略原则和作战方法,是人民战争胜利的重要保证。

(一) 战争观与战争方法论

战争观是人们对待战争的看法和态度,是研究和指导战争的立场与观点;战争方法论是人们在认识战争规律基础上,依据战争规律确定指导战争的根本方法。毛泽东在指导中国革命战争的全部实践活动中,始终坚持运用无产阶级战争观和战争方法论来研究和指导战争。

1. 战争观

毛泽东的战争观包括战争的起源和根源、战争的本质和目的、战争的性质及对待战争的态度、战争的最终目的与消灭战争的途径等方面的内容。

（1）战争的起源和根源。

马克思主义认为,战争起源于私有财产和阶级,私有制和剥削阶级的存在是战争的主要根源。战争不是人类有史以来就有的,而是在人类社会出现私有财产、分化为不同的阶级之后所特有的社会现象,它不是由偶然因素导致的,而是由社会的必然因素决定的。原始社会初、中期,没有剩余产品,没有私有财产,没有阶级,也没有常设的军事组织和专门的武器,那时部落之间为了一时的争夺生存空间或复仇,发生过一些暴力冲突,但这仅仅是偶然发生的现象,与实质上的战争有着本质的区别。到了原始社会末期,剩余产品出现,社会生产有了分工,形成了专门管理和分配的"特权阶层",从而出现了私有财产,产生了阶级和阶级矛盾。此时,为了掠夺财产和奴役被征服者的暴力活动也就成为必然的现象,实质上的战争开始出现。列宁简明而深刻地指出:"私有制引起了战争、而且永远会引起战争"(《列宁全集》第2卷,第204页)。"在生产资料私有制还存在的这种经济基础上,帝国主义战争是绝对不可避免的"(《列宁全集》第2卷,第733页)。毛泽东对战争的起源和根源也作了精辟的概括:"战争——从有私有财产和有阶级以来就开始了的,用以解决阶级和阶级、民族和民族、国家和国家、政治集团和政治集团之间,在一定发展阶段上的矛盾的一种最高的斗争形式"(《毛泽东选集》第1卷,第171页)。

战争的起源和根源不是同一个概念,它们既有联系,又有区别。只有认清战争的起源,才能理解战争的根源。私有制是战争的起源,私有制导致了阶级的出现。压迫者阶级,为了贪图更多的私有财产,使以掠夺、奴役为目的的战争变成其经常性的职业。因此压迫者、剥削者阶级是人类战争的根源。列宁深刻地指出:"战争总是由剥削者、压迫者阶级挑起的。"当今世界战争的主要根源是霸权主义。

（2）战争的本质和目的。

克劳塞维茨在《战争论》中揭示了战争的本质,他指出:"战争无非是政治通过另一种手段的继续。"这句话被列宁称为"至理名言"。列宁曾指出:"任何战争都是同产生它的政治制度分不开的。某个国家即该国某个阶级在战时所推行的政治,必然是而且一定是它在战前长时期内所推行的政治的继续,只不过在行动方式上不同罢了"(《列宁军事文献》第1版,第335页)。

毛泽东发展了他们的观点,明确指出:"'战争是政治的继续',在这点上说,战争就是政治,战争本身就是政治性质的行动,从古以来没有不带政治性的战争。""但是战争有其特殊性,在这点上说,战争不即等于一般的政治'战争是政治的特殊手段的继续'。政治发展到一定的阶段,再也不能照旧前进,于是爆发战争,用以扫除政治道路上的障碍。""政治是不流血的战争,战争是流血的政治"(《毛泽东选集》第1卷,第479—481页)。

战争是为着解决交战双方在一定发展阶段上的矛盾的一种最高斗争形式。按照马克思主义的原理:经济是基础,政治是经济的集中表现,所有的战争都是为维护交战一方某个阶级的政治经济利益而发动和进行的。"战争是政治的特殊手段的继续"就是战争的本质,换句话说战争的政治目的就是战争的本质。如抗日战争的政治目的就是"驱逐日本帝国主义,建立自由平等的新中国",这就是抗日战争的本质。由此可以看出,战争的本质和目的,无非是为了取得或维护政治地位和经济利益。

(3)对待战争的正确态度。

分析战争的性质,采取对战争的正确态度,是无产阶级战争观的一个重要组成部分,它是研究战争的起源和本质的继续。

战争在阶级社会中,是一种错综复杂的政治现象。无论战争形式和战争规模如何,交战双方的力量对比和胜负如何,但在马克思主义看来,无不依战争的阶级性质、战争的政治目的和它在社会历史发展中的作用,而被分为正义战争和非正义战争两类。

列宁指出:"如果忘记一切战争都不过是政治通过另一种手段的继续,那在理论上是完全错误的;现在帝国主义的战争是两个大国集团的帝国主义政治的继续,而这种政治是由帝国主义时代各种关系的总和所产生和培植的。但是这个时代又必然要产生和培植反对民族压迫的政治和无产阶级反对资产阶级的政治,因此也就可能并且必然会有:第一,革命的民族起义和战争;第二,无产阶级反对资产阶级的战争和起义;第三,这两种革命战争的汇合等等"(《列宁选集》第2卷,第847页)。列宁不仅提出处于帝国主义时代中的正义战争和非正义战争,而且还提出了鉴别这两种不同性质战争的标准。指出:"决定战争性质(反动战争或是革命战争),不是看谁先进攻,'敌人'在谁的国境内,而是看哪一个阶级进行战争,这一战争是哪一种政治的继续"(《列宁选集》第3卷,第672页)。"战争和战争不同,有正义战争和非正义战争,有进步的战争和反动的战争,有先进阶级进行的战争和落后阶级进行的战争,有巩固阶级压迫的战争和推翻阶级压迫的战争"(《列宁选集》第3卷,第824页)。

毛泽东根据列宁的观点明确指出:"历史上的战争分为两类,一类是正义的,一类是非正义的。一切进步的战争都是正义的,一切阻碍进步的战争都是非正义的"(《毛泽东选集》第2卷,第475—476页)。毛泽东还指出:"战争的性质是根据战争的政治目的而定的。"毛泽东对如何判定战争性质,进行了科学的划分,奠定了无产阶级对待战争的根本态度。那就是拥护正义战争,反对非正义战争。拥护正义战争,反对非正义战争的方法是:对于正义战争的拥护,视情况而定。或者直接参加,如对朝鲜人民的抗美援朝救国战争;或者给予政治声援和物质援助,如对柬埔寨人民的抗越救国战争。对于非正义战争的反对,战争爆发前,应想尽一切办法,采取一切措施极力阻止或推迟其爆发。战争爆发后,则通过声援、支持、参加正义战争,反对非正义战争。

(4)战争的最终目的与消灭战争的途径。

列宁明确指出:"无产阶级无论现在和将来都要始终不懈地反对战争,但它一分钟也没忘记:只有完全消灭社会划分为阶级的现象,才可能消灭战争"(《列宁军事文献》第1版,第25页)。毛泽东发展了列宁的观点,他指出:"战争——这个人类互相残杀的怪物,人类社会的发展终究要把它消灭的。但是消灭它的办法只有一个,就是用战争反对战争,用革命战争反对反革命战争,用民族革命战争反对民族反革命战争,用阶级革命战争反对阶级反革命战争"(《毛泽东选集》第1卷,第174页)。毛泽东还指出:"我们是战争消灭论者,我们是不要战争的,但是只能经过战争去消灭战争,不要枪杆子必须拿起枪杆子"(《毛泽东选集》第1卷,第174页)。毛泽东为无产阶级和革命人民,不仅指明了消灭战争的最终目标,而且指明了实现这个目标的根本途径和方法。例如,当抗日战争刚结束,蒋介石磨刀霍霍时,毛泽东和党中央提出和平民主建国纲领,毛泽东不畏风险亲赴重庆,与国民党谈判并达成和平协议,当蒋介石在谈判期间调动百万大军企图进攻我解放区之时,毛泽东揭露了蒋介石的阴谋;当蒋介石硬是发动大规模反人民内战后,毛泽东因势利导,将战争导向中国人民的全面解放战争,并取得了伟大胜利。毛泽东还指出:"人类社会进步到消灭了阶级,消灭了国家,到了那时,什么战争也没有了,反革命战争没有了,革命战争也没有了,这就是人类的永久和平时代"(《毛泽东选集》第1卷,第174页)。从而进一步指明了实现消灭战争的途径,必须消灭阶级,必须铲除产生和滋养阶级的私有制。战争是随着私有制、阶级的产生而产生,战争也必然会随着私有制、阶级的消灭而消亡。

2. 战争方法论

战争方法论,是要解决如何认识和运用战争规律,确定战争指导规律,正确指导战争。毛泽东的战争方法论是毛泽东对战争的科学认识论和方法论的统一,是毛泽东指导战争的主要方法。

(1) 必须认识和把握战争规律。

所谓战争规律是战争在发生和发展过程中,战争双方在政治、经济、军事、自然、地理等诸因素的本质联系及其发展趋势,是不依人们的主观意志为转移的。人们只能认识它,不能取消它,只能运用它,不能违背它。违背它必将导致失败。毛泽东在总结土地革命战争的经验时指出:"战争规律——这是任何指导战争的人不能不研究和不能不解决的问题"(《毛泽东选集》第1卷,第170页)。并说:"不知道战争的规律,就不知道如何指导战争,就不能打胜仗"(《毛泽东选集》第1卷,第171页)。

研究战争规律,既要研究战争的一般规律,更要研究战争的特殊规律。战争的一般规律,是普遍地存在于一切战争之中,对古今中外任何战争都起作用的规律。例如:战争是阶级社会的必然产物,是政治的特殊手段的继续;有正义和非正义之分;其基本原则是保存自己,消灭敌人;一切战争都表现为进攻和防御、前进和后退;战争指导都要求知彼知己等等。任何战争都是在特定条件下进行的,都带有时代的、阶级的、国家的、民族的、地域的特点并有性质上的差别。如果不从各次革命战争的实际情况出发,研究这些战争的特殊规律,制定正确的指导原则,就不能取得革命战争的胜利。毛泽东指出:"我们不但要研究一般战争的规律,还要研究特殊的革命战争的规律,还要研究更加特殊的中国革命战争的规律"(《毛泽东选集》第1卷,第 171 页）。研究并认识战争规律的目的在于正确指导战争。战争指导者为了正确地指导战争,不但要研究战争的客观规律,而且还必须研究基于客观规律之上的战争指导规律。

（2）认识和把握战争规律的基本方法。

第一,主观指导必须符合客观实际。

战争指导者要驾驭战争,赢得战争的胜利,必须善于使主观指导符合客观实际。研究和认识战争规律的目的在于制定指导战争的正确方法。毛泽东把这种合乎战争客观规律的战争指导方法,称为“战争指导规律”。毛泽东指出:“人们要想得到工作的胜利即得到预想的结果,一定要使自己的思想合乎客观外界的规律性,如果不合,就会在实践中失败”（《毛泽东选集》第 1 卷,第 284 页）。战争的客观规律是随着社会政治、经济、军事、自然地理诸条件,以及敌情、我情、民情和国际环境等情况的变化而变化的,因此,战争指导规律也需要随之变化而变化的。把握了战争的客观规律,可以确定战争的主观指导方法。在中国,人民革命战争的性质决定了能够采用发动群众开展人民战争的指导方法;抗日战争中,毛泽东确定了全面抗战的指导路线和以游击战为主、运动战为辅的作战原则;解放战争中,毛泽东确定了“战争的人力物力来自前线”的指导法则。抗美援朝战争,虽然同样是中国人民进行的正义战争,但由于作战对象的不同,就不能将战争的人力来源寄托在前线,美军的俘虏兵断然不能充实到我志愿军的队伍。

要做到主观指导符合客观实际,需着重注意以下三个问题:一是要熟悉敌我双方的情况;二是要善于学习,勇于实践;三是要在客观物质的基础上,充分发挥主观能动性。

第二,着眼特点,着眼发展。

毛泽东指出:“战争情况的不同,决定着不同的战争指导规律”,“我们研究在各个不同历史阶段、各个不同性质、不同地域和民族的战争的指导规律,应该着眼其特点和着眼其发展,反对战争指导问题上的机械论。”（《毛泽东选集》合订本,第 157 页）。

由于各次战争情况的不同,有时间、地域、性质和对象的差别,因此,就各有其不同的特点和规律,所以,无论是研究战争的客观规律还是战争的指导规律,都应该着眼其特点和着眼其发展。所谓着眼其特点,就是研究和把握战争的一般和特殊的规律,尤其要把握战争的特殊规律。所谓着眼其发展,就是对战争的认识,要随着时代的发展,科技的进步,战略战术和作战方式的变化,武器装备的更新,时间、地域、性质上的差异等综合因素基础上,制定正确的符合客观实际的战争指导规律。

第三,关照全局,把握关节。

全局是事物的整体和发展的全过程,局部是组成整体的各个部分和发展过程中的各个阶段。什么是战争的全局? 毛泽东说:“凡属带有要照顾各方面和各阶段的性质的,都是战争的全局”（《毛泽东选集》合订本,第 159 页）。反之,凡属战争全局中带有某一个方面和某一个阶段性质的都是局部。有全局就有战略问题,有局部当然就有战术问题。所以毛泽东又说:"研究带全局性的战争指导规律是战略学的任务。研究带局部性的战争指导规律,是战役学和战术学的任务"(《毛泽东选集》合订本,第159页)。由于武装斗争在中国革命中的极端重要性,必须注重战略和战术的研究,既要研究带全局性的战争指导规律又要研究带局部性的战争指导规律,才能指导中国革命战争多打胜仗。战争的胜败,主要和首先的问题,是对于全局和各个阶段的照顾得好或照顾得不好。如果全局和各阶段的照顾有了重要的缺点和错误,那个战争是一定要失败的。

毛泽东在《中国革命战争的战略问题》一书中,创造了全局与局部辩证法的完整学说。一是懂得了全局性的东西,就更会使用局部性的东西,因为局部性的东西是隶属于全局性的东西。二是全局性的东西,不能脱离局部而独立,全局是由它的一切局部而构成的。三是要注意那些有关全局的重要的关节。在毛泽东看来有两种局部的东西:一种局部性的东西对全局不起重大影响;另一种虽是局部性的东西,但对全局起决定作用。因此指挥全局的人要全局在胸,既要把自己的注意力放在照顾全局的各个方面和各阶段的相互关系上;又要将自己的注意力的重心放在对于指挥全局最有决定意义的局部之上。

毛泽东导演的解放战争战略大决战,就是关照全局、把握关节的生动范例。在辽沈战役中,毛泽东决策首战锦州,是实现"关起门来打狗",将卫立煌集团4个兵团55万兵力,锁在东北境内就地歼灭的关键环节。而锦州的解放,迫使长春的敌人一部分起义,一部分投诚,不费一枪一弹就解放了长春。剩下的两个兵团处于上天无路、入地无门的绝境,被我军歼灭于沈阳地区。淮海战役打到第三阶段,剩下杜聿明集团两个兵团被我军围困于陈官庄地区,实施全歼指日可待。但此时毛泽东从全国战场全局考虑,令我华东野战军和中原野战军就地休整待命,造成南线战局未定,使傅作义存有幻想而不作逃窜之举,以滞留傅作义集团55万兵力于平津地区。与此同时,毛泽东令我东北野战军打完辽沈战役后,先不作休整秘密入关,待包围傅作义集团后,再就地休整。这时才令淮海前线我军最后全歼杜聿明剩下的两个兵团,随后又进行平津战役,和平解放北平。战役与战役之间如此巧妙的配合,充分体现了毛泽东在战争全局上精心关照、运筹帷幄的高超指挥艺术,从而取得了战略决战的重大胜利。

(二) 人民军队思想

以毛泽东为代表的老一辈无产阶级革命家、军事家,把创建人民军队作为进行武装斗争的首要问题和实现革命理想的最主要手段,强调没有一支人民的军队,便没有人民的一切。在革命战争年代,主要的斗争形式是战争,而主要的组织形式是军队。为了把以农民为主要成分的军队建设成为无产阶级性质的新型人民军队,毛泽东在长期的战争实践中,总结和提出了一整套建军的理论和原则。

1. 人民军队的性质和宗旨

毛泽东从"军队是国家政权的主要成分"、"是阶级压迫的工具"的原理出发,提出了"枪杆子里面出政权"和"我们的原则是党指挥枪,而绝不允许枪指挥党"的思想(《毛泽东选集》第 2 卷,第 547 页)。指明我军是中国共产党领导下的执行无产阶级革命政治任务的武装集团。坚持中国共产党对军队的绝对领导,是确保人民军队的无产阶级性质的根本原则。

1945 年 4 月中国共产党第七次代表大会的政治报告中,毛泽东对我军的宗旨作了完整的概括:"为着广大人民群众的利益,为着全民族的利益,而结合,而战斗的。紧紧地和中国人民站在一起,全心全意地为中国人民服务,就是这个军队的唯一的宗旨"(《毛泽东选集》第 3 卷,第 1039 页)。全心全意为人民服务的宗旨,是我军建军原则的核心,是我军区别于其他任何军队的本质特征。我军在革命战争和保卫祖国的长期斗争中,始终遵循这一宗旨,从而赢得了人民群众的拥护和爱戴。

2. 人民军队的三大任务

毛泽东根据我军的性质和建军宗旨,创造性地规定了我军的三大任务,即战斗队、工作队、生产队。人民军队三大任务的提出,有一个不断丰富和发展的过程。一般情况下,作战任务是放在第一位,但三大任务的执行不是平列的,因时因地有所侧重。例如:红军时期,我军执行的是打仗、做群众工作、筹款三大任务。抗日战争时期,毛泽东把我军的三大任务称为三套本领:第一,打仗;第二,做群众工作;第三,生产。将三大任务中的筹款改为生产,是一个新的发展。解放战争时期,我军的三大任务发展成为战斗队、工作队和生产队。

军队的战斗队任务,在三大任务中居于主要地位。在战争年代,我军要为推翻旧的国家机器、建立新中国而奋斗。建国以后,要保卫祖国社会主义革命和建设,随时准备为粉碎敌人的入侵、武装挑衅和颠覆行动而战斗。因此,我军永远是一个战斗队。在和平建设时期,战斗队的职能主要由训练来体现。训练是为了提高部队战斗力,更好地履行战斗队的职能。

3. 人民军队的三大民主

早在我军创建之初,毛泽东就着手实行军队内部的民主制度,在连、营、团成立了士兵委员会,实行官长不打士兵,经济公开等项办法,收到了积极的效果。毛泽东说:"红军的物质生活如此菲薄,战斗如此频繁,仍能维持不敝,除党的作用外,就是靠实行军队内部的民主主义。""中国不但人民需要民主主义,军队也需要民主主义。军队内部的民主主义制度,将是破坏封建雇佣军队的一个重要的武器"(《毛泽东选集》合订本,第 64 页)。

在抗日战争时期,毛泽东全面地说明了军队中的民主生活,他指出:"在我们军队中的党组织,也须增加必要的民主生活,以便提高党员的积极性,增强军队的战斗力。但是军队党组织的民主应少于地方党组织的民主。无论在军队或地方,党内民主都应是为着巩固纪律和增强战斗力,而不是削弱这种纪律和战斗力。"

在解放战争时期,部队的民主生活经过新式整军运动有了不少新的创造。1948年1月,毛泽东在《军队内部的民主运动》的党内指示中,把部队的民主生活概括为"政治民主"、"经济民主"、"军事民主"三个方面,称之为三大民主。

政治民主,即实行有秩序的、有领导的、由全体战斗员和指挥员一起参加的民主运动。这种民主运动实际上是部队中一种广泛的批评与自我批评运动,主要是评党员评干部;经济民主,即士兵参与经济生活的管理,公开账目,防止贪污、浪费和干部侵占士兵利益;军事民主,即在战时通过火线开大小"诸葛亮会",广泛发动士兵参与战斗方法的研究,在平时练兵时实行官兵互教、兵兵互教的群众性练兵运动。三大民主是新型人民军队的生动体现。

4. 人民军队政治工作的三大原则

1937年10月,毛泽东对我军政治工作作了系统的总结,指出:"八路军的政治工作的基本原则有三个,即:第一,官兵一致的原则,第二,军民一致的原则,第三,瓦解敌军和宽待俘虏的原则"(《毛泽东选集》合订本,第350页)。这三大原则是我军无产阶级性质和全心全意为人民服务的建军宗旨的具体体现。它要求必须从尊重士兵,尊重人民和尊重已经放下武器的敌军俘虏的人格这种根本态度出发。军队政治工作的三大原则,是我军团结内部、团结人民、团结友军、瓦解敌军和保证战斗胜利的强大武器。

实行官兵一致和军民一致的原则,就是要在军队中肃清旧军队官兵对立和军民对立的影响,建立新型的官兵关系和军民关系。实行瓦解敌军、宽待俘虏的原则,就是采取正确的政策和策略,争取敌军,改造俘虏,涣散敌人的军心和斗志。在井冈山斗争时期,毛泽东就指出:"对敌军的宣传,最有效的方法是释放俘虏和医治伤员"(《毛泽东选集》合订本,第66页)。在解放战争时期,毛泽东号召必须加强瓦解国民党军队的工作,开展高树勋运动。并明确规定"对于放下武器的蒋军官兵,一律不杀不辱,愿留者收容,愿去者遣送。对于起义加入本军的蒋军部队和公开或秘密为本军工作的人们,则给予奖励"(《毛泽东选集》合订本,第1134页)。我军的这项政策,收到了很大的成效。整个解放战争四年里,共歼敌807万余人,其中投诚、起义、改编的为177万余人,俘虏为458万余人。仅解放战争前两年,我军即融化了大约80万从国民党军队来的俘虏兵,使他们转变为解放军战士,掉转枪口打国民党。

5. 人民军队铁的纪律

中国共产党领导的人民军队,是为了维护人民群众的根本利益而建立、而战斗的,为了保证完成党和人民赋予的任务,就必须要有铁的纪律。毛泽东高度重视人民军队的纪律建设,他认为纪律的意义在于执行路线的保证,是完成我军各项任务,提高部队战斗力的重要保证。毛泽东在红军初创时期,就要求部队对待群众说话和气,买卖公平,不拉夫,不打人,不骂人。1927年10月,毛泽东制定了三大纪律六项注意;1930年,在瑞金把六项注意改为十项注意;解放战争时期,当人民解放军转入战略进攻的转折时期,毛泽东及时地总结了我军在土地革命、抗日战争时期所执行军事纪律的经验,于1947年10月10日重新颁布了三大纪律八项注意的训令。把三大纪律八项注意的内容作了统一的规定:"三大纪律:(一)一切行动听指挥;(二)不拿群众一针一线;(三)一切缴获要归公。八项注意:(一)说话和气;(二)买卖公平;(三)借东西要还;(四)损坏东西要赔;(五)不打人骂人;(六)不损坏庄稼;(七)不调戏妇女;(八)不虐待俘虏"(《毛泽东选集》合订本,第1137页)。在同一天颁布的《中国人民解放军宣言》中,要求全军指战员"必须提高纪律性,坚决执行命令,执行政策,执行三大纪律八项注意,军民一致,军政一致,官兵一致,全军一致,不允许破坏纪律的现象存在"(《毛泽东选集》合订本,第1135页)。

6. 人民军队的顽强作风和勇敢牺牲精神

作风是思想、意志、士气等精神因素在行动上的集中反映。它体现为经常性、持久性、一贯性,非长期磨炼不能形成。我军的养成教育,就是教育引导官兵通过经常持久的磨炼,以塑造牢固的不易改变的良好的战斗风格。

我军从诞生之日起,就面临着强大敌人的围追堵截和十分艰苦的生活环境,在这种条件下,要能坚持下去,并夺取最后胜利,必须有一个顽强的作风和不怕牺牲的精神。为此,毛泽东从创建红军起,就十分重视人民军队的作风建设;以清除自私自利、贪图享受思想,树立远大革命理想;清除怕苦怕累、贪生怕死思想,培养艰苦奋斗和勇敢牺牲精神;引导我军在长期艰苦复杂的环境中经受考验,培养一种不怕任何艰难险阻的大无畏精神,养成一种压倒一切困难、压倒一切敌人的顽强作风。毛泽东把人民军队的作风建设与保持人民军队的政治方向结合起来,他指出:"没有坚定正确的政治方向,就不能激发艰苦奋斗的工作作风;没有艰苦奋斗的工作作风,也就不能激发坚定正确的政治方向"(在延安庆祝"五一"国际劳动节大会上的讲话。1939年5月1日,转自1939年5月10日《新中华报》)。为此,毛泽东要求人民军队"必须发扬勇敢战斗、不怕牺牲、不怕疲劳和连续作战(即短期内接连打几仗)的优良作风"(《毛泽东选集》第4卷,第1233页)。毛泽东要求人民军队必须"具有一往无前的精神,它要压倒一切敌人,而决不被敌人所屈服。不论在任何艰难困苦的场合,只要还有一个人,这个人就要继续战斗下去"(《毛泽东选集》第3卷,第1039页)。人民军队的顽强作风和勇敢牺牲精神,概括起来,就是"一不怕苦,二不怕死"。

(三)人民战争思想

人民战争是中国共产党历来坚持的指导战争的根本路线,是毛泽东军事思想的核心内容,也是毛泽东军事思想区别于其他军事理论的主要标志。建立在辩证唯物主义和历史唯物主义理论基础上的人民战争思想,不仅在过去历次革命战争中显示出了强大的威力,而且在现代条件下仍然是革命军队克敌制胜的法宝之一。

1. 人民战争思想的含义

人民战争是指人民群众为反抗阶级压迫或民族压迫而组织和武装起来进行的战争。它必须同时具备以下三个基本特征:

第一，正义性。即人民战争是为了反抗阶级压迫或民族压迫而进行的正义战争，而不是为了侵略或掠夺的非正义战争。正义性是实行人民战争的政治基础。

第二，群众性。即人民战争是广大人民群众为了解放自己而依靠自己的力量进行的，不是靠少数人进行的，更不是由少数压迫者、剥削者进行的。群众性是实行人民战争的重要标志。

第三，组织性。即人民战争是有组织并武装起来的人民群众进行的，而不是群龙无首或一盘散沙。组织性是实行人民战争的必要条件。

在中国历史上，曾发生过无数次农民战争，其中不少应属于人民战争的范畴。然而，由于当时历史条件和阶级地位的限制，使它又不可避免地带有一定的局限性。这种局限性主要表现在以下三个方面：第一，战争政治目的贯彻不彻底；第二，发动群众不广泛；第三，胜利果实不能完全归劳动人民所有。所以，这些农民战争是一种不全面、不彻底的人民战争。只有无产阶级登上历史舞台并有了马克思主义指导之后，人民战争才进入一个崭新的阶段，而成为全面、彻底的人民战争。

毛泽东人民战争思想是毛泽东运用马克思主义的基本原理，集中中国共产党和人民群众的集体智慧，对人民革命战争的丰富经验作了科学的理论概括。坚持中国共产党对革命战争的统一领导，创立了主力兵团、地方兵团和民兵相结合的新型的武装力量体制；制定了正规战和游击战相结合，以武装斗争为主同其他战线的斗争相结合，进行全面人民战争的原则；提出了建立农村革命根据地，作为进行革命战争的战略基地，积蓄力量，坚持长期革命战争的理论；制定了一系列人民战争的战略战术等等，形成了具有中国特色的毛泽东人民战争思想。

2. 人民战争思想的理论基础

（1）人民群众是战争胜利的决定力量。

人民群众在历史上的作用问题是历史唯物主义中的一个重大问题。马克思主义认为人民群众是人类世界历史的创造者。毛泽东指出："人民，只有人民，才是创造世界历史的动力。"毛泽东把这一基本观点应用到中国革命战争，论述了人民军队和人民群众在战争中的作用，提出了"兵民是胜利之本"等著名论断，从思想上武装了参加革命战争的广大指战员和人民群众。

比如在抗日战争初期，正当失败主义的亡国论和悲观主义的妥协论者，为敌强我弱现象所迷惑的时候，毛泽东在《论持久战》中指出了一条真理："兵民是胜利之本。"他说："战争的伟力最深厚的根源，存在于民众之中。日本敢于欺负我们，主要的原因在于中国民众的无组织状态。克服了这一缺点，就把日本侵略者置于我们数万万站起来的人民之前，使它像一匹野牛冲入火阵，我们一声唤也要把它吓一大跳。

这匹野牛非烧死不可"(《毛泽东选集》合订本,第478页)。他又说:"动员了全国老百姓,就造成了陷敌于灭顶之灾的汪洋大海,造成了弥补武器等等缺陷的补救条件,造成了克服一切战争的困难的前提"(《毛泽东选集》合订本,第448页)。

群众是真正的英雄,兵民是胜利之本,这是毛泽东的一贯思想。一方面,必须实行真正的民主政治和切实改善人民生活,才能造成人民战争的真正基础;另一方面,也只有全军全民总动员才能实现真正的人民战争。因为动员全军全民参加战争,在政治上才能获得革命战争胜利的最基本的条件;在经济上才能建立起革命战争的雄厚的物质基础;在兵源财源上才能取之不竭;在军事上才能机动灵活地执行人民战争的战略战术,使敌军处于被动挨打的地位。

(2)人是战争胜负的决定因素。

在战争中,武器是重要的因素,它是战争的重要物质基础,但它必须通过人的能动性作用于战争。即通过人在战争中有意识有目的的实践活动而起作用。人是能动的物质力量,武器如何先进都不能代替人的意志、经验和才能。马克思主义唯物辩证法告诉我们,战争胜负的决定因素是人,而不是一两件新式武器。

首先,武器是人制造的。人的智慧和知识始终驾驭着武器的发展,人能制造进攻性武器,也能制造防御性武器。有飞机就有高射炮和防空导弹,有坦克就有反坦克炮和反坦克导弹。两种类型的新武器总是交替出现。毛泽东指出:"世界上的事情,总是一物降一物,有一个东西进攻,也有一个东西降它……只要依靠人民,世界上就没有攻不破的'法宝'"(《毛泽东选集》第5卷,第153页)。不论古代战争,还是现代战争,这个原理是普遍适用的。

其次,武器要靠人去使用。恩格斯在《德国战争短评》中说:"枪自己是不会动的,需要有勇敢的心和强有力的手来使用它们"(《马克思恩格斯全集》第16卷,第211页)。毛泽东也说:"不但看到武器,而且看到人力。武器是战争的重要因素,但不是决定的因素,决定的因素是人不是物。力量对比不但是军力和经济力的对比,而且是人力和人心的对比。军力和经济力是要人去掌握的"(《毛泽东选集》合订本,第437页)。恩格斯提到的"心"和"手"与毛泽东说的精神力量的"人心"和物质力量的"人力",都是讲人的作用,武器只有通过人的能动性才能发挥作用。人不单是物质力量,而且是精神力量,它是物质和精神的结合体。人力、人心和武器稳固地结合在一起,不但能创出新战法,充分发挥武器的效能,而且也会创造出敢打敢拼的奇迹。

第三,人的主观能动性在战争实践活动中对武器有反作用,而且具有决定性意义。人的主观能动性的发挥,是要以客观物质条件为基础,但是,一定物质条件的基础上,当人的主观能正确反映客观规律,制定正确的战略战术去指导战争和进行战争的时候,又能改变条件,创造条件,产生巨大的物质力量,即使是武器装备处于劣势的弱者,也能打败武器装备占优势的强者,而赢得战争的最后胜利。所以毛泽东说:"战争是力量的竞赛,但力量在战争过程中变化其原来的形态。在这里,主观的努力,多打胜仗,少犯错误,是决定的因素。客观因素具备着这种变化的可能性,但实现这种可能性,就需要正确的方针和主观的努力。这时候,主观作用是决定的了"(《毛泽东选集》合订本,第454—455页)。

(3)战争的正义性是实行人民战争的基础。

正义战争是革命的、进步的战争,它能推动社会向前发展。战争的正义性是唤起民众、激发民众参与人民战争的政治基础。革命战争的目的与民众的根本利益是一致的,因而它能得到人民群众的拥护和支持,最终必定胜利。非正义战争则相反,因此,它必然遭到人民的反对,最终必定失败。这就是所谓"得道多助,失道寡助"。非正义战争违背民众的根本利益,尽管战争发起者采取蒙蔽手段,或者煽动民族仇恨,或者煽起宗教狂热,驱使人们为他们去卖命,但终有一天会被识破,造成众叛亲离、难逃失败的结局。所以,非正义战争是不可能实行人民战争的。

(4)马克思主义政党的正确领导是实行人民战争的必要条件。

中国的人民战争,就其参战成分而言,基本上是农民战争。毛泽东指出:"中国共产党的武装斗争,就是在无产阶级领导之下的农民战争"(《毛泽东选集》合订本,第572页)。在中国农民战争的问题上,毛泽东首先充分肯定了古代农民战争和无产阶级领导下的农民战争的伟大作用。毛泽东认真分析研究了自秦朝陈胜吴广起义到近代太平天国止,总计数百次农民起义,特别是几十次著名的农民大起义,然后他说:"中国历史上的农民起义和农民战争的规模之大,是世界历史上所仅见的。在中国封建社会里,只有这种农民的阶级斗争、农民的起义和农民的战争,才是历史发展的真正动力"(《毛泽东选集》合订本,第588页)。中华人民共和国的成立,这是一个伟大的胜利,是中国亘古未有的大胜利,也是十月革命以后一个具有世界性意义的大胜利。

毛泽东在肯定中国农民战争的伟大作用的同时,又在理论上严格区分了古代农民战争和无产阶级领导下的农民战争两个不同的历史范畴,论证了农民战争成败的关键在于是否有无产阶级政党的领导。

古代农民战争的作用是应该肯定的,但最后都是以失败而告终。从这个意义上说,一部古代农民战争史,乃是一部古代农民战争失败史。这是一个严峻的、不容回避的问题。毛泽东指出:古代"农民起义和农民战争得不到如同现在所有的无产阶级和共产党的正确领导,这样就使当时的农民革命总是陷于失败,总是在革命中和革命后被地主和贵族利用了去,当作他们改朝换代的工具"(《毛泽东选集》合订本,第588页)。

我国的革命战争,从星星之火开始,逐步形成燎原之势,最后战胜国内外强大的敌人,取得中国革命战争的彻底胜利,从根本上说,就在于我们所进行的革命战争,有以毛泽东为代表的中国共产党的正确领导,这是实行人民战争的必要条件。

3. 人民战争思想的主要内容

(1) 坚持中国共产党对革命战争的统一领导。

中国共产党对革命战争的正确统一领导,是进行人民战争的政治、思想和组织保障。统一领导包括政治领导、思想领导和组织领导。政治领导,就是用中国共产党的路线、方针、政策,统一全党、全军和全体人民的思想和行动,使之在政治上与党中央保持一致。思想领导,就是用无产阶级的革命理论教育人民、引导人民群众批判和克服各种错误思想;用人民战争的战略和策略武装人民的头脑,树立必胜的信念和艰苦奋斗、不怕牺牲的奋斗精神。组织领导,就是建立党对军队和地方党组织的各级党的机构,这些机构实行党委集体领导的制度。党中央对战争统一领导的常设机构是中央军事委员会(简称中央军委)。

实行人民战争必须要有正确的领导。纵观中国历史上大小数百次的农民起义,由于没有先进的阶级政党的领导,没有一个始终代表人民群众根本利益的政治集团,由于阶级和时代的局限,战争的最终结局,都未能使人民获得彻底翻身解放。中国革命战争之所以取得伟大胜利,很重要的一条原因,就是坚持了中国共产党对革命战争的统一领导。

(2) 深入发动群众,结成最广泛的统一战线。

广泛深入地动员和组织群众,是毛泽东人民战争思想的基本内容之一,也是中国共产党领导中国革命战胜一个又一个强敌的成功经验。在这个问题上,中国共产党的经验:一是倾注极大的精力抓好群众的动员和组织工作。人民群众的觉悟不是自发产生的,需要教育提高。动员是教育的过程,也是组织的过程。为此,通过广泛深入的政治动员,把思想政治工作渗透到人民群众的各个阶层,贯穿于战争的全过程,使人民群众懂得革命战争的目的和自己的责任,从而激发他们投入战争的热情和责任感。二是时刻关心人民群众的切身利益,党在领导战争的过程中,要真心实意为人民群众着想,制定正确的政策和措施,切实解决人民群众的根本利益问题。如土地革命战争时期的"打土豪,分田地"政策,将动员人民参与战争和解决他们的实际问题结合起来,从而极大地促进了翻身农民自愿投入战争。三是实行正确的统战政策,结成最广泛的革命统一战线。根据不同历史时期的不同的作战对象,及时调整和制定正确的政策,把尽可能争取过来的阶层和人,团结到人民一边来。如抗日战争期间,将土地革命战争中的"打土豪,分田地"政策,及时调整为"减租减息"的政策,争取了地主、富农中的开明分子、蒋介石营垒中的有民族气节的上层爱国分子以及大批海外侨胞,使他们本着有力出力、有钱出钱的原则,不同程度地加入到抗日的队伍中来,从而结成了最广泛的统一战线,集中打击日寇和投降日寇的汉奸、卖国贼。

（3）实行以人民军队为骨干的三结合的武装力量体制。

毛泽东在指导中国人民革命战争中，创造了三结合的武装力量体制，它是为了适应实行人民战争的需要。不同的历史时期，三结合武装力量体制的表述有所不同。例如：土地革命时期，实行主力红军、地方红军和赤卫队三结合体制；抗日战争时期，实行主力兵团、地方兵团和人民自卫军三结合体制；解放战争时期，实行野战军、地方军和民兵三结合体制；新的历史时期，实行中国人民解放军现役部队与预备役部队、人民武装警察部队和民兵三结合体制。

实行人民战争，采用野战军、地方军和民兵三结合的武装力量体制，对于建军、作战、开展群众工作都具有很大的优越性。一是有利于发展和扩大人民军队。中国共产党领导下的人民军队，在进行革命战争的过程中，每到一地，即帮助人民建立武装组织，不但组织以本地干部为领导的民兵组织和自卫军，而且还组织与斗争形势相适应的地方部队和地方兵团。在这个基础上，不断产生新的主力部队和主力兵团。我军由抗日战争初期的 4 万多人，发展到抗日战争结束时的 120 万人，后来又发展到解放战争时的 400 万人，基本上都是通过这种机制完成的。二是有利于迅速提高人民军队的军政素质。我军是以农民为主体的人民军队，它的成员的绝大部分是来自于农民。他们在自愿的基础上，通过民兵组织、地方部队、地方兵团再到野战军。这样，当他们成为野战军的一员时，就已经具备了一定程度的军事素质和政治素质，为迅速提高全军军政素质打下了基础。三是有利于协调一致地执行作战任务。野战军执行超地方性的作战任务；地方军则固守在一定区域内，在民兵协同下执行作战任务；民兵通常不远离家乡，或配合正规军作战，或单独开展游击活动，保卫生产，保卫家乡。三者各有分工又互相配合，协调一致地整体活动，是战胜敌人的有力举措。四是有利于稳定后方。由于有地方军和民兵固守在一定区域内，就使后方相对稳定。如果对敌斗争任务的需要，还可以实行"主力地方化"，将主力部队的相当部分，分散执行发动群众，进行土地改革、建立政权、组织游击队、民兵和自卫军等任务，配合主力部队粉碎敌人的进攻。

在三结合的武装力量体制中，人民军队是实行人民战争的骨干力量。毛泽东说："没有一个人民的军队，便没有人民的一切"（《毛泽东选集》第 3 卷，第 1074 页）。如果没有一支强大的人民军队作骨干，就不能有效地消灭敌人的有生力量，粉碎敌人的大规模进攻；就不能使人民群众的斗争得到有力的支持；就不能开辟、巩固和发展革命根据地和战略后方；就不能使人民战争生动活泼蓬蓬勃勃地开展起来并坚持下去，就难以取得决定性的胜利。

（4）以武装斗争为主与其他斗争形式相结合。

中国人民革命斗争的主要形式是武装斗争。斯大林说："在中国，是武装的革命反对武装的反革命。这是中国革命的特点之一，也是中国革命的优点之一"（《斯大林选集》上卷，第 487 页）。毛泽东指出："统一战线和武装斗争，是战胜敌人的两个基本武器"（《毛泽东选集》第 2 卷，第 613 页）。"离开了武装斗争，就没有无产阶级的地位,就没有人民的地位,就没有共产党的地位,就没有革命的胜利"(《毛泽东选集》第2卷,第610页)。不经过武装斗争,是不可能推翻有几百万军队维系的强大的反动政权。仅靠政治的、经济的或者文化的斗争,就想让敌人自动放下屠刀,那是不切实际的幻想。这是中国革命用血换来的结论。

为了战胜强大的敌人,仅靠武装斗争还不够,还必须与其他战线、其他形式的斗争结合起来,才能发挥对敌斗争的整体效应。毛泽东指出:"没有武装斗争以外的各种形式的斗争相配合,武装斗争就不能取得胜利"(《毛泽东选集》第2卷,第636页)。因此,必须将政治的、经济的、文化的多条战线的斗争,包括与敌人政治谈判斗争和争取敌军、瓦解敌军的斗争,紧密地配合武装斗争而展开。例如:解放战争前的"重庆谈判",起到揭露蒋介石假和平真内战虚伪面目的作用,起到争取社会各界、教育全国人民的作用,使人民对蒋介石的反人民本质引起警觉。随后的"北平谈判",揭露了国民党政府企图取得喘息机会以便卷土反扑的阴谋,使人民在精神上作好将革命进行到底的准备。在解放战争激烈的军事斗争过程中,毛泽东又将瓦解敌人的工作加以密切配合,争取了大批敌人的起义、投诚或接受和平改编。中国共产党在敌占区内,也精心组织群众,开展了蓬蓬勃勃的多条战线的斗争。如抗日战争期间,国统区农民的抗租、抗捐、反抓丁、反恶霸的斗争;城市工人、学生和市民的反饥饿、反内战、反迫害的斗争,左翼文人在文化战线上的反蒋的民主爱国斗争等。形成波澜壮阔的对敌合围之势,从而使敌人陷入处处被动挨打的困境。显示出人民战争的整体威力,加速了敌人的灭亡和人民革命战争的胜利。

(5)建立巩固的革命根据地。

革命根据地是实行人民战争的依托,是进行人民战争的战略基地。建立巩固的革命根据地是进行人民战争的必要条件。毛泽东指出:"没有这种战略基地,一切战略任务的执行和战争目的的实现就失掉了依托"(《毛泽东选集》第2卷,第418页)。革命根据地的作用,主要体现在:政治上,是团结人民的中心。如当年的以瑞金和延安为中心的根据地,犹如灯塔一样照亮了人们的心,指引着人民斗争的道路,成为中国人民大众向往的革命圣地,吸引着无数热血青年奔向革命。军事上,它是战争的依托,人民军队在根据地内如鱼得水,依靠良好的群众条件,有效地歼灭敌人;同时又是军队战斗后休整、补充和训练的基地。经济上,它是提供战争所需财力物力和各种战争保障的后勤基地,保证军队的生存和发展。

毛泽东根据半殖民地半封建的旧中国经济发展不平衡的状况,创造性地提出了建立巩固的农村革命根据地,以农村包围城市,最后夺取全国胜利的伟大理论,并付诸实践。例如:当南昌起义、秋收起义失败后,毛泽东和朱德等率领起义的部队会师井冈山,依托井冈山地区建立革命根据地,并把井冈山燃起的星星之火,燎原到全国各地,最后夺取了全国政权,建立了新中国。

(6)实施灵活的战略战术。

毛泽东根据中国革命战争敌强我弱的基本情况,对人民战争实施正确的战争指导,创造了人民战争以劣势装备战胜优势装备敌人的灵活机动的战略战术,毛泽东在指导中国人民开展人民战争过程中,坚持"你打你的,我打我的"原则,扬长避短,趋利避害,灵活机动地指导战争,实施灵活的战略战术,使我军由小到大,由弱变强,不断从胜利走向胜利。

(四) 人民战争的战略战术

人民战争的战略战术,是体现毛泽东人民战争思想的战略指导原则和作战方法,是毛泽东高超的战争指挥艺术的总结,它揭示并客观地反映了中国人民战胜国内外强大敌人的战争指导规律,是毛泽东军事思想中十分精彩的部分,其内容十分丰富。

毛泽东人民战争的战略战术,具有以下三个明显特征:一是阶级性。正如毛泽东所指出的:"蒋介石曾多次集训他的将校,将我们的军事书籍和从战争中获得的文件发给他们研究,企图寻找对付的办法。美国军事人员曾向蒋介石建议这样那样的消灭人民解放军的战略战术;并替蒋介石训练军队,接济军事装备。但是所有这些努力,都不能挽救蒋介石匪帮的失败。这是因为我们的战略战术是建立在人民战争这个基础上的,任何反人民的军队都不能利用我们的战略战术"(《毛泽东选集》第4卷,第1248页)。二是科学性。毛泽东人民战争的战略战术,是辩证唯物主义应用于军事战略和策略的体现,正确地解决了战略与战术、保存自己与消灭敌人、进攻与防御、内线与外线、歼灭战与消耗战、强与弱、优与劣等一系列辩证关系,具有严密的科学性。三是求实性。实事求是是中国共产党一切工作的根本思想路线,也是毛泽东军事思想的根本点,也是人民战争战略战术的显著特征。毛泽东人民战争的战略战术主要包括以下几个方面。

1. 战略上藐视敌人,战术上重视敌人

毛泽东指出:"从战略上看,必须如实地把帝国主义和一切反动派,都当成纸老虎。从这点上,建立我们的战略思想。另一方面,它们又是活的铁的真的老虎,它们会吃人的。从这点上,建立我们的策略思想和战术思想"(《毛泽东选集》第4卷,第1192页)。毛泽东还指出:"如果我们在全体上过高估计敌人力量,因而不敢推翻他们,不敢胜利,我们就要犯右倾机会主义错误。如果我们在每一个局部上,在每一个具体问题上,不采取谨慎态度,不讲究斗争艺术,……我们就要犯'左'倾机会主义错误"(《毛泽东选集》第4卷,第1267—1268页)。毛泽东关于帝国主义和一切反动派既是"纸老虎"又是"真老虎"的论断,奠定了人民战争战略战术的基本原则。即战略上,敌人是纸老虎,我们要藐视它,并敢于战胜它。在战术上,敌人又是真老虎,我们要重视它,讲究斗争的策略和方法。

2. 实行积极防御,反对消极防御

毛泽东主张积极防御,反对消极防御。他指出:"积极防御,又叫攻势防御,又叫决战防御。消极防御,又叫专守防御,又叫单纯防御。消极防御实际上是假防御,只有积极防御才是真防御,才是为了反攻和进攻的防御"(《毛泽东选集》第 1 卷,第 198 页)。这是毛泽东对两种不同性质的防御概念作的科学概括。

毛泽东主张积极防御,反对消极防御,其基本精神主要包括以下三个方面:一是后发制人。战略上的后发制人,是指不首先挑起战争,战略上不打第一枪。而敌人一旦挑起了战争,就应根据当时具体情况,采取相应的军事行动,去努力争取战争的胜利。这是积极防御战略的基本指导原则。二是攻防结合。毛泽东强调:要把战略上的防御与战役战斗上的进攻、战略上内线作战与战役战斗上的外线作战有机地结合起来。要做到防中有攻;同时,要适时地将战略防御导向战略反攻和进攻。三是持久胜敌。是指在敌强我弱、举国迎敌的条件下,坚持持久战。通过持久战,不断消耗敌人的有生力量,改变敌我力量对比关系,扭转战争局势,最后战胜敌人。战略上的持久战与战役战斗上的速决战是辩证统一的,实行战略上的持久战,必须采取战役战斗上的速决战。毛泽东指出:"'外线的速决的进攻战',这对于我之战略方针'内线的持久的防御战'说来,是相反的;然而,又恰是实现这样的战略方针之必要的方针"(《毛泽东选集》第 2 卷,第 486 页)。

3. 保存自己,消灭敌人

保存自己,消灭敌人是兵家公认的原则,然而真正加以辩证地认识和运用,却并不多见。而毛泽东将两者统一了起来,指出两者之间的关系是相辅相成的,是对立统一的。他说:"一方面,尽可能地保存自己的力量,另一方面,尽可能地消灭敌人的力量"(《毛泽东选集》第 2 卷,第 406 页)。"保存自己的目的,在于消灭敌人,而消灭敌人,又是保存自己的最有效的手段"(《毛泽东选集》第 2 卷,第 498 页)。由此可以看出:只有大量地消灭敌人,才能有效地保存自己;只有善于保存自己,才能有力量消灭敌人。在这里,既要反对片面强调消灭敌人而不注意保存自己的蛮干行为,又要反对片面强调保存自己而不努力消灭敌人的逃避行为。毛泽东还深刻地指出:"保存自己"的'自己'概念是全局的整体概念。而不是局部的小整体概念,更不是个人的概念。为了整体的保存,就不可避免地要付出局部的不保存和牺牲。在战争中,一部分担负阻击的部队,就是以少抗多,不让敌援兵靠拢,保证我主力顺利歼灭被围之敌,担负阻击敌援的部队,要发扬"人在阵地在"的勇敢牺牲精神,即使拼到最后一个人,也要坚守阵地。这种部分的牺牲就是为了保存整体。

战争的多数场合,消灭敌人是优先考虑的原则,是第一位的,保存自己是第二位的。但在特定条件下,保存自己上升到第一位。比如敌我力量悬殊的情况下,不能与敌人硬拼,需要后退,需要摆脱敌人,这时保存自己就处于优先考虑的地位。这样做的目的是为了等待时机更好地消灭敌人。

4. 歼灭战是基本的作战方针

歼灭战、消耗战与击溃战,是从消灭敌人的客观效果衡量的不同的概念。歼灭战是指消灭敌人全部或大部的作战,消耗战是逐渐消耗敌人力量的作战,击溃战是打跑敌人迫使敌人溃退的作战。毛泽东在指导战争中,为我军确定的作战方针是歼灭战。毛泽东指出:"击溃战,对于雄厚之敌,不是基本上决定胜负的东西。歼灭战,则对任何敌人都立即起重大的影响"。他更形象地比喻:"对于人,伤其十指不如断其一指;对于敌,击溃其十个师不如歼灭其一个师"(《毛泽东选集》第1卷,第237页)。

实行歼灭战方针,并不排斥必要的消耗战。在战役的总体指导上,以歼灭战为主,而以消耗战为辅。例如:辽沈战役第一阶段首战锦州时,担负塔山地区和黑山、大虎山地区阻击国民党军队东进和西进两路援兵的部队,是执行消耗的任务,像钉子一样钉在那里,使国民党援兵在逐渐消耗的过程中无法前进,以保证我合围锦州守敌的部队打好歼灭战。战役的歼灭战在战争总体上又是起到战略上消耗敌人的目的。毛泽东指出:"抗日战争是消耗战,同时又是歼灭战。……没有战役和战斗的歼灭战,就不能有效地迅速地减杀其强的因素,破坏其优势和主动。我之弱的因素也依然存在,战略上的劣势和被动还未脱离,……因此,战役的歼灭战是达到战略消耗战之目的的手段"(《毛泽东选集》第2卷,第501页)。抗日战争中,日军就是在被我们逐渐消耗下崩溃的。解放战争中,蒋介石庞大的军队,也是在我们一系列的战役歼灭战后,力量逐渐消耗,最终形成807万军队被我消耗的结局。因此,将战略上的消耗战与战役上的歼灭战结合起来,将主要作战方向上的歼灭战与其他方向上的消耗战结合起来,是毛泽东具有高超的战争指导艺术的具体体现。

5. 集中优势兵力,各个歼灭敌人

集中优势兵力,各个歼灭敌人原则,是古今中外军事家都十分强调的一条原则,毛泽东也极为重视。他认为,只有集中优势兵力,才能最有效地打击敌人,既能全歼,又能速决;既能使我迅速转移兵力各个歼敌,又不致因敌援军云集而使自己陷于被动地位。正如毛泽东指出的:"主动地位不是空想的,而是具体的、物质的。这里最重要的,是保存并集结最大而有活力的军队"(《毛泽东选集》第5卷,第87页)。

在敌我力量对比我军处于劣势的情况下,要使我军由战略上的劣势变为战役战斗上的优势,最根本的办法就是集中优势兵力,各个歼灭敌人,以战役战斗上实行的外线速决的进攻战,实现以多打少,以强胜弱、速战歼敌之目的。然后转移兵力,再击他路。随着时间的推移,逐渐改变敌我力量对比,使我变为战略上的优势和主动。因此,要把主要兵力、兵器集中用于主要作战方向,反对军事上的平均主义。如果主次方向发生了变化,集中使用兵力、兵器的方向也应随之改变。至于集中兵力的程度,则视情况而定,以有把握歼灭敌人为原则。各个歼灭敌人,就是在向敌人发动进攻时,为形成和保持真正的优势,要拣弱的打,先弱后强,由小到大,逐个予以歼灭。

6. 慎重初战,不打无把握之仗

这条战术原则不仅适合于人民战争,而且也适用于其他战争,是一条具有普遍意义的战略战术原则。如果盲目地去打无准备无把握之仗,必将导致战争的失败。这对于初期极为弱小的人民军队而言,关系尤为重大。因此,毛泽东十分强调:"不打无把握之仗,也不打只有准备但无把握之仗"(《毛泽东选集》第4卷,第1247页)。并指出:"每战都应力求有准备,力求在敌我条件对比下有胜利的把握"(《毛泽东选集》第2卷,第495页)。

作战胜利的把握是建立在事先有充分准备的基础上的。正如毛泽东指出的:"没有事先的计划和准备,就不能获得战争的胜利"。"优势而无准备,不是真正的优势,也没有主动。……劣势而有准备之军,常可对敌举行不意的攻势,把优势者打败"(《毛泽东选集》第2卷,第492页)。"准备"的内容,包括人力、物力,包括对敌情的侦察和了解,包括作战对象、作战地域、作战时机和作战方向的选择,包括兵力的部署和展开以及作战方法的确定,包括预作几套作战方案和临机处置的措施等。准备的立足点,要从最困难处着眼,要充分估计到最困难、最复杂、最危险的情况可能发生,并预作好应对的处置方案。这样,万一在作战过程中,遇到困难和危险,才能做到从容自如,解困排险,争取最好的结局。

7. 三种作战形式密切配合并适时转换

人民战争所实行的三结合的武装力量体制,在作战上是通过多种作战形式来实施的。运动战、阵地战和游击战,历来是我军的三种传统的作战形式。它们虽然各有其不同的作用和特点,但又是互相紧密联系在一起的统一整体。毛泽东指出:"我们从来就主张运动战、阵地战、游击战三者的配合""在军事上我们若能运用运动战、阵地战、游击战三种方式互相配合,必能使敌军处于极困难地位"(《毛泽东选集》(东北书店)第422页)。因此,正确运用三种作战形式,是战争指导中一个十分重要的问题。毛泽东特别重视主要作战形式的转换问题,对运动战、阵地战、游击战三种作战方式的特点问题,以及三者相互配合问题进行了深入研究,有着大量的精辟论述。

根据战争不同情况,在保存自己,消灭敌人的战争目的下,毛泽东善于巧妙地灵活地同时运用三种作战形式,但又有主有辅,互相配合,并视情适时转换三种作战形式,充分发挥了三种作战形式的整体作用,显示了人民战争的巨大威力,从而有力地推动了革命战争的顺利发展并取得了伟大胜利。

人民战争的战略战术是毛泽东在中国人民革命战争的历史条件下总结出来的科学方法,它充分体现了毛泽东指导战争的灵活机动性,故又称之为灵活机动的战略战术。随着历史条件的变化,科学技术的进步,战争样式的演变,人民战争的战略战术,必将随着这些客观条件的变化而发展,并不断产生新的内容,增添新的活力。

邓小平新时期军队建设思想

邓小平在领导全党和全国人民开创社会主义改革开放和现代化建设事业的伟大进程中,创立了中国特色社会主义理论,与此同时他在领导我军建设的伟大实践中,运用马列主义军事理论,丰富和发展了毛泽东军事思想,创造性地提出了一整套具有中国特色的、符合新时期军队和国防建设需要的科学理论,形成了系统的、完整的邓小平新时期军队建设思想。

一、邓小平新时期军队建设思想的科学含义

邓小平新时期军队建设思想,是邓小平在我国社会主义建设的新的历史时期,关于军队和国防建设及有关军事问题的科学理论体系。

(1)邓小平新时期军队建设思想,是马列主义军事理论、毛泽东军事思想与我国新时期军队和国防建设实践相结合的产物,是对毛泽东军事思想的继承和发展。

邓小平在领导我国新时期军队和国防建设的伟大实践中,以巨大的理论勇气和求真务实的科学态度,运用马列主义军事理论和毛泽东军事思想的立场、观点和方法,研究新情况,解决新问题,创造性地提出了一系列理论、原则、方针和政策,形成了完整的思想体系。这一思想体系是在新的历史条件下,对毛泽东军事思想的继承、丰富和发展。

(2)邓小平新时期军队建设思想,是邓小平理论的重要组成部分,是一个完整的科学理论体系。

邓小平新时期军队建设思想与邓小平理论是一个密不可分的完整的科学理论体系,如:"解放思想,实事求是",是邓小平理论的精髓,也是邓小平新时期军队建设思想的理论基础;"和平与发展"的时代主题的理论,既是邓小平理论的重要基石,也是我们正确认识国际战略环境,作出一系列战略决策的重要依据,同时,也是邓小平新时期军队建设思想的重要内容;"一个中心,两个基本点"的基本路线,是邓小平理论的核心,也是邓小平新时期军队建设思想的灵魂,指明了我军在服从国家经济建设大局的同时积极搞好自身建设,确定了以现代化为中心,建设一支强大的现代化、正规化的革命军队的总目标、总任务。

（3）邓小平新时期军队建设思想，是新时期我国军队和国防建设实践的科学总结，是全党和全军集体智慧的结晶。

邓小平作为党的第二代领导集体的核心，亲自领导了我国新时期军队和国防建设的伟大实践，正确回答和解决了军队和国防建设实践中遇到的一系列重大理论和现实问题。他关于军队和国防建设的重要论述都是针对当时的实际问题作出的，是对新时期军队和国防建设实践经验的科学总结，是在实践中集中了党中央、中央军委和全军广大指战员的集体智慧而创立的，这就使邓小平新时期军队建设思想具备了坚实的实践基础和群众基础。

二、邓小平新时期军队建设思想的历史地位和作用

（一）邓小平新时期军队建设思想是当代具有中国特色的马列主义军事理论

邓小平新时期军队建设思想作为邓小平理论的重要组成部分，产生和形成于我国社会主义改革开放和现代化建设的伟大实践中，既是邓小平对当今国际形势冷静观察和正确判断的结果，又是他对新时期我国国情和军情进行实事求是科学分析的产物。它具有鲜明的时代特征和强大的生命力，是当代具有中国特色的马列主义军事理论。

（二）邓小平新时期军队建设思想是我军和国防建设的科学指南

邓小平新时期军队建设思想，科学揭示了和平时期军队和国防建设的基本规律。他坚持把当今世界各国军队和国防建设一般规律及原则，同新时期我国我军实际情况相结合，把我军传统的经验原则同新时期新情况相结合，紧紧抓住我军建设的主要矛盾，创造性地回答和解决了新时期我军建设亟待解决的一系列重大理论和实际问题。邓小平新时期军队建设思想作为邓小平理论的重要组成部分，是一个完整的科学理论体系，是马列主义军事理论、毛泽东军事思想在新的历史条件下的创造性运用和发展，是新时期我军和国防建设的科学指南。

（三）邓小平新时期军队建设思想是我军打赢现代高技术条件下局部战争的锐利思想武器

邓小平新时期军队建设思想，科学揭示了现代战争的规律和特点，为现代高技术条件下局部战争的作战指导提供了理论武器。邓小平提出了和平与发展的新理论，不失时机地领导我军顺利实现了指导思想的战略性转变。他发展了现代条件下的人民战争理论和新时期积极防御的军事战略，强调把建设强大的常备军与后备力量相结合，为"积极防御"战略赋予了具有时代特点的新内涵。他为我军建设确立了总目标和总任务，强调以现代化建设为中心，按照现代战争的客观要求，全面加强军

队质量建设,做好反侵略战争准备。因此,邓小平新时期军队建设思想是我军打赢现代高技术条件下局部战争的锐利思想武器。

三、邓小平新时期军队建设思想的主要内容

(一)军队和国防建设指导思想实行战略性转变

科学分析和正确判断国际形势及我国安全环境,是我军和国防建设指导思想实行战略性转变的基本依据。

1. 世界大战可以避免

世界大战在一定条件下是可以避免的,但霸权主义仍然是对世界和平的最大威胁,局部战争已成为当今世界的主要战争形态。

邓小平作出这一基本判断的主要依据是:第一,有资格打世界大战的只有美苏两个超级大国。但是美苏两家原子弹多、常规武器多,都有毁灭对手的力量,因此谁也不敢动手。进入20世纪90年代,苏联解体,"冷战"结束,酿成世界大战的重要一极不复存在,一时还难以形成新的能打世界大战的对立面。第二,世界和平力量的增长超过战争力量的增长,特别是以第三世界国家为代表的和平力量明显增长,第二世界国家也不希望爆发战争,连苏联和美国人民也都反对战争。世界人民要和平反对战争的呼声日益高涨,迫切希望有一个和平环境来发展经济。正如邓小平所说,世界很大,复杂得很,但你一分析起来,真正支持战争的没有多少。第三,经济、科技日益成为世界各国竞争的重点。世界新技术革命蓬勃发展,经济、科技在世界竞争中的地位日益突出,世界主要大国都在进行战略调整,把发展经济和科技放在优先地位。

邓小平以辩证唯物主义的观点分析世界战争与和平的形势,既指出世界大战可以避免,但又反复强调战争的危险依然存在。战争可以避免,主要是说世界大战可以避免,但局部战争随时都有可能发生。所以,他说:大战固然可以推迟,但是一些偶然的、局部的情况是难以完全预料的。20世纪80年代以来的历史进程已证实了邓小平的论断,是完全正确的,局部战争已成为当今世界战争的主要形态。

2. 霸权主义是现代战争的主要根源

战争根源问题是马克思主义战争观的一个重要问题。马克思、恩格斯认为,私有制和阶级的存在是战争的主要根源。列宁提出:"现代战争产生于帝国主义"。毛泽东认为,这个世界上只要存在着帝国主义制度,战争就不可避免。邓小平在分析现代战争的根源时指出:"当今世界不安宁来源于霸权主义的争夺","战争是同霸权主义联系在一起的"。霸权主义和强权政治的存在,是当今世界战争的主要根源。邓小平这一思想具有丰富的内涵:第一,任何社会制度的国家,只要对外推行霸权主义,都是产生战争的根源。社会主义国家搞霸权主义,同样成为战争的策源地。第二,霸权主义既有世界性的也有区域性的,两者表现形式虽有区别,但侵略扩张的本

质相同。地区霸权主义也是引发现代战争的重要根源。第三,霸权主义在新的历史条件下,突出表现为国际事务中的"强权政治"。邓小平对现代战争根源的揭示,丰富和发展了马克思主义的战争观,是对马克思主义战争观的重要贡献。

3. 和平与发展是时代主题

20世纪80年代前,我们党和国家对世界形势和发展趋势的基本判断是战争与革命。进入80年代后,国际形势出现了一些新情况:第一,资本主义国家之间经济上的相互依存和合作越来越强,其矛盾远未达到引发战争的程度。第二,两大社会制度体系之间,以美苏为首的两大军事集团之间,力量大体平衡,尽管双方在进行激烈的军备竞赛和意识形态斗争,但也没有发展到爆发世界大战的地步。第三,资本主义本身加强了对经济的国家干预和自我调节能力,生产力得到很大提高,从而缓和了国内的阶级矛盾,因而革命的条件尚不成熟。第四,广大发展中国家与发达国家之间的差距越来越大,发展中国家要求和平与发展的呼声日益高涨。第五,国际竞争的重点已经由军事竞争转向经济与技术的竞争,各国都在制定新的经济发展战略,推行新的科技发展计划,力争在国际竞争中占据有利地位。第六,随着苏联的解体,以美苏对抗为特征的两极格局已经结束,世界开始向多极化格局发展,这是不可抗拒的历史潮流。邓小平以战略家的敏锐眼光,及时洞察了这些重大变化,提出了和平与发展是时代主题的著名论断。1985年3月,邓小平在会见日本朋友时指出:"现在世界最大的问题,带全球性的战略问题,一个是和平问题,一个是经济问题或者说发展问题。和平问题是东西问题,发展问题是南北问题。概括起来,就是东西南北四个字。南北问题是核心问题"。20世纪80年代以来历史发展的进程充分表明,和平与发展具有全球性战略意义,是全人类共同的重大战略任务。但是,这并不意味着世界已进入了太平盛世,相反,和平还面临着种种威胁,发展还面临着巨大障碍。霸权主义、强权政治是世界最危险的战争根源。1992年,邓小平在我国南方视察时指出:"世界和平与发展这两大问题,至今一个也没有解决。"所以,要实现世界的持久和平和人类的共同繁荣,任重道远,还需要世界各国人民进行长期的艰巨斗争。

邓小平在对国际形势和我国安全环境进行科学分析、得出正确判断后,反复告诫全党、全国要抓住机遇,以经济建设为中心进行现代化建设。果断地决定军队和国防建设指导思想实行战略性转变。这一转变的基本含义是:军队和国防建设从过去立足于早打、大打、打核战争的临战准备状态,转向和平时期加强军队质量建设的轨道上来,充分利用今后一段较长时间里大仗打不起来的相对和平环境,在服从国家经济建设大局的前提下,有计划,有步骤地加强以现代化为中心的军队和国防建设,全面提高军队和国防建设的水平。

(二) 军队建设要服从和服务于国家建设的大局

军队和国防建设要服从和服务于国家建设的大局,是我国目前所处的社会主义初级阶段的基本国情和主要矛盾所决定的,是和平时期我军和国防建设必须遵循的基本规律。

1. 国民经济建设是军队建设的基础

国民经济建设是军队建设依赖的基础,这是马克思主义的一个基本观点。第一,经济基础决定军队建设的规模、速度和水平。只有经济基础雄厚,才能为军队建设提供足够的人力、物力和财力支援,军队建设才能扩大规模,加快速度,提高水平。第二,经济基础决定军队建设质量。没有强大的经济实力,军队难以装备先进的武器装备;军人素质的提高也受经济条件的制约;军队的编制体制和作战方式的变化也受到经济发展水平的影响。第三,经济基础决定军队建设总体目标的实现程度。军队建设目标的实现是通过综合国力来保障的,而构成综合国力的诸因素中,最基本的是经济实力,经济实力越强,军队现代化建设可望达到的目标就越高。

邓小平根据马克思主义关于经济建设是军队建设基础的观点,联系当前相对和平的国际环境,我国社会主义初级阶段的基本国情和古今中外军队建设的历史经验以及新时期我军建设的客观实际,明确提出了"军队要服从国家建设的大局"的重要思想。邓小平指出:经济建设是全党、全国和全军的大局,军队必须顾全大局,在大局下行动。军队各个方面都和国家建设有关系,都要考虑如何支援和积极参加国家建设。军队装备现代化,只有国民经济建立在比较好的基础上才有可能。所以,军队要忍耐。当然,军队不能被动等待,必须积极创造条件,努力搞好自身建设。

2. 军队和国防建设要与国家经济建设协调发展

军队和国防建设与经济建设是相互依存和协调发展的关系,而不是相互排斥或彼此取代的关系。邓小平指出:我们的四个现代化,其中就有一个国防现代化。如果不搞国防现代化,那岂不是三个现代化?很明显四个现代化是一个有机的整体,缺一不可。国防现代化必须与其他"三化"互相配合,协调发展。这是因为,经济力是综合国力的基础,但国防力量也是综合国力不可缺少的组成部分,而国防力量的增强要依赖坚持不懈的国防建设,其中主要的是军队建设。绝不是说军队和国防建设在"四化"建设中无足轻重;也不是说国家经济建设搞了,国防自然就巩固,军队自然就强大。应当清醒地看到,没有军队和国防现代化的成功,中国特色的社会主义肯定是残缺不全的,而且是不巩固的。因此,只有在以经济建设为中心,大力发展国民经济的同时,不断加强军队和国防建设,才能保证富国强兵,也才能保证我国四化建设的顺利发展。

(三)实行积极防御的军事战略

军事战略是战争指导者为了达到战争的目的,依据战争规律所制定和采取的准备和实施战争的方针和策略,它是指导武装力量建设和运用的基本依据。军事战略的基本类型分为进攻战略和防御战略两种。我国实行的是积极防御的军事战略。

1. 贯彻积极防御的军事战略方针，是维护国家主权、领土完整、安全和稳定的需要

邓小平强调，我们的战略方针是积极防御，以国家利益为最高准则来处理问题。他指出：我们未来反侵略战争，究竟采取什么样的战略方针？就是积极防御四个字。我国对战争的基本原则是：人不犯我，我不犯人，人若犯我，我必犯人。贯彻积极防御的战略方针，是为了维护国家的主权、领土完整、安全和稳定，为我国改革开放和经济建设提供坚强有力的安全保障。实行这一战略方针，对我国来说，不仅军事上有利，而且政治上也有利。

2. 坚持积极防御的战略方针，是我国社会主义制度所决定的

我国是中国共产党领导的社会主义国家，我们永远不称霸，永远不搞扩张，在军事上坚持后发制人。在处理国际关系上，一贯坚持和平共处五项原则，积极发展睦邻友好关系，对历史遗留问题，力求通过政治和外交途径解决。坚持以经济建设为中心，需要稳定的国际和平环境，我们真心实意地希望避免战争、不打仗。但是，对于霸权主义的侵略扩张，对于企图以武力侵略我国领土主权的任何行为，我们将予以坚决还击，直至最后胜利。

3. 坚持现代条件下的人民战争

人民战争思想，是我们过去在历次革命战争中战胜国内外强大敌人的法宝，也是我们一贯坚持的基本战略。在新的历史条件下，邓小平继承和发展了毛泽东人民战争思想，强调要坚持"现代条件下的人民战争"。他一方面强调在新的历史条件下坚持毛泽东人民战争思想，使之发扬光大；另一方面又强调，真正的马克思列宁主义者必须根据现在的情况，丰富和发展马克思列宁主义。所以，他十分注意观察和预测时代条件发生的各种变化，强调现代条件下的人民战争要有新发展。他反复指出，现在的人民战争与过去不同，装备不同，手段也不同，人民战争的表现形式也不同。在邓小平的讲话中，对毛泽东人民战争思想在现代条件下的发展问题，有许多重要论述，概括起来主要有：一是将无产阶级夺取政权为主要目标的人民战争，发展为捍卫国家主权和领土完整的人民战争；二是将阶级和意识形态冲突为主导因素的人民战争，发展成为维护国家利益和地区稳定而进行的人民战争；三是将"小米加步枪"对付"飞机加大炮"的人民战争，发展成为以现代化的武器装备对付现代高技术装备之敌的人民战争。邓小平的重要论述，对于我国当前和今后的军事斗争实践，具有深远的指导意义。

4. 立足打赢现代条件特别是高技术条件下的人民战争

积极防御的战略具有打赢自卫战争和遏制侵略战争的双重功能，与其相适应，新时期军事斗争准备和军队建设同样需要发挥这两种功能。坚持新时期积极防御的战略方针，在军队建设和军事斗争主观指导上必须努力适应新的客观实际。当前和今后一个时期，虽然世界大战和大规模战争可以避免，但局部战争还时有发生。因此，要把军队建设和军事斗争准备的基点放在打赢现代战争特别是高技术条件下

军事

的局部战争上。只要我们坚持以积极防御的战略方针为指导，实行现代条件下的人民战争，就一定能够夺取高技术条件下局部战争的胜利。

（四）走中国特色的精兵之路，建设强大的现代化正规化革命军队

从我国和我军的实际出发，走中国特色的精兵之路，建设强大的现代化正规化革命军队，是新时期我军建设的总目标和总任务，是军队建设由低级阶段向高级阶段发展的历史必然。革命化是现代化和正规化的灵魂；现代化为革命化和正规化规定了具体的任务和检验的标准；正规化是革命化和现代化的重要保障。革命化、现代化、正规化是辩证的统一，三者相互依赖、相互促进、缺一不可。这是走中国特色的精兵之路的必然结果。中国的国防和军队现代化不能照搬西方和外国，必须要有自己的特色，走自己的路。

1. 要始终不渝地坚持人民军队的性质

军队的性质，就是指军队的阶级属性。我军是中国共产党领导下的无产阶级性质的人民军队。坚持人民军队的性质，关系军队建设的全局，决定军队发展方向，是革命化建设需要解决的根本问题。军队革命化，从根本上讲反映的正是我军这一性质。建设一支强大的现代化正规化革命军队，必须把革命化建设放在第一位，始终不渝地坚持人民军队的性质。邓小平十分关注军队性质问题，深刻揭示了人民军队性质的科学含义。他明确指出：我确信，我们的军队能够始终不渝地坚持自己的性质。这个性质就是党的军队，人民的军队，社会主义国家的军队。这与世界各国的军队不同，就是与别的社会主义国家的军队也不同，因为他们的军队与我们的军队经历不同。我们的军队始终忠于党，忠于人民，忠于国家，忠于社会主义。邓小平正是紧紧抓住新时期我军建设这一根本问题，提出了关于新时期我军革命化建设的思想。可以说，坚持人民军队的性质，做到政治上永远合格，这是贯穿于邓小平新时期军队建设思想的基本精神，也是新时期军队革命化建设的根本出发点和落脚点。

2. 军队建设要以现代化为中心，走中国特色精兵之路

新时期我军建设面临的主要矛盾是现代化水平与打现代战争能力不够。邓小平指出：要承认我们军队打现代化战争的能力不够。要承认我们军队的人数虽多，但素质比较差。以现代化为中心，走中国特色的精兵之路，加强军队质量建设，是解决我军建设主要矛盾的根本途径，是时代对军队建设的必然要求。

（1）在发展国民经济的基础上，逐渐实现军队现代化。邓小平十分重视军队现代化特别是武器装备现代化建

设,指出:我们一定要在国民经济不断发展的基础上,改善武器装备,加速国防现代化。他从我国国情、军情和军队现代化建设的需要出发,提出了发展武器装备的重要思想,主要包括:服从经济建设大局,在国力允许的条件下加快武器装备的发展,根据战略需要,确保重点项目;坚持科研先行,质量第一,既要坚持独立自主,又要引进国外先进技术。

现代高技术广泛运用于军事领域的一个必然结果,就是人与武器装备在结构关系上发生了深刻变化。军队员额的作用下降,武器装备的作用上升,军队质量要素越来越重要,越来越突出。邓小平强调,质量问题是关系到战争胜败的问题。只讲数量,不讲质量,会延误大事,要把质量建设作为军队建设的根本方针,长期坚持下去。我国地域辽阔,科技水平从总体上讲与发达国家还有较大的差距,需要把军队数量保持在适当的规模上,但也必须适应世界发展潮流,注重质量建设,适当减少数量,优化结构,提高效能,坚持科技强军,把教育训练提高到战略地位,提高军队素质。使我军由人力密集型向科技密集型转变,由数量规模型向质量效能型转变,在精兵、利器、合成、高效上下工夫,不断增强总体实力。

(2)建立适应现代化战争要求的科学的体制编制。建立适应现代化战争要求的科学体制编制是邓小平关于军队现代化建设的重要内容,他明确指出,要把我军建设成一支机构精干、指挥灵便、装备精良、训练有素、反应快速、效率很高、战斗力很强的军队,为我军建立科学的体制编制指明了方向。在邓小平的领导下,我军于1985年进行了重大改革,裁减员额100万,使我军在现代化道路上跨出了重要一步。

(3)大力培养现代化的军事人才。邓小平强调,人才是现代化建设的关键,是建军之本。不造就一大批现代化军事人才,就谈不上军队现代化。他明确指出:靠空讲不能实现军队现代化,必须有知识,有人才,必须把教育和训练提高到战略地位;必须坚持"面向现代化,面向世界,面向未来"的方针;必须从严、从难、从实战需要出发,严格训练、严格要求;必须采取院校培养和在职训练相结合。邓小平这些重要论述充分反映了军队现代化建设的客观要求。

(4)发展现代军事科学理论。军事科学理论,是研究战争的规律并用于指导战争准备和实施的科学体系。先进的军事科学理论,能够从本质上揭示战争的规律和特点,把握军队发展的趋势,正确选择军队建设的目标和途径。现代军事科学理论是军队现代化建设的先导。邓小平十分重视现代军事科学理论的发展,把它看作是加强我军现代化建设的重要内容。他在为军事科学院建院20周年的题词中指出:"继承毛泽东军事思想,研究现代条件下人民战争,发展我国军事科学。"这为我们加强现代军事科学理论研究,发展我国军事科学指明了方向。

3. 提高军队正规化建设水平

正规化建设主要是指军队的组织、管理和军制等规范化建设,是军队建设的重要方面。通过正规化建设,实现军队的高度集中统一。正规化建设的主要内容有:坚持依法治军,加强管理和组织纪律;全面建立战备、工作、生活等正常秩序;建立适

军事

117

应现代战争要求的科学的体制编制使部队适应未来作战任务,武器装备发展,部队训练和管理的需要;强化体制编制的科学性和权威性;等等。正规化建设是军队发展的客观要求,也是军队建设向高级阶段发展的重要标志。没有正规化,军队就不能形成一个统一的整体,不能凝聚成强大的战斗力,也就不可能赢得战争的胜利。毛泽东等老一辈无产阶级革命家十分重视军队正规化建设,把它视为我军发展壮大的重要措施。邓小平对此进行了科学总结和高度概括,把它作为新时期我军建设总目标和总任务的一项重要内容提出来,并采取了一系列措施,进行了不懈努力,大大提高了我军正规化建设水平。

第五节
江泽民国防和军队建设思想

　　江泽民关于新时期军队和国防建设的一系列重要论述,从我国和我军实际出发,创造性地运用和发展了马列主义军事理论、毛泽东军事思想和邓小平新时期军队建设思想,是"三个代表"重要思想在军队建设中的体现,是新时期军队改革和建设经验的科学总结,是全面开创军队和国防现代化建设新局面的科学指南。

　　江泽民主持中央军委工作以来,坚持以邓小平新时期军队建设思想为指导,适应世界战略格局和军事形势的新变化和发展趋势,以及我国发展社会主义市场经济的新情况,按照"三个代表"的要求,对军队建设作出了一系列重大决策和改革,并从理论上进行了深刻阐述和概括。

一、江泽民国防和军队建设思想的主要内容

(一)坚持以邓小平新时期军队建设思想为指针

　　邓小平新时期军队建设思想是军队和国防现代化建设的根本依据和指针。江泽民明确指出,邓小平新时期军队建设思想,具有鲜明的时代性,深刻的实践性和科学的指导性,为我们提供了正确认识和解决新时期军队建设和军事斗争问题的立场、观点和方法,坚持以邓小平新时期军队建设思想为指导,是我军建设沿着正确方向不断发展,夺取新的更大胜利的根本保证。

　　我国改革开放以来,特别是党的十四大以来,在邓小平新时期军队建设思想的指引下,以江泽民为核心的党中央和中央军委,领导全党全军,面向21世纪,迎接新的军事发展的挑战,坚定不移地走中国特色的精兵之路,推动军队革命化、现代化、正规化建设不断迈出新的步伐,取得新的成就。军队始终保持自己的人民军队性质和老红军的优良传统,军政素质和现代作战能力明显提高,国防科研取得一批重大

成果,武器装备的现代化程度有了很大改进,现代条件下的后勤保障能力不断增强,出色完成了各项任务,经受住了各种困难和风险考验,在维护国家主权、统一、安全和稳定,支援国家经济建设和建设社会主义精神文明方面,作出了积极贡献,赢得了党、国家和人民的信赖。军队建设之所以会有今天这样一个新的局面,之所以能够成为国家顺利跨入新世纪的强大安全保障,最根本的原因就是有邓小平新时期军队建设思想的科学理论指导。实践已充分证明,而且还将继续证明,邓小平新时期军队建设思想是军队和国防现代化建设的根本依据和指针。

坚持邓小平新时期军队建设思想的指导地位,加强军队和国防现代化建设,关键在落实。

1. 坚定不移地贯彻执行党中央、中央军委关于军队和国防建设的重大决策

江泽民关于军队和国防建设的一系列重要论述,实质上就是在新的历史条件下对邓小平新时期军队建设思想的继承、运用、丰富和发展。所以坚持邓小平新时期军队建设思想的指导地位,必须坚定不移地贯彻执行以江泽民为核心的党的第三代领导集体关于军队和国防建设的重大决策,坚定不移地同党中央、中央军委保持一致,坚定不移地维护党中央、中央军委的权威,坚定不移地听从党中央和中央军委的指挥。

2. 积极探索新形势下治军的特点和规律

探索新时期治军的特点和规律,最根本的是以邓小平新时期军队建设思想为指导,就是要用邓小平新时期军队建设思想武装全军。

江泽民多次强调,没有理论上的清醒和坚定,就不会有政治上的清醒和坚定。全军官兵不但要系统学习邓小平理论,而且还要结合军队的工作特点,深入钻研邓小平新时期军队建设思想。要紧紧抓住解放思想,实事求是的思想路线,着重领会邓小平新时期军队建设思想的一系列基本观点,要从这些基本观点的相互联系上来把握新时期军队建设的科学体系和精神实质,把握蕴含在这一科学体系中的世界观和方法论,把握邓小平研究新情况,解决新问题的科学态度,创造精神和革命风格。

3. 教育好干部,特别是高、中级领导干部负有重大的历史责任

全军各级干部特别是高、中级领导干部的思想政治素质如何,治军能力和水平如何,直接关系到军队能否始终保持自己的性质,能否顺利实现现代化的发展目标,能否圆满完成党中央和中央军委赋予军队的各项任务。江泽民指出,领导干部特别是高、中级干部必须具备很高的政治素质,很强的领导能力,很好的工作作风。首先要讲政治,尤其是在坚持党的绝对领导这个重大原则问题上必须坚定不移,这是我军永远不变的“军魂”,任何时候,任何情况下都要坚决听从党中央、中央军委的指挥,保持军令、政令畅通,紧紧围绕“打得赢”、“不变质”这两大历史性课题,全面加强军队质量建设。二要懂军事,必须具有较高的马克思主义军事理论素养,具有现代战争知识和科学技术知识,具有丰富的治军经验,具有指挥现代战争的能力和水平。三要顾大局,熟悉国情军情,善于用邓小平新时期军队建设思想总揽一个部门,一个

单位的工作全局,善于把本部门、本单位的工作放在大局下思考,自觉在大局下行动。四要尽职责,有强烈的事业心,有求真务实的科学态度,有夜以继日、废寝忘食的工作精神,能够把党中央、中央军委的指示与自己担负的工作任务很好地结合起来。五要作表率,带头实践"三个代表"重要思想,模范执行党和国家的方针政策,谦虚谨慎、艰苦奋斗、廉洁奉公,经受住"权力、金钱、美色"的考验,始终保持共产党人的浩然正气。六要联系群众,任何时候都不能脱离群众,特别要坚持官兵一致和军民团结的原则,要尊重群众的创造性,善于集中群众的智慧,团结带领群众完成党中央和中央军委赋予的各项任务。面对跨世纪的历史重任,江泽民一再强调,现在大政方针已定,关键是在落实、落实,归根结底还是落实。军队的高、中级领导干部,一定要不辜负党和人民的殷切希望,一定要作出不懈的努力,发扬"解放思想、实事求是,积极探索、勇于创新,艰苦奋斗、知难而进,学习外国、自强不息,谦虚谨慎、不骄不躁,同心同德、顾全大局,勤俭节约、清正廉洁,励精图治、无私奉献"的创业精神,把党中央、中央军委的决策变为广大官兵的自觉行动,把邓小平新时期军队建设思想转化为推动部队建设和发展的巨大物质力量。

(二) 坚持党对军队绝对领导的根本原则,按照总体要求全面加强军队质量建设

坚持党对军队绝对领导是我党我军的根本原则,从毛泽东、邓小平到江泽民都十分重视军队建设的这个根本原则。邓小平依据这一原则,提出要"把我军建设成为一支强大的现代化、正规化的革命军队"的总目标。江泽民担任军委主席以后,又把这一总目标进一步具体化,明确提出了"政治合格、军事过硬、作风优良、纪律严明、保障有力"的五句话总要求。江泽民提出的五句话总要求与邓小平提出的"三化"总目标是完全一致的,都客观准确地反映了新时期军队建设的基本规律,是一个严密的科学体系,思想深刻,内涵丰富,意义深远,是全面加强我军质量建设的指导思想。

(1) 政治合格,是军队质量建设的首要任务,是我军的光荣本色和最大优势。做到政治合格,就是要始终坚持党对军队的绝对领导,坚持人民军队的性质和宗旨,坚定不移地贯彻执行和维护党的路线、方针和政策,完成好党和人民赋予的光荣任务,永远做党、国家和人民利益的忠诚捍卫者。在改革开放和发展社会主义市场经济条件下,要做到政治合格,就必须高举邓小平理论伟大旗帜,深入贯彻"三个代表"重要思想,大力弘扬我党我军优良传统,加强和改进思想政治工作,把思想政治建设摆在首位。

(2) 军事过硬,是全面加强军队质量建设的一项基本要求和奋斗目标。我军所担负的历史使命,要求必须做到军事过硬。在新时期,实现军事过硬,一要树立现代战争意识,掌握高科技知识,精通战略战术和本职业务;二要坚持战斗力标准,牢固树立战斗队思想,全面落实战备工作,从实战需要出发,从难从严要求和训练部队,

做到军事技术精湛,战略战术灵活,战斗作风顽强;三要提高五种作战能力(快速反应、野战生存、联合作战、电子对抗、后勤保障),在任何复杂艰难的情况下都能圆满完成各项任务。

(3) 作风优良,是我军的鲜明特色和特有政治优势。作风出战斗力,有什么的作风就有什么样的战斗力。在新时期,江泽民要求全军在思想作风上,要保持坚定正确的政治方向,坚持解放思想,实事求是,理论联系实际,密切联系群众,勇于批评与自我批评,谦虚谨慎,顾全大局,维护团结;在工作作风上,要坚持与时俱进,勇于创新,雷厉风行,真抓实干,反对浮夸和形式主义;在战斗作风上,要不怕艰难困苦,不怕流血牺牲,英勇顽强,敢打必胜,勇于压倒一切敌人,战胜一切困难;在生活作风上,要艰苦朴素,勤俭节约,廉洁奉公,拒腐蚀永不沾,永远保持人民军队的光荣本色。

(4) 纪律严明,是全面加强军队质量建设的重要保证。军队必须要讲纪律。纪律严明的根本要求,就是一切行动听指挥,坚决执行命令,做到令行禁止,政令、军令畅通。在新时期,军队质量建设程度越高,政治纪律、军事纪律和组织纪律的要求就越严格。这是保证我军高度集中统一的必然要求。

(5) 保障有力,是全面加强军队质量建设,提高战斗力的重要方面。随着科学技术的快速发展和它在军事领域的广泛应用,保障是否有力,直接关系到军队质量建设的进程和战争的胜败。新时期的后勤保障和装备技术保障,要在我军现有条件下,妥善运用人力、物力、财力和各种技术装备,做到人员素质过硬,装备性能先进,保障体制优良,管理体制健全,基层工作落实,无论在任何条件下,都能及时、准确、高效地保障军队建设和作战的需要。

(三) 加强国防建设,走适合我国国情的国防现代化道路

江泽民在党的十六大报告中明确指出:"建立巩固的国防是我国现代化建设的战略任务,是维护国家安全统一和全面建设小康社会的重要保障。坚持国防建设与经济建设协调发展的方针,在经济发展的基础上推进国防和军队现代化。"要保卫社会主义祖国,保卫人民的和平劳动,抵御国际敌对势力的侵略和国内敌对分子的颠覆,维护国家统一和社会稳定,全面建设小康社会,推进现代化建设事业的发展,就不能没有一支强大的军队。要使我国在未来世界战略格局中居于主动地位,能自立于世界民族之林,同样也不能没有一支强大的军队。没有一支人民的军队,便没有人民的一切。这是历史的结论。过去如此,现在和将来仍然如此。但军队和国防现代化建设,不能脱离我国基本国情,必须与国家经济建设协调发展,走适合我国国情的国防现代化道路。

1. 从国情出发,坚持以经济建设为中心,军队要服从国家经济建设大局

从我国社会主义初级阶段的实际出发,解决我国现在面临的所有问题,包括军队和国防现代化问题,关键是要靠自己把经济搞上去。坚持以经济建设为中心,是

解决我国现阶段社会主要矛盾的客观要求,是巩固和发展社会主义事业的根本所在,也是面对国际竞争压力和霸权主义威胁所作出的正确选择。我国人口多、底子薄,要摆脱困扰中华民族几百年来的贫穷和落后,全面实现党的十六大提出的建设小康社会的宏伟目标,最根本的是要靠经济发展,要把经济建设始终摆在社会主义现代化建设的中心位置上。江泽民指出,党的十一届三中全会确定以经济建设为中心,这是我们在深刻总结历史经验基础上作出的战略决策,实践已经充分证明这个决策是完全正确的。所以,无论形势发生怎样的变化,除了发生大规模的外敌入侵,坚持以经济建设为中心,这一条是绝对不能动摇的。江泽民还指出,国防建设和经济建设的关系,是现代化建设中的一个带全局性的基本关系。正确处理这个关系,必须把服从国家经济建设这个大局作为一个重要指导思想贯彻下去。

我军作为党领导下的人民军队,必须始终坚持国家和人民的利益高于一切的原则,要从国家战略和维护国家根本利益的高度来认识这个大局,自觉在大局下行动,这是人民军队义不容辞的历史责任。现阶段国家仍然有不少困难,对国防和军队建设的投入还不可能超出大局所许可的范围,不可能拿出更多的经费来用于国防建设事业,军队的建设和发展难免受到一定制约。因此,江泽民希望全军官兵体谅国家的难处,正确对待改革中的利益调整,坚持过紧日子,把爱国奉献精神和艰苦奋斗作风发扬起来。所以,自觉服从大局,不仅在军队建设总体规划和方针上要贯彻服从大局的思想,而且在军队建设的具体目标和任务上也要贯彻服从大局的思想。

2. 国防建设和经济建设要协调发展

军队和国防建设作为国家整体利益的内在需要和组成部分,可以而且必须同经济建设协调一致的发展。所谓协调发展,就是二者在发展过程中要保持合理和适当的相互关系,使军队建设能够随着国家经济建设的增长而得到适度发展,以保证国家利益不受破坏和干扰。江泽民指出,军队现代化建设和国家经济建设的关系,是我们在社会主义现代化建设过程中必须始终认识和处理的一个重大课题。"经济建设和国防建设要协调发展","国家要随着经济的增长,逐步增加国防经费的投入,使军队的武器装备和生活条件逐步得到改善"。

经济和国防是国家独立和发展的不可或缺的两个基本条件,应该在国家建设总体战略布局中协调一致。在国民经济不断发展的基础上,要把军队和国防建设纳入国家总体建设规划,实行统筹安排;要合理确定国防投入的比例;要适度控制军队建设规模;要相应改善武器装备,加强国防现代化,不断增强军队在高技术条件下的威慑力,防卫和应急作战能力。

3. 军队要担负起维护国家主权、安全和稳定的历史责任

江泽民指出,中国人民解放军是人民民主专政的坚强柱石,是捍卫社会主义祖国的钢铁长城,是建设中国特色社会主义的重要力量。"只有建设一支与我们国家地位相适应的强大军队,才能可靠地保卫国家安全,保卫社会主义现代化的顺利进行。"

确保国家主权和安全不受侵犯,是我军的历史责任。我军是执行革命的政治任务的特殊武装集团,必须始终把维护国家主权、安全和人民的根本利益放在第一位。人民解放军要完成这一历史重任,就必须忠实履行自己的职能,运用强大的军事力量,做好军事斗争的准备,坚定维护国家主权、安全和稳定。时刻保持高度警惕,扎扎实实做好反侵略战争的准备,为保卫世界和平,保卫国家安全,为争取台湾早日回归祖国,实现祖国统一大业作出积极贡献。

(四)适应国家安全需要,确定新时期军事战略

在邓小平新时期军队建设思想的正确指导下,根据当今世界军事斗争格局的变化和维护国家安全利益的要求,以江泽民为核心的党中央、中央军委把新时期积极防御军事战略同当代军事斗争的最新发展趋势结合起来,明确提出新时期军事斗争准备的基点,要从一般条件下的常规战争转到打赢现代技术特别是高技术条件下的局部战争上来,而且进一步提出军队建设必须从数量规模型向质量效能型,从人力密集型向科技密集型转变的战略思想。这是新时期军事斗争准备上具有战略意义的转变,也是军事战略指导上的重大调整。

高技术局部战争,是时代条件与新技术革命的必然产物。它是一种新的战争形态,也是军事斗争准备中必须面对和解决的主要挑战。江泽民指出,随着高技术大量涌现并运用于军事领域,战争形态,战场环境,作战手段,指挥方法等各个方面,都在发生深刻的革命性变革。现在,世界主要国家都在调整军事战略,积极发展高技术武器装备,我国周边一些国家和地区正积极引进高技术兵器,军事高技术化的发展趋势极为迅速。未来我国面临的战争,将很可能是高技术局部战争。为此,在贯彻积极防御军事战略方针时,必须十分重视高技术发展及其对战争的影响,关注高技术条件下的军事战略的问题。

坚持新时期积极防御军事战略,是我国的社会制度和对外政策,国家利益和发展情况所决定的,它有利于我国政治、外交、经济斗争的需要,有利于实现新时期军事斗争的战略目标,有利于保持战略上的主动地位,它是我国武装力量建设和运用的基本依据。江泽民指出,坚持积极防御的战略思想,要善于把握一些大的战略关系。面对国际上一些敌对势力的干扰破坏,面对分裂势力破坏祖国统一的企图,坚持积极防御军事战略,能够显示我国始终是反对霸权主义,维持世界与地区和平的坚强力量,有利于保持和发展我国与周边国家的睦邻友好关系,积极配合政治、外交和经济斗争,确保我国现代化建设具有一个安全稳定的国际国内环境。同时,在军事斗争的准备上,也有利于统筹考虑各种斗争形式和手段,积极进行长期的军事准备,确保在必要时以武力捍卫国家的安全、主权和领土完整,维护祖国统一。

江泽民坚持以毛泽东军事思想和邓小平新时期军队建设思想为根本指导思想,在筹划新时期我军现代化建设和军事斗争准备上,以新时期积极防御军事战略方针统揽全局,全面推进军队的改革、建设和发展。明确提出新时期军队建设"五句话"

总要求,强调质量建设,科技强军,从严治军,正确处理军队建设上需要与可能、数量与质量、人与武器、平时与战时、继承与发展的关系,要求适应世界军事斗争形势的发展,适应我国建立社会主义市场经济体制的要求,把教育训练提高到战略地位,加强武器装备建设,探索新时期治军特点和规律,着力提高打赢高技术条件下局部战争和防卫作战能力。

(五)确立科技强军方针,提高军队和国防现代化水平

确立科技强军方针,是江泽民总结我军新时期改革和建设的经验,客观分析当今世界军事领域的发展趋势而提出的重要思想,是我军新世纪向更高阶段发展的指导方针。

1. 贯彻新时期积极防御军事战略,必须实施科技强军方针

我军新时期军事战略,是江泽民为核心的中央军委依据对世界军事领域发生重大变革的科学判断而作出的正确选择。以新时期军事战略思想指导和统揽全军的各项工作,这就要求我们必须走科技强军之路。

科学技术是第一生产力,也是军队提高战斗力的重要动力。军队和国防现代化,离不开科学技术的发展。江泽民从总结中外历史经验的高度,强调科技强军对贯彻新时期军事战略的重要性和紧迫性。明确指出:"西方资本主义国家称强世界几百年,一个重要原因就是它们首先掌握和运用了先进的科学技术,在经济上军事上对其他国家形成了压倒性优势。""如果我们不紧紧跟上科技进步的时代潮流,不下大力气努力提高我国的科学技术水平,就会落后。一旦发生什么事情,就会陷入被动挨打的境地。""我们要在未来激烈的国际竞争和复杂的国际斗争中取得主动,要维护我们的国家主权和安全,必须大力发展我国的科技事业,大力增强我国的科技实力,从而不断增加我国的经济实力和国防实力。""有了强大的国防力量和先进的军事科学技术,我们才能顺利实施新时期的军事战略方针。"

2. 加快发展国防科技,增强自主创新能力,提高我军武器装备的高科技水平

武器装备的现代化是军队现代化的重要标志,也是未来高技术防卫作战的重要条件。经过新中国成立60多年来的努力,我军的武器装备有了明显改善,但与世界发达国家军队相比,从总体上说,我军武器装备水平特别是高技术武器装备还处于明显劣势。为此,江泽民提出,全军装备战线要继续实施科技强军的战略思想,努力站在世界科技发展前沿,加速我军武器装备现代化的步伐。

加快发展国防科技,江泽民提出必须坚持"两条腿走路",一是要坚定不移地发扬自力更生,奋发图强的精神,坚持自主创新,不断攀登科技高峰。二是要抓住有利时机,有选择地引进先进的武器装备和管理方法,提高我国的武器装备水平。江泽民还特别强调国防科技的创新问题,提出:"国防科技建设的根本立足点应该是自力更生,自主创新。""我国是一个发展中的社会主义大国,我们不能总是跟在别人后面追赶,我们必须有超越别国先进科学技术的决心和勇气,而创新是最有力的超越手

段。""要高度重视加强国防高技术的创新,注重发展军民两用技术,尽快掌握维护国家主权和安全所需要的新的'杀手铜'。"

3. 学习掌握军事高科技知识,坚持"科技练兵",造就大批高科技军事人才,全面提高我军的高科技素质

(1)加强学习。加强广大官兵军事科技知识的学习,是掌握高技术武器装备的必要条件,是提高我军科技素质的前提,也是实施科技强军战略的基础工程。江泽民强调,全军官兵要以极大的热情和高度的自觉性,学习高科技知识,学习现代战争知识,掌握驾驭现代战争的本领,要使部队的军事技术素质,科学文化素质得到全面提高。

(2)加快培养人才。江泽民指出,"迎接新的军事发展的挑战关键在人才","人才培养要先行",要努力培养和造就大批高素质的新型军事人才。在如何培养军事人才方面,江泽民提出要注重发挥军事院校这一主渠道作用,指出:"要进一步抓好军队院校建设,发挥院校人才培养的'基地'作用"。江泽民还提出,要依托地方高等院校加快培养军事人才的步伐。

(3)坚持"科技练兵"。江泽民对科技练兵极为关注,强调要坚持不懈地抓下去。明确指出,科技练兵是提高我军打赢高技术战争能力的根本途径,在军队现代化建设全局中具有举足轻重的地位。搞好科技练兵,必须围绕解决军事斗争准备的重点难点问题,紧贴实战需要开展,坚持从难从严,加强针对性训练,努力缩小训练与实战的差距。要特别注意通过科技练兵培养和造就大批新型军事人才。

4. 抓住军队建设的重要环节,全方位提高我军的高科技含量

(1)加强军事理论研究。实施科技强军是一项系统工程,离不开先进军事理论的指导。当代军事领域的深刻变革,酝酿着重大的理论突破,我们必须从我军实际出发,面向世界,面向未来,面向现代化,解放思想,与时俱进,大胆探索,勇于创新,努力发展我们的军事理论。江泽民指出:"应该看到,我们的军事理论研究特别是对高技术战争的研究还很不深入,很不系统,有分量的东西还不多。有些同志只看到武器装备等'硬件'方面的落后,而往往忽略军事理论这一重要'软件'上的差距,对发展军事理论的重要性认识不足,缺乏紧迫感。这个问题不解决,将来是要吃大亏的。"

(2)完善体制编制。军队的体制编制是否科学、合理,直接关系到军队战斗力的生成和发展,是科技强军,走中国特色精兵之路的大问题。江泽民指出:"要立足长远,进一步完善军队体制编制,解决军队领导指挥体制,军队结构和官兵比例等方面存在的问题。""要把重点放在结构调整和指挥体制改革上,增强部队联合作战,机动作战和执行各种任务的能力。"

(3)加强后勤和技术保障力量建设。军队强大的战斗力离不开强有力的后勤保障。现代高技术条件下的作战,消耗大,技术保障复杂,时效性要求高,对后勤和技术保障工作要求更高。江泽民强调,必须根据现代技术特别是高技术条件下的作战

需要,加强后勤和技术保障力量建设,调整战略物资储备的结构和布局,加大战略物资储备的比重,搞好战略后方基地建设,努力形成全方位的支援保障能力,尤其要提高应急综合保障能力。

二、江泽民国防和军队建设思想的地位和指导意义

(一) 强调坚持党对军队的绝对领导

江泽民再三强调,党对军队的绝对领导是我军根本的建军原则,是人民军队永远不变的"军魂",党的旗帜就是军队的旗帜,党的方向就是军队的方向。全军各级干部特别是高级干部,要旗帜鲜明地抵制"军队非党化"、"军队非政治化"、"军队国家化"的错误论调,保证军队在任何时候都坚决听从党中央和中央军委的指挥,保证枪杆子永远掌握在忠于党的人手中。江泽民指出,坚持党对军队的绝对领导,必须首先从思想上政治上掌握军队。在对外开放和发展社会主义市场经济的环境中,确保官兵政治上的坚定性和思想道德上的纯洁性,是新时期军队建设必须解决好的一个重大课题。要把思想政治建设摆在军队各项建设的首位。江泽民反复指出,对军队而言,讲政治是最重要的一条,是我军优良传统的精髓和军队建设的灵魂。领导干部一定要带头讲政治,在政治方向、政治立场、政治观点、政治纪律、政治鉴别力、政治敏锐性等方面具有良好素质。

(二) 提出了新时期军队建设总要求

江泽民根据新的历史条件,创造性地提出了军队建设"五句话"总要求,使我军建设总目标和全军经常性的实践活动有机结合起来,具体化为全军官兵的行动准则。按照"五句话"总要求,推进我军革命化、现代化、正规化建设,把我军建设成为一支能够经得起任何风浪考验的、无论在什么情况下都能保证完成自身使命和任务的人民军队。江泽民强调,军队要实现现代化,走精兵之路,必须依靠科学技术的进步,提高军队的科学技术水平。江泽民提出了"科技强军"的发展战略,并作出了"军队建设逐步由数量规模型向质量效能型、人力密集型向科技密集型转变"的重大决定,使我军建设走上了健康发展的轨道。

(三) 确定了新时期军事战略方针

海湾战争结束后,江泽民和中央军委及时借鉴总结现代战争的经验,认为现代高技术局部战争将成为今后战争的主要形态,我军的建设、战略战术的研究和军事斗争准备,其基点都应放在打赢高技术条件下的局部战争上来。根据这一基本判断和我国国情、军情,制定了我国我军新时期积极防御的军事战略方针,并要求全军所有工作都必须在新时期军事战略方针统揽下进行,都必须紧紧围绕打赢现代高技术条件下的局部战争进行。

（四）理顺了国防建设和经济建设协调发展的关系

江泽民指出,国防建设与经济建设是我国社会主义现代化建设的两大战略任务,处理好两者关系,事关国家发展和安全大局。江泽民提出国防建设与经济建设要相互促进、协调发展,军队必须坚持以经济建设为中心,国防建设必须服从国家经济建设大局;必须在集中力量进行经济建设的同时,加强国防建设,使国防建设在国家财力增长的基础上不断有所发展;必须充分利用国家改革开放和现代化建设创造的有利条件,逐步形成国防建设与经济建设相互促进、协调发展的机制。

江泽民新时期国防和军队建设思想,继承和发展了毛泽东军事思想和邓小平新时期军队建设思想,丰富和发展了无产阶级军事理论,是新时期我军不断发展的理论指导和行动指南。

第六节
胡锦涛国防和军队建设重要论述

胡锦涛主持中央军委工作以来,根据新世纪新阶段的国际战略格局和国家安全形势及经济全球化发展趋势,坚持以科学发展观统领国防和军队建设,提出了一系列重要理论和原则,极大丰富和发展了党的三代领导人的军事思想,为我军履行新世纪新阶段的历史使命提供了强大的思想武器,是加强国防和军队现代化建设的理论指导和行动指南。

一、胡锦涛国防和军队建设重要论述的主要内容

（一）以科学发展观统领国防和军队建设进程

科学发展观是以胡锦涛为总书记的党中央,从新世纪新阶段党和国家事业发展的全局出发,以邓小平理论和"三个代表"重要思想为指导提出的重大战略思想。科学发展观运用辩证唯物主义和历史唯物主义的基本原理,深刻揭示了人类社会发展的客观规律。科学发展观既是国家发展的指导思想,也是国防和军队建设的指导思想。胡锦涛明确指出,要坚持把科学发展观作为加强国防和军队建设的指导方针。胡锦涛的重要指示,对于统一全军思想和凝聚全军智慧与力量,推进国防和军队现代化建设的全面协调可持续发展,不断开创国防和军队现代化建设的新局面,全面履行我军在新世纪新阶段的历史使命,具有重大的现实意义和深远的历史意义。

1. 用科学发展观认识和把握国防和军队建设规律

科学发展观充分体现了马克思主义认识论关于认识、尊重及驾驭客观规律的科

学精神。军事领域是最具发展变化、最活跃和最需创新的领域。新世纪新阶段我军要加速推进具有中国特色的新军事变革,实现由半机械化、机械化向信息化转变的跨越式发展,就必须坚持用科学发展观指导实践,积极探索国防和军队建设的新特点和新规律,更好地把国防和军队建设不断推向前进。胡锦涛明确指出,我们要坚持以科学发展观为指导,全面、系统、深入地研究军队建设的阶段性特点,把军队建设的基础和现状搞清楚,把影响和制约军队建设的重点难点搞清楚,把军队建设的发展方向和主要任务搞清楚,不断深化对军队建设规律的认识,正确解决军队建设发展中的深层次矛盾和问题,把军队建设切实转入科学发展轨道,使我军建设发展充满生机活力。

2. 用科学发展观指导国防和军队建设实践

坚持用党的科学理论指导国防和军队建设实践,是我军历来的光荣传统和发展壮大的根本保证。历史实践反复说明,我军在各个历史时期所取得的巨大成绩,都是党的三代领导人正确理论指导的结果。党的十六大以来,胡锦涛提出以人为本,全面协调可持续发展的科学发展观,极大地丰富了马克思主义理论。胡锦涛明确指出,实现国防建设和经济建设协调发展,就是要使国防和军队发展战略与国家发展战略相适应。要做到这一点,我们就必须依据科学发展观的要求,站在国家发展战略的高度,思考和规划国防和军队发展战略,把国防和军队现代化建设融入国家现代化建设的战略全局之中,使国防和军队现代化进程与国家现代化进程相统一。

3. 用科学发展观凝聚全军官兵的智慧和力量

用科学发展观引导和帮助全军广大官兵树立正确的世界观、人生观和价值观,培养和养成科学的思维方式,工作思路和解决实际问题的方法,这是新世纪新阶段全军政治工作的新课题。科学发展观充分体现了广大人民群众的根本利益和广大官兵的愿望及要求,是凝聚广大官兵意志力量的思想基础。胡锦涛指出,科学发展观的本质是坚持以人为本。军队讲以人为本,最重要的是必须始终坚持人民军队的根本性质,坚持维护人民群众的根本利益,就是要尊重官兵的主体地位,发挥他们在军队建设中的主体作用,把推动军队建设与促进官兵全面发展结合起来。要坚定地相信和依靠广大官兵,增强他们的主人翁意识和使命感及责任感,把广大官兵中蕴藏的巨大积极性和创造性充分挖掘出来、调动起来,凝聚到军队现代化建设上来,加快军队现代化建设步伐,为打赢信息化条件下局部战争做好充分准备。全军广大官兵要自觉践行胡锦涛同志提出的当代革命军人核心价值观,按照"忠诚于党、热爱人民、报效国家、献身使命、崇尚荣誉"的要求,增强凝聚力战斗力,真正将人民军队建设成为党和国家及全国人民高度信赖的文明之师、威武之师。

4. 用科学发展观指导我军忠实履行历史使命

新世纪新阶段我军历史使命的确立,是科学发展观在军队建设中的具体运用和实践。胡锦涛提出的"三个提供、一个发挥"的历史使命,深刻揭示了军队的职能任务必须与党的历史任务相一致,军事战略必须与国家发展战略相协调,军队建设和改革必须与世界军事发展趋势相符合的客观规律。认真学习和把握科学发展观的内涵和精神实质,有助于提高全军广大官兵忠实履行历史使命的坚定性和自觉性,永远保持人民军队的根本性质。

(二) 我军在新世纪新阶段肩负新的历史使命

历史使命是一个重大的理论和实践问题。军队应该履行什么样的历史使命和如何履行历史使命,从本质上说是由军队的性质决定的。我军是党绝对领导下的人民军队,是忠实执行党的政治任务的特殊武装集团。新世纪新阶段,党要团结带领全国各族人民全面建设小康社会,实现现代化,完成祖国统一大业,维护世界和平与促进共同发展三大历史任务。我军现在已经从革命战争时期在党领导下为夺取全国政权而进行武装斗争的重要力量,发展成为社会主义建设时期巩固人民民主专政和保卫社会主义祖国的坚强柱石和重要力量。在这一伟大的历史进程中,我军肩负什么样的历史使命和如何履行历史使命?胡锦涛指出,第一,为巩固党的执政地位提供重要的力量保证。我们党成为执政党,是历史的选择,人民的选择。进入新世纪新阶段,我们既面临难得的发展机遇,也面临严峻挑战。国际国内敌对势力相互勾结、相互呼应,他们的最终目的,就是要颠覆我们党的执政地位,颠覆人民民主专政的国家政权,推翻社会主义制度。因此,必须把坚持党对军队绝对领导的根本原则和制度,加强军队的革命化、现代化、正规化建设作为党执政的一项重要战略任务抓紧抓好,确保我军能够经受住各种斗争任务和各种复杂环境的考验,始终成为党巩固执政地位的中坚力量。第二,为维护国家发展的重要战略机遇期提供坚强的安全保障。当前,我国面临的国际战略环境虽然趋于缓和,但影响和干扰战略机遇期的因素仍然不少。陆地边界问题尚未完全解决,领海和海洋权益存在争议,"台独"、"藏独"、"东突"等分裂势力和国际恐怖主义活动,给国家安全带来严重威胁,给国家和社会稳定造成不利因素明显增多,如处置不当,都有可能影响和干扰国家发展的重要战略机遇期。军队要始终把维护国家主权和安全放在首位,忠实履行自己的历史使命。第三,为拓展国家利益提供有力的战略支撑。时代的进步和科技的发展,使我国的国家安全利益逐渐超出传统的领土、领海和领空范围,不断向海洋、太空、电磁空间扩展和延伸。海洋安全、太空安全、电磁空间安全已经成为国家安全的重要领域。我们不仅要关注和维护国家生存权益,还要关注和维护国家发展权益,不仅要关注和维护国家领土、领海、领空安全,还要关注和维护海洋、太空、电磁空间安全以及其他方面的国家安全。第四,为维护世界和平与促进共同发展发挥重要作用。经济全球化趋势不断发展,世界各国的经济联系日益紧密,任何国家和地区都难以脱离世界经济而独立地发展。中国的发展离不开世界,世界的发展也需要中国。我们要正确把握世界发展趋势,坚持走和平发展道路,在坚持依靠自己力量独立自主地建设中国特色社会主义的同时,通过合作共赢的方式发展自己,又以自身发展促进共同发展,维护世界和平。但也要看到,要实现和平发展,促进共同发展与维护世界和平,必须要有强大的军事实力做后盾,以便更好地履行维护国家安全、捍卫国家主权和领土完整的职责,发挥维护世界和平的积极作用。

（三）坚持以人为本,加快转变战斗力生成模式,推进我军"革命化、现代化、正规化"建设

坚持用科学发展观作为加强国防和军队建设的指导方针,必须依靠科技进步和自主创新,必须高度重视国防科技和武器装备的研发,加快战斗力生成模式的转变。在战斗力生成模式的诸要素中,人是最活跃、最具决定作用的因素。随着现代科学技术的发展并大量应用于军事领域,人的因素在战斗力生成中的作用不但没有降低,反而更加突出,在未来的信息化战争中,具备信息化素质的新型军事人才将发挥决定性作用。胡锦涛指出,坚持以人为本,对军队自身建设来说,就是要尊重和发挥官兵在军队建设中的主体作用。只有坚持以人为本,充分尊重广大官兵的主体地位和创新精神,军队才能充满活力,不断增强战斗力。胡锦涛要求全军各部队,要坚定地相信和依靠广大官兵,不断提高官兵的思想政治素质、科技文化素质、军事专业素质和身体心理素质,大力培育战斗精神,充分调动官兵练兵积极性,充分发挥官兵在军队建设中的主人翁作用,不断推进我军"革命化、现代化、正规化"建设。

革命化是我军建设的政治方向,现代化是我军建设的中心任务,正规化是我军建设的重要基础。革命化、现代化、正规化建设相互联系并相互促进,构成了一个统一的有机整体。我军作为执行党的政治任务的特殊武装集团,必须始终把革命化建设放在首位。胡锦涛指出,思想政治建设是革命化建设的核心,是军队最根本的建设,任何时期都不能放松。推进国防和军队现代化建设,要从我国现阶段的国情和军情出发。胡锦涛指出,要按照国防和军队建设"三步走"的战略构想,以建设信息化军队,打赢信息化战争为目标,坚持以机械化为基础,以信息化为主导,推进机械化和信息化的复合发展,实现部队火力、突击力、机动力、防护能力和信息能力整体提高,增强信息化条件下的实战和威慑能力。推动我军正规化建设向更高水平发展,必须认识和把握新形势下治军特点和规律。胡锦涛指出,要把依法治军作为正规化建设的基本要求,加强军事法制建设,把革命化、现代化建设和部队管理中创造的成功治军经验及时用法规形式确定下来,完善军事法规体系,依照条令条例和规章制度规范部队各项建设和工作,使军队建设进一步纳入法制化轨道。

（四）坚持国防建设与经济建设相互协调和军民结合的发展战略

党的十六大提出的国防建设与经济建设协调发展的战略方针,是我党长期以来对国防建设与经济建设内在规律的科学总结。集中精力把经济搞上去,不断增强国家经济实力,是解决包括国防和军队建设在内的一切问题的物质基础。只有经济发展了,国防和军队建设才能得到发展;同时,国防实力是综合国力的重要组成部分,强大的国防是国家安全和经济发展的重要保障。胡锦涛指出,要在经济发展的基础上,努力建设一支同我国地位相称,同我国安全和发展利益相适应的军事力量,有效

维护国家安全统一,确保全面建设小康社会的顺利推进。这是全面落实科学发展观的必然要求,也是在新世纪新阶段抓住战略机遇期,全面推进社会主义经济建设、政治建设、文化建设与和谐社会建设,实现全面建设小康社会的需要。

要正确贯彻落实国防建设与经济建设协调发展的战略方针,就必须正确认识和把握国防和军队建设服从和服务于经济建设这个大局的辩证关系。全军部队要牢固树立社会主义经济建设的大局意识,自觉在大局下行动。胡锦涛指出,我们要把国防和军队建设融入社会主义现代化建设的大局之中,依托国家经济社会发展,扎实推进国防和军队现代化建设,使国防建设和经济建设相互促进,协调发展。胡锦涛还指出,经过改革开放20多年的发展,我国的经济上了一个大台阶,国防和军队现代化建设的物质基础明显加强。新世纪新阶段我国经济社会的不断发展,必将为国防和军队现代化建设提供更加有利的条件。可以说,本世纪头20年,既是国家经济社会加快发展的重要时机,也是国防和军队现代化建设加快发展的重要时机。我们应该也有可能把国防和军队建设搞得更好。要依托国家经济社会发展,把国防建设融入现代化建设全局之中,统筹国防资源和经济资源,注重国防经济和社会经济、军用技术和民用技术、军队人才和地方人才的兼容发展,进一步形成国防建设和经济建设相互促进、协调发展的良好局面。

实现国防和军队现代化建设更快更好地发展,必须坚持军民结合、寓军于民的发展战略,把国防和军队现代化建设融入经济社会发展体系之中。胡锦涛指出,我们要认真总结自己成功的经验,借鉴国外有益经验,积极探索新形势下军民结合、寓军于民的新途径、新方法,全面推进经济、科技、教育、人才等各个领域的军民融合。军民结合、寓军于民,需要党和国家从经济社会发展全局考虑,制定相应的法规政策和军民通用技术标准,要强化军民结合、寓军于民意识,建立军民结合、寓军于民的经济社会体系。胡锦涛指出,能利用民用资源的就不自己铺摊子,能纳入国家经济科技发展体系的就不另起炉灶,能依托社会保障资源办的事都要实行社会保障。要尽可能把国防科学技术研究纳入国家科学技术长期发展规划,广泛吸纳成熟的民用技术,提高武器装备创新发展能力。胡锦涛特别强调,要加大依托国民教育培养军事人才和从社会引进专业技术人才的力度,更好地满足军队建设日益增长的高素质人才需求。国防动员是实现军民结合、寓军于民的重要形式和桥梁,要通过国防动员推进军队后勤保障和其他保障的社会化,大力加强民兵和预备役部队建设,突出抓好新技术武器装备动员和综合保障动员建设,巩固军民军政团结,切实增强打赢信息化条件下人民战争的整体实力。

(五) 加强科学管理,坚持从严治军,提高军队建设质量

军队贯彻落实科学发展观,必须加强科学管理,不断提高国防和军队现代化建设的质量和效益。胡锦涛指出,我国正处于并将长期处于社会主义初级阶段,国家尚不富裕,要解决好军队建设需求和国防投资不足的矛盾,把有限的资源最大化地

转换为国防实力和战斗力,必须加强科学管理,走一条投入少、效益高的国防和军队现代化建设路子。全军各级要强化质量效益观念,切实转变传统的人力密集型、数量规模型的管理模式,向科学管理要效益,向科学管理要战斗力。科学高效的管理,对于降低建设成本,提高军事系统运行效率,增强部队战斗力,具有非常重要的作用。胡锦涛指出,要加强战略筹划,统筹军队各方面建设,着眼全面和长远确定科学可行的发展目标和思路,有计划、有步骤、快速高效地推进部队的建设和改革。要运用综合集成的方法对各种作战要素进行系统整合,防止和克服条块分割、重复建设的问题,提高部队信息化条件下整体作战能力。要充分发挥社会主义制度能够集中力量办大事的优势,抓住对于全局具有重要影响的关键问题和建设项目进行重点突破,通过局部跃升带动整体发展。必须大力发扬艰苦奋斗精神,始终贯彻勤俭建军方针,坚持勤俭办一切事业,坚决反对大手大脚、铺张浪费、盲目攀比的风气,真正把有限的经费用在刀刃上,用出效益来。

军队建设要加强科学管理。首先,要大兴求真务实之风。要把求真务实精神贯彻到军队建设的全过程,要坚持理论联系实际。军队是要打仗的,我们抓各项工作,在任何时候都要硬,实打实,来不得半点虚伪和漂浮,否则一旦打起仗来,就要吃大亏,就会付出惨痛代价。其次,要坚持从严治军的方针。从严治军是军队建设的铁律,治军不严,祸患无穷。要把从严治军作为全局性、基础性、长期性工作紧抓不放,在军事、政治、后勤、装备工作的各个领域加大从严治军力度。第三,要树立正确的政绩观。要把树立和落实科学发展观与正确的政绩观紧密结合起来。各级领导干部要忠实履行实践"三个代表"重要思想,坚持为民、务实、清廉,坚持按客观规律办事,兢兢业业地干好工作,实实在在地创造业绩。第四,要坚持科学决策、民主决策、依法决策。各级党委必须高度重视决策工作,要树立现代决策理念,掌握和运用现代化决策方法,努力提高科学决策、民主决策、依法决策的水平。第五,要努力学习现代科学技术知识。在世界科技革命和新军事变革推动下,军事领域已成为科学技术高度密集的领域,如果不懂得现代科学技术特别是高新科学技术知识,就谈不上领导部队建设的科学发展,更谈不上科学管理。因此,军队各级领导干部要进一步增强学习现代科学技术的紧迫感,抓紧更新知识储备,优化知识结构,提高信息化条件下组织部队建设、指挥部队作战、科学管理部队的水平。第六,必须始终坚持党对军队绝对领导的原则。军队是国家或政治集团实行其阶级统治和执行其意志的专政力量和暴力工具,只有坚持党的领导,才能保证军队的性质和各项任务的完成,才能保证军队永远执行党的意志和命令。

二、胡锦涛国防和军队建设重要论述的地位和指导意义

(一)为党的三代领导人军事思想体系增加了新内容

党的三代领导人的军事思想,是指导我国国防和军队建设在各个历史时期夺取

胜利的思想武器。新世纪新阶段,我国国防和军队建设面临新形势和新任务,需要新的理论指导。胡锦涛继承和发展党的三代领导人军事思想,坚持用科学发展观指导国防和军队建设,明确了我军新世纪新阶段的历史使命,指明了国防和军队建设的方向,确立了坚持以人为本的战斗力生成模式的新途径,规范了国防和军队建设的基本要素,是我军实施新军事变革,提高信息化作战能力,维护国家主权和安全,加强国防和军队现代化建设的理论纲领,为党的三代领导人军事思想体系增加了新内容。

(二)为国防和军队建设提供了新理论

新世纪新阶段,我国国防和军队建设面临的环境和形势任务发生了重大改变,既面临难得的发展机遇,也面临严峻挑战。胡锦涛国防和军队建设重要论述,提出了要充分把握在我国经济、科技、国防实力和民族凝聚力不断增强的基础上,大力推进国防和军队建设,不断增强应对危机、维护和平、遏制战争、打赢战争的能力,切实把国防和军队建设转入全面协调可持续发展的轨道,为实现国防和经济相互协调和军民结合的发展战略,提供了新理论。

(三)为解决国防和军队建设中的新问题和新矛盾开辟了新途径

新世纪新阶段,我国国防和军队建设中存在的规模、结构、效益等方面的新问题和新矛盾迫切需要解决。胡锦涛国防和军队建设重要论述,为国防和军队建设转变发展观念,创新发展模式,提高发展质量和效益,保证国防和军队建设健康、有序、高效地发展,提供了新思路,开辟了新途径。

(四)为加快我军战斗力生成模式转变提供了思想武器

新世纪新阶段,我军要加速推进中国特色的新军事变革,完成机械化和信息化的双重任务,实现军队现代化建设的跨越式发展。胡锦涛国防和军队建设重要论述,揭示了军队建设的主体和动力源泉,提出一定要充分调动广大官兵积极性和创造性,坚持以人为本,尊重官兵的主体地位,促进战斗力生成模式转变,凝聚巨大的战斗力,为打赢信息化局部战争提供了思想武器。

(五)为我军履行新世纪新阶段的历史使命提供了重要保证

新世纪新阶段,我军肩负着新的历史使命。胡锦涛正是在深刻洞察国际战略格局和我国安全环境,科学判断我国发展和军队建设所处历史方位的基础上,提出了我军新世纪新阶段"三个提供、一个发挥"的历史使命。深刻揭示了军队任务必须与党的历史任务相一致,军事战略必须与国际战略相协调,军队建设和改革必须与世界军事发展趋势相符合的客观规律。胡锦涛国防和军队建设重要论述,指明了新世纪新阶段我国国防和军队建设的发展方向,为我军履行历史使命提供了重要保证。

胡锦涛关于国防和军队建设的一系列重要论述,对于军队全面贯彻落实科学发展观,指导国防和军队现代化建设,开创国防和军队现代化建设新局面,实现国防和军队现代化建设的全面、协调、可持续发展,具有重大的现实意义和深远的历史意义。

第七节
习近平国防和军队建设重要论述

习近平主持中央军委工作以来,面对国家安全形势的发展变化,提出为坚持和发展中国特色社会主义、实现中华民族伟大复兴的"中国梦",必须努力实现"强军梦",加快国防和军队深化改革和现代化建设步伐,努力建设同我国国际地位相称、同国家安全和发展利益相适应的巩固国防和强大军队。习近平关于国防和军队建设的一系列重要论述,是党的军事理论创新的最新成果,是新形势下加快和推进国防和军队现代化建设的科学指南。

一、习近平国防和军队建设重要论述的主要内容

(一) 国防和军队建设为实现"中国梦"提供坚强力量保证

2012 年 11 月,习近平在中国国家博物馆参观《复兴之路》展览时指出,"实现中华民族伟大复兴,就是中华民族近代以来最伟大的梦想。这个梦想,凝聚了几代中国人的夙愿,体现了中华民族和中国人民的整体利益,是每一个中华儿女的共同期盼。"对军队来说,"中国梦"也是"强军梦","中国梦"包含"强军梦","强军梦"支撑"中国梦"。国防和军队建设的成败,直接关系到中国和平发展的历史进程,关系到中国在世界战略格局中的国际地位,关系到社会主义事业的发展和中华民族伟大复兴"中国梦"的达成。习近平在党的十八大报告中提出,"建设与我国国际地位相称,与国家安全和发展利益相适应的巩固国防和强大军队,是我国现代化建设的战略任务。"

新世纪新阶段,我国综合实力进一步提升,国际影响力不断增强,经济、政治、文化及社会建设方面取得新的成就。习近平指出,我们前所未有地靠近世界舞台中心,前所未有地接近实现中华民族伟大复兴的目标,前所未有地具有实现这个目标的能力和信心。同时,历史的经验告诉我们,能否做到富国和强军的统一,是关系到大国崛起、民族振兴、人民幸福的重要因素。因此我们既要重视发展问题,也要重视安全问题。发展是安全的基础,安全是发展的条件,富国才能强兵,强兵才能卫国。中国要在世界舞台上自主屹立,在激烈的国际竞争中和平崛起,巩固的国防和强大的军队是不可或缺的坚强后盾。

大学

另一方面,我们越是发展壮大,遇到的阻力和压力会越大,面临的外部风险也会越多。当前国际战略竞争加剧,我国周边安全环境不稳定和不确定因素增加,我国面临着生存安全问题和发展安全问题、传统安全威胁和非传统安全威胁互相交织的复杂局面,安全形势严峻。同时,随着经济全球化和国际交往的日趋发展,国家利益的范围不断延伸,太空、网络及电磁空间等领域已成为传统领土、领海、领空之外新的国家利益范围。国家利益拓展到哪里,军队的使命就必须延伸到哪里。作为国家安全的守护神,军队要不断提高应对多种安全威胁、完成多样化军事任务的能力,确保为国家利益的拓展提供有力的战略支撑。

(二) 党在新形势下的强军目标——建设一支听党指挥、能打胜仗、作风优良的人民军队

习近平在出席十二届人大一次会议解放军代表团全体会议时指出,"建设一支听党指挥、能打胜仗、作风优良的人民军队,是党在新形势下的强军目标。听党指挥是灵魂,决定军队建设的政治方向;能打胜仗是核心,反映军队的根本职能和军队建设的根本指向;作风优良是保证,关系军队的性质、宗旨和本色。全军要准确把握这一强军目标,用以统领军队建设、改革和军事斗争准备,努力把国防和军队建设提高到一个新的水平。""强军目标"总结了我们党建军治军的成功经验,坚持了我们党提出的军队建设目标不动摇,与我们党一以贯之的建军治军指导思想和方针原则相一致,又适应新形势新任务有新的发展,是对我军建设目标任务作出的新概括和新定位。"强军目标"的论述,作为指导国防和军队建设的纲领性文献,是我们党在新的历史起点上加快推进国防和军队现代化的庄严宣誓,具有很强的政治性、战略性、针对性和长远的重大指导意义。

1. 听党指挥是灵魂

习近平指出,"要铸牢听党指挥这个强军之魂,坚持党对军队绝对领导的根本原则和人民军队的根本宗旨不动摇,确保对党绝对忠诚、绝对纯洁、绝对可靠,一切行动听从党中央和中央军委指挥。"坚持党对军队的绝对领导,是我军永远不变的军魂。无论时代怎么发展,军队职能使命怎么拓展,听党指挥这个根本原则绝对不能动摇。习近平指出:"我军是执行党的政治任务的武装集团,保证党对军队的绝对领导,关系我军性质和宗旨、关系社会主义的前途命运、关系党和国家长治久安,是我军立军之本和建军之魂。"坚持听党指挥,必须抓好思想武装,加强对部队的教育,特别是党史军史教育,打牢部队坚决听党指挥、绝对忠诚可靠的思想政治基础;必须抓好党的建设,确保党在思想上、政治上、组织上牢牢掌握军队,把各级党组织建设成为坚强领导核心和战斗堡垒;必须抓好干部队伍建设,坚持从政治上考察和使用干部,注重培育"忠诚于党、热爱人民、报效国家、献身使命、崇尚荣誉"的当代革命军人核心价值观。

2. 能打胜仗是核心

习近平指出,"要扭住能打仗、打胜仗这个强军之要,强化官兵当兵打仗、带兵打

仗、练兵打仗的思想,牢固树立战斗力这个唯一标准,按照打仗的要求搞建设、抓准备,确保部队召之即来、来之能战、战之必胜。"习近平突出强调军队要能打仗、打胜仗,是对我们党领导军队建设历史经验的科学总结,集中回答了军队履行职能使命的核心问题,抓住了建设强大军队的关键和要害。习近平强调,"军队首先是个战斗队,是为打仗而存在的。虽然我军在不同的时期担负的具体任务不同,但作为战斗队的根本职能始终没有改变。"军队要牢固树立战斗力这个唯一根本标准,尤其注重把信息化作为军队现代化建设的发展方向,加快转变战斗力生成模式,充分发挥信息在战斗力生成中的主导作用,注重发展基于信息系统的体系作战能力;要切实提高军事训练实战化水平,按使命任务设计训练内容,按实战环境设置条件,按作战进程组织演训,按打仗要求评估能力,坚持仗怎么打兵就怎么练,打仗需要什么就苦练什么,部队最缺什么就专攻什么,把实战化贯穿于军事训练的全过程和各领域;要注重加强战斗精神的培育,培育官兵"一不怕苦、二不怕死"的战斗作风,锤炼血性胆气,强化信息化条件下不畏强敌、敢打必胜的信心和勇气。

3. 作风优良是保证

习近平指出,"作风优良是我军鲜明特色和政治优势。要把改进作风工作引向深入,贯彻到军队建设和管理的每一个环节,真正在求实、务实、落实上下工夫,夯实依法治军、从严治军这个强军之基,保持人民军队长期形成的良好形象。"作风是我们党性质和宗旨的外在表现,是我们世界观、人生观、价值观的外在反映,关系到党的生死存亡,关系到军队建设的成败,关系到社会主义事业的兴衰。古往今来,作风涣散可以搞垮常胜之师,作风优良才能塑造英雄部队。习近平强调,作风优良是军队听党指挥的保证,作风是我军性质宗旨的体现,对于保证听党指挥具有根本性;作风优良是能打胜仗的保证,是构成战斗力的重要因素和克敌制胜的法宝;作风优良是人民军队的保证,只有具有优良作风的军队,才能是威武之师、文明之师、善战之师。

听党指挥、能打胜仗、作风优良,三者互相联系、密不可分。实现强军目标必须紧紧铸牢听党指挥这个强军之魂,扭住能打胜仗这个强军之要,夯实依法治军、从严治军这个强军之基,保持和发扬人民军队的优良作风,全面加强部队建设,坚持走中国特色强军之路。

(三)深化国防和军队改革——完善和发展中国特色社会主义军事制度

党的十八大以来,以习近平同志为核心的党中央,紧跟世界新军事变革加速发展的潮流,积极稳妥地推进国防和军队改革,全面实施改革强军战略,推动中国特色军事变革深入发展。众所周知,军事领域的对抗和竞争是最为激烈的,也最需要创新精神,不断与时俱进、改革更新。习近平指出,"我们要以逢山开路、遇河架桥的精神,不断推进军队各项改革,用新的理念、新的视野、新的方法、新的标准推进军事斗争准备和各项建设"。改革首先要在思想观念上有所突破,要勇于改变机械化战争的思维定势,树立信息化战争的思想观念;改变维护传统安全的思维定势,树立维护国家综合安全和战略利益拓展的思想观念;改变单一军种作战的思维定势,树立诸军兵种一体化联合作战的思想观念;改变固守部门利益的思想观念,树立全军一盘棋、全国一盘棋的思想观念。

中央军委印发的《关于深化国防和军队改革的意见》指出,深化国防和军队改革的总体目标是牢牢把握"军委管总、战区主战、军种主建"的原则,以领导管理体制、联合作战指挥体制改革为重点,协调推进规模结构、政策制度和军民融合深度发展改革,努力构建能够打赢信息化战争、有效履行使命任务的中国特色现代军事力量体系,进一步完善中国特色社会主义军事制度。在改革中,军委由总部制改为多部门制,军委机关由原先的"四总部"改为15个职能部门,以优化军委机关职能配置和机构设置,突出核心职能,整合相近职能,加强监督职能,充实协调职能,使军委机关真正成为军委的参谋机关、执行机关、服务机关;在改革中,取消了传统的大军区制,成立了东部战区、南部战区、西部战区、北部战区和中部战区等五大战区。习近平向五大战区授予军旗并发表训令,命令各战区建设成为绝对忠诚、善谋打仗、敢打必胜的联合作战指挥机构;在改革中,成立了陆军领导机构、火箭军、战略支援部队、军委联勤保障部队,加上原有的海军和空军,形成了更加完整科学的军兵种体系。

《关于深化国防和军队改革的意见》强调,深化国防和军队改革是一场整体性、革命性变革,必须始终在党中央、中央军委和习近平主席的统一领导下,把加强教育、统一思想贯穿始终,把强化责任、落细落实贯穿始终,把依法推进、稳扎稳打贯穿始终,把底线思维、管控风险贯穿始终,以坚强有力的组织领导保证各项改革任务圆满完成。

二、习近平国防和军队建设重要论述的地位和指导意义

(一) 开辟了党的军事指导理论新境界

习近平国防和军队建设重要论述,是习近平系列重要讲话的"军事篇",丰富发展了党的军事指导理论。我军在长时期革命、建设和发展的历程中,始终把马克思主义军事理论与中国国情军情和时代特征结合起来,注重适应时代发展要求,积累了丰富的历史经验。习近平的国防和军队建设重要论述,特别是党在新形势下"强军目标"的提出,深刻总结了我们党建军治军的成功经验,深刻把握国际战略形势和国家安全环境的发展变化,深刻揭示了新形势下国防和军队建设的内在规律,是对毛泽东、邓小平、江泽民和胡锦涛建军治军思想的继承和发展,同时又是党的军事指导理论的又一次重大历史性创新。

(二) 进一步明确了军事战略要服务服从于国家战略

习近平国防和军队建设重要论述,深刻揭示了国防军队建设和国家发展、民族

复兴的内在联系,进一步明确了军事战略和国家战略的关系。总体而言,军事战略是筹划和指导军事力量建设和运用的总方略,必须要服务服从于国家战略目标。当前,党和国家的战略目标是实现"两个一百年"奋斗目标、实现中华民族伟大复兴的中国梦。要把战争问题放在这个大目标下来认识和筹划,从政治高度思考和处理军事问题,着眼国家利益全局筹划和指导军事行动,探索形成与时代发展同步伐、与国家安全需求相适应的军事战略指导。当前国防和军队建设中,要坚决维护中国共产党的领导和中国特色社会主义制度,坚决维护国家主权、安全、发展利益,坚决维护国家发展的重要战略机遇期,坚决维护地区和世界和平,为实现"两个一百年"奋斗目标、实现中华民族伟大复兴中国梦提供坚强保障。

在军事战略方针上,我们要毫不动摇坚持积极防御战略思想,同时不断丰富和发展这一思想内涵。根据国家安全和发展战略,适应新的历史时期形势任务要求,坚持实行积极防御军事战略方针,与时俱进加强军事战略指导,进一步拓宽战略视野、更新战略思维、前移指导重心,整体运筹备战与止战、维权与维稳、威慑与实战、战争行为与和平时期军事力量运用,注重深远经略,塑造有利态势,综合管控危机,坚决遏制和打赢战争。

(三)为军队建设明确目标任务并提供根本指导

习近平"强军目标"的论述,明确了军队建设目标任务,为全面推进军队建设提供了根本指导。听党指挥作为强军目标的第一要素,体现了党对军队的最高政治要求。听党指挥的标准集中体现在"绝对"上,就是习近平强调的绝对忠诚、绝对纯洁、绝对可靠。只有把军队置于党的绝对领导之下,才能以党的先进性确保人民军队的先进性,保持坚定正确的政治方向;能打胜仗作为强军的核心,从根本上确立了军队建设的中心任务,明确了军队建设的职能使命。能打胜仗的标准集中体现在"打赢"上,即习近平强调的召之即来、来之能战、战之能胜。只有紧紧围绕国家安全需求,加快推进国防和军队现代化,不断提高我军核心军事能力,才能确保有效维护国家主权、安全和发展利益;作风优良作为强军的保证,体现了军队作风建设的重要性。作风优良的标准集中体现在"优良"上,即习近平强调的永葆人民军队的政治本色和优良传统。只有大力弘扬我军光荣传统和优良作风,才能激发强大的感召力和认同感,保证人民军队根本属性不变。这三条明确了加强军队建设的聚焦点和着力点,建军治军抓住这三条,就抓住了要害,就能起到纲举目张的作用。

(四)为改革强军战略指明了方向路径

深化国防和军队改革,是实现中国梦强军梦的时代要求,是强军兴军的必由之路,也是决定军队未来的关键一招。习近平强调,深化国防和军队改革是为了设计和塑造军队未来,关键要坚持以强军目标为引领,贯彻新形势下战略方针,全面实施改革强军战略,着力解决制约国防和军队建设的体制性障碍、结构性矛盾、政策性问

大学

题,推进军队组织形态现代化,进一步解放和发展战斗力,进一步解放和增强军队活力,建设巩固国防和强大军队。

关于深化国防和军队改革的重点和方向,习近平要求着眼于贯彻新形势下政治建军的要求,推进领导掌握部队和高效指挥部队有机统一,形成军委管总、战区主战、军种主建的格局;着眼于深入推进依法治军、从严治军,抓住治权这个关键,构建严密的权力运行制约和监督体系;着眼于打造精锐作战力量,优化规模结构和部队编成,推动我军由数量规模型向质量效能型转变;着眼于抢占未来军事竞争战略制高点,充分发挥创新驱动发展作用,培育战斗力新的增长点;着眼于开发管理用好军事人力资源,推动人才发展体制改革和政策创新,形成人才辈出、人尽其才的生动局面;着眼于贯彻军民融合式发展战略,推进跨军地重大改革任务,推动经济建设和国防建设融合发展。

习近平反复强调,空谈误国,实干兴邦;空谈误事,实干兴军。蓝图已经制定,目标已经明确,国防和军队建设需要我们强化使命责任担当,加大贯彻执行力度,脚踏实地,真抓实干,为实现"中国梦"、"强军梦"而不断努力。

复习思考题:

1. 《孙子兵法》的主要内容及历史影响有哪些方面?
2. 毛泽东军事思想的核心及其主要内容是什么?
3. 如何正确理解现代战争中人与武器的关系?
4. 邓小平新时期军队建设思想的科学含义和主要内容是什么?
5. 江泽民军队和国防建设思想的主要内容与指导意义是什么?
6. 胡锦涛军队和国防建设重要论述的主要内容与指导意义是什么?
7. 习近平国防和军队建设重要论述的主要内容和指导意义是什么?

第四章

国际战略环境

战略环境是制定战略的客观基础。对环境进行深入的分析是战略谋划的思维起点，只有廓清环境，辨析影响自己生存与发展的有利条件和不利条件、积极因素与消极因素、现实威胁与潜在威胁、主要矛盾与次要矛盾，以及各种各样的利益冲突和利益关系，才能依据客观环境作出正确的决策，谋划出符合客观环境的国防建设、国防发展战略。本章重点介绍国际战略格局和我国周边安全环境。

第一节
战略环境概述

一、战略

（一）战略的含义

战略是指策划和指导战争全局的方略。即根据对国际形势和敌对双方政治、军事、经济、科学技术、地理等诸因素的分析判断，科学预测战争的发生与发展，揭示战争的特点和规律，制定战略方针、战略原则和战略计划，策划战争准备，指导战争实施所遵循的原则和方法。

凡属有关战争准备与实施，军事力量的建设和使用的全局性的内容，都是战略所要研究和解决的问题。主要是：为制止和推迟战争而进行的斗争；为对付战争而进行的长远准备和临战准备；战争爆发后的战略领导与指挥；结束战争的战略决策与处置等。

战略产生于战争实践，并长期使用于军事领域，本义即军事战略。战略可按不

大学

140

同的标准划分类型。按性质和作战类型划分,有进攻战略和防御战略;按使用武器的类型划分,有常规战争战略和核战争战略;按社会历史时期划分,有古代战略、近代战略、现代战略;按军种划分,有陆军战略、海军战略和空军战略;按作战持续时间划分,有速决战略和持久战略,等等。但由于近年来被其他领域广泛使用,泛指对全局性重大的、高层次决策的谋略。为了便于区分,在军事领域之外使用时,须在"战略"二字之前冠以领域的名称,如政治战略、经济战略、外交战略等。

人类社会自从有了战争,便逐渐形成了战略。在我国,战略的实践及其理论发展可谓源远流长。早在中国古代,就有兵略、谋略和方略等特定的术语表述战略。两千多年前的大军事家孙武所撰《孙子》十三篇,是世界上最早最有影响的有关战略理论的名著,孙子被公认为"战略之祖"。战略一词在中国最早见于西晋初史学家司马彪所著《战略》一书,后屡见于《三国志》等史籍中。这些用语,其核心含义与现代战略意义有类似之处,但战略与战役、战术区分不严,有时含有政治、外交谋略和战法之意,使用也不统一。在西方,"战略"一词,学者倾向于认为源于公元六世纪东罗马拜占庭帝国。19世纪末,中国开始用战略翻译西方的同一概念。20世纪30年代,毛泽东在《中国革命战争的战略问题》中指出:"战略问题是研究战争全局的规律的东西"。毛泽东关于战略的论述,奠定了现代中国战略定义的基础。美国参谋长联席会议审定的《美国军语词典》认为:"战略是运用一国武装力量,通过使用武力或以武力相威胁,达成国家政策的各项目标的一门艺术和科学。"《简明不列颠百科全书》的定义是:"在战争中利用军事手段达到战争目的的科学和艺术。"日本《世界大百科全书》的定义是:"为了实现特定目标而运用力量的科学与策略。"《苏联军事百科全书》的定义是:"军事学术的组成部分和最高领域,它包括国家和武装力量准备战争、计划与进行战争和战略性战役的理论与实践。"古今中外的战略,尽管称谓繁多,性质不同,定义各异,但有其相同之处,都是在一定时期,建设和使用以军队为主体的军事力量,策划和指导战争全局的准备与实施,以达到一定的政治目的,为一定的国家、民族和政治集团的利益服务的。

战略具有重要的地位和作用。它把国家的安全利益作为其基本的历史使命,是国家根本性的军事政策,是军事活动的主要依据,是支持和配合国家进行政治、经济、外交斗争的有效工具。它既指导战时,也指导平时,既指导军事力量的使用,也指导军事力量的建设,既指导准备与实行战争,赢得战争的胜利,也指导遏制战争,维护和平。因此,战略正确与否,决定战争的胜负,事关国家和民族的荣辱兴衰。

(二)战略的制约因素

1. 政治因素

政治对战略具有统帅和支配作用。它决定战略的性质和目的,赋予其任务和要求,影响战略的制定、实施和调整。战略服从并服务于政治,满足政治的要求,完成政治赋予的任务。为此,制定和实施战略,强调注重政治,充分考虑敌对双方的政治情况、战略的政治目的和政策要求,并善于运用政治手段。

2. 军事因素

主要是军事力量和军事思想的因素。军事力量的强弱,对战争的规模、持续时间、活动方式及其结局有重大影响,对能否完成战略目的,起直接的作用。军事思想先进与否,对能否制定和实行正确的战略,取得战争的胜利至关重要。制定和实施战略,应力求正确估计敌对双方的军事情况,采取积极措施,不断增强军事实力并以先进的军事思想为指导,达成预定的战略目的。

3. 经济因素

战略是以一定的生产力为基础,随着生产力的发展而发展的。经济能推动战略的发展,提高战略对环境变化的承受能力,增强战略手段的选择性。经济制约战略目标、战略方向、战略重点和战争规模的选择与确定。制定和实施战略,必须考虑敌对双方的经济情况。经济利益上的矛盾和冲突,是爆发战争和发生军事冲突的基本动因。战略所追求的目的,归根到底是为了维护或获得一定的经济利益。

4. 科学技术因素

科学技术是第一生产力,也是战斗力。特别是在战争形态发展至今,已进入到高技术条件下的局部战争并向信息化战争转变这一新时期,敌对双方现有的科学技术水平,是制定和实施战略的重要依据之一。当代高新技术与新式武器装备在军事上的广泛应用,使战争的目的、爆发方式、规模、强度、过程、阶段、持续时间和结局,都发生了一系列重大变化,从而引起了战略思想、作战方式方法、战略手段和战略理论的发展变化。必须积极发展本国的高新技术,更新武器装备,为实现战略提供可靠的物质手段,并高度重视和预见科学技术发展对战略的巨大影响,以适应战略的需求。

5. 地理因素

地缘政治关系与国家安全有着直接的联系。国家的地理位置、幅员、人口、资源、交通等状况影响军事力量效能的发挥。国家的地理位置、地形、气象、水文和周边的地理环境,对军兵种建设、武器装备发展方向、战场建设、作战形式、作战行动、战略指挥和战略思想都有重大的影响。制定和实施战略,强调重视敌对双方的地理因素,趋利避害,扬长避短,力求使武器装备和作战方式方法与战场地理环境特点相适应。

(三)战略的构成要素

1. 战略目的

它是制定和实施战略的出发点和归宿点。战略目的是根据战略形势和国家安全的需要确定的。维护国家和民族的根本利益、长远利益和整体利益,特别是维护国家的领土主权完整和统一是战略的基本目的。确定战略目的,强调需要与可能相结合,具有科学性和可行性,符合国家的路线、方针和政策,与国家的总体目标和国力相适应,满足国家在一定时期内对战略的基本要求。

2. 战略方针

它是指导军事行动的纲领和制定战略计划的基本依据。它是在分析国际战略形势和敌对双方战争诸因素基础上制定的,具有很强的针对性。不同的作战对象,不同条件下的战争,采取不同内容的战略方针。每个时期或每次战争除了总的战略方针外,还需制定具体的战略方针,以制定战略任务、战略重点、主要的战略方向和力量的部署与使用等问题。

3. 战略力量

它是战略的物质基础和支柱。它以国家综合国力为后盾,军事力量为核心,在发展经济和科学技术的基础上,根据战略目的和战略方针的要求,确定其建设的规模、发展方向和重点,并与国家的总体力量协调发展。

4. 战略措施

战略措施也称战略手段,它是实行战略的保障。战略措施是为贯彻战略,准备和实行战争,有战略决策机构在政治、军事、外交、经济、科学技术和战略领导与指挥等方面,所采取的各种全局性的切实可行的方法和步骤。

(四) 战略的基本特性

1. 全局性

凡属重大的、相对独立的领域有高层次谋划和决策活动的,有要照顾各个方面和各个阶段性质的,都是战略的全局。杰出的革命战争战略大师毛泽东从哲学的高度对战略的全局性进行了科学的论述,他在《中国革命战争的战略问题》一书中提出:"战略问题是研究战争全局的规律的东西"。所谓战争全局,毛泽东认为只要有战争,就有战争全局。世界可以是战争的一全局,一国可以是战争的一全局,一个独立的游击区、一个大的独立的作战方面,也可以是战争的一全局,凡属带有要照顾各方面和各阶段性质的,都是战争的全局。在这里,"各方面"是从空间上讲的,可以理解为战争的空间全局,"各阶段"是从时间上讲的,可以理解为战争的时间全局。由此可见,全局性表现在空间上。整个世界、一个国家、一个战区、一个独立的战略方向,都可以是战略的全局。全局性还表现在时间上。战略是指导战争准备与实施的各个阶段和全过程的。战略的领导和指挥最要紧的,是把注意力摆在关照全局上面,要胸怀全局,通观全局,把握全局,处理好全局中的各种关系,抓住主要矛盾,解决关键问题;同时注意了解局部,关心局部,特别是注意解决好对全局有决定意义的关键性局部问题。

2. 阶级性

战争是政治的继续,具有很强的政治目的,任何战略都反映一定的阶级、民族、国家或政治集团的根本利益,体现它们的路线、方针和政策,是为其政治目的服务的,具有鲜明的阶级性。

3. 对抗性

制定和实施战略都要针对一定的对象,通过对其各方面的情况进行分析判断,确定适当的战略目的,有针对性地建设好进行斗争的力量,掌握斗争的特点和规律,采取多种斗争形式和方法,以取得预期的斗争效果,是战略谋划的基本内容。

4. 预见性

预见性是谋划的前提,决策的基础。在广泛调查研究的基础上,全面分析、正确判断、科学预测国际国内战略环境和敌友关系以及敌对双方战争诸因素等可能的发展变化,认清时代的特性,明确现实的和潜在的斗争对象,判明面临威胁的性质、方向和程度,科学预测未来战争可能爆发的时机、样式、方向、规模、进程和结局,揭示未来战争的特点和规律,是制定、调整和实施战略的客观依据。

5. 谋略性

谋略是基于客观情况而提出的计谋和策略。它是在一定的客观条件下,变被动为主动,化劣势为优势,以少胜多,以弱制强,乃至不战而屈人之兵的重要方法。运用谋略,重在对战争全局的谋划。对全局强调深谋远虑,尊重战争的特点和规律,多谋善断,灵活多变,高敌一筹,以智谋取胜。

二、战略环境

对战略环境的分析、判断、研究,历来是各国确定战略的客观依据,也是正确制定本国战略的前提。

(一) 战略环境的基本概念

所谓战略环境,是指影响国家安全或战争全局的各种客观情况、条件和因素。它主要包括国际和国内的政治、经济、军事、外交、科技及地理等方面综合形成的客观情况和条件,以及由此而形成的战略态势,特别是世界战争与和平的总趋势。战略环境是动态的,它随着国内外形势的发展变化而不断地调整。

(二) 影响战略环境判定的要素

1. 国际战略环境

国际战略环境,是一定时期内世界主要国家(国家集团)在矛盾、斗争、合作及共处中的全局状况和总体趋势。它是国际政治、经济、军事形势的综合反映。因此,国际战略环境是各个国家(国家集团)制定战略的外部环境和条件。

2. 国内战略环境

国内战略环境是指对筹划、指导军事斗争全局具有重大影响的国内社会环境与自然环境。它决定着战略的基本性质和方向,是制定战略的依据。国内战略环境主要包括国家的政治、经济、军事、地理等方面的基本状况。其中,对战略具有直接影响的是国家的地理环境、政治环境和综合国力状况。

三、战略与战略环境的关系

(一) 战略环境是制定战略的客观基础

战略环境是独立于战略指导者意识之外的客观存在,而战略则是军事斗争规律在人们头脑中的反映。任何国家的战略,无不受一定战略环境的制约和影响,并随着战略环境的变化而变化,从来就没有脱离战略环境而凭空产生的战略。

(二) 客观、全面、系统地认识和分析战略环境是正确制定战略的先决条件

战略环境是影响战略的客观因素,战略指导者只有了解它、熟悉它,并且认识其中各种因素的相互联系、相互作用及其对敌我行动的影响,才有可能找出其中的特点和规律,并根据这些规律制定出正确的战略。实际上,制定战略的过程就是战略指导者对战略环境的认识和分析过程。对战略环境认识和分析得越客观、越准确,所制定的战略也就越符合实际,越有成功的把握。

因此,只有坚持辩证唯物主义的世界观和方法论,对战略环境进行客观的、全面的、系统的认识和分析,才能将战略建立在对战略环境正确认识的基础之上,进而实现正确的战略指导。

(三) 战略对战略环境的发展变化具有重大的能动作用

战略作为对军事斗争全局的筹划与指导,不论其正确与否,均对维持或改变战略环境有着重大的影响。实践证明,在一定的物质条件下,正确的战略可以改变险恶、不利的战略环境,化险为夷,转危为安。中国工农红军在土地革命战争中,第一次至第四次反"围剿"的胜利就充分地证明这一点。相反地,错误的、不符合客观实际的战略,则会使环境恶化或使困境加剧,导致斗争严重受挫,甚至招致全局的失败。红军第五次反"围剿"的失败便是一个很好的例证。

因此,战略指导者的责任,就在于制定符合客观实际和斗争发展规律的战略,实施正确的战略指导,创造克服、改变不利战略环境或维护、争取有利战略环境所必需的条件,审时度势,趋利避害,把军事斗争引向胜利。

国际战略格局

一、国际战略格局的现状及特点

（一）国际战略格局的基本含义

纵观近代以来的历史,国际战略格局总是在分化—组合—再分化的运动状态下发生和发展的。从其演变的历史轨迹来看,国际战略格局的演变不仅是经济实力、文化渗透、军事霸权等多种因素引起的,而且其发生和发展是一个动态的、渐进的过程,呈周期性的运动规律,探讨国际战略格局演变的过程和发生发展的这些特点和规律,对于研究当今世界军事战略具有重要的现实意义。

那么何谓国际战略格局? 我们所研究的国际战略格局,主要是指一定时期内国际关系中起主导作用的力量之间的相对关系和结构形式。所以人们又把它称为世界格局(亦就是在一定力量对比及其相互关系基础上形成的一种相对稳定的国际结构和战略态势)。这种国际结构和战略态势自有近代意义的国际关系以来,已经经历了多次的转换。从17世纪初"三十年战争"爆发至今,已有近400年,在此期间,可以说国际战略格局历经沧桑,多次发生重大变化,其中最为显著的是以下四次:威斯特伐利亚格局、维也纳格局、凡尔赛格局、雅尔塔格局。其中雅尔塔格局是世界格局的第四次重大变化。它是指第二次世界大战以来美苏两极为主导的世界格局。1945年2月,在纳粹德国和日本败局已定,世界大战行将结束的时刻,苏、美、英三国首脑在苏联克里米亚的雅尔塔举行会议,达成了"克里米亚公报"和"雅尔塔协定"。对战后的国际关系格局作出了以下的安排:在欧洲,苏、美、英、法四国分区占领德国。以后,美、英、法三占区合并成德意志联邦共和国,苏占区成立了德意志民主共和国。1955年联邦德国加入北约,民主德国则加入了华约。于是以"美苏分治欧洲、两个德国和两大军事集团对立"的雅尔塔格局形成。这一格局的特点是:政治、军事、经济实力最强的美苏两国在格局中处于主导地位,具有较强的左右国际形势发展的能力。世界上各种政治力量按照意识形态分为社会主义和帝国主义两大阵营,国际矛盾的激烈斗争表现为两大阵营的对抗。这一格局持续了40多年,随着东欧发生剧变,两个德国实现统一,华约解散和苏联解体而宣告终结。

（二）国际战略格局的现状及特点

现今社会正处于雅尔塔体系崩溃不久,新的国际战略格局尚未正式形成之际。在人类进入新世纪,国际形势正在发生深刻变化,新旧格局依然处在一个交替演变过程之中。由于军事格局是国际战略格局的重要组成部分,当前军事格局的主要特点与发展趋势突出地反映了国际战略格局的现状及特点,即:两极体制的解体导致了世界军事力量对比的严重失衡,美国成为当前唯一能够在全球范围内大规模使用军事力量的超级大国;但另一方面,世界战略力量多极化的趋势正在发展,各种新的安全结构正在建立和完善。

1. 美国是唯一的军事超级大国

在两极格局时期,由于世界政治经济发展不平衡规律的作用,国际上(特别是大国)的力量对比结构已不对称,并不断发生变化。苏联的解体标志着以美苏对抗为特征的两极国际军事格局的终极,并导致了世界军事力量对比的严重失衡。唯一能与美国相抗衡的强大的苏联已不复存在,美国已成为世界上在政治、军事、经济等方面都具有全球影响的唯一超级大国,无人能与之匹敌。

2. 世界军事格局向多极化发展

当前,随着两极格局的终极以某些国家战略力量迅速增长为主要特征的多极化趋势正在发展。冷战结束后,世界战略格局开始进入有史以来最激烈、最动荡、最复杂的时期。作为原先一极的美国,经过近十年的酝酿、准备和探索,凭借其日益增强的政治、经济、军事、科技、文化等优势,企图利用2015年以前的"战略机遇期",完成其独霸全球的战略部署,构建起单极独霸的世界体系。在这个过渡期内,国际战略格局所呈现的基本态势将是"一超多强"。称霸与反霸、单极与多极的斗争将极为激烈,世界最终仍将走向多极化。但未来国际战略格局多极化发展将时快时慢,且十分艰难曲折。美国"一超独霸"的局面既是两极体制被打破后的必然现象,又是一个终被多极体制所取代的暂时的历史过程。突出表现在战后日本、德国迅速崛起,已成为世界主要经济大国,并且凭借其强大的经济实力,力图谋求政治大国的地位,积极争取成为联合国安理会常任理事国。日本人均国民收入已超过美国,外汇储备居世界前列。尽管近些年经济较低迷,但整体实力依然强大。日本的军事力量近年增长很快。随着其经济、科技及军事力量的增强,日本力争在关系世界稳定和发展的重大问题上,拥有不次于其他大国的发言权,成为在未来国际战略格局中"支撑国际秩序的一极"。欧盟是当今世界上规模最大、一体化程度最高的地区经济集团,现有27国组成,人口合计达4.8亿以上,并有进一步扩大的趋势。欧盟具有雄厚的经济、科技和军事实力,在联合国安理会5个常任理事国中占有两个席位,在处理全球或地区事务中有很大的发言权;在南北关系中有较大的影响力,尤其与曾是其殖民地的发展中国家,还保持着较为密切的政治经济文化联系。俄罗斯虽然丧失了苏联超级大国的地位,但其军事力量仍然是一个可以对世界形势产生重大影响的因素。俄军仍然是目前世界上能与美国抗衡的军事力量。中国是发展中大国,政治稳定,经济持续、快速、健康发展,综合国力不断增强,在国际事务中的影响与日俱增,现仍属于一支"新生力量"。虽然发展道路并不平坦,但高速发展趋势无人阻挡,在21世纪中期成为多极化格局的一极是毫无疑问的。邓小平同志早在1990年初就指出:"所谓多极,中国算一极。中国不要贬低自己,怎么样也算一极。"所有这一切,都促使世界军事格局向多极化方向发展。不少专家已提出了诸如"五极"(美、日、欧、俄、中)等未来模式。在新旧格局交替过程之中,当前"一超多强"的国际战略格局已初露端倪。

3. 新的各种安全结构正在建立和完善

在两极格局时代,美苏始终互为对手。东西方集团内部即使有时其经济、政治上的矛盾升为主要矛盾,但盟友关系却一直是十分清楚的。而在两极格局瓦解后,对手和盟友便模糊不清了,均势的维持更多依靠结盟。各种国际和地区安全机制应运而生,相继建立。联合国的作用越来越大,导致各国对安理会席位更加垂青。欧洲有欧洲联盟,东盟各国的"东盟地区论坛"已成为亚太地区第一个政府间的多边安全对话机制。亚太经济合作组织(简称 APEC)已举行了多次非正式首脑会议。原苏联地区的一些加盟共和国,不仅在地理上连成一片,而且在政治、经济、文化和历史发展阶段上也有较多一致性。随着各地区安全机制的建立,预示着未来地区军事格局将朝着多样化、区域化的方向演进。世界将在地缘上分为欧洲、原苏联地区、亚太、中东、拉美和非洲等六大军事区域,形成各具特色的地区军事格局。

当前国际军事格局的特点,显示出了近年来国际形势总体趋向缓和,军事形势也向缓和的方向发展,在世界经历从两极向多极化转变的过渡时期,国际军事形势逐渐显露出了以下几个特点。

(1) 世界形势总体稳定,局部动荡。

总体稳定是世界形势的主流。冷战结束后,国际形势总体上由紧张转变为缓和,由对抗转变为对话。两极世界解体后,全球性的军事对抗已不复存在,爆发世界大战的可能性越来越小;过去因两个超级大国插手而难以解决的许多国际热点问题,大都通过政治、外交途径得以解决,或陆续取得一些突破性进展;大国关系出现战略性调整,中、美、俄、欧、日等国和地区集团频繁进行高层领导人直接对话,采取多种务实性措施,建立多种形式的战略伙伴关系积极推动和发展了国家之间的正常关系,促进了国际安全环境的改善,有助于世界的和平与稳定。当今世界各国都面临着发展本国经济的严峻挑战,大力推进经济建设,增强综合国力已成为共识,尽管发生世界大战的可能性越来越小,但局部战争的危险依然存在。由于历史结怨、格局转换、民族矛盾、宗教对立、力量失衡、外部插手、资源纠纷、武器扩散等因素,导致局部战争和武装冲突此起彼伏,一度出现增多的势头。如欧洲巴尔干地区、独联体内部国家之间;在亚洲,阿富汗、斯里兰卡等国曾发生了长期的内战,朝鲜半岛、克什米尔地区仍处于严重的军事对峙状态;在中东地区,自 1991 年海湾战争以来,美英等国多次对伊拉克实施了军事打击,2003 年 3 月又不顾世界各国的反对,抛开联合国发动了伊拉克战争,巴以和谈前景未卜;在非洲,卢旺达、刚果等少数国家不时爆发边界及种族冲突。事实证明,在冷战后国际形势总体上趋向缓和的同时,局部战争和武装冲突仍呈此消彼长的态势,一些地区的和平进程还很艰难。

（2）大国关系相对稳定，地区国家在相互靠拢。

冷战结束后，世界性市场经济的发展，加速了经济全球化的进程。国际合作化程度的提高，使任何国家都不能孤立于世界之外去发展自己的经济，逐渐显露出"以世界为工厂，以各国为车间"进行生产的跨国化体系。近年大国之间在合作和斗争中相互制约，因而相对稳定的状态并未打破。同时广大中小国家（或者说地区性国家）联合自强的趋势明显加强，并且成立了一些地区组织。如由法、德两国为骨干的欧洲军团已初现雏形，于1995年11月正式开始服役，表明西欧国家建立自己防务力量的计划已实质性启动。在亚太地区，随着越南、缅甸、老挝和柬埔寨正式加入东盟，拥有10个成员国及周边大国作为观察员参加的大东盟的影响力与日俱增。

（3）世界军备下降幅度参差不齐，质量建军成为主要竞争形势。

由于国际形势日渐缓和，使全球性军备竞赛有所降温。但是，一些地区性的军备竞赛有所升级，特别是世界各国质量建军的步伐明显加快。美国通过冷战后所进行的多场高技术条件下的局部战争，加快了运用高技术提高军队质量水平的步伐，继续引领着世界新军事革命的潮流。美军强调用高技术提高美军的战斗力，将工业时代的武装力量转变为信息时代的武装力量。俄罗斯尽管财力有限，但为了加速在21世纪的复兴，要求运用最新科技成果、最新工艺、最新材料超前研制新一代武器装备。英、法、德等传统军事强国在提高军队质量、发展高技术武器装备方面也不遗余力。中东地区一些国家自海湾战争以来，从美国等西方国家采购的高技术武器装备总金额已超过300亿美元。日本近年来军费节节攀升，每年都投入90多亿美元用于采购高精尖的武器装备，其自卫队武器装备技术水平居亚洲各国军队之首。我国台湾近些年不惜血本，大肆采购包括F-16战斗机、E-2T预警机、"爱国者"防空导弹等在内大量先进武器装备，企图以武力抗拒统一。我国周边东盟各国，随着经济的发展，大都增加了军费开支，加快了对发展高技术武器装备的投入，以期在未来的领土、海洋权益争端中获取有利地位。由此可见，世界军备竞赛总体有所趋缓，但军备下降并不平衡，一些国家和地区出现了回升的趋势，减少数量，提高质量成为各国军队建设的主要方向。

（4）国际军控形势更加透明。

冷战结束后，国际军控形势取得了实质性进展。联合国等国际组织在国际军控与裁军领域的作用日益加强，多边军控取得一些进展。如125个国家签署了《禁止化学武器公约》，联合国审议通过了无限期延长《不扩散核武器条约》。导弹技术控制制度的逐步建立，常规武器转让登记和本国生产的武器登记等军备透明措施的实施，使国际军控机制不断完善和发展。当然，国际军控的形势虽然有所好转，但也存在着较严重的问题，尤其是核技术、核材料及生物武器等大规模杀伤性武器的走私已引起国际社会的广泛关注，一些国家投入巨额经费不遗余力发展尖端武器。前几年，世界各国进行了核不扩散条约的开放性签署，大多数国家都参加了，而印度、巴基斯坦等没有参加。印、巴两国于1998年分别进行了5次和6次核试验，引发了南亚地区的核军备竞赛。

二、未来国际战略格局的发展趋势

在观察新旧格局转换和分析多极化发展趋势之前,我们首先应当看到第二次世界大战结束后60多年来世界在经历了冷战向冷战后过渡初期之后,整个国际政治所发生的重大变化。

(一) 世界格局走向多极化

主要表现在:一是国际力量对比关系由两个超级大国主宰他国转变为"一超多强"。战后相当长时期内支配世界事务的美苏两个超级大国,现在一个已经解体,一个也已相对衰弱。苏联解体后,俄罗斯的实力地位和国际影响明显削弱;美国虽为当今世界唯一超级大国,但其相对实力地位已大不如前。另一方面,在第二次世界大战中遭受重创的西欧诸国和日本在战后已在经济上迅速崛起,其经济实力已接近或正在赶超美国;中国实行改革开放后,综合国力也有明显增强。二是世界五大力量之间的关系发生了实质性变化。美国与欧、日的关系已由20世纪50~60年代的"主仆"关系转变为趋于平等竞争的"伙伴"关系。现在,欧盟和日本已不再唯美国马首是瞻,为维护和扩大本国的利益,它们有时已不惜公开与美国说"不"。此外,美俄、欧俄敌对关系开始转变为竞争性伙伴关系,中国与美俄等各大力量的关系也有不同程度的改善与调整。随着各大力量实力地位和相互关系的变化,美国支配世界事务的能力已大大下降。三是大国关系成熟化。随着多极化进程明显加快,大国之间的对立与合作往往因事因时而异,利害关系交错,矛盾与摩擦失控的危险性相对减弱。

(二) 国际政治中心由欧洲转向欧亚两大中心并立

与世界格局的上述变化相适应,战后国际政治中心也有了变化。在相当长一段时间内,国际政治的中心在欧洲(东西方冷战较量的重点,美苏两个超级大国的战略重心和世界经济与政治力量的主要集结地区)。20世纪70年代以后,日本和亚洲新兴工业化国家和地区在经济上崛起及亚太经济合作势头强劲,使亚太地区在国际事务中的地位明显上升,世界各大力量卷入亚太事务的程度逐步加深,欧洲作为国际政治中心的地位开始面临挑战。近年来,欧洲舞台上一直活跃着欧、美、俄三大力量,中国和日本极少卷入欧洲事务,但在亚太地区则活跃着美、日、俄、中和东盟五大力量,而且欧盟国家近年为争夺新兴市场,已纷纷确定新的亚洲战略,将注意力部分转向亚太地区,1996年举行了战后首次亚欧首脑会议。现在,不少有识之士认识到,亚太地区美、日、俄、中和东盟关系的发展对世界格局走向的影响将越来越大。

战后国际政治的上述特点集中反映了国际关系发展的进步趋势。可以说,世界跨入了21世纪的门槛,人类社会本身也处在一个重大转折关头。这是我们在观察、分析世界格局转换中的多极化发展趋势时需要把握的大背景。

当今世界已经进入迅猛发展的全球化时代,尤其是以金融信息化和金融全球化为重要动力的经济全球化浪潮正席卷而来,跨国公司成为经济全球化的主导力量,这是任何国家的领导人和人民都不能不认真对待的。其对未来世界多极化发展的影响更是国际问题研究者必须重视及需要跟踪研究的。我们的态度是:中国既要走向世界,融进世界,参与全球化的过程,又要保证我们国家的经济安全、国家安全,只要我们对当代世界矛盾有清醒的估量,对冷战后世界范围力量对比有清醒的估量,对世界经济全球化浪潮的两重性有清醒的估量,有了这三个清醒估量,加上善于审时度势,把握好机遇,趋利避害,我们就可以得到全球化浪潮的助力或推力,我们就能驾驭风险、战胜挑战,使自己立于不败之地,从而坚定不移地走向未来,并为促进和平与发展的崇高事业,为开创人类更加美好的未来,作出自己的努力和应有的贡献。

三、世界主要国家和地区的军事概况

(一) 美国军事概况

1. 美国武装力量的构成

美军武装力量由现役部队、后备役部队和在军内工作的文职人员三部分组成。截至2004年9月底,美军现役部队142.7万人,后备役人员117.6万人,文职人员70.8万人。

美军现役部队是美国武装力量的骨干以及在战争初期投入使用的基本作战力量。从总体上看,美军的现役部队分陆军、空军、海军、海军陆战队四个军种,分属陆军部、空军部和海军部三大军事部领导。

美国现役陆军:总兵力49.9万人,编有3个集团军司令部(第3、第7和第8集团军司令部)、4个军部(第1军、第3军、第5军和第18空降军)。美国海军:总兵力为55.1万人(内有陆战队17.7万人),编为太平洋舰队和大西洋两只舰队,辖5只编号舰队,即第2舰队(大西洋)、第3舰队(太平洋)、第5舰队(印度洋、波斯湾和红海)、第6舰队(地中海)和第7舰队(西太平洋),11个舰载机联队。美国空军:总兵力37.7万人,编有12个航空队,辖49个联队、124个中队。海军陆战队编为3个陆战师、3个陆战航空联队和3个勤务支援大队;按作战编组编为3支陆战远征部队、6个陆战远征分队及若干特种用途小队等空地联合特遣部队。

美军后备役部队是美国武装力量的重要组成部分,是美军扩充现役部队的首要来源,也是平时保卫美国本土的重要力量。美军的预备役分为国民警卫队和联邦后备队两大类,由陆军国民警卫队、陆军后备队、空军国民警卫队、空军后备队、海军后备队、陆战队后备队和海岸警卫队后备队7部分组成。其中,国民警卫队是各州的地方部队,但美国总统有权征调并使其执行联邦任务;联邦后备队分别归各军种领导,战时集体或单个编入现役部队,海岸警卫队后备队与海岸警卫队现役部队一起归海军部领导。美军的后备役部队,具有较高的训练水平和战备程度,按照美国防部的要求,地面部队能于 3 个月内到世界任何地方参战,空军飞行中队能在 3 天内参战,海军后备队能于 1 个月内参战。

美军是世界上雇用文职人员最多的军队。截至 2003 年底,美军共雇用文职人员 70.8 人。美军文职人员不在编制数额之内。美军的文职人员除了在国防部供职的高级文官之外,绝大部分是在美军各级机关、部队中从事行政管理、科学研究、技术操作和勤务保障等方面工作的人员。美军大量雇用文职人员,可使部队在不增加军人编制员额的情况下,广泛吸收社会上的人才和劳动力为军队服务。

2. 美国军事力量部署

世界上绝大多数的国家都在本国国土的范围内划分战区,但美国却是世界上唯一将战区划分覆盖全球的国家。美国将全球划分为五大战区,即欧洲总部辖区、太平洋总部辖区、北方总部辖区、南方总部辖区和中央总部辖区。

3. 美国军事战略

美国的军事战略总体上可分为两个阶段,第一个阶段是冷战时期,在此期间,随着国际国内形势的变化,美国军事战略历经了多次调整,但总体战略目标没有改变,那就是以苏联为主要作战对象,以核威慑为主要手段,争夺世界霸权。

冷战结束后,美国军事战略进入第二个阶段,尽管也进行了局部甚至是大幅度的调整(老布什"地区防务"战略、克林顿第一任期的"灵活与选择参与"战略,第二任期的"塑造、反应和准备"战略,小布什的"先发制人"战略,奥巴马的"亚太再平衡"战略),但美国军事战略的总目标都是为了维护美国唯一超级大国地位,建立以美国为主导的世界新秩序。

美国军事战略的主要内容包括:

(1) 将反对恐怖主义和"保卫美国本土"作为军队的首要任务。

这是美国军事战略有史以来的最大变化。在此之前,美国军事战略主要着眼于在海外进行扩张,保卫美国所谓的"全球利益",从来没有把"保卫美国本土"纳入到其军事战略的视野之内。因为,美国本土有着得天独厚的地缘优势——"东西有大洋,南北无强邻",正是有这种地缘优势,两次世界大战均远离美国本土,使得美国人有一种心理上的安全感——"炮声远处响,战火隔重洋,任他国战火纷飞,我自安然无恙"。但是,2001 年 9 月 11 日,由十几名恐怖分子劫持的几架飞机撞向了位于纽约曼哈顿区的世贸大厦以及美国防部五角大楼,使美国遭受了几千人的伤亡和巨大的财产损失,随后,在美国国内发现了数宗装有炭疽病毒的邮包,通过这些事件,美国认为,对美安全的主要威胁不再是国家实体的军事行动,而是"恐怖主义和核生化等大规模毁伤性武器的突然袭击。"恐怖主义对美国已经构成了致命的威胁,对付恐怖主义威胁和保卫美国本土安全已经上升为美军的"首要任务"。虽然冷战结束之后,美国也不止一次地把恐怖主义列为美国面临的威胁,但还是在"9·11"事件后,才第一次真正把恐怖主义的威胁上升到了战略高度来认识。

在 2001 年《四年防务审查报告》中,"保卫美国"被作为一条原则提出。在报告中,不但将保卫美国列为国家的关键利益,而且将其称为战略的基石,防务改革的首要目标,军队的首要任务,实施作战的关键。

2002 年 6 月,美国在国家层次上成立了专门负责美国本土安全的"国土安全部",11 月 25 日,布什批准了这一决定。这是继 1947 年美国国防改组以来美国安全机构规模最大的一次改组。与之相适应,军队指挥体制也进行了重大调整,组建了全面负责本土安全的"北方司令部",主要任务是统一指挥国内部队保卫美国本土安全。可以认为,美国的防务战略发生了变化:美国的新防务战略是两线作战战略,一线是为保卫本土安全而战,另一线是为扩展全球利益而战。

(2)调整防务规划模式,建设"基于能力型国防"。

在克林顿时期,美国的防务计划模式为"基于威胁型"。这种模式要求,首先明确敌人是谁(即威胁),战争可能在哪里发生,战争规模有多大,然后再据此进行国防和军队建设。"打赢两场同时爆发的大规模战区战争"的战略指标,就是典型的依据"基于威胁型"进行防务的产物。在制订这一战略时,首先认定美国的主要敌人是伊拉克和朝鲜,战争可能在中东和东北亚同时发生,战争规模不小,为战区级,而后再根据战争的要求进行国防建设。"9·11 事件"发生后,情况发生了变化,美国感到现在无法预知敌人的位置、攻击的方向以及进攻的时间。面对恐怖主义袭击和未来不确定的多种威胁,很难预测敌人是谁,更不知道敌人可能从哪里发动进攻。国防部长拉姆斯菲尔德也说,现在"熊的威胁"没有,但是"蛇的威胁"却到处存在。因此,必须把防务规划模式由"基于威胁"型转向建设"基于能力型"国防。只要具备了相应的能力,不管敌人是谁,威胁来自何方,都能有效地对付。2001 年 9 月 30 日美国国防部出台的《四年防务审查报告》强调,美国的防务计划制定,再也不能像过去以"敌人是谁,战争可能在哪里发生"为思路,而应当"以敌人有何种能力,战争将取何种方式"为思路,也就是由"基于威胁"到"基于能力"转变。布什政府认为,"为战胜未来的敌人做好准备"的投资再大,也不会比未做好准备而可能遭受的损失大。因此,布什政府大幅度增加国防预算,2003 年为 3 710 亿美元,到 2004 年更是达到了 4 000亿美元以上。

(3)军事至上,"先发制人",实施"预防性打击"。

美国认为:由于"全球一体化"的趋势为军事技术的发展扩散提供了极为便利的条件,加之美国是一个开放型的社会,这使得美国面临的威胁,更加"不可知、不可见、不可预测",因此对付不确定性威胁必须成为美国防务规划的核心原则,正是基于对威胁不确定性的认识,美国国防部首次提出了"预防性战争"的概念。2002 年 9 月 20 日,美国发表的《国家安全战略报告》进一步提出了"先发制人"的战略指导思想。这一战略的依据是:恐怖主义防不胜防,无法慑止,以往的威慑和惩罚手段已经不能有效地阻止恐怖袭击,最好的防御就是进攻。美国必须主动出击,摧毁它从事恐怖活动的能力,直至彻底消灭。拉姆斯菲尔德"美国之所以要采取先发制人的战略是因为美国要防贼,却根本不知贼在哪里。由于美国不可能在任何地方、任何可以想象的时间来防御任何威胁,所以对付各种威胁的唯一方式就是将战争引向敌人,最好的防御就是有效的进攻。"

美国《国家安全战略报告》在多达 12 处指出,无论联合国是否授权,无论盟国是否合作,美国只要认为有必要,就会对任何一个敌对国家或者拥有大规模毁伤性武器的恐怖组织,予以"先发制人"的军事打击。布什强调,"依靠防御无法取得反恐战争胜利的,最好的防御便是有效的出击,为抢先阻止我们的敌人采取敌对行动,美国将在必要时先发制人"。

(4) 退出反导条约,大力推进导弹防御系统的部署。

1972 年 5 月 26 日,美国和苏联在莫斯科共同签署了一项题为《美利坚合众国与苏维埃社会主义共和国联盟之间关于限制反弹道导弹系统的条约》,人们把这项条约简称为反弹道导弹条约(ABM)。这是冷战时期美国和苏联签署的一项限制发展战略弹道导弹防御条约的国际条约。反导条约比较明确地规定:美国和苏联双方只能在两个允许的地点部署规模有限的导弹防御系统:一是以首都为中心、半径不超过 150 公里的范围内,部署不超过 100 枚的拦截导弹和不超过 6 个用于反弹道导弹的雷达设施;二是以洲际弹道导弹的部署基地为中心、半径不超过 150 公里的范围内,部署不超过 100 枚的拦截导弹、不超过 2 部的大型相控阵雷达和不超过 8 部的小功率雷达。1974 年 7 月 3 日,美国和苏联又在莫斯科签署了反导条约的补充议定书,规定双方只能在上述两个地点中任选一个地点部署导弹防御系统。美国选择在洲际弹道导弹基地周围部署导弹防御系统;苏联则选择在首都周围部署导弹防御系统。

当然条约也规定,双方可以对条约提出修正,如果认为有危及本国最高利益的情况发生,双方也有权退出条约,但必须在退出前 6 个月把退出决定通知对方。

反导条约的目的,就是保障双方有相互摧毁的能力,保持核军事平衡。

2001 年 12 月 13 日,小布什在美国白宫玫瑰花园发表了讲话,宣布退出反导条约,从而为发展 NMD 系统扫清了障碍。

美国军事战略的特点和实质有以下几点。

(1) 美国军事战略更具有强烈的进攻性和挑衅性,带有明显的"反恐"和"称霸"的双重色彩。

布什政府提出的"先发制人"战略,比美国历届政府的对外干涉主义都更具进攻性和挑衅性。克林顿的塑造与反应战略,只要求美军在遏止失败时,对外击败敌人,恢复被敌人占领的盟国的领土和战区的正常秩序;而布什明确要求美军在必要时,占领敌方领土或为改变敌方政权创造条件。按照布什的逻辑,谁是打击的对象,标准由美国来定;美国是正义的化身,谁反对美国,谁就是邪恶势力,美国就打谁没商量,美国的霸道由此可见一斑。

"先发制人"既是一种战争方式,更是一种威慑的手段。美国抛出先发制人战略,意在向世人昭示:美国决心凭借其超强的军事实力,通过先发制人的方式,打击一切敢于挑战美国安全利益的国家和政体。通过这种强硬的威慑效应,警示并促使一些所谓的无赖国家和失败国家屈服甚至转型,以逐步建立美国主导的国际安全新秩序。

冷战结束以来,美国独霸世界的野心日益膨胀。小布什上任后,极力奉行单边主义,对外行动更加咄咄逼人。特别是9·11事件以及阿富汗战争、伊拉克战争之后,美国实现单极世界的愿望更加强烈,借"反恐"之名大行霸权之实,达到了原来想达到而未达到的目的,打击了原来想打击而无法打击的目标,控制了原来想控制而控制不了的国家,挤进了原来想挤进而没有挤进的地区,给国际形势和世界战略格局造成重大影响。

(2)美国军事战略奉行单边主义,"美国至上"原则,是美国的"新帝国主义"思潮在国防政策上的反映。

所谓单边主义,是与多边主义相对的。多边主义主张在解决国与国之间的争端时应通过多方的谈判协商来解决问题,而单边主义则是按照某一方的意愿采取单方面的行动及措施来解决问题。

美国《国家安全战略报告》提出,"我们将毫不犹豫地在必要时单独采取行动。多边主义是软弱的标志,强者总是决定单干的"。

2001年5月1日,布什在国防大学发表讲话:"什么条约也不能阻止我们对付今天的威胁,也没有哪一项条约可以禁止我们追求先进的技术以进行自卫"。这句话提出了一个重要的单边主义观点:任何条约、协定,即使是美国推动签署的,只要不符合美国现在的安全利益需要,都可以废弃。从另一角度讲,美国可以随时根据自己的安全利益推翻旧的国际行为准则和制定新的准则,别的国家对此只能接受而不能反对。

1992年,新保守派领军人物保罗·沃尔福威茨和刘易斯·利比拟订了一项行动指南,即美国《防务政策指导》报告。该报告强调,苏联垮台后,"美国应该确保没有任何新的超级大国能够向美国在全球的统治地位提出挑战。美国既是无人能敌的军事强国,又是无人敢与之竞争的建设力量,美国应该捍卫自己这一独一无二的地位"。

2000年9月小布什竞选总统期间,新保守主义智囊机构"美国新世纪计划"和小布什竞选顾问班子拟订了一份名为《重建美国防务》的文件。该文件指出,美国必须"阻止发达工业国家挑战美国的领导地位,甚至不能让他们有发挥更大的地区或全球作用的野心"。文件称,"美国的政治领袖地位应该高于联合国","即将来临的新世纪的挑战就是要维护并加强美国强权之下的世界和平"。

"9·11"事件之后,美国社会民族主义膨胀,民众强烈的民族情绪和渴求安全的愿望与新保守派的"新帝国主义"产生共鸣,"新帝国主义"得到民众广泛的认同和支持。于是,曾被人们贬斥的"帝国主义"一词又在美国社会时兴起来,成为人们政治生活中的重要话题,而建立主宰世界的"美利坚帝国"成为美国社会崇尚的理想和目标。在这种背景下,新保守派直言不讳地宣称,"新的帝国时期已经到来,问题不是美国要不要寻求填补欧洲霸权衰落后留下的空白,而是美国是否承认或意识到它正在这样做","美国已成为自罗马帝国以来在文化、经济、技术和军事领域占统治地位的'新帝国',尽管是'极不情愿的帝国'"。新保守派宣传家罗伯特·卡普兰将目前美国的地位比作古罗马帝国,认为21世纪的美国既是共和国,也是帝国。主张用未必民主的方式在世界其他地方播撒"民主"的种子。新保守派坚信美国是"唯一具有管理世界能力的国家",大有"主宰世界,舍我其谁"之势。新保守派的核心人物威廉·克里斯托尔称,"这个世界没有选择,要么就是由我们来领导,要么就是一片混乱。"

美国军事战略对国际安全的影响主要有以下几点。

(1)"先发制人"原则的滥用将会产生连锁反应,对国际安全造成严重后果。

它将破坏战争正义性原则,引发国家之间战乱不止。国与国之间先发制人还是后发制人,军事上谁先打第一枪历来就是判断战争性质的标准之一。如果其他国家都仿效美国把先发制人作为一个战略上的用兵原则,都借机以消除国家安全威胁的名义,先发制人的发动对另一国的战争行动,国家之间将战乱不止,世界安全形势将更为混乱,处于一种无序状态。基辛格指出,"如果其他国家仿效美国,把先发制人视为普遍原则,这并不符合美国和其他国家的利益。"自美国提出"先发制人"的思想后,俄罗斯对格鲁吉亚,澳大利亚对印尼都发出过"先发制人"的战争威胁,在世界上引起轩然大波。

不仅如此,"先发制人"一旦滥用,还有可能引发拥有核武器国家之间的"先发制人"的核战争。核武器巨大的杀伤力和破坏力,率先使用核武器所有的军事和政治风险使所有核国家在核武器的使用上无不慎之又慎,但美国"先发制人"理论的提出及其实践将可能使这一局面被打破。2002年美国抛出的《核态势审查报告》中还威胁对一些支持恐怖主义的国家"不排除首先使用核武器",对此,人们有理由担心南亚核国家印度"会不失时机地运用先发制人原则来对付另一核国家巴基斯坦";以色列可对付阿拉伯国家。核国家之间仿效美国先发制人的原则其后果更不堪设想。假如各国都按先发制人战略行事,国际社会就无章可循,无法可依,现行国际秩序就会陷于混乱之中。

(2)先发制人原则严重地违反了国际法准则,是对现有国际秩序的严重挑战。

美国抛出先发制人战略,并把矛头第一个指向伊拉克,向包括联合国在内的国际秩序和公认的国际法准则提出了根本性的挑战。一是违背了公认的国际法准则。布什政府抛出先发制人战略打破了国际公认的威斯特伐利亚公约国际法体系的基础。国际法规定,对对方进行军事打击的前提是对方有现实侵略行为的发生,对本国造成了明确、具体、可信和迫在眉睫的威胁,而美国先发制人的"预防性战争"强调的是在潜在威胁变成现实威胁之前通过先发制人的打击行动,将对方的军事力量摧毁,将其政权推翻,这既有悖于传统的国际法原则,更有悖于现代国际法。二是严重违反了《联合国宪章》,《联合国宪章》第 51 条规定,"任何国家都有权自卫,但一个国家只有在受到攻击后才能出兵打击别国";41、42 条还规定,"除非安理会确定的所有非军事手段已经用尽,然后明确授权用军事手段,否则任何成员国都没有权利使用军事手段来执行任何决议"。

美国在伊拉克重建中碰得头破血流、焦头烂额的现实表明,美国的实力并非战无不胜、所向披靡,它能打垮萨达姆的共和国卫队,但对付不了怀有民族仇恨的散兵游勇的游击式的袭击。任何一个国家,包括超级大国,如因企图挑战世界,都将是螳臂挡车。恐怖主义的根源是贫富不均、民族压迫以及宗教歧视等复杂原因。只要这些原因仍然存在,恐怖主义就难以根除。美国可以凭借强大的军事力量推翻或改变一个弱小国家的政权,但要征服一个国家绝非易事,美国在越南、苏联在阿富汗的境遇就是佐证。

(二) 俄罗斯军事概况

当今的俄罗斯是在前苏联各加盟共和国的基础上发展起来的,继承了前苏联绝大多数的军事遗产,尽管目前的俄罗斯与前苏联相比军事实力大大下降,但俄罗斯仍是世界军事强国之一。总体上看,俄仍具有较强的综合国力,它继承了联合国安理会常任理事国的席位。

1. 俄罗斯武装力量的组成和军事部署

俄罗斯的整个军事力量由武装力量、其他军队、队伍和机构三个部分组成。其中武装力量是俄罗斯军事力量的主体,与其他军队、队伍和机构共同构成俄联邦的国防体系(其他军队、队伍和机构也被称作准军事力量)。

到 2005 年 1 月,俄军编制员额为 120.7 万人(西方资料显示,俄罗斯武装力量现役军人 96.06 万人,这说明俄罗斯军队存在着一定的缺编),其中义务兵 33 万人,女兵约 10 万人。

苏联解体以后,各加盟共和国瓜分了苏联的军事遗产,俄罗斯继承了原苏联军事实力的 75%,共计 282.23 万人;同时,也继承军种划分方法,将武装力量划分为战略火箭军,陆军,防空军,空军,海军 5 大军种和空降兵 1 个独立兵种。但俄罗斯认为,在冷战结束后的新形势下,保持如此规模的军事力量既没有必要,也超出了俄罗斯国民经济的承受能力。在这种情况下,俄罗斯政府从 1992 年 5 月起开始对武装力量进行裁减,并加快了编制体制调整的步伐,2001 年,俄罗斯将防空军与空军合并组成空军,将战略火箭军由军种降为兵种,将原属战略火箭军的军事航天力量和导弹太空防御兵组建成为太空兵。从而形成了目前的三大军种和三大独立兵种的武装力量组织形式。

俄罗斯武装力量划分为6个军区、1个战略集群和4个舰队。即北方军区、莫斯科军区、伏尔加河沿岸——乌拉尔军区、北高加索军区、西伯利亚军区、远东军区、加里宁格勒战役战略集群。海军的四大舰队分别是北方舰队、波罗的海舰队、黑海舰队、太平洋舰队。

当前,俄罗斯军队部署的重点仍在欧洲,大约部署总兵力的2/3,这是因为,随着北约的不断东扩,俄罗斯面对更加不利的战略态势,战略环境恶化,迫使俄罗斯将欧洲作为军事部署的重点。

在俄罗斯的六个军区中,北方军区、莫斯科军区和北高加索军区等三个军区与欧洲接壤,俄军在这些地区作一线部署,伏尔加河沿岸——乌拉尔军区位于俄罗斯地理中心,这些地区作为纵深机动集团部署地区;西伯利亚军区将是未来兵力的重点部署地区;远东军区位于亚洲,是俄罗斯军队部署的一个次重点地区。

2. 俄罗斯军事战略

俄罗斯成为独立国家以后,军事战略几经变化,从初期的延续苏联后期的"纯防御战略"又根据安全形势的变化调整到后来的"积极防御战略"。1997年以后,俄罗斯逐渐形成了当前的"现实遏制战略"基本框架。

俄罗斯现行军事战略是"现实遏制"战略,其主要内容用一句话概括:确立一个威胁,铸强一面盾牌,明确三个建军目标,维持一个联盟。具体而言,俄罗斯军事战略包括以下几个方面的内容。

(1)以北约为主要威胁和作战对象。

俄罗斯立国初期奉行的是"一边倒"亲西方政策。从普通的俄罗斯人到国家领导人很多人天真地认为,俄罗斯改变了国体政体,俄罗斯与西方在意识形态上的差别已消失,那么俄罗斯自然地就会融入西方社会,继续在国际舞台上发挥大国的作用。这种思潮反映在军事上就是极力地淡化同西方的对立,当时的俄国防部长格拉乔夫说:"意识形态的消失已使俄罗斯和西方社会融为一体",并且明确宣布,"俄罗斯不把任何国家当作敌人,俄罗斯面临的主要威胁是曾经被两极格局掩盖下的历史遗留问题,诸如民族矛盾和领土争端等等"。

但是,这种对威胁过于乐观的判断只是俄罗斯的一厢情愿。俄罗斯不把别的国家当作敌人,并不意味着其他国家不把俄罗斯当作敌人,更不等于俄罗斯客观上已经不存在敌人。俄罗斯建国初期虽然与美国等西方国家也渡过了一段短暂的"蜜月期",双方承诺不再把核武器瞄向对方,西方国家许诺向俄罗斯提供经济援助,但由于长期冷战对峙所造成的隔阂,西方国家并没有消除对俄罗斯的戒心,出于自身利益的考虑,他们并不希望看到一个像苏联那样强大的俄罗斯重新在欧洲崛起;一个贫穷而衰弱的俄罗斯更符合西方的利益。在这种情况下,西方国家对俄罗斯经济援助的许诺大多没有兑现,这就致使俄罗斯以西方经济援助为基础的"休克疗法"遭到了彻底的失败。俄罗斯经济水平一落千丈,国家实力也跌入二流国家的行列。作为一个欧亚大国,俄罗斯几百年来,其政治、经济、文化和军事的重心始终在欧洲,俄罗斯国家和民族根本利益的重心也在欧洲,可以说欧洲是俄战略利益所在。但是 20 世纪 90 年代中期以后,随着北约东扩战略的提出和实施,以美国为首的西方国家借机挤压俄罗斯的战略生存空间,削弱其国际地位;截至目前,北约已进行了两轮东扩,北约成员国增至 26 个。俄罗斯因此失去了上千公里的战略纵深。从地理上看,北约的领土和俄罗斯接壤,俄一部分领土——加里宁格勒,还被北约包围。从军事上讲,俄罗斯和北约近在咫尺。从波罗的海三国到俄中央地区,装甲车只需一昼夜的路程,巡航导弹只需几分钟。这一新形势直接关系到俄罗斯的切身利益和安全。这不能不引起俄罗斯的忧虑。俄罗斯认为,北约的东扩就是想扼住自己以欧洲为主要地区复兴发展的咽喉,这是与俄罗斯复兴大国的目标完全相悖的,也是俄罗斯决不能容忍的。俄罗斯与北约的对立正与日俱增。

（2）以核武器为后盾,实施战略威慑。

俄罗斯拥有庞大的核武库,核武器在俄罗斯的军事战略中始终占有重要的地位。早在 1982 年,当时苏联领导人勃列日涅夫向联合国秘书长写信公开承诺:"苏联不首先使用核武器"。因为当时苏联在与美国全球争霸中处于全面进攻的有利地位,其在常规力量上（特别是在数量上）占有绝对性的优势,可以说,苏联的常规力量就足以让西方国家心惊胆战。但是,时过境迁,由于国力的衰弱,俄罗斯在 1993 年制定的《俄联邦军事学说》中,放弃了"不首先使用核武器"的承诺。这表明俄罗斯开始将核力量作为维护其安全利益的重要支柱。2000 年通过的《新军事学说》则宣布,"当国家主权和领土完整受到威胁而且其他手段不能奏效时,将考虑使用核武器"。

（3）建设一支精干、现代化、职业化的军队。

俄罗斯在建设一支什么样的军队上是走过弯路的,在俄罗斯成为独立国家之后的前 10 年里,军队建设的方向一直摇摆不定,并没有形成一个明晰的思路。造成了俄军种之间建设的严重失衡、作战能力大幅度下滑的情况,"痛定思痛",俄罗斯在总结反思了前十多年改革、特别是两次车臣战争及科索沃战争经验教训的基础上,逐步理清了军事力量建设的思路。提出俄罗斯要在未来 15 年内建成一支"精干高效、机动灵活、编成合理、装备先进,有充分遏制能力的现代职业化军队"以应对俄罗斯面临的威胁。在这一思想的指导下,俄罗斯建军目标表现在以下三个方面:一是保持各军种均衡发展;二是保持军队与国民经济协调发展;三是着眼提高军队的质量,加快军事体制调整。

（4）加强独联体的集体联盟。

苏联解体后,在俄罗斯的提议下由原苏联的 15 个加盟共和国成立了"独立国家联合体"简称"独联体"（爱沙尼亚、亚美尼亚、拉脱维亚、立陶宛、白俄罗斯、乌克兰、格鲁吉亚、阿塞拜疆、摩尔多瓦、哈萨克斯坦、塔吉克斯坦、吉尔吉斯斯坦、土库曼斯坦、乌兹别克斯坦）。

由于历史关系,俄罗斯同独联体各国有着不可分割的联系。首先,俄罗斯在政治、经济、文化等方面同独联体国家有着传统的血脉关系,这种关系打破了国界的限制,破坏这种血脉关系,无疑将削弱俄罗斯赖以生存与发展的外部条件;其次在俄以外的独联体国家居住着 2 500 万俄罗斯人,而在俄联邦境内则居住着数百万同这些国家有联系的俄罗斯人,这些因素对俄联邦的稳定起着重要的作用。正是因为如此,俄罗斯将独联体国家视为传统的势力范围和战略缓冲地带,建立集体安全体系,加强独联体的集体联盟,促进独联体一体化,是俄罗斯一贯不变的地缘战略目标。尽管面对诸多的困难和不利因素,但俄罗斯仍然把独联体视为外交的"重中之重"和"绝对优先方向"。

3. 俄罗斯军事力量发展趋势

俄罗斯认为,要有效地维护国家安全和统一,就必须将国家军事实力保持在足以防御和抗击侵略的水平上。因此,俄认为,俄罗斯武装力量必须具有较高的战备水平,其中包括各级部队必须具备较高的战斗素质,装备现代化的武器装备。俄军发展的主要思路是,进一步缩小部队的规模,建设一支规模小、专业性强、有高度机动能力,在各个战略方向上能进行积极的、全方位的、机动防御作战的职业化军队。

(三) 欧盟军事概况

在欧盟 27 国中,以英、法、德三国为代表的军事力量的作用和影响较大。

1. 英国军事概况

英国是一个传统军事强国,位于大西洋东北部,战略地位重要,是联系欧洲与美国的地理桥梁。英国武装力量由正规军和预备役部队组成。正规军分陆、海、空三个军种。现役部队 21 万人。其中陆军 11.48 万人。编 1 个地面部队司令部,3 个师部,1 个驻德英国支援司令部,1 个装甲师,1 个机械化师,1 个陆军预备军团,1 个联合直升机司令部,1 个空中突击旅,1 个炮兵旅部,1 个防空旅部,1 个侦察旅部,2 个后勤旅,14 个步兵旅部,1 个联合核生化团。海军 4.235 万人。编 2 个司令部,8 个基地。主要装备:航空母舰 3 艘,主战水面舰艇 35 艘。空军 5.33 万人。作战飞机 332 架,直升机 163 架。战略核力量 1 000 人。弹道导弹核潜艇 4 艘。每艘可载有"三叉戟"D5 型弹道导弹 16 枚,各艇上部署核弹头约 48 枚,每枚核弹头最多可带 12 个分弹头。预备役部队 25.675 万人。英军装备精良,技术水平较高,具有一定的海外作战能力。

冷战结束后,英国根据对安全环境的判断,对安全战略作出了较大的调整。总的指导思想是,利用目前良好的安全环境,建立以北约为基础的欧洲安全结构与大西洋关系,将安全战略的重点从北约地区之内转移到北约以外,强调武装力量结构的均衡性和在北约以外的干预能力,以保持与美国的特殊关系,维持自己的大国地位。用英国人自己的话说,是从"大陆战略向海洋战略"转变。为此,英国推出了自己的防务政策。

(1)继续参加北约集体防务建设,扩大在欧洲及世界的影响。通过联盟维护本国安全是英国对外政策的传统。联盟不仅可以弥补英国自身防务力量的不足,还可以提高国际地位。冷战后,英国仍把维系北约和欧洲集体安全机制作为本国防务的重要基础,积极支持北约维持和扩大现有作用,重申对北约的义务,并为此作出了实质性的贡献。通过上述做法,英国加强了对北约防务的发言权,有效维护了国家安全和"地区大国"的地位。

(2)保持独立的海外干涉能力,维护和扩大英国的全球利益。尽管二战后英国的综合国力已逐渐衰弱,不得不实行战略收缩,但英国认为,它是与美国有着特殊关系的欧洲大国,是联合国安理会的常任理事国,是英联邦的领导者,在全球范围至今仍保留着一些海外领地。所有这一切,决定了英国应该不仅是一个地区大国,而且是一个"有着全球观念的地区大国"。为此,英国明确提出要保持"全面、平衡的军事力量",随时准备独立执行海外任务,维护英国的海外利益。

(3)应付多种不确定威胁,变"前沿防御"为"机动防御"。为了适应新形势下安全战略的需要,英国通过削减防务预算、压缩现役兵力规模、改组部队结构、更新武器装备等措施已实现了战略上的三个转变,即从防止苏联大规模入侵向应付多种不确定威胁的转变;从"前沿防御"向"机动防御"的转变;从数量建军向质量建军的转变。从而提高了英军处理各种危机和应付突发事件的快速反应能力。

2. 法国军事概况

法国是一个有重要影响力的军事强国。武装力量由陆、海、空和宪兵组成。现役部队45.46万人。其中,陆军13.7万人;海军4.56万人;空军6.4万人。战略核力量7 000人。装备战略导弹核潜艇4艘,潜射导弹64枚,轰炸机60架。外籍军团8 000人。预备役部队10万人。法军武器装备技术水平和部队作战能力与英军相仿,其主要任务是:维护法国的战略利益,对付在欧洲、地中海和中东地区的局部战争和武装冲突。法国致力于建立一支能够在欧洲以外的地区独立遂行作战任务的多用途军队,成立海外诸军种联合作战参谋部,并在非洲保持1万人的驻军。冷战结束后,面对国际安全环境发生的巨大变化,法国虽然不改初衷,坚持奉行了近40年的独立自主防务政策,但在急速变化的国际安全环境面前,其独立自主防务政策和冷战时相比,也在发生变化。

(1)以对付局部危机和冲突为防务的重点。冷战结束后,法国认为所面临的威胁主要是方向不定、规模不一、形式多样的地区性危机和冲突。为此,法国已将防务的重点由对付大规模入侵转移到对付地区性危机和冲突上来。

(2)积极推进欧洲防务的联合。法国虽然奉行独立自主防务政策,但是深知只靠自己的力量难以确保本国安全和抵抗超级大国对本国防务政策的干预。因此,即使在冷战时期,法国也努力推动欧洲实施防务联合。冷战结束后,法国抓紧时机极力推进这一联合。一方面,组织西欧联盟;另一方面,将"法德联合旅"扩大为"欧洲军团",并使其成为西欧联盟的武装力量。与此同时,还同意大利、西班牙等国组建欧洲联合快速反应部队,同英国就战略核力量、空军、海军的合作达成协议。最近还提出将法国的核力量变成为欧盟提供安全保障的欧洲核力量。

（3）推行以核威慑为基础的局部冲突防御军事战略。冷战后，法国根据变化了的国际安全形势对军事战略进行了调整。首先，将"逐步反应"战略调整为"局部冲突防御"战略，即重点对法国利益相关地区发生的局部冲突作反应。其次，是将核威慑战略的内容，由威慑和作战并重调整为以慑止潜在对手对法国根本利益的可能侵犯为主。换言之，法国以核力量作为大国地位的象征，而不是进行核战争的工具；核力量的威慑作用不是慑止核大国的进攻，而是慑止地区性国家或恐怖组织拥有威慑使用核武器。

（4）大力加强军队的质量建设。在1991年的海湾战争中，法军暴露了许多问题。因此，近几年法国下大力气加强军队质量建设。首先，缩减了现役军队规模。其次，提高部队快速反应能力。全面加强所辖4个师的快速反应部队的建设，组建专司海外作战的诸军种联合作战参谋部，建立全军统一的军事情报局。再次，减少义务兵，加大职业军人的比重，并正在论证取消义务兵的方案。最后，加速武器装备的更新换代。为了使上述措施得到落实，近几年，法国每年的国防投入约为380亿美元，并且每年还略有增加。

3. 德国军事概况

德国地处欧洲的中部，德国的军事力量在原东德、西德统一后大大增强了。随着冷战的结束，1990年实现统一后的德国安全环境已经发生了深刻的变化。一方面，苏联及华约的解体使德国从原来欧洲两大军事集团严重对峙的"前线国家"变成了安全系数大为增加的"欧洲的中心"。另一方面，欧洲不安全因素的增加使局势动荡不安，整个欧洲民族矛盾、领土纠纷、局部冲突呈上升势头，作为拥有众多领国的德国，又面临着难以预测的"危险"。因此，统一后的德国对其军事战略进行了重大调整。

德国武装力量由正规军和准军事部队组成。正规军分陆、海、空三个军种及卫勤和武装力量基础部队。现役部队29.6万人。其中陆军20.32万人。编5个机械化师，1个特种作战师，1个空中机动作战师和陆军部队司令部等8个师级单位。海军2.55万人。编1个舰队司令部，5个分舰队，1个海军航空兵师。空军6.75万人。编9个战斗机联队，6个防空导弹联队，3个空中运输联队，2个通信团，1个雷达指挥团，6个供应团。预备役部队49.82万人。准军事部队2.465万人。其中，联邦边防警察2.41万人，海岸警卫队550人。德军武器装备技术水平较高，军事素质较好，具备较强的常规作战能力，能够在欧洲地区实施高强度作战行动。近年来，德国多次突破《基本法》的限制出兵海外，参加维和行动，意欲谋求在欧洲和国际安全事务中发挥更大的影响力。

冷战时期，欧洲是两极对抗的主战场，欧盟依附美国。冷战结束后，尽管欧盟国家对美国产生了离心力，美国的盟主地位受到冲击，但欧盟仍未摆脱对美国的依赖。事实上，美国通过签订北约"战略新构想"，拉北约参加科索沃战争等方式，在一定程度上加强了对欧盟的控制。与此同时，欧盟也在设法排除各国在政治、外交、防务等问题上的分歧,共同谋求使欧洲真正成为未来多极世界中强有力的一极,争取与美国平起平坐的地位。为此,欧盟各国采取一系列措施:不断扩大欧盟,使其成员国由过去的 15 国增至 27 国;全面加快欧洲一体化进程的步伐,并已于 1999 年正式启动了欧元,为形成一个统一的欧洲市场铺平了道路,不断增强欧盟的国际地位和竞争力,进一步促进世界经济格局向多极化方向发展,表现出与美国和日本角逐全球经济主导权的强烈愿望;逐步实行具有联合一致的外交和防务政策,"用同一个声音说话",加强自身防务建设,与美国争夺北约的领导权和军事指挥权。欧盟内部多边或双边防务组织不断出现,法、意、西、葡四国宣布组建"欧洲陆军"和"欧洲海军"两支联合部队;法、德军团已建立,并可能成为欧盟防卫力量的核心。由此可见,美国与欧盟之间的关系,正在由过去的盟主与盟友关系,逐步转变为平等的伙伴关系,未来的欧盟将可能成为影响力大大增强的一极。

(四)日本军事概况

日本是我国一衣带水的邻邦,位于亚洲东部太平洋西侧的岛国,陆地面积约37.7 万平方公里,由北海道、本州、四国、九州四大岛屿和约 3 900 个小岛组成,呈岛弧链状分布于俄罗斯远东南部、朝鲜半岛和中国东南沿海海区的正面,战略地位十分重要。二战中,日本是战败国,根据规定应永远不准重建军队,但美国为了其全球战略,提出了重新武装日本的计划。20 世纪 50 年代,日本设立了防卫厅和自卫队,日军重建工作正式完成。依托本国强大的经济实力,日军在"少而精"、"质重于量"的建军方针指导下,于 1987 年首次使防卫费超过国民生产总值 1%,成为军费开支大国。并相继提出了保卫日本 200—300 海里海域和 1 000 海里运输线的计划。按照远洋、近海、本土三线配置,强调海上歼敌。日本正在努力从经济大国向政治、军事大国迈进。近期正竭力当选安理会常任理事国,和我国有钓鱼岛等岛屿和东海大陆架纠纷。这一切已引起中国在内的亚洲国家的高度警惕。

1. 日本的军事力量

第二次世界大战结束后,日本在其《和平宪法》中明告世界:"日本国民谋求基于正义与秩序之国际和平,永远放弃作为国家主权发动的战争与武力威胁或使用武力,作为解决国际争端的手段。""不保持陆海空军及其他战争力量。不承认国家之交战权"。而从上世纪 50 年代至今,日本的军事力量正在增大,日本自卫队已成为世界上屈指可数的强大军力之一。

日本的武装力量由现役部队,在军事部门服务的文职人员和预备役部队组成。正规部队分为陆上自卫队、海上自卫队、航空自卫队。

现役部队:23.6315 万人。

陆上自卫队:14.678 万人。编成 5 个军区,11 个步兵师,1 个装甲师,1 个步兵旅,2 个混成旅,1 个空降旅,1 个炮兵旅,5 个工兵旅,8 个防空导弹群。目前,日本防卫省正在对陆上自卫队的编制编成、遂行任务和战略部署进行调整。计划到 2010 年前将现有陆上自卫队重新组建为9个师和6个旅,把它们划分为"政经中枢师"、"沿岸部署师旅"和"战略机动师旅"。

海上自卫队:4.3323万人。编1个联合舰队,下辖1个护卫舰队,1个航空集团,1个潜艇舰队。另有5个地方队。作战舰艇总吨位约22.6万吨,居世界第六位;主要水面舰艇总吨位18.4万吨,居世界第四位;扫雷能力居世界第一;反潜能力仅次于美国。

2000年左右,日本把4个"八·八"型舰队改编为十·九舰队(由10艘驱逐舰、9架舰载直升机构成)。日本还制定了一系列重点发展海上和航空自卫队的计划。根据计划,海上自卫队在2010年前再装备6艘"金刚"级"宙斯盾"导弹驱逐舰,使4 000吨以上的舰只达到40余艘。海上自卫队的"十·九"型舰队将向"十·十"型舰队(由10艘驱逐舰、10架舰载直升机构成)转变。

航空自卫队:4.4775万人。编1个航空总队,下辖3个航空方面队,1个航空混成团,6个防空导弹群,1个航空支援集团,1个航空教育集团,1个航空开发实验集团。

文职人员:2.1229万人。

预备役部队:4.5997万人。快速反应预备役4 889人;海上自卫队1 100人;航空自卫队800人。

2. 军事战略的调整

冷战时期,日本被绑在美国争夺全球霸权的战车上,实行冷战式军事战略——多边安全保障战略,依赖美国保护伞,充当对付苏联军事扩张的前沿阵地。冷战后,国际形势发生了很大变化,多极化趋势逐渐显露,日本对国家战略进行了调整,走向政治大国、军事大国的目标更加明确。为此,日本加快了军事战略调整的步伐,跨出了关键性的四大步。

第一步是1995年11月发表了新的《防卫计划大纲》,规划了2010年前日本军事力量的发展道路;第二步是1996年4月发表了《日美安全保障联合宣言》,从战略高度对日美同盟关系重新定位、定向;第三步是1997年9月23日日美又联合发表了《日美防卫合作指针》,从军事上界定了"矛头"所指的"范围和对象";第四步是1999年4月和5月日本国会众参两院分别通过了新《日美防卫合作指针》的三部相关法案:《自卫队法修正案》、《日美物资劳务相互提供协定修正案》及《周边事态法案》,为日美军事合作提供了法律依据,使日本得以彻底突破战后和平宪法的限制,以与美国军事合作为由,全方位发展军事力量和跨出国门进行军事行动,标志着日本已经开始实施其所谓的新战略。日本新时期的防卫政策具体体现在以下几个方面。

(1)强调当前国际形势中存在着许多"不明朗、不确定"因素。新大纲一方面承认冷战结束后日本周边地区已不存在针对日本的"特定威胁",声称日本"不作威胁他国的军事大国";另一方面强调"朝鲜半岛局势持续紧张",当前国际形势中存在着许多"不明朗、不确定"因素。新大纲在对国际形势的分析中特别强调,近邻地区"多数国家正在进行军事力量的扩充和现代化"。事实上,近年来日本已把防卫态势的重点从集中对付"来自北方的威胁"转为"来自西方的威胁"。因此,日本已经并正在对自卫队的部署态势进行调整,部分陆上自卫队部队将从北海道调往九州,海上自卫队也正在加强位于西部的佐世保、吴港基地的建设。海、空自卫队主要从九州到本州的日本以南海区活动,这反映了日本对潜在作战对象的判断上发生了变化。

(2)继续坚持日美安全保障体制,维护自身安全,为国家战略服务。新"大纲"着重强调了日美安全保障体制在新时期的作用,认为它对确保日本的安全和周边地区的和平与稳定至关重要,是日本新时期防卫政策的重要支柱。冷战后,美国的地位和作用虽然有所下降,但仍然是世界上最强大的军事大国,日本可以依赖美国的核威慑力量维护日本的安全,同时不断加强自身的防卫力量。坚持日美安全保障体制,已不仅仅是日本维护自身安全的需要,也是日本追求在亚太乃至全球发挥大国作用的需要。

(3)扩大"专守防卫"的内涵,调整战略防御重点,全面推行积极的外向型防卫政策。1970年,日本提出"专守防卫"战略,内涵是在自己所需最小范围内行使自卫力量,在遭敌人入侵之后"实施国土防卫"。而新"大纲"所声称坚持的"专守防卫"战略的内涵已发生了根本性变化。其核心已非抗御"入侵",而是遏制侵略于未然的积极性"军事遏制战略"。"专守防卫"实际上已名存实亡。冷战后,日本防卫当局对周边安全形势和所谓"威胁"的判断有较大改变,强调对付地区存在着的各种"不稳定因素"和多种多样的威胁,主要应对付朝、中、俄"多元威胁",并对其军事部署也作了相应的调整,变陆上"重点部署"为"均衡部署"。

(4)积极参与国际安全事务,扩大日本在国际军事领域里的影响。新"大纲"强调指出,自卫队要"为建立更稳定的安全保障环境作出贡献"。事实上,随着经济实力的增强,日本已不甘心成为"经济上的巨人,政治、军事上的侏儒"。日本政府近年来突破和平宪法的限制,竭力通过了向海外派兵的相关法律。而通过让自卫队参与国际维和行动,在国际军事领域"为国际社会做贡献",可以扩大日本在国际上的影响,从而为其防卫力量的发展寻找合理的借口。所有这一切,使日本将来推行军事干预政策成为可能,同时为其树立军事大国地位并最终实现其争当政治大国的国家战略目标提供了必要保证。

(5)建设高质量的防卫力量,推行应急预备役体制确保稳固的国防。根据新《防卫计划大纲》提出的要求,日本将建设一支"合理、高效、精干"的部队。为此,近几年日本采取的主要措施是:第一,投入巨额军费,突出发展重点。近几年,日本军费开支高居世界第二位,仅次于美国,1998年军费开支为319亿美元,1999年达419亿美元,2000年更高达484亿美元。并且自卫队的武器装备将以提高防空和确保海上安全能力为重点进行更新换代。第二,改革编制体制,裁减兵员,合理部署,以适应未来战争需要;第三,大力发展高技术武器装备;第四,加入导弹防御系统(TMD)合作,提高战略遏制能力;第五,强化预备役制度,组建应急预备役部队。由此可见,日本在财政紧张,政府预算缩减的情况下,仍维持如此高水平的防卫预算,表明了他将继续奉行加强防卫力量的决心。

3. 日本防务战略的未来发展

(1) 谋求突破"和平宪法"。冷战结束后,随着日本"政治大国化"进程的加快,日本社会各界对自卫队的认同感及关注程度明显提高。日本民意的这一变化为日本修改"和平宪法"提供了社会基础。2005 年 11 月 22 日,执政的自民党通过了新宪法草案,其中最引人关注的便是针对第 9 条的修改。根据该草案,现行宪法第 9 条中"不保持陆海空军及其他战争力量"之条文改为"为确保我国的和平与独立以及国家和国民的安全,保持以内阁总理大臣为最高指挥权力者的自卫军"。同时草案还进一步规定,自卫队"为确保国际社会的和平与安全,可实施国家协调活动以及在紧急状态下维持公共秩序或旨在保护国民生命与自由的活动"。这其中的含义非同小可。

(2) 继续谋求提高军事实力。日本安全战略先后进行了几次重大调整,到世纪之交,其面向 21 世纪的安全战略基本确立。日本安全战略的实质是在确保本国安全的情况下,加速实现其军事强国、政治大国的战略目标。为实现此目标,日本将继续谋求提高军事实力。一方面加大防卫投入,提升作战能力。日本自卫队的武器装备将继续走向高精尖。另一方面,继续进行体制编制调整,重点确立联合作战指挥体制。为了建设"外向型"军事力量的需要,近年来日本对其军事组织进行了一定幅度的改革,其中包括调整领率机关,使之更加适应联合作战的需要。2007 年 1 月 9 日,日本防卫厅正式升格为"省"。防卫厅已从原先所属的内阁府独立出来,成为与外务省、经产省等平级的机构。

(3) 防卫战略由"专守防卫"转向"主动防卫"。目前,日本防卫战略已发展为具有全球性、进攻性、联盟性和灵活性的战略。随着国际战略形势的变化及科学技术的发展,日本将改变其"专守防卫"战略,转向"主动防卫"战略,并为其谋求政治大国和军事强国提供有力保障。在强化日美同盟、推进质量建军的同时,日本的防卫态势和军事部署也在发生变化。自 2003 年 12 月日本根据《伊拉克重建职员特别措施法》向伊拉克派出第一支部队以来,日本政府已连续两次延长了驻伊自卫队的派遣期限。

2003 年底,日本政府决定计划耗资 46.2 亿美元,分两个阶段从美国引进一套导弹防御系统,以保护日本免受来自朝鲜的弹道导弹威胁。整个系统将从 2007 年开始部分运作,到 2011—2012 年全部部署完成。日本建立战区导弹防御系统是日本在发展防卫力量方面的重点举措,它对日本的防卫政策和亚太地区安全必将产生重大影响。

(五) 印度军事概况

印度奉行以发展高科技,提高综合国力为核心的国家战略。其战略目标是巩固在南亚、印度洋的支配地位,争当地区超级大国、军事强国,力争在21世纪跃入"世界一等强国"之列。印度的国防战略、军事战略是其国家战略的重要组成部分,是为实现其国家战略目标服务的,在作战对象上,当前以巴基斯坦为主要敌手。印度长期以来推行扩张政策,继续侵占和扩大蚕食我国西藏等边界地区领土。在作战指导上主张"攻势作战",有的军方领导人和军事专家曾提出,要拥有在必要时"超越国界"、"保卫南亚地区的安全"的进攻能力,才能从根本上保证印度的安全。在中印边界问题上始终坚持"麦线观点",并总结经验教训,整训部队,改善装备,建立了诸多适用于中印边界高山严寒条件下作战的部队。

印度的武装力量由现役正规部队、准军事部队和后备力量组成。现役部队设陆、海、空三个军种。三军平时无统一的作战指挥机构,由内阁总理通过内阁秘书处协同国防部对三军实行统一指挥;战时通常授权主要军种参谋长实施统一指挥。据印度官方和伦敦国际战略研究所公布资料,现役部队114.5万人。其中,陆军92万人,海军5.5万人,空军17万人。此外,印度还拥有70万人的准军事部队和280万人的后备力量。

印度于1974年爆炸了第一枚地下核装置,推行所谓"最后一根导线"的核战略,以"核武备"保持对敌国的"核对称威慑",战时准备"随时作出核选择"。此后,印度一直在发展核技术,坚持保留核选择权,拒绝签署《不扩散核武器条约》和《全面禁止核试验条约》。1998年5月印度进行了第二轮核试验。在这次试验中,印度试爆了低能量装置和热核装置,向着研制威力更大的氢弹和"核反应强化型炸弹"的方向迈进一大步。印度现有15个核反应堆,1995年已拥有350—450千克钚。国外估计,印度已拥有75—90枚核弹。印度拥有射程250千米的"普里特维"导弹和射程达2 500千米的"烈火Ⅱ"型导弹,并在加紧研制洲际弹道导弹。1999年8月17日,《印度核构想草案》出台,标志着印度开始实行"正式核战略"政策。为了增强核威慑能力,印度正在逐步建立以陆基核打击力量为主体,以空中和海上核打击力量为辅的"三位一体"核打击体系和核防御体系。

冷战结束后,作为南亚和印度洋地区的主要大国,印度重新审视了其安全环境,提出了新时期的防务政策。

1. 推行务实、全方位的外交防务合作

随着冷战的结束,南亚战略格局发生了变化,印度失去了"印苏联盟"对抗"美巴同盟"的防务支撑点。为此,印度适时调整对外政策,确立了一些新的防务平衡点。一是同邻国签署了一些旨在减少冲突、降低军事对抗程度的协议,以图稳定周边环境。二是恢复"印俄"防务合作,并发展与中、西亚国家的关系。如:1993年1月印、俄双方签订了为期20年的《俄印友好合作条约》和《防务合作协定》;1997年,印俄重建"战略伙伴关系",并与以色列、南非建立"战略伙伴关系",开展军事技术合作。三是发展了与美国的政治、经济关系,并开始军事领域的交流。四是与周边的东盟国家在安全与防务问题上加强联系。如同新加坡、马来西亚、印尼、泰国、越南、韩国等进行联合军事演习,与越南、马来西亚签署了防务合作协定等。印度这种"连东拉西、稳北定南"的全方位防务外交,在一定程度上改善了印度的安全战略态势。

2. 贯彻"地区性有限威慑"的军事战略

印度在军事上始终把防务重点放在西部和北部边界,把控制印度洋作为未来的重点。"地区性有限威慑"军事战略的基本方针是:"西攻、北防、南下、东进"。"西攻"指的是对巴基斯坦采取积极进攻战略,以优势兵力始终对巴保持进攻态势,即准备与巴基斯坦打一场全面战争,并有能力彻底摧毁巴。"北防"指的是对北部的中国采取"进攻性防御"态势,在中印边境建立大纵深、立体化的防御体系,保持局部地区兵力优势,达到遏制中国之目的。"南下"指的是加强对印度洋的控制力度,最大限度地控制印度洋水域,提出了诸如"印度洋是印度人的海洋"等观点。"东进"指的是将其海军的影响和兵力活动的空间扩大和前伸到东南亚地区甚至南中国海。印度现推出的"新海军战略构想"的核心内容:即从阿拉伯海北面到南中国海,都是印度的利益范围。

3. 走自力更生发展武器装备的道路

印军自20世纪90年代初开始,采取"引进、仿制、改造和自研相结合",努力加快武器装备的现代化进程。在武器引进方面,印将着眼点放在采购世界第一流武器装备上,重点购买高技术武器装备。同时印度还通过引进生产技术,按许可证进行仿制生产,并以此带动和促进本国的国防科研和生产能力。如1996年,印度与俄罗斯签订了采购40架俄制"苏-30MK"战斗机的合同,同时引进了该机的生产线,准备在2001年后仿造200架。在武器改造方面,印军将注重应用从外购、仿制中获取的成熟技术对现役装备进行改造,提高其技术性能,延长其服役寿命。在武器研制方面,印度将提高自研能力作为最终目标,以从根本上摆脱对外国的依赖。自1996年起,印开始实施"国防研究与发展10年自信计划",加快国产新型武器装备的研制工作。计划到2005年,将装备自产率由目前的30%提高到70%。

4. 争取21世纪初成为世界军事大国

随着近些年印度综合国力的增强,自20世纪80年代以来,印度把"立足南亚,面向印度洋,争取在21世纪初成为世界军事强国"作为国防发展的新战略,其军事实力大大增强。在军队建设方面,印度采取稳定数量、提高质量的建军原则。军队人数居世界第四位,为南亚其他国家兵力总和的近两倍,处于绝对优势。印度军队建设的发展趋势是:提高陆军的火力和机动能力,增强空军的纵深打击能力,发展海军的远洋作战能力。在作战指导思想上,强调攻势作战和夺取制空权的作战思想。印度在加强陆、海、空三军常规军事力量建设的同时,正在加快空间技术的发展,加紧研制中远程运载工具,已成为世界上第七个拥有中程弹道导弹的国家。在核力量的建设方面印度也是不遗余力,坚持走核武器化道路,加快了核武器化进程。近几年,印度每年都保持着高额军费,军费预算占财政支出的比例达14%以上。1999—2000年度军费开支达107亿美元,2000—2001年度国防预算为136.2亿美元,比上年增加了28.2%,是有史以来增加最多的一年。所有这一切,预示着印度正迅速向世界军事大国迈进。

第三节
我国周边安全环境

国家周边安全环境,是指在一定的时期内对国家安全产生影响的客观条件和因素。在这些条件和因素中,战略格局、外交关系、经济发展、政治形势、军事态势等都是多变的动态因素,它们的变化无疑对国家安全环境的变化起到重要作用。而其中地缘环境则是比较稳定少变的因素,对国家安全环境具有持久的影响。为了正确把握中国周边安全环境的复杂性,有必要首先了解中国地缘环境的特殊性。

一、地缘环境的特点

国家的地缘环境是指影响国家安全的地理位置、地理特征以及与地理密切相关的国家关系等因素。中国的地缘环境是很特殊的。从古至今,这种特殊的地缘环境无时不在影响着中国的安全形势、安全观念、防务政策和军事战略。

(一) 疆域辽阔,边界线漫长,周边国家多

1. 中国是一个疆域辽阔,陆海兼备的濒海大国

中国地处欧亚大陆的东南部,太平洋西岸,人口众多,幅员辽阔,陆地面积达到960万平方公里,居世界第三位。同时还拥有300万平方公里的蓝色海洋国土,有便利的海上通道和丰富的海洋资源。作为一个陆海兼备的濒海大国,本应既重视陆地又重视海洋,形成陆海并重的安全观念和国防政策。但是,由于其特殊的地理、历史、社会等情况,使中国在长期的历史发展过程中形成了重陆轻海的观念。在历史上,对历代中央王朝的主要威胁来自陆地。直至近代西方列强的坚船利炮从海上大举入侵,才迫使中国开始重视对海上的防御。目前,完成祖国的完全统一,保卫祖国海洋国土和海洋权益的任务十分艰巨和繁重,海军力量需要大大加强。而彻底改变国民重陆轻海的观念是有效维护国家海洋权益,保卫国家安全和未来发展的重要前提。

2. 中国拥有漫长的陆地边界和海岸线

特殊的地理位置和辽阔的国土决定了中国的边界线是相当漫长的。其中,陆地边界线长22 800多公里;同时,作为一个濒海大国,北起鸭绿江口,南到北仑河口,大陆海岸线长达18 000多公里。另外,我国沿海还有7 600多个岛屿(面积共计8万多

平方公里)，这些岛屿形成的海岸线有 14 000 多公里。漫长的海岸线，星罗棋布的岛屿，使我国拥有几十万平方公里的领海主权，300 万平方公里的大陆架及专属经济区。

3. 中国是周边相邻国家最多的国家之一，它们对中国安全有不同的影响

所谓周边国家，是指与我国有领土接壤或领海临界的国家。中国与周边国家之间政治、经济、军事、外交、宗教、地缘等诸多方面的关系，便构成了周边关系。周边安全环境是紧张还是缓和，周边关系是友好还是敌对，由多种因素决定，但其中极其重要的一点，就是周边边情。要创造一个长期稳定的周边安全环境和睦邻友好的周边关系，就有必要了解中国周边邻国及其对我国安全的影响。现在，在陆上与中国接壤的国家有 14 个，按地理位置排列，依次是：朝鲜、俄罗斯、蒙古、哈萨克斯坦、吉尔吉斯斯坦、塔吉克斯坦、阿富汗、巴基斯坦、印度、尼泊尔、不丹、缅甸、老挝、越南。在海上与中国相邻的国家除朝鲜和越南外，还有韩国、日本、菲律宾、马来西亚、文莱、印度尼西亚、新加坡等 7 个国家。中国有如此众多的邻国，陆海周边国家总数达到 21 个之多，在世界上居第二位，仅次于俄罗斯。俄罗斯的邻国虽然比中国多，但其陆地面积比中国大近一倍。说中国是周边国家数量"最多"之一，是与其他大国的周边国家相比较而言的。如美国只有 2 个陆上邻国，加拿大只有一个邻国，德国有 10 个周边国家。

众多邻国对中国安全的影响是复杂的。在这些国家中，有的过去曾经对中国进行过侵略，并且目前仍然是经济大国或军事大国，有着雄厚的综合国力和军事实力，具有对中国安全造成重大影响的能力。有的邻国之间结怨颇深，严重对立，剑拔弩张，一旦它们之间爆发战争或武装冲突，必将影响中国边境安全。有的国家内部不稳定因素很多，一旦发生大的内乱，必将对中国边境造成很大的压力。有的国家的居民与中国边境地区的居民属于同一民族，一方面这有利于与邻国开展友好往来，改善国家关系；另一方面一旦这些邻国国内的狭隘民族主义泛起，可能会引起中国国内的民族纠纷。有的国家的居民与中国某些地区的居民信奉同一宗教，一旦这些国家内的宗教派别斗争加剧或者某些极端教派掌权，就可能增加中国国内相关地区的不稳定因素。还有一些国家与中国之间存在着历史遗留下来的边界领土争议和海洋国土划界的争议，存在着可能引发边界事件甚至武装冲突的隐患。

(二) 战略地位重要，为众多大国利益交汇点

我国周边是仅次于欧洲的重要战略地区，根据英国人麦金德的陆权理论，美国地缘政治家斯派克曼的"边缘地区"概念，我国处于欧亚大陆边缘地区，控制了这些边缘地区，就控制了欧亚大陆，也就控制了世界。为此，边缘战略学派以这里为夺取心脏地带的战略依托。按照地缘政治的理论，中国位于世界两大地缘战略区的交接处，既受其他大国关系的影响，又影响其他大国关系。目前，世界可划分为两大地缘战略区，即海洋地缘战略区和欧亚大陆地缘战略区。美国属于海洋地缘战略区，而

且是世界超级海洋强国,具有全球性影响。而世界上其他强国大都集中在欧亚大陆地缘战略区,俄罗斯则位于该战略区的心脏地带。中国属于欧亚大陆地缘战略区,背靠欧亚大陆,面向浩瀚的太平洋,处于两大战略区的交接处,是连接东北亚、东南亚、南亚和中亚的核心枢纽,历史上曾遭受两大战略区强国的侵略和压迫,现在则成为能够对两大战略区产生重要影响和作用的国家。

冷战时期,美国企图通过控制欧亚大陆边缘地带,构成对苏联的遏制包围圈,把苏联困死在欧亚大陆中心;而苏联也企图控制大陆边缘地带,然后千方百计向海洋地缘战略区扩展自己的势力。所有处在边缘区的国家都不能摆脱美苏两个超级大国争霸的影响,中国也不例外。那时,如何处理与两个超级大国的关系是中国国家安全政策的中心问题。中国根据形势的变化和自身安全的需要,多次调整安全政策,与美苏形成了著名的"大三角关系"。冷战后,美国成为世界上唯一的超级大国;处于大陆心脏区的俄罗斯虽然暂时力量衰弱,但它仍然是世界第二军事强国;与中国同处在欧亚大陆东部边缘的日本,经济实力居世界第二位,近年来军费开支节节攀升,已居亚洲第一位、世界第二位,并且正在向政治大国迈进。中国处于这些大国交接处,如何处理好与美、俄、日三大国的关系,不仅关系到中国自身的安全,而且关系到东亚、亚太地区乃至世界的安全与稳定。

二、周边安全环境的现状

中国的安全环境存在着两重性:一方面,一个相对和平稳定的安全环境不断得到巩固和发展,另一方面,中国又面临着一些不安全因素和潜在的威胁与挑战,周边情况较为复杂,战争危机依然存在。

(一) 总体相对稳定,军事形势由紧趋缓

缓和与稳定是我国当前周边安全环境的主流。目前,中国正处于几个世纪以来较佳的战略形势中,第一次解除了同周围所有大国的直接军事对抗,与世界上所有大国建立起了建设性关系,基本消除了来自各个方向的直接军事威胁,中国确立起了"稳定周边、立足亚太、面向世界"的战略。

随着两极格局的解体,世界正在逐步走向多极化,将出现多个力量中心,现在初露端倪的至少有美、欧、日、俄、中等5个。就像冷战时期与美苏两个超级大国的关系对中国的安全环境有很大的影响一样,今后中国的安全环境将在很大程度上受制于同其他力量中心的关系。目前,中国与这些力量中心的关系发展总的来说是在加强。中美关系经历了一些曲折的发展过程后,重新走向健康的方向。两国领导人的多次互访,减少了误解,增加了信任,"9·11"事件后,双方在反恐、防止大规模杀伤性武器的扩散等方面的合作进一步加强。中国与俄罗斯保持着良好的国家关系,两国之间先后签订了一系列协定和联合声明,双方确立了"平等信任、面向21世纪的

战略协作伙伴关系"。中日建交后,两国关系基本平稳发展。1998年11月,江泽民主席正式访问日本期间,双方发表联合宣言,宣布"建立致力于和平与发展的友好合作伙伴关系"。中国与欧盟各国也保持着良好的关系。欧盟决定把与中国的关系提高到与美、俄、日等大国同等重要的地位。中国与欧盟领导人在伦敦亚欧首脑会议期间成功地举行了首次会晤,并就建立中—欧年度会晤机制和中—欧长期稳定的建设性伙伴关系达成共识。

由于中国周边地区战略地位重要,第二次世界大战结束后,这些地区局部战火从未熄灭过:朝鲜战争、越南战争、柬埔寨战争、苏联入侵阿富汗战争、中印冲突、中越冲突、中苏边境事件等等。随着冷战的结束,两个超级大国的对抗已不复存在,军事形势逐步由紧趋缓,有利于我国全力加快经济发展。中国和周边国家绝大多数属于发展中国家。历史上都曾遭受殖民主义、帝国主义的侵略和奴役,有着共同的苦难史。因此,在和平共处五项原则的基础上,解决彼此间、相互间的各种争端,发展睦邻友好关系,维护本地区的和平与稳定,抓住机遇发展自身,已成为中国和周边国家的共识及相互关系的基本特征。

(二) 情况复杂,战争危机依然存在

1. 美国等大国遏制中国的暗流仍在涌动

在各大国与中国关系向前发展的同时,以美国为首的西方世界仍然有一股遏制中国的逆流在涌动。这股反华势力顽固地坚持冷战思维,把中国看成是继苏联之后的新的敌人。他们对中国综合国力的增长感到十分恐惧,竭力鼓吹"中国威胁论",主张西方世界联合起来遏制中国。特别是美国政府,出于其全球战略的考虑,其对华政策存在着明显的两面性。美国在对中国实行"接触"政策的同时,又继续对中国保持经济制裁,在技术转让上限制中国;经常在人权、西藏、军贸、知识产权等问题上攻击中国,制造麻烦;继续坚持向台湾地区出售先进武器,实质性地提升与台湾的关系,干涉中国内政,阻挠或破坏中国的统一大业。在当前新旧格局交替演变过程之中,美国充分利用其政治、经济、军事、科技等方面的优势,企图完成独霸全球的战略部署。为此,美国以世界宪兵自居,在世界各地有大量的军事基地和"前沿存在",因此只要中国遭到军事威胁,无论规模多大,都将有美国的因素。

2. 中国周边热点地区不少,存在爆发危机的可能

在中国周边地区的热点问题中,对周边安全影响较大的是朝鲜半岛问题和印巴之间的对立。朝鲜半岛问题的根源在于南北方的分裂局面,表现为朝鲜与韩国的对立及朝鲜与美国的对立。朝鲜半岛是美、俄、中、日利益的交汇点,各大国都不希望半岛出现危机。朝鲜半岛形势发生突变的可能性不能排除。南北方的和谈举步维艰,双方立场相去甚远;朝鲜半岛是中国各周边地区军事力量最为密集的地区,而且南北方军事部署近在咫尺,并时有小规模冲突发生,军事对峙的僵局很难打破。中国坚持促进半岛的稳定,同时发展与朝鲜和韩国的友好关系,并向朝提供力所能及

的援助。2005 年经过第四、第五轮六方会谈,朝核危机有了新的转机,但不稳定因素仍然存在。2006 年 10 月 9 日上午,朝鲜成功进行了首次核试验,全世界为之震惊,这使朝核危机再次升级。朝鲜半岛局势稳定与否,对我国东部的安全影响很大。

对中国安全影响较大的另一热点是印度与巴基斯坦的对立。由于历史原因,两国一独立,便存在民族怨恨、宗教纠纷、领土争端,短时间内无法得到解决。两国独立至今,彼此间发生过 3 次大规模战争,现双方仍陈重兵于边境,严重对峙。查谟—克什米尔地区是印巴互相斗争的焦点。如果两国再次爆发战争,必然会给中国边界安全造成较大威胁。同时,印巴之间的核军备竞赛有越演越烈之势,对中国的安全环境产生了不利的影响。

3. 中国与周边邻国陆海疆域争执一波三折

中国与其邻国的边界争议及关于海洋权益的争议情况复杂,解决起来难度很大,这些争议始终是可能威胁中国边境和领海安全的不稳定因素。中国与印度之间陆地边界的争议领土是世界上国家间面积最大的陆地争议地区。虽然近年来中印关系有所缓和,双方同意保持实际控制线地区的和平与安宁,但尚未在边界问题上进入具体的实质性谈判。中俄边界争端是历史遗留下来的问题,近年来,中俄边界东段已基本划定。2005 年 6 月 2 日,中国和俄罗斯在符拉迪沃斯托克互换《中华人民共和国和俄罗斯联邦关于中俄国界东段的补充协定》批准书,这标志着两国彻底解决了所有历史遗留的边界问题,标志着 4 300 多公里的中俄边界线走向全部确定,同时也标志着我与原苏联 7 600 公里的边界全部划定。有关海洋权益的争议更为复杂。中国与朝鲜、韩国之间关于黄海、东海大陆架划分,与日本之间关于东海大陆架划分和钓鱼岛归属,都存在着争议。特别是近年来,日本政府不顾中国人民的强烈反对,强行将钓鱼岛国有化,日本政府领导人悍然参拜供奉第二次世界大战甲级战犯的"靖国神社",并肆意炒作"中国威胁论",借机扩充军备,不断挑衅,应引起中国人民的高度警惕。中国的南海处于岛屿被侵占、海域被分割、资源被掠夺的严重局面。以上争议都不是在短期内能够解决的。

4. "台独"已成最大内患

台湾问题是中国的内政,这是中国政府的一贯主张。台湾问题的形成与发展虽然有极其复杂的国际背景和外部势力的干预,但它本质上是中国的内政问题,是中国国内战争的继续。解决台湾问题,完成祖国统一大业是我国在新世纪的三大任务之一。台湾与中国内地的完全统一,不仅事关中国国家主权与领土完整,事关民族尊严,事关中国在政治上的完全独立,而且事关中华民族的生存与发展,事关中华民族在新世纪的伟大复兴。

台湾地处我国东南沿海,居我国沿海岛屿中枢,扼西太平洋海上航道要冲,历来有我国"东南之锁钥"、"腹地七省之藩篱"之称。它是东海至南海、东北亚至东南亚、太平洋西部至中东及欧亚诸海上航线的必经之地,是我国跨越西太平洋第一岛链走向太平洋的战略门户,是我国的战略要地和海防屏障。如果台湾从我国版图分裂出去,不仅我海上固有的战略防御纵深顿失,海上门户洞开,而且大片海洋国土、海洋资源将流入他人之手,我对外开放和经济发展命脉所系的对外贸易线、对外交通线将全程处于分裂势力与外部敌对势力的监控与威胁之下,我国将永远被封闭在西太平洋第一岛链以西,成为一个半封闭型的内陆国家。这不仅将严重威胁国家的安全,也窒息和扼杀了中华民族复兴不可或缺的战略空间。

虽然近期以来,台海局势有所缓和,但台湾的分裂势力仍图谋将台湾从祖国分裂出去,台湾的分离倾向已成为中国安全的最大内患、中华民族伟大复兴的最大内患。

5. 中国的边疆地区仍不太平

中国是个多民族的国家,56 个民族创造了灿烂的中华文明。新中国成立后,由于政府制定和执行了正确的民族政策和正确的民族区域自治制度,少数民族的平等权利和民族自治地方的自治权利得到充分保障,边疆和少数民族地区的经济得到了迅速的发展,人民生活得到很大改善,各民族团结的局面得到进一步巩固,但部分地区民族分裂主义相当猖獗。突出表现在西藏和新疆两个地区。达赖集团在国外建立流亡政府,成为外国反华势力"分化"中国的工具,是西藏民族分裂主义的根源。达赖在国外到处游说,与国外反华势力勾结,就所谓"人权问题"和"西藏问题"攻击中国政府,妄图最终实现西藏"独立"。他打着宗教的幌子,千方百计向国内渗透,拉拢和迷惑信教群众,煽动民族分裂主义分子制造事端。甚至公然在光天化日之下进行打砸抢烧暴力犯罪活动,令人触目惊心!新疆的民族分裂分子自 20 世纪 50 年代逃到国外以后,一直没有停止分裂祖国的活动,企图建立所谓的"东突厥斯坦"国家。新疆境内的一小撮民族分裂主义分子与之遥相呼应,成立分裂主义组织,煽动群众闹事,搞颠覆破坏,甚至搞暗杀、爆炸等活动,"疆独"组织已活脱脱地演变成一个恐怖主义组织,对新疆人民的正常生活秩序构成严重威胁。自 1990 年至今,"东突"恐怖势力在中国境内制造了 260 余起恐怖事件,造成 170 余人丧生、440 余人受伤。多年来,以本·拉登和塔利班为代表的国际恐怖势力对"东突"恐怖组织提供了大量支持。先后有 1 000 余名"东突"恐怖分子在"基地"组织和塔利班营地接受过武装培训,其中部分"东突"恐怖分子还直接参加了"基地"组织,并先后在中亚地区制造了多起恐怖事件。事实证明,"东突"是国际恐怖势力的一部分,不仅对中国的安全与稳定构成威胁,也是危及国际社会和平与安全的公害。

6. 影响中国周边安全的其他因素

(1) 社会制度,意识形态存在巨大差异。从社会制度上看,我国周边国家有坚持资本主义制度的,有坚持社会主义制度的,也有坚持封建制度的;从意识形态上看,有的国家占主导地位的意识形态是马克思主义,有的是西方的价值观、人权观,有的是民族主义的价值观等。

(2) 宗教,文化差异。宗教观上有基督教、东正教、伊斯兰教、印度教、佛教、道教等等;从文化上看,有东方文明,有欧洲文明,有日本文明,有印度文明等。当前宗教极端主义、民族分裂主义和国际恐怖主义3股势力的破坏已构成对我国社会稳定和民族团结的严重威胁。

（3）经济发展水平不一。从发展程度上看,有仅次于美国的世界第二经济大国日本,有新兴工业国家和地区,像亚洲"四小龙"、东南亚的"小虎"等,有迅速发展的最大和较大的发展中国家,也有多次被联合国列为最不发达的国家,如阿富汗、尼泊尔、不丹、蒙古、缅甸等。

综上所述,从周边总的形势分析可以看出:一方面,由周边边情的特殊、复杂、差异性所决定,我国的周边安全环境面临着多元性、综合性新挑战,即由过去单一的军事性威胁向综合性挑战转变,周边地区不确定因素、不稳定因素增多。对此,我们务必保持高度警惕。另一方面,我们又必须恰当地分析、估计周边安全形势,既不过分夸大威胁性、危险性,也不能自欺欺人。应当说,在21世纪初叶,即在2010年前后,周边国家针对我国的大规模侵略战争爆发的可能性较小,但中小规模战争或武装冲突的可能性始终存在。为此,我们务必在正确认识周边边情的基础上,有针对性地提前或加紧做好各方面的应对准备,掌握主动权,使之在未来的各种形势下始终立于不败之地。

复习思考题:

1. 战略和战略环境的基本含义是什么?
2. 当前世界军事格局的主要特点与发展趋势如何?
3. 美国新世纪军事战略调整的主要内容是什么?
4. 如何理解我国周边安全环境的两重性?

第五章

军 事 高 技 术

20世纪是科学技术飞速发展的世纪，也是科技成果应用于军事领域数量最多、速度最快的世纪，是革新战争手段和改变战争面貌极其激烈而深刻的世纪。尤其是20世纪60年代之后，以高新技术为先导和制高点的科学技术的发展，不仅对整个科学技术的进步和社会经济的发展产生深远的影响，而且高新技术与军事两大领域相互渗透、相互影响、有机结合、融为一体的结果，还引发了一场前所未有的新军事革命。这种结合带来了现代武器装备质的飞跃，促进了战争形态和军事实践的跃进式变革以及战争理论的蓬勃发展。诸如导弹战、信息战、电子战等崭新的战争样式走上了历史舞台。综观海湾战争以来的历次局部战争，人们清楚地看到，高技术武器装备无比优越的作战性能；使用高技术武器装备对战争的进程以及胜负所产生的巨大作用。因此，不难得出以下结论：现代战争实际上就是高技术战争；能否打赢高技术局部战争关系到国家的存亡和人民的安危；是否拥有军事高技术已经成为一个国家综合国力的重要标志和国家安全的关键组成部分。为此，我们要大力加强新时期的国防建设，创造条件尽快实现军队现代化和国防现代化。这就要认真学习并掌握高新技术知识，了解世界高新技术的发展动态及其在军事上的运用，提高我国的科学技术水平，尤其是要努力占领新世纪的军事科学技术的制高点。只有这样，才能不断提高我国高技术条件下的防卫作战能力，确保打赢未来高技术条件下的局部战争。

本章将重点介绍精确制导技术、航天技术、电子对抗技术、激光技术、夜视技术、隐身与伪装技术和指挥自动化技术等有关知识。

精确制导技术

精确制导技术是指按照一定规律控制武器的飞行方向、姿态、高度和速度,引导武器系统的战斗部准确攻击目标的军用技术。精确制导技术是以微电子、电子计算机和光电转换技术为核心,以自动控制技术为基础发展起来的高新技术。精确制导技术的应用主要体现在精确制导武器系统中,精确制导武器已成为当今高技术局部战争中的主战武器,对现代战争产生了巨大影响,是现代战争的标志之一。

精确制导武器是指采用精确制导技术,直接命中概率大于 50% 的武器。直接命中是指武器的圆公算误差(CEP)小于弹头的杀伤半径。CEP 是英文 CIRCULAR ERROR PROBABLE 的缩写,意即以平均弹着点为圆心,包含 50% 弹着点的圆的半径。

一、精确制导技术的分类

制导系统是精确制导武器的关键组成部分,是精确制导技术的载体。制导系统是导引系统和控制系统的总称。在各类制导系统中,控制系统的基本原理大同小异,而导引系统的工作原理则差别较大。按照导引系统工作原理的不同,精确制导技术可分为自主制导、寻的制导、遥控制导。复合制导是它们的组合形式。

(一) 自主制导

自主制导是导引指令由弹上制导系统按照预先拟定的飞行方案控制导弹飞向目标的制导。

自主制导的特点是导引信号由导弹本身的制导系统产生,制导过程完全在导弹内自主完成,故不需要任何弹外设备的配合。导弹和目标、指挥站不发生任何关系,因而隐蔽性好、抗干扰能力强。由于在发射前就将目标的特征数据与规划的弹道存放在弹上的计算机内,导弹在飞行过程中以此为基准,也就存在导弹一经发射,飞行弹道就不能再改变的弊端。所以只适于攻击固定目标或运动轨迹已知的活动目标。

自主制导包括惯性制导、天文制导、景象匹配制导、程序制导和卫星制导等。

1. 惯性制导

惯性制导是利用惯性测量设备测量导弹的运动参数,获得导引信息,控制导弹飞向目标的制导。

惯性制导必须事先根据发射点和目标的位置,计算出一条标准弹道数据,并存入弹上计算机。发射后,导弹自行按照预定的弹道控制射程和方向,直至准确命中目标。惯性制导仅靠弹上设备独立工作,不易受干扰,不受距离限制,可全天候工作,同时发射的导弹数量不受限制。缺点是存在积累误差,故常与其他制导方式组成复合制导,对惯性制导进行校准,提高导引精度。

2. 景象匹配制导

景象匹配制导是指通过遥感特征图像把导弹自动引向目标的制导。

景象匹配制导是事先把测得的目标地形或地貌特征(见图5-1),即基准图的信息贮存在弹上计算机中。导弹在飞行过程中,弹上的图像遥感装置在预定空域内摄取实际地表特征图像(即实时图),在相关器内将实时图与基准图进行比较。如果实时图与基准图一致,就叫"匹配",表示导弹是按预定弹道飞行;如果实时图与基准图不一致,就说明不"匹配",表示导弹的飞行方向有偏差。这时,弹上计算机便会自动算出偏差的大小,导引系统发出修正指令,控制系统改变发动机的矢量,或改变弹翼、尾翼的方向,控制导弹飞回正确弹道。这样,导弹就能准确地飞向预定的目标。

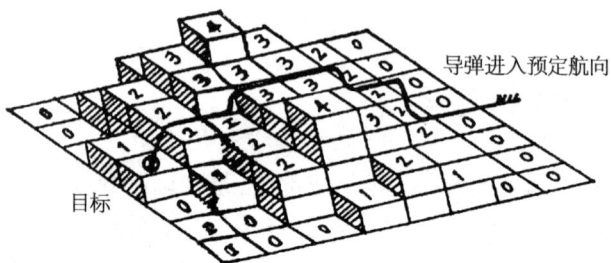

图 5-1

3. 卫星定位系统制导

卫星定位系统制导是通过全球卫星定位系统来实现制导的技术。它的工作原理是利用导弹上安装的导航接收机接收 3~4 颗导航定位卫星播发的信号来测出导弹的实际飞行弹道,与拟定飞行弹道比较,发现并修正偏差,提高制导精度。目前,只有美、俄拥有独立的全球卫星导航能力。美国的"导航星"全球定位系统(GPS)是世界上广泛应用的现役卫星导航定位系统。它的空间位置定位精度为 10 米,测速精度小于 0.1 米/秒,计时精度可达 0.1 微秒。俄罗斯有"全球导航卫星系统"(GLONASS)。

卫星定位系统制导,可在恶劣气象条件与干扰环境下精确地进行制导,并可保证武器在没有任何图像信息的情况下准确击中目标。

(二) 寻的制导

寻的制导是导弹自己寻找、跟踪并击毁目标的制导。它是通过弹上的寻的设备接收目标辐射或反射的能量,如电磁波、红外线、激光、声波等,然后通过这些信息确定目标的位置和速度,自动跟踪目标,直到最后命中目标。

寻的制导的主要特点是导引精度不受导弹飞行距离的影响,但制导距离较近,且易受敌方干扰。常用于短程导弹的制导及中远程导弹的末制导,适合打击高机动的运动目标。

寻的制导按接收的能量来源不同分为主动寻的制导、半主动寻的制导和被动寻的制导三种基本类型。

1. 主动寻的制导

主动寻的制导是利用弹上装置向目标发射某种能量,并接收目标反射回来的这种能量,形成导引信号,控制导弹飞向目标的制导(见图5-2)。

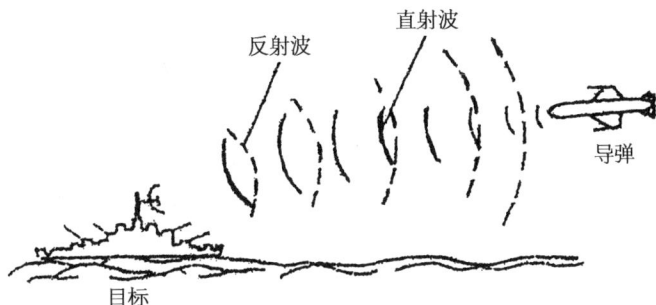

图 5-2

主动寻的制导的导弹,在锁定目标之后便自动地、完全独立地去攻击目标,具有载机"发射后不用管"的优点,能从任何角度攻击目标,命中精度高。但制导作用距离受到弹上发射机功率的限制,弹上装置复杂。

2. 半主动寻的制导

半主动寻的制导是利用制导站向目标发射能量,弹上设备接收目标反射回来的能量,形成导引信号,控制导弹飞向目标的制导(见图5-3)。

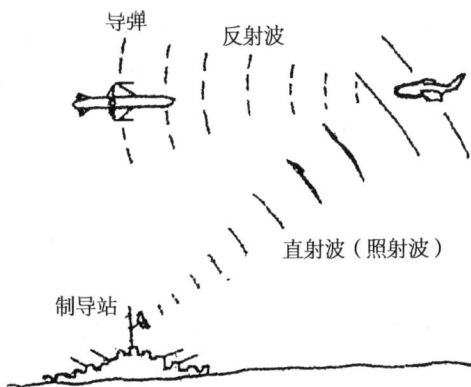

图 5-3

半主动寻的制导的照射能源不在导弹上,弹上设备简单。缺点是需要弹外照射设备连续不断地工作。

3. 被动寻的制导

被动寻的制导是弹上导引装置接收目标辐射的能量(如雷达波、声波和红外线等),形成导引信号,控制导弹飞向目标的制导(见图5-4)。

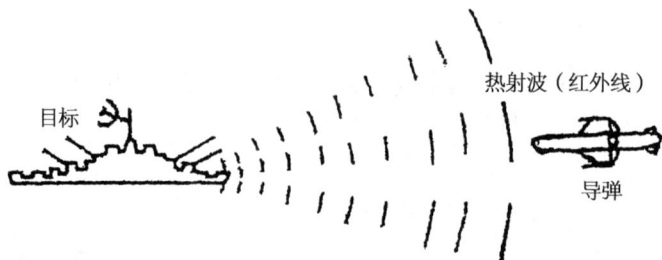

图 5-4

如红外制导的空空导弹,在导弹制导系统的红外探测器"截获"目标后,便向飞行员发出已经"截获"目标的信号。载机在发射导弹后,即可脱离目标。导弹在飞向目标的过程中,根据目标机动时造成红外辐射方向的变化而改变飞行方向,实施机动跟踪,直至命中目标。

这种导弹的弹上设备简单,本身不需向目标发射能量,故隐蔽性好。被动寻的制导也具有"发射后不用管"的能力和全向攻击能力。但需要依靠目标辐射能量才能工作。

(三) 遥控制导

遥控制导是由设在导弹之外的制导站控制导弹飞向目标的制导。制导站根据测得的目标和导弹的相对位置和运动参数,形成导引指令发送给导弹,导弹接到指令后,由自动驾驶仪控制导弹飞行,直至命中目标。

由于制导站时刻跟踪目标,随时测量目标运动参数,故遥控制导导弹常运用于攻击活动目标。一般遥控作用距离较远,但导引精度随导弹飞行距离的增加而降低,而且易受干扰。按指令传输方式和手段的不同,遥控制导可分为指令制导和波束制导两大类。

1. 指令制导

指令制导分为有线指令制导、无线指令制导和电视指令制导。

(1) 有线指令制导。

有线指令制导是通过导线将导引信号(指令)传输给导弹,操纵导弹飞向目标的制导。利用目视或红外测角仪跟踪目标,当导弹偏离瞄准线时,则操纵控制盒,给出与偏离的大小相应的控制指令,由导线传输到弹上的制导系统,操纵导弹沿瞄准线飞行,直至命中目标(见图5-5)。

这种制导的主要优点是设备简单,抗干扰能力强。但只适用于攻击低速和机动

大学

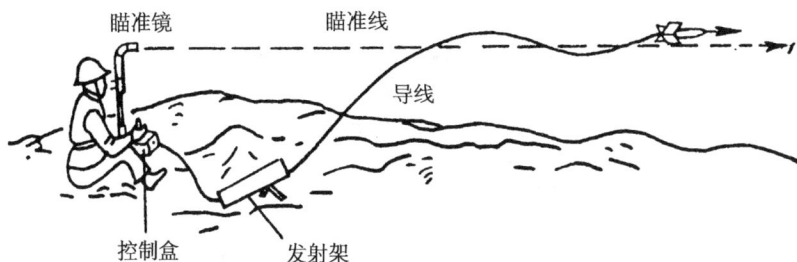

图 5-5

性较差的目标。射程受导线限制,一般只有几千米,常应用于反坦克导弹。不过,目前多国合作研制的"独眼巨人"多用途导弹射程达几十千米,因为采用了光纤有线制导体制。

（2）无线指令制导。

无线指令制导是将制导指令以无线电波的形式发送至导弹的制导。其跟踪探测系统主要是雷达。由目标跟踪雷达和导弹跟踪雷达分别对目标和导弹的运动参数进行观测,并将这些参数送入计算机,根据选定的导引方式给出控制指令,通过发送设备发送给导弹,弹上接收设备形成导引信号,控制导弹飞向目标(见图5-6)。

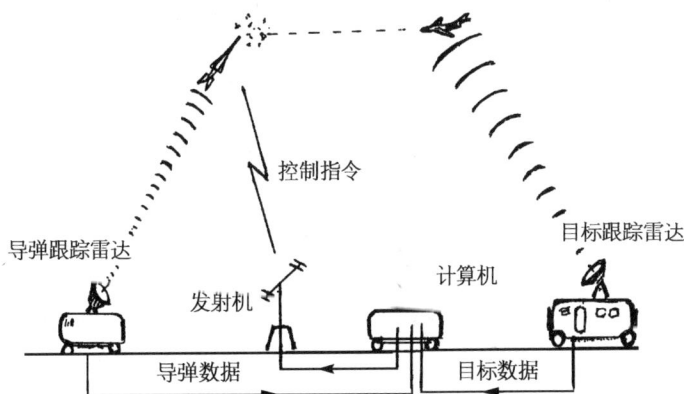

图 5-6

无线指令制导在中远程地对空导弹上得到广泛的应用。

（3）电视指令制导。

电视指令制导是利用弹上电视摄像机获取目标信息,由制导站产生指令控制导弹飞向目标的制导(见图5-7)。摄像机装在导弹头部,摄取目标和背景的图像,通过无线电发送到制导站,在电视屏幕上显示出目标图像。若目标图像偏离屏幕中央,其偏差量经计算机形成导引指令,发射给导弹并产生导引信号,操纵导弹飞向目标。

电视制导是利用目标的图像信息对导弹进行制导,能清楚识别目标和选择目标,因而制导精度高,目标也难以隐蔽。但电视制导不能获得距离信息,且作用距离

军事

181

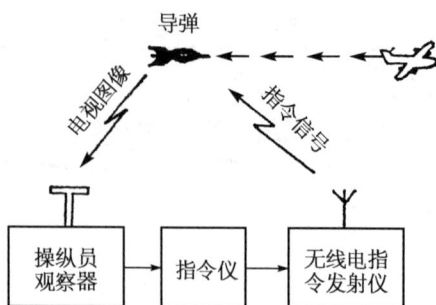

图 5-7

受大气能见度的限制,不适于全天候工作。

2. 波束制导

波束制导又称驾束制导,是由制导站发射波束照射目标,弹上导引装置控制导弹沿波束中心飞向目标的制导(见图5-8)。可分为雷达波束制导和激光波束制导。

雷达波束制导是利用制导站发射旋转的雷达波束照射目标,弹上装置自动测定其偏离波束旋转轴的角度与方向,并控制导弹使其处于波束中心飞行,直至命中目标。雷达波束制导在早期的防空导弹、岸舰导弹上应用较广。因其易受干扰,且导弹容易脱离波束,所以现在已很少采用这种制导方式。

图 5-8

激光波束制导的原理和雷达波束制导大致相似,不同的是用方向性更强的激光波束来跟踪目标。导弹发射后,沿着激光波束的中心轴线飞向目标。如果导弹偏离波束的中心轴线,位于弹尾的激光接收器就会产生控制信号,使导弹改变方向,回到激光波束的中心轴线上来。只要导弹沿着波束的中心轴线飞行,就不会产生控制信号,直至命中目标。

(四) 复合制导

复合制导是在一种武器中采用两种或两种以上的制导方式组合而成的制导系统。

综上所述,各种单一的制导方式都有其所长,又都有其所短。若要精确制导武器系统具有作用距离远、精度高,又有较强的抗干扰能力,显然依靠单一的制导方式是难以实现的。因此,先进的精确制导武器系统往往采用复合制导方式,在同一武器系统的不同飞行段,不同的地理和气候条件下,采用不同的制导方式,扬其所长,避其所短,组成复合式精确制导系统,以实现准确命中目标。

复合制导的形式是多种多样的,有的是两种体制复合,如雷达与光学导引头复合;有的是一种体制下两类导引头复合,如光学导引头的电视与红外复合等等。复合方式有两种:采用串联复合时,导弹在飞行过程中制导方式依次从一种形式转换到另一种形式,即不同的阶段采用不同的制导方式;采用并联复合时,导弹在同一飞行阶段,同时或交替采用几种不同的制导方式,用以适应各种环境,提高命中精度。常用的复合制导方式有:自主制导+寻的制导;自主制导+遥控制导;遥控制导+寻的制导;自主制导+遥控制导+寻的制导等。

采用复合制导是未来导弹制导系统的发展趋势。它的优点是:可有效地发挥各种传感器的优势;提高精度,减小误差;保持系统的可靠性;抗干扰能力强;降低成本;提高武器系统的快速反应能力等。

二、精确制导技术在军事上的应用

精确制导技术广泛应用于导弹和制导炸弹、炮弹、鱼雷、地雷等武器系统中。其中,导弹是精确制导武器中研制最早、发展最快、种类最多、生产和装备使用数量最大的一类,约占精确制导武器总数的90%以上。其次是精确制导弹药。

(一) 导弹的组成与分类

1. 导弹的组成

导弹是依靠自身动力装置推进,由制导系统导引和控制,将战斗部导向目标的武器。

导弹通常由战斗部(弹头)、动力装置(推进系统)、制导系统和弹体四大部分组成(见图5-9)。

(1) 战斗部。

战斗部是用来摧毁和杀伤目标的专用装置。战斗部对目标的破坏机理有物理(机械)破坏效应、化学毁伤效应、光辐射杀伤效应、放射性杀伤效应以及其他毁伤效应(如细菌、微生物等)。根据装填物质及使用目的的不同,可分为常规战斗部、核战斗部和特种战斗部。

常规战斗部,装填普通高能炸药,一般用于战术导弹。依据对目标的破坏方式不同,它主要分为爆破弹头、杀伤弹头、聚能破甲弹头、燃烧弹头和子母弹头等。

核战斗部,装填裂变物质(原子弹)、聚变物质(氢弹)或强辐射低当量聚变物质

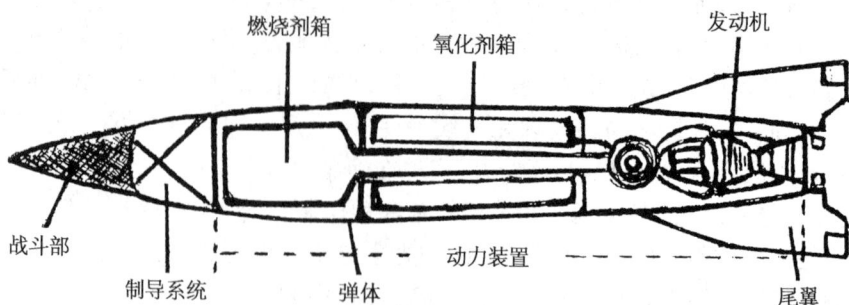

图 5-9

（中子弹）。TNT 当量可以从几千吨到千万吨级。核战斗部通常用于战略导弹。

特种战斗部,装填化学战剂(毒剂)、生物战剂(细菌、病毒、遗传工程武器)、光电无源干扰物质(箔条、红外烟幕剂和消光剂等)、燃烧剂以及激光和 X 射线弹头等。

有的战略导弹能释放多个弹头。1 枚导弹携带 2 颗以上的弹头称为多弹头,主要有集束式、分导式和全导式多弹头等。

（2）动力装置。

为导弹飞行提供动力的系统是动力装置。发动机是动力装置的关键设备。导弹使用的发动机都是根据喷气推进原理工作的,分为火箭喷气发动机和空气喷气发动机两大类。

火箭喷气发动机自带燃烧剂和氧化剂,不需要外界空气助燃,可在大气层外工作,不受导弹飞行高度的限制。主要有液体火箭发动机和固体火箭发动机。

空气喷气发动机自带燃烧剂,需要空气中的氧气助燃,只能在大气层内工作。常用的有涡轮喷气发动机、涡轮风扇发动机和冲压式喷气发动机。

（3）制导系统。

制导是按选定的规律对精确制导武器进行导引和控制,调整其运动轨迹,直至命中目标。各种制导方式已如前文所述。

（4）弹体。

导弹的弹体是把战斗部、动力装置、制导系统和弹翼、舵面连接在一起,构成一个结构紧凑、具有良好的空气动力外形的整体。弹体所用的材料要求强度高、重量轻、耐高温等性能。

2. 导弹的分类

导弹的种类很多,名称各异,可以从多种角度分类。

（1）按作战使命分类。

导弹按作战使命可分为战略导弹和战术导弹。它们都有进攻和防御两种使命。

战略导弹——用于遂行战略任务,由国家最高统帅部掌握使用,用于摧毁敌方纵深目标和反击来袭的战略导弹。

战术导弹——用于遂行战役战术任务,由战场指挥员掌握使用,用于袭击敌方兵力集结地,摧毁敌飞机、军舰、坦克和雷达目标等。

（2）按射程分类。

导弹按射程分为近程导弹、中程导弹、远程导弹和洲际导弹。

近程导弹:射程在 1 000 千米以内;

中程导弹:射程在 1 000—3 000 千米以内;

远程导弹:射程在 3 000—8 000 千米以内;

洲际导弹:射程在 8 000 千米以上。

（3）按发射点和目标位置分类。

从地面发射的导弹有:地地导弹、地空导弹、地舰（潜）导弹。

从空中发射的导弹有:空地导弹、空空导弹、空舰（潜）导弹。

从水面发射的导弹有:舰地导弹、舰空导弹、舰舰（潜）导弹。

从水下发射的导弹有:潜地导弹、潜空导弹、潜舰导弹、潜潜导弹。

（4）按飞行弹道分类。

按导弹的飞行弹道可分为弹道式导弹和飞航式导弹两类。

弹道式导弹由火箭发动机推送到一定高度后,发动机自行关闭,导弹在空气阻力和地心引力作用下,依靠惯性,沿弹道曲线（抛物线）飞向目标。弹道导弹具有飞行距离远、飞行速度快等特点。故射程较远的导弹大多是弹道式导弹。

飞航式导弹也称巡航式导弹。飞航式导弹靠发动机的推力和导弹的弹翼气动升力在大气层内飞向目标。其最大优越性是能超低空飞行,突防能力强。

（5）按攻击目标分类。

如反坦克导弹、反舰导弹、反潜导弹、防空导弹、反辐射导弹等等。

（二）精确制导弹药的分类与应用

1. 精确制导弹药的分类

精确制导弹药是装有寻的器和控制系统,在其弹道末段能根据目标和弹药本身的位置自行修正或改变弹道,直至命中目标的武器,分为末制导弹药和末敏弹药。前者主要有制导炸弹、制导炮弹、制导雷等;后者主要是一些反装甲弹药。精确制导弹药与导弹的区别在于自身没有动力装置。

2. 精确制导弹药的应用

（1）制导炸（航）弹。

制导炸弹是在普通炸弹的基础上,加装制导装置后即为制导炸弹,又称灵巧炸弹。它没有动力装置,是由飞机投掷时给予的势能和初速滑翔飞行,在制导系统的作用下,自动修正偏差,控制导弹准确命中目标。制导炸弹是对地面目标实施精确打击的重要武器,其制导方式主要有电视制导、激光制导、惯性和全球定位复合制导等。

电视制导炸弹利用弹载电视摄像机捕获、跟踪并导引炸弹攻击目标。由载机导引攻击的,是电视遥控制导;由弹载导引头自动导引攻击的,是电视寻的制导。

激光制导炸弹是在普通炸弹上安装激光制导装置和弹翼、舵翼,利用激光寻找目标的炸弹。它比其他制导炸弹命中精度高,而且抗干扰能力强,成本低。但激光受天气和战场硝烟的影响较大,命中精度会大大下降。

美国20世纪90年代研制的第四代精确制导炸弹"JDAM"(即"联合直接攻击弹药"),采用惯性和GPS复合制导,命中精度达6.5米,良好条件下低于3米。具备全天候使用、防区外发射、投射后不管、多目标攻击和高精度攻击能力。是美国型号最新、攻击精度最高的制导炸弹。它就是1999年5月8日美空军轰炸我驻南斯拉夫大使馆所使用的炸弹。

(2)制导炮弹。

制导炮弹是由地面火炮发射,弹丸带有制导装置的炮弹的总称。打击对象主要是远距离的坦克、装甲车和舰艇等点状目标。目前炮射制导炮弹主要有激光制导炮弹、毫米波制导炮弹和红外寻的制导炮弹等。

激光制导炮弹主要有美国用155毫米榴弹炮发射的"铜斑蛇"激光制导炮弹,俄罗斯用152毫米加榴炮发射的"红土地"激光制导炮弹。

毫米波制导炮弹有美国的"赛达姆"毫米波制导炮弹,用155毫米或203毫米大口径榴弹炮发射,每发炮弹装有3个子弹头;英国的"灰背隼"81毫米迫击炮弹等。

此外,还有各种复合制导的炮弹,如采用GPS/毫米波/红外成像/声敏复合制导技术,提高了炮弹全天候作战能力和抗干扰能力,已在某些制导炮弹上应用。如英、法、意、瑞士联合研制的"鹰头狮"迫击炮弹,采用了红外/毫米波复合制导。

(3)制导雷。

制导雷是在普通地雷、水雷上加装制导系统即成为制导雷。制导雷是一种把自毁破片技术、遥感技术和微处理技术结合在一起的新型雷。其基本原理是根据目标产生的物理场(如坦克、舰船等自身产生的声音、震动、热辐射、磁场等)来启动雷体战斗部使之爆炸。它使地(水)雷由一种完全被动的防御性武器变成能主动攻击目标的新型火力。一般将制导雷分为三类:第一类是反坦克、反装甲车辆和直升机的制导地雷;第二类是执行反潜、反舰任务的制导水雷;第三类是执行反卫星的太空雷。

三、精确制导武器的作战特点

(一) 命中精度高

"一打就中",一枚导弹就能摧毁一个目标已不再是神话。不论是导弹还是精确制导弹药,不论是战术导弹还是战略导弹,都有很高的命中精度。例如:一些常用战术导弹,直接命中率已达80%以上,比普通武器弹药高出数十倍至上百倍。美国的民兵-Ⅲ地地洲际弹道导弹是战略导弹,其射程13 000千米,CEP仅在200米左右;美BGM-C"战斧"对陆攻击巡航导弹,射程1 300千米,CEP为9米;激光制导炸弹、炮弹和电视制导炸弹的 CEP 均在 1 米左右。

（二）作战效能高

精确制导武器的效能是用精度、威力、射程、效费比、可靠性、全天候作战能力等主要战术技术性能指标来衡量的。虽然单发（枚）武器成本较高，但由于其具有较高的直接命中率、威力大、可靠性好，使用后加快了战争进程，因而作战效能高。就效费比而言，常规武器是无法与之相比的。例如，一枚数万美元的反坦克导弹，可以摧毁数百万美元一辆的坦克；一枚十万美元左右的防空导弹，可以击落几百万至几千万美元一架的飞机。其效费比通常为常规弹药的 25—30 倍，甚至更高。可见，精确制导武器是一种效益很高的武器。

（三）自动化程度高

随着电子技术的发展，高性能的毫米波制导系统、红外探测器以及计算机的采用，精确制导武器能够完全依靠弹上的制导系统自主地捕捉、跟踪和击中目标，不需要人工或其他辅助设备进行干预，具有"发射后不用管"的自主制导能力。例如，美国的"黄蜂"空对地导弹，由于采用了人工智能技术和先进的信号处理技术，已具备了初步的智能化特征。它可在复杂的地物背景中鉴别出要攻击的目标，并能进一步判断出目标是否处在其杀伤范围之内。如果在杀伤范围之内，则自动估算出最佳爆炸高度，引爆战斗部，从目标的顶部将其击毁。如果不在杀伤范围内，则继续对目标锁定跟踪，直至进入有效杀伤范围后将目标击毁。

此外，精确制导武器还具有较高的机动能力和较强的全天候作战能力，以及射程远、速度快、打击威力大等特点。

第二节
航天技术（空间技术）

1957 年 10 月 4 日，苏联把世界上第一颗人造地球卫星送上了天，开创了人类历史的新纪元。随着航天技术的迅猛发展，各种军事航天器相继发射升空，之后太空军事化的趋势明显地表现出来。在 1991 年的海湾战争中，以美国为首的多国部队利用 70 多颗卫星，支援地面作战，迅速赢得了战争的胜利。1999 年的科索沃战争、2001 年的阿富汗战争和 2003 年的伊拉克战争中，美国等国家都曾大量使用航天装备，为战争的胜利发挥了极其重要的作用。因此，可以预见未来战争将是陆、海、空、天一体化的战争，没有"制天权"，最终将会丧失战争的主动权，无法保证国家的安全。

一、航天技术的组成

航天技术又称空间技术,是一项探索、开发和利用太空以及地球以外天体的综合性工程技术。它是一个国家现代技术综合发展水平的重要标志。航天技术在军事领域里的应用,目前主要是用于军事侦察、通信、预警、监测、导航、测地、拦截和气象测报等方面。

航天技术由运载火箭技术、航天器技术和航天测控技术三部分组成。

(一) 运载火箭技术

运载火箭是将各种航天器送入太空的运载工具,主要由动力装置、控制系统、箭体结构和无线电测量系统组成。

目前,绝大多数运载火箭的动力装置采用化学火箭发动机。按使用的推进剂(燃烧剂和氧化剂的总称)物理状态的不同,分为固体火箭发动机和液体火箭发动机。固体火箭发动机由固体装药点火药、燃烧室、喷管等组成。它的优点是结构简单,发射准备时间短。缺点是工作时间短,燃烧过程中很难中止,不便于多次启动和控制推力的大小。

液体火箭发动机使用的燃烧剂和氧化剂分别贮藏在贮箱里,分别由管路送到燃烧室混合后燃烧。它的优点是工作时间长、推力大,容易实现多次启动和对推力大小的控制。缺点是结构复杂,部分推进剂毒性大,发射准备时间长。

控制系统包含制导、姿控、程控等分系统,它是火箭飞行过程中的指挥系统,用来保证火箭的稳定飞行,并确保火箭准确地进入预定轨道。

箭体结构包括航天器舱、整流罩和装有各种仪器、推进剂贮箱、发动机等舱段及其连接、分离等机构。箭体必须具有良好的空气动力外形,具有高质量的内部空间,采用具有足够强度的材料和结构。

无线电测量系统是指在运载火箭上的遥控、遥测设备,它的任务是跟踪和测量火箭的飞行状况,为地面站提供实况资料,供火箭性能分析之用。

1957 年 10 月,苏联在发射第一颗人造卫星之后,又相继研制了多种型号的系列运载火箭。如"东方"号系列、"宇宙"号系列、"旋风"号系列、"质子"号系列、"天顶"号系列、"安加拉"号系列等。其中"能源"号运载火箭,起飞重量为 2 400 t,可将 105 t 载荷送入近地轨道。苏联还常将中远程和洲际导弹改装成运载火箭,用来发射航天器。如"呼啸"号运载火箭是在 SS-19 中程导弹基础上改进而成的。

美国的运载火箭也经历了从弹道导弹改装到专门研制的历程。如"雷神"系列运载火箭,"大力神"系列运载火箭等。"德尔它"系列运载火箭(见图5-10)是美国目前正在使用的大型运载火箭,它是世界著名的运载火箭之一。

1973 年,法国等西欧国家共同研制了"阿里亚娜"大型运载火箭。日本、以色列、印度、巴西等国也都发展了本国的运载火箭。

1956 年 10 月,我国的航天事业正式起步,独立自主地研制运载火箭。我国的运载火箭以"长征"系列运载火箭为代表。"长征-1"号火箭于 1970 年 4 月 24 日发射成功,将我国的第一颗人造地球卫星——"东方红 1 号"送入轨道。目前,"长征"系列运载火箭在入轨精度、有效载荷系数、运载能力、适应能力、发射成功率等方面均达到了国际先进水平。截至 2013 年 9 月底,"长征"火箭共进行了 181 次发射,其中 173 次获得成功,成功率达 95.6%。尤其是从 1996 年 10 月至 2005 年,已经连续 41 次发射成功,成功率为 100%。

图 5-10 美国"德尔它-2"火箭

目前火箭的发射主要有三种方式:一是从地面固定发射场发射;二是从海上平台发射;三是从飞机上发射。由于从飞机上发射,不受地形和地理位置的限制,具有较高的自主性和机动性;不需建立庞大的地面基础设施、发射成本低。因此,这种发射方式引起美国和俄罗斯的重视。早在 1990 年,美国轨道科学公司曾试验从 B-52 轰炸机上成功地发射了"飞马座"空射型运载火箭。俄罗斯于 1998 年 12 月启动了火箭的"空中发射"计划,即利用大型军用运输机——"安-124"战略运输机在空中发射携带航天器的运载火箭。2005 年初,这一计划已进入实施阶段。

图 5-11 中国"长征-2"号正在发射中

(二) 航天器技术

航天器是在地球大气层以外的宇宙空间,执行探索、开发或利用太空等航天任务的飞行器,又称空间飞行器。

1. 航天器的分类

航天器可分为无人航天器和载人航天器两大类。

无人航天器按是否环绕地球运行,又分为人造地球卫星和空间探测器。人造地球卫星是指在地球大气层以外,基本上按照天体力学的规律,环绕地球沿一定轨道运行的人造天体,简称人造卫星。它是至今数量最多的航天器,占已发射航天器总数的 90% 以上。脱离地球引力飞往其他星球或在星际空间运行的空间飞行器叫做空间探测器。

载人航天器按飞行和工作方式的不同,分为载人飞船、航天站和航天飞机。

军事

189

2. 航天器的组成

航天器一般由通用系统和专用系统两部分组成。

通用系统是各种航天器的必备系统,如结构分系统、温度控制分系统、姿态控制分系统、轨道控制分系统、电源分系统和无线电测控分系统等。

专用系统是根据航天器担负的不同任务而设置的。它是区别航天器用途的主要标志,如侦察卫星的照相分系统、通信卫星的转发器和无线电分系统、导弹预警卫星的红外探测器分系统等。

3. 航天器的运行轨道

航天器在太空运行的轨道可用轨道参数说明,它是决定轨道形状、大小、空间方位及特定时刻所处位置的基本量。主要的轨道参数有三个:运行周期、轨道高度和轨道倾角。

运行周期是指航天器环绕地球运行一周所需的时间。

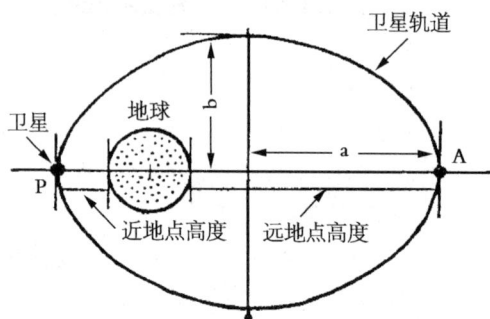

图 5-12　轨道高度

轨道高度是指航天器到地球表面的距离,以公里(km)为单位。沿圆形轨道运行的航天器到地球表面的距离可视为恒值。沿椭圆形轨道运行的航天器到地球表面的距离是个变量,轨道上离地球表面最近的一点称为近地点,离地球表面最远的一点称为远地点。它们到地球表面的距离分别称为近地点高度和远地点高度(见图 5-12)。

轨道倾角是指航天器运行的轨道平面与地球赤道平面的夹角。

根据轨道倾角的大小,航天器的运行轨道可分为以下几种。

赤道轨道——轨道倾角为 0°,即轨道平面与赤道平面相重合。

极地轨道——轨道倾角为 90°,即轨道平面与赤道平面相垂直。

倾斜轨道——轨道倾角介于 0°—90°之间、90°—180°之间的轨道。其中倾角在 0°—90°、航天器运行方向与地球自转方向相同的轨道称为顺行轨道。倾角在 90°—180°之间、航天器运行方向与地球自转方向相反的轨道,称为逆行轨道(见图 5-13)。

此外,还有两种特殊的轨道。

地球同步轨道又称静止轨道。它是指航天器沿赤道轨道自西向东顺着地球自转方向运行,高度为 35 800 km,运行周期正好等于地球自转一周时间(23 小时 56 分 4 秒)的运行轨道。它的应用非常广泛,通信卫星、导弹预警卫星、气象卫星等多采用这种轨道。

太阳同步轨道是指航天器的轨道平面绕地球旋转的方向与地球绕太阳公转的方向相同、角速度与地球公转基本一致的运行轨道。它是一种逆行倾斜轨道,特点

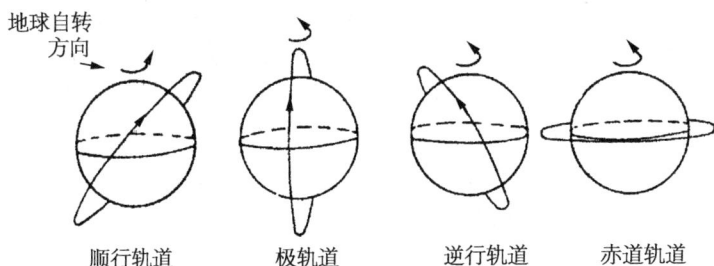

图 5-13　各种轨道示意图

（顺行轨道　　极轨道　　逆行轨道　　赤道轨道）

是：太阳光与轨道平面的夹角保持不变。选择合适的运行周期，在此轨道上运行的航天器，每次从同一地面目标上空经过，都保持同一地方时和同一运行方向。这样，就可以在同样光照条件下重复观察地球上的特定目标。照相侦察卫星、气象卫星、地球资源卫星通常采用太阳同步轨道。

（三）航天测控技术

航天测控就是对航天器的飞行状态和工作状态的跟踪、测量和控制。航天器在轨道运行的过程中，需要不断地将有关信息向地面测控系统传输，地面测控系统需要对航天器进行遥测、遥控和跟踪，保证航天器的正常运行。

二、军用航天器

航天器按应用领域划分为军用航天器、民用航天器和军民合用航天器。军用航天器以军事应用为目的，如侦察卫星、拦截卫星、导弹预警卫星等。既可军用，又可民用的航天器称为军民合用航天器，如通信卫星、导航卫星、气象卫星、测地卫星和载人航天器等。

（一）军用卫星

军用卫星是指专门用于各种军事目的的人造地球卫星的统称。按用途划分，军用卫星可分为侦察卫星、通信卫星、导航卫星、气象卫星、测地卫星和拦截卫星等。

1. 侦察卫星

侦察卫星是指用于获取军事情报的人造地球卫星，又叫间谍卫星。卫星侦察具有侦察面积大、信息传递速度快、直观效果好、生存能力强、不受国界和地理条件限制等优点。

根据任务和侦察设备的不同，侦察卫星通常分为照相侦察卫星、电子侦察卫星、导弹预警卫星、海洋监视卫星和核爆炸探测卫星等。

（1）照相侦察卫星。

照相侦察卫星是利用光电遥感设备摄取地球表面图像的侦察卫星。卫星上装有可见光相机、红外相机、多光谱相机和微波相机等设备,利用这些设备对地面、空中和海上目标进行观察和监视。卫星侦察获得的情报向地面传递的方式分为"回收型"和"无线电传输型"。"回收型"是将胶卷或图像资料装在回收舱中,带回地面冲印、加工。这种方式获得的图像分辨率高,但获得情报的时间较长,适合进行详细侦察,故称"详查型"。"无线电传输型"是将卫星侦察获得的情报转换成视频信号,通过无线电传输至地面,再还原成像。这种方式获得的图像分辨率低,但速度快,适于大面积普查,所以称"普查型"。实际使用中常常结合起来,由同一颗卫星来完成。

美国于1959年2月28日首次发射了照相侦察卫星,迄今发展到第六代。"KH-12"照相侦察卫星,它是当今世界上技术最先进、价格最昂贵的照相侦察卫星(见图5-14)。既能在白天进行可见光照相,又能在夜间实施红外照相;既能普查,又能详查,详查时的地面分辨率可达0.1 m,这是当今世界上空间照相侦察的最高水平;它具有极强的机动变轨能力;它的设计寿命长达8年以上。

图 5-14　KH-12 照相侦察卫星

美国"长曲棍球"侦察卫星是合成孔径雷达侦察卫星,雷达在微波段工作。卫星的地面分辨率为1—2 m。其优点是:具有全天候、全天时的侦察能力;能透过云雾和黑夜"看"清地面上的目标;具有识别伪装的能力等。

1962年4月,苏联发射了第一颗照相侦察卫星"宇宙4号",迄今发展了7代。卫星分辨率由第一代的2—4 m,发展到现在的零点几米;工作寿命由第一代的8天发展到现在的1年以上。

照相侦察卫星通常运行在低轨道上。

(2)电子侦察卫星。

电子侦察卫星是侦收敌方电子设备辐射的电磁信号,并测定辐射源方位的人造卫星。卫星上装有电子侦察设备,用于截获敌方雷达、通信、遥测等系统的电磁信号,探明敌方电子系统的性质、频率等性能及其配制状况等,当卫星飞经本国地面站上空时,将获得的信息传回,以便分析敌方军队的部署、调动和战略、战术意图等。

电子侦察卫星一般运行在500—1 000 km的近地轨道或静止轨道上。

目前,世界上只有美国和苏联(俄罗斯)发射和使用的电子侦察卫星,现已发展到第四代。目前,美国在用的电子侦察卫星有"大酒瓶"、"漩涡"、"喇叭"等型号。它可覆盖全部无线电频率,能侦收到雷达、导航、电子对抗设施、通信对话(如手机移动通信)等信号。

俄罗斯的电子侦察卫星侦收的频带宽,存储的容量大,卫星对侦收的信息有一

图 5-15　电子侦察卫星

定的预处理能力,对无线电辐射源的定位精度在 10 km 以内。图 5-15 是俄罗斯的电子侦察卫星。

（3）导弹预警卫星。

导弹预警卫星是用于对弹道导弹的发射进行监视、跟踪和报警的一种预警手段。它通常在地球同步轨道或大椭圆轨道上运行,并由多颗卫星组成预警网。洲际导弹发射后 30 分钟便可打击上万公里远的目标。采用最先进的雷达预警,由于受地球曲率的影响,只能在导弹飞过大约一半路程,即导弹起飞后约 15 分钟才能被发现,提供的预警时间短。导弹预警卫星上装有红外探测器和电视摄像机等设备。红外探测器探测导弹发动机工作期间尾焰的辐射,电视摄像机配合使用,能及时地判断导弹的基本运行轨迹,为我方提供 25 分钟左右的预警时间。

美国从上世纪 70 年代起,研制并发展了代号为"DSP"的导弹预警卫星(见图 5-16)。目前,在轨运行的是第三代,由 5 颗卫星组网,3 颗工作,2 颗备用。

俄罗斯的导弹预警卫星计划起步稍晚。目前仅有 2 颗在轨工作。

（4）海洋监视卫星。

海洋监视卫星用于监视海洋中水面舰船和水下潜艇的活动,侦察海洋战场情报。它有电子侦察型和雷达侦察型两种。前者利用电子侦察设备截获敌方舰船的

图 5-16　美国 DSP 导弹
预警卫星

电子辐射信号。后者利用雷达向海面发射无线电波,从而发现、跟踪、监视海洋上的舰船目标。这种卫星装有大孔径雷达,可以不依赖敌方的电磁辐射信号而主动搜索、发现敌方目标。有的海洋监视卫星上还装有光学照相设备、红外探测器等仪器,通过红外探测器测量潜艇发动机排出的热量造成周围海水温度的变化,跟踪、监视

水下潜艇的活动。

前苏联、美国、中国、法国、日本、加拿大和印度等先后发射了本国的海洋监视卫星。

2. 通信卫星

卫星通信是空间技术和通信技术相结合的一门新兴技术,卫星通信技术的广泛应用,对世界军事、政治、经济、科学文化的发展发挥了巨大促进作用。通信卫星是用作无线电通信中继站的人造地球卫星,装备有转发器、通信天线和电源等。转发器是中继转发信息的核心设备,每颗卫星有若干组转发器。与其他通信方式相比,卫星通信具有通信距离远、传输容量大、覆盖区域广、通信质量佳、机动性能好和生存能力强等优点。通信卫星通常采用静止轨道少数采用大椭圆轨道。

美国、苏联于上世纪60年代初相继发射了通信卫星。现在,美军已建立了完善的军事卫星通信系统,主要有国防卫星通信系统、舰队卫星通信系统和空军卫星通信系统组成。目前,美军的90%以上的通信量是由通信卫星完成的。

图5-17是俄罗斯的"闪电"军事通信卫星,采用大椭圆轨道。由8颗卫星组网,卫星轨道平面相互间隔45°,以保证全国通信。

图5-17 俄罗斯"闪电"军事通信卫星

我国第一步是1984年4月8日成功发射"东方红-2"号试验通信卫星,第二步是1988年3月7日成功发射了"东方红-2甲"实用通信卫星。它有4个C波段转发器,工作寿命4年。第三步是1997年5月12日发射的"东方红-3"号通信卫星,它有24个C波段转发器,工作寿命8年。新一代大容量、高可靠、长寿命通信卫星"东方红-4"号已多次发射成功。

3. 导航卫星

导航卫星是为地面、海洋和空中等用户提供导航定位的人造地球卫星。导航卫星的应用已成为一种现代化的导航定位手段,它能为任何用户提供全天候、全天时的精确导航数据。

目前,拥有全球导航卫星的国家有美国和俄罗斯。我国正在部署"北斗-2"号全球卫星导航系统。

美国的导航卫星从上世纪到现在已经发展了两代。第一代是"子午仪"卫星导航系统。美国从1973年开始研制部署第二代导航卫星系统,即"导航星全球定位系统"(见图5-18),简称GPS系统。经过20多年的努力,于1994年3月建成。它由三部分构成:地面控制部分、空间部分(由均匀分布在6个不同轨道上的24颗卫星组成,轨道高约2万公里)和用户装置部分。导航卫星按规定的时间间隔发送导航信号,告诉用户它此时在太空的位置和发信时刻。用户在全球任何位置和任何时间都能同时收到4颗导航卫星的信息。使用 GPS 接收机和计时器接收这些数据,经自动化处理后,就能测得用户的三维位置、三维速度和时间。GPS 是当今世界上最先进的导航定位系统,它提供的位置定位精度可达米级,测速精度优于 0.1 米/秒,时间误差为百万分之一秒,1 次定位仅需几秒至几十秒。

俄罗斯"GLONASS"卫星定位系统的导航卫星也是 24 颗,分布在 3 个轨道上,轨道高约 19 000 公里,轨道倾角 65°。它的定位精度比 GPS 低。

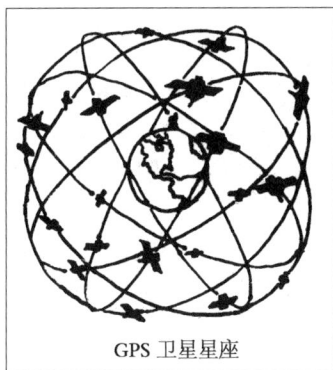

GPS 卫星星座

图 5-18　导航星全球定位系统

4. 气象卫星

气象卫星是从外层空间对地球及其大气层进行气象观察的人造地球卫星。气象卫星上装有各种扫描辐射仪、可见光和红外电视摄像机、温度和湿度探测器以及自动图像传输设备,用来观测全球范围的气象变化,拍摄云层覆盖图,并自动传输到地面。地面站经过计算机处理,就可以得到有关气象资料。气象卫星通常采用地球同步轨道和太阳同步轨道,地球同步轨道的气象卫星可以连续不断地观测某一地区获得资料。太阳同步轨道气象卫星飞经两极地区,可以获得全球范围的气象观测资料。它的轨道高一般选择在 800—1 500km,它每天对同一地区能观测 2 次。因此,将静止轨道气象卫星和太阳同步轨道气象卫星配合起来进行气象观测能较为准确地预报本国和其他有关地区的天气变化。

图 5-19　我国"FY-2A"气象卫星

美国是第一个将气象卫星用于战场气象保障的国家。上世纪 60 年代,美国将军民合用的气象卫星"泰罗斯"号投入越南战场使用。

我国已建成"风云"号系列气象卫星。"风云一号"、"风云三号"是太阳同步轨道气象卫星。"风云二号"是静止轨道气象卫星首颗星(见图 5-19)于 1997 年 6 月 10 日发射,至今已发射 4 颗。我国已成为世界上少数具有全球气象观测能力的国家之一。

5. 测地卫星

测地卫星是专门用于大地测量的人造地球卫星。它可用来测量地球的形状和大小、地球重力场和磁场的分布、地面目标的精确地理坐标及地球板块的运动等。

地球不是标准的球体,地面上有山、河、湖、海,高低不平,因此,地球的重力场分布是不均匀的。由于测量误差等原因,地图上标明的各种地理位置常与实地不符。这些对弹道导弹弹道的计算,对惯性制导和巡航导弹的地形匹配制导都会造成很大的影响,降低武器的命中精度。而测地卫星利用空中遥感技术的精确测量,正是消除或减少这些影响的有效方法。目前,测地卫星的测量精度可达厘米数量级。测地卫星还可以配备其他专用设备,进行地球资源的勘察,成为地球资源卫星。

6. 拦截卫星

拦截卫星又叫反卫星卫星,是用于打击、破坏敌方航天器或使其失效的军用卫星。

卫星技术的迅速发展,对现代战争的影响日益增大。许多军事专家认为,空间是未来战争的一个主要战场,谁夺得"制天权",谁就能改变军事力量的对比。因此,战争的任何一方都将设法阻止对方利用航天器进行侦察、通信、导航等军事活动。这样,拦截卫星便应运而生。

在冷战时期,苏联和美国都进行了大量拦截卫星的试验。前苏联从上世纪60年代末到80年代初,共进行过20次空间拦截试验,拦截的成功率约为50%。拦截方式是:发射"杀手卫星",使其逐步变轨进入敌方的卫星轨道平面,逐渐向敌方卫星靠拢,然后引爆自身携带的高能炸药,与敌方卫星"同归于尽"。美国于70—80年代研制机载反卫星导弹,它是利用动能、靠直接击中来摧毁敌方卫星的。在1985—1986年间,美国进行了多次机载(F—15)导弹太空打靶试验,表明美国的反卫星技术已初具作战能力。我国于2007年1月11日进行了地面导弹拦截卫星的试验,导弹成功击毁了一颗失效的卫星。

(二) 载人飞船

载人飞船是指能保障航天员在空间轨道上生活、工作和执行航天任务并可返回地面的航天器。它可独立进行航天活动,也可作为往返于空间站和地面之间的"渡船",还能与空间站或其他航天器在轨道上对接后联合飞行。它的容积小,运行时间有限,不能重复使用。

1961年4月12日,苏联发射了世界上第一艘载人飞船,宇航员尤里·加加林驾驶"东方-1"号飞船,绕地球1圈,安全返回地面。以后苏联又相继发射了"上升"号飞船和"联盟"号飞船。

美国于1969年7月20—21日,用"阿波罗-11"号飞船首次将2名宇航员送上月球,第一个踏上月球表面的是宇航员尼尔·阿姆斯特朗。在以后的5次登月飞行中,又有10名宇航员乘坐"阿波罗"飞船登上月球。

**图5-20 苏联宇航员
尤里·加加林**

2003年10月15日我国宇航员杨利伟驾驶"神舟-5"号飞船,绕地球飞行14圈,然后安全着陆。这是我国实施"九二一工程"的第一步。2013年12月2日,我国"嫦娥三号"探测器发射升空,12月14日实现月面软着陆,12月15日进行两器分离和互拍成像。"嫦娥三号"任务圆满成功,首次实现了我国航天器在地外天体软着陆和巡视勘察,标志着我国探月工程第二步战略目标全面实现,中

大学

华民族跻身世界深空探测先进行列。

(三)航天飞机

航天飞机是指可往返于地球表面与近地轨道之间运送人员和有效载荷,并能重复使用的航天器。它像火箭一样垂直发射,像卫星一样在轨道上飞行,像飞机一样在大气层滑翔着陆,具有三者的优点。

实际上,航天飞机比火箭、卫星、飞船具有更多的优点和更多的用途,在军事上有巨大的应用潜力。如:航天飞机可用于部署、回收、维修各种卫星;可方便地实施空间机动,拦截、摧毁或俘获敌方卫星;可实施空间侦察,对地面目标进行监视、跟踪,还可对敌方弹道导弹的发射和飞机的入侵提供预警;可作为武器发射平台,对敌方的导弹或航天器发起攻击;可作为地面与空间站的交通工具,为空间站接送人员和物资,为建立永久性空间军事基地和空间军事工厂服务等。美国从 1972 年起,先后研制了 6 架航天飞机。它们是"创业"号(供地面试验用)、"哥伦比亚"号、"挑战者"号、"发现"号、"亚特兰蒂斯"号和"奋进"号。

1988 年 11 月 15 日,前苏联成功地发射了"暴风雪"号航天飞机。

(四)空间站

空间站是一种大型的、可供多名宇航员长期居住和工作的航天器,又叫轨道站、太空站、航天站。它与载人飞船相比,具有容积大、载人多、寿命长、可供综合利用等特点。

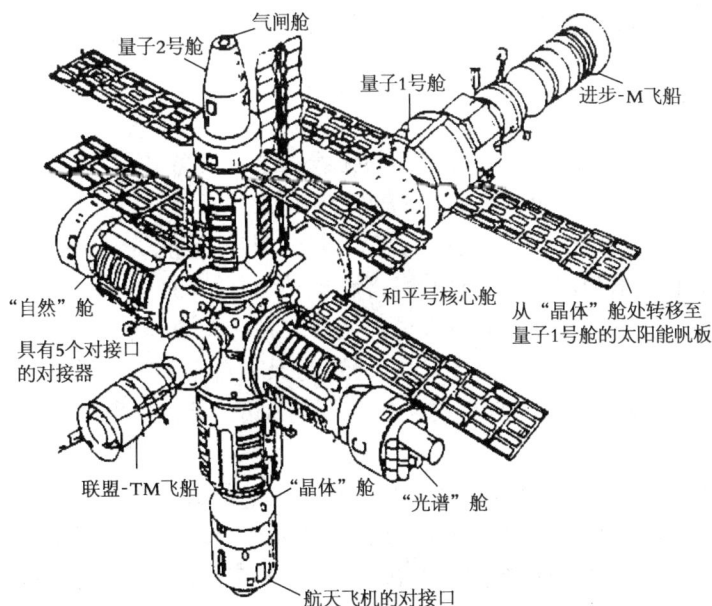

图 5-21 "和平"号空间站结构示意图

空间站具有广阔的军事应用前景。以它为平台，可以部署、组装、维修和回收各种军用航天器，亦可试验、部署和使用空间武器，还可以俯瞰全球，直接参与监视、跟踪、捕获、拦截敌方航天器和弹道导弹、轨道导弹的作战行动。因此，空间站既能对付敌方在轨运行的军用航天器，又能对全球任何地面目标随时构成威胁，它对高技术局部战争将产生巨大影响。

我国自行研制的"天宫一号"空间飞行器已于 2011 年 9 月发射成功。我国第一代空间站将于 2020 年建成。

第三节
电 子 对 抗

随着科学技术的发展，电子技术几乎渗透到军事技术的各个领域，无论是军队的指挥通信系统、情报侦察系统还是武器控制系统，其中电子设备不仅越来越多，越来越先进，而且运用日益广泛，已成为现代战争中夺取战争胜利的重要因素之一。但是战争历史表明，一项新技术和新武器的出现，必然会导致与其相对抗的措施的发明，有电子技术的应用，必将会有电子技术的斗争，这样在现代战争中就出现了一个崭新的斗争形式——电子对抗。

一、电子对抗的基本概念

（一）电子对抗的含义

电子对抗指的是敌我双方利用专门的无线电电子设备和器材进行的相互斗争。电子对抗包括两个相互斗争的方面：一方面利用专门的无线电电子设备（侦察、干扰设备）破坏和减弱敌方无线电子设备（通信、雷达、遥控、导航等）的威力和效能；另一方面则以一定的技术和措施以消除其有害影响，保证自己的电子设备的正常工作。

电子对抗一般不能直接对敌方人员和武器装备造成杀伤，但它却能使敌无线电通信指挥系统失灵、雷达迷盲、制导武器失控，为保卫自己和大量杀伤敌有生力量创造条件。因而，在现代战争中具有越来越重要的地位，成为军事电子技术中发展最快的领域之一。

在国际上，电子对抗通常称为电子战。近期电子战又有了更广义的新术语——电子战斗。电子战斗是包括迄今为止的电子战所有活动的一个新术语。所谓的电子战斗是指凡是运用电磁能量来探测、确定、削弱或瓦解敌方使用的电磁频谱，同时又能保障己方正常运用电磁频谱的军事行动。事实上，电子对抗也好，电子战也好，电子战斗也好，其实质都是相同的，即以专用电子设备、仪器和电子打击武器系统降低或破坏敌方电子设备的工作效能,同时保护已方电子设备效能的正常发挥。

(二) 电子对抗的范围

随着军事技术的发展,电子对抗所包含的技术范围越来越广,电子对抗的范围在频谱上已大大超过以往的限于射频范围的概念,迅速向两端扩展,即向低端的声频和高端的光频扩展,呈现射频对抗、光学对抗和声学对抗的新局面。电子对抗频谱覆盖如图5-22所示。

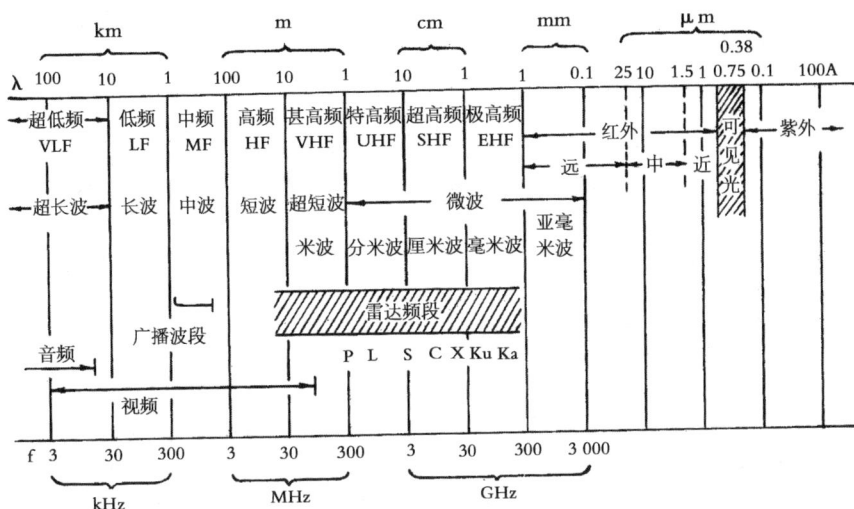

图 5-22　电磁波频谱

射频对抗即通常指的电子对抗包括通信对抗、雷达对抗、制导对抗导航、对抗、遥控遥测对抗等;

光学对抗又称光电对抗,它包括红外对抗和激光对抗两大范畴,通常电视制导对抗也列入光学对抗范围;

声学对抗主要是利用声学设备进行探测和反探测的措施。

二、电子对抗在现代战争中的地位与作用

(一) 电子对抗在现代战争中的地位

1. 电子对抗是战争的前奏,并贯穿战争的全过程

电子对抗已成为高技术战争的重要组成部分,是控制战场主动权的重要手段。在战争爆发前,以电子侦察与反侦察、干扰与反干扰、摧毁与反摧毁为基本内容的隐形战争早已展开。战争开始后,电子对抗在更加激烈的程度上进行,直至战争结束。

2. 电子对抗已呈现全面渗透、广泛对抗的态势

军事电子技术的应用范围已涉及军事领域的各个角落,并将随着军事电子技术

的进步而向高级阶段发展。军事电子技术的应用导致电子对抗的发展,对抗又推动了应用的发展,应用的范围越宽广,对抗的范围也越宽广。在现代战争中,不论作战规模大小,作战过程长短,电子对抗必遍及整个战场空间,贯穿于战争的全过程。

3. 电子对抗具有软、硬杀伤的双重战斗能力

众所周知,电子对抗具有使敌方电子信息系统遭受电子干扰的"软杀伤"战斗能力。同时,电子对抗还具有日益增强的"硬杀伤"战斗能力。电子对抗的"硬杀伤"战斗能力是通过两个方面表现出来的。一方面是以反辐射导弹、反辐射无人机形式来实现硬杀伤的,这是一种典型的侦察跟踪与火力相结合的产物;另一方面,是以强激光能量和电磁脉冲能量直接使电子设备系统损坏。

4. 对战争进程和结局将产生重大影响

制电磁权的斗争严重地影响着战场火力的发挥,没有可靠的制电磁权,即使拥有武器数量优势,也难以获得火力运用的主动权。正确应用电子战手段,不仅可以为攻防的顺利进行创造有利条件,还可以大大加快战争进程。在海湾战争中,多国部队以极小的代价取得巨大的胜利,很大程度上得益于电子战方面的成功。

(二) 电子对抗在现代战争中的作用

1. 获取敌方军事情报

在现代战争中,通过电子侦察手段,如使用电子侦察站、电子侦察飞机、电子侦察船和电子侦察卫星等,截获敌方各种无线电信号,加以分析,查明敌方雷达、无线电通信等电子设备的工作性能、技术参数以及兵器属性、类别、数量和部署等,从而判断敌军作战行动企图。这不仅是有效地实施电子对抗的前提,同时也是制定作战计划的重要依据,达到"知己知彼、百战不殆"的目的。

2. 破坏敌方作战指挥

扰乱、迷惑和破坏敌方通信联络及作战指挥,是造成敌方看不见、打不着、指挥瘫痪,导致战役、战斗失败的重要条件之一。

现代战争,作战地域广阔,军队高速机动,多军种联合作战,无线电通信是主要的指挥手段。因此,在战役和战斗的适当时机,有效地使用电子干扰和电子欺骗可以使对方的无线电通信联络中断,指挥瘫痪,严重削弱其斗力,从而为取得战役、战斗胜利创造有利条件。

1982 年 6 月 9 日黎巴嫩战争中,以色列以微小的代价,成功地击毁了叙利亚在贝卡谷地的导弹阵地和大批飞机,就是采用了多种现代化对抗手段,集中破坏其通信联络和作战指挥的结果。进攻前,以色列的无人驾驶侦察机首先查明了叙方无线电通信指挥频率、萨姆 6 导弹的雷达制导频率;进攻时大量使用电子干扰,使叙空军和防空导弹部队通信联络中断,指挥失灵,雷达迷盲,以色列仅用 6 分钟就摧毁了叙利亚 10 多个导弹阵地。

3. 隐蔽己方作战意图

战争中,适时地使用无线电静默与无线电佯动,可以有效地迷惑敌方,达到隐蔽

己方作战意图的目的。

1944 年 6 月 6 日,英、美联军在法国诺曼底登陆,开辟了打击希特勒的第二战场。在登陆的一个月前,英、美联军在英国多佛尔设立了一个假司令部,不时地发出军情假电报,使德军误认为联军在多佛尔集结了一个集团军,以致联军在诺曼底登陆前,德军一直断言联军不会在诺曼底登陆。

在登陆作战准备阶段,英、美联军首先查明了德军设在法国海岸的 120 多部雷达的工作特点和部署情况,然后用航空兵将德军的雷达摧毁了 80% 以上,保证了英、美联军雷达和无线电通信设备的正常工作。

战争发起前夜,英、美联军在佯攻方向的布伦地区,施放了消极干扰:一群装着角反射器的小船拖着涂有铝的气球,使德军误认是大型舰队;在小船的上空用飞机投掷了大量的铝箔片,使其在雷达荧光屏上看起来好像是大批的护航机群,造成了有大批护航飞机掩护登陆的假象。德军误认为联军在布伦地区登陆,于是调动大量海、空军向布伦方向增援。由于英、美联军采取了全面的电子对抗措施,成功地把德军主力吸引到布伦地区,使英、美联军顺利地在诺曼底登陆。参加登陆的 2 127 艘舰船,只有 6 艘被德军击沉。

4. 掩护突防和攻击

雷达是防御体系中的“千里眼”。它是对空、对海警戒,对飞机、舰艇引导和导航,对火炮控制和制导导弹的重要手段。因此,要想突破敌防御系统,顺利完成攻击任务,必须对敌雷达实施有效的电子干扰、欺骗、摧毁,使其迷盲或破坏,从而达到掩护进攻和突防的目的。

1986 年 4 月的美利之战,便是一次用电子手段掩护突防和攻击的典型战例。美军空袭利比亚的过程总共用了 18 分钟,其首先使用了电子干扰飞机,对利比亚的雷达预警网施以电子干扰。从而造成利比亚无线电通信中断,雷达迷盲,地对空导弹全部失控。利比亚虽然也有少数雷达发现了几架进袭飞机,但立即被美军反辐射导弹摧毁。从而保证了进攻的顺利进行。贝尼纳空军基地和班加西城附近的兵营,卡扎菲的司令部兼官邸和锡德比拉尔训练中心等均遭到猛烈轰炸。此战,虽说卡扎菲幸免于难,但利比亚的军事装备和各基地的军事设施遭到巨大损失。

5. 保卫重要目标

在现代防空体系中,地对空雷达干扰是一支重要的战斗力量。因此,在机场、城市、港口、指挥所、交通枢纽等重要目标附近部署对空雷达干扰设备,对敌机的轰炸雷达实施干扰,使其无法瞄准,导弹、制导炸弹失控。此外,对重要保卫目标还可使用伪装器材进行反可见光、反激光、反雷达等伪装,减少被敌人打击的机会,达到保护重要目标的目的。

6. 保障电子设备充分发挥效能

战时,当己方电子设备遭到敌方电子干扰时,适时使用电子侦察设备迅速测出敌方电子干扰频谱及干扰源的位置,采取各种行之有效的反干扰措施,直至摧毁敌之干扰源,使我军无线电通信准确、不中断,使雷达探测及时信号清晰,制导兵器控制自如,以保障作战任务的顺利完成。

三、电子对抗的基本手段

基本手段是:电子侦察与反电子侦察;电子干扰与反电子干扰;摧毁与反摧毁。

(一) 电子侦察

电子侦察是利用电子技术设备获取敌方电子情报和技术数据的侦察活动。侦察手段有侦察卫星、侦察飞机、侦察站、侦察船等。

1. 无线电通信侦察

为获取敌方无线电通信设备的战术技术参数而实施的电子侦察,叫无线电通信侦察。实施时,可利用无线电通信侦察和测向设备,对敌方的各种无线电通信和指挥联络信号进行截收、识别,必要时确定其发射源的方向和位置。

无线电通信侦察,按其侦察的内容不同,可分为通信情报侦察和通信技术侦察。通信情报侦察的基本任务是:查明敌方无线电通信设备的类别、数量、配置地点等;查明敌方通信网络的指挥关系和联络信号,并对敌方的通信密语及其他信息加以记录、分析和破译,以获得敌方兵力部署、武器配置和行动企图等军事情报。通信技术侦察的主要任务是:查明敌方无线电通信设备的技术性能(通信体制、频率、调制方法等)。为实施通信干扰提供技术依据。

(1) 侦听、截收与识别。

一般通信侦察设备的工作方式,是利用侦察天线截获电台信号后,进入侦察接收机,在接收机中经过放大和检波,送至终端设备,对信号进行显示、分析和记录。目前大多使用自动搜索接收机,它可以在某一频段内自动改变接收频率,不仅截获信号的概率增大,而且对搜索到的一个或多个信号进行记录、分析和处理。另外一种是全景接收机,它与搜索接收机工作方式基本相同,只是在搜索接收机后面接上一个显示设备。这样就可以把截获到的特定波段内的所有信号及相对强度一目了然地全部显示在荧光屏上,同时还能对信号进行监视。

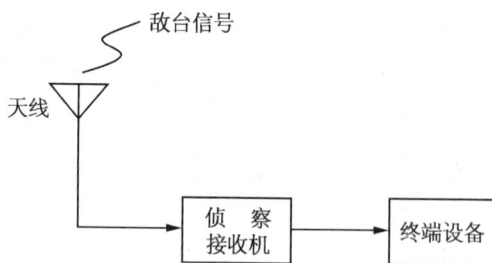

图 5-23 侦察接收机

（2）测向与定位。

无线电通信测向和定位是无线电通信侦察的一个重要组成部分。利用无线电定向接收设备来确定正在工作的无线电发射台方位的工作过程,叫无线电通信测向。

```
┌──────────┐      ┌──────────┐      ┌──────────┐
│ 定向天线 │ ───▶ │   收信   │ ───▶ │ 终端设备 │
│ 及角度计 │      │ 放大系统 │      │          │
└──────────┘      └──────────┘      └──────────┘
```

图 5-24　测向仪

无线电测向是建立在专用天线定向接收的基础之上的。专用天线的形式很多,但实际上都是一个很大的线圈(如图 5-25)。将天线以 MN 为轴旋转时,天线平面与电波方向平行时,接收的信号最强,当天线平面与电波方向垂直时,信号最弱。

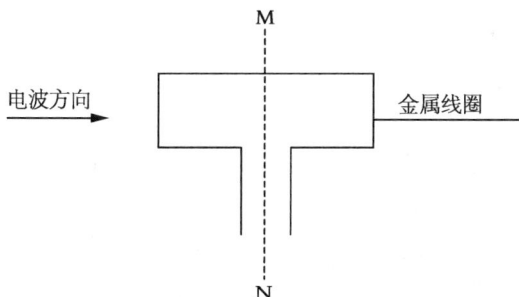

图 5-25

无线电测向机的终端设备可分为听觉和视觉两种。听觉测向机所使用的终端设备是耳机,耳机音响最大时天线平面所指方向即敌电台所在方向。视觉测向的终端设备,一般都使用示波管,用亮线来指示电波方向。

实际上,一部测向机工作时,只能测定发射台的方向,而不能测定它的具体位置,要知道具体位置,必须用两部以上的测向机同时工作,在地图上进行交会定位,才能测出发射台的实际位置。

2. 雷达侦察

雷达侦察亦称雷达电子侦察。是指为获取敌方雷达的战术技术参数而实施的电子侦察。

（1）雷达侦察的基本任务。

雷达侦察的基本任务是发现敌方带雷达的目标,测定其性质和参数,从而引导干扰机和干扰杀伤武器,干扰其正常工作或将其彻底摧毁。

① 发现敌方带雷达的目标。

现代兵器,大多装备了雷达设备,这就给雷达侦察创造了条件。雷达采用定向发射、定向接收工作方式,不仅如此,工作波段、工作使命、体制等都是保密的。这就给侦察截收和信号处理带来一定的困难。

雷达以定向天线发射一定频率的探测信号,在空间搜索目标。而雷达侦察设备,本身并不发射电波,要发现目标就必须同时具备三个条件。

第一,侦察设备的天线与敌方无线电发射设备的天线方位对准,这是雷达侦察发现目标的首要条件。这样,当侦察设备的天线在运转过程中,跟敌方发射设备的天线波瓣方向对准的一瞬间才能接收信号,否则就不能发现目标。如图5-26所示。

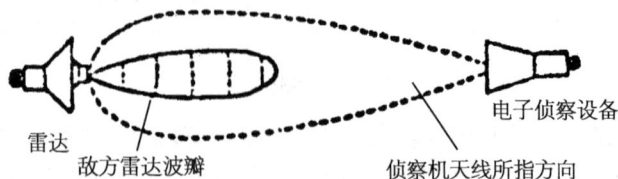

图 5-26

第二,侦察设备的频率要与敌方发射信号的工作频率相同。为了发现敌方雷达侦察设备在某个频率上工作,侦察设备,尽可能是全频段的电子侦察接收设备。

第三,侦察设备要在相应的距离上工作。因为敌方雷达发射的信号,随着距离的增大而减弱,到一定距离信号衰减到一定程度,侦察设备就无法收到信号。

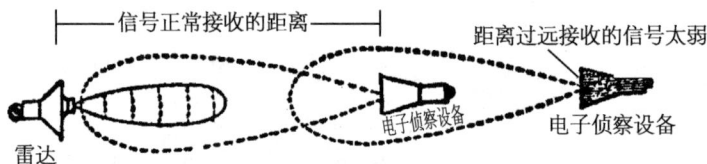

图 5-27

所以,侦察设备只有满足了方位、频率对准和接收点信号强度足以能使其正常接收的距离,才能完成侦察任务。

② 测定敌方雷达参数,确定雷达和目标的性质。

为了迅速、准确地获取敌方雷达的电子情报资料,要求雷达侦察设备在发现敌方雷达信号的同时,要迅速准确地测定其工作参数,包括频率、波形、调制方式等等。通过这些测定,弄清敌方雷达的型号、性能、用途,以便采取必要的对抗措施。

③ 引导干扰机和引导干扰杀伤武器。

电子侦察设备发现敌方雷达或用雷达控制和制导的目标之后,要在方位和频率上迅速、准确地引导电子干扰设备对敌方雷达实施有效的干扰,使其失去作用;或者在对敌雷达进行定位的基础上,引导杀伤武器摧毁敌方雷达。

（2）雷达侦察设备。

雷达侦察设备,又称雷达侦察机。雷达侦察机主要由天线、天线控制设备、调谐机构和终端设备等部分组成。

天线及天线控制设备用来接收敌雷达信号,送给接收机;

自动调谐机构自动完成天线对准敌方发射波束,调谐工作频率与敌方相同;

接收机将信号放大、解调,并送至终端;

终端设备把电子侦察设备接收的信号及时准确地显示出来,供人们观察分析和记录。

由于雷达侦察机工作时专门接收目标发射的信号,本身并不发射信号。因此,雷达侦察机常与雷达配置在一起使用,以构成严密的防空警戒网,而侦察距离却要比雷达作用距离远一倍半到两倍,在敌方雷达发现它之前就能提前发现敌方雷达。

(二) 反电子侦察

反电子侦察是为了防止敌方截获、利用己方电子设备发射的电磁信号获取有关情报而采取的措施。

1. 无线电通信反侦察

无线电通信反侦察,就是己方无线电通信为防止敌方无线电通信侦察而采取的措施。

通信反侦察的技术措施多种多样,如采用波束窄方向性强的微波和激光通信、快速电报通信,使用有加密装置的通信设备、选用定向天线和降低发射功率……在组织措施上,应加强保密制度、缩短发信时间、采取伪装和示假隐真等手段。

2. 雷达反侦察

由于雷达侦察机是通过截收雷达信号来实现的,因此只要敌方收不到己方雷达信号,或收到的是假信号,就可以达到反雷达侦察的目的。

基本方法有:

隐蔽雷达阵地,不规律地改变值班开机时间;设置假雷达、发射假信号造成敌人判断错误;用杂乱电磁波干扰使其不能正常工作;采用新技术如多普勒雷达、频率捷变雷达和激光雷达等。

(三) 电子干扰

电子干扰是为削弱敌方电子设备的使用效能或使其完全失效所采取的电波扰敌措施。

1. 无线电通信干扰

妨碍或阻止敌方无线电通信发挥正常效能的电子干扰,叫做无线电通信干扰。目的是使敌方无线电通信中断、指挥瘫痪。

（1）无线电通信干扰的基本原理与要求。

通信干扰的基本原理是,当干扰信号的频率与通信信号相同或近似时,接收设备就会同时收到干扰信号与通信信号相叠加的信号,从而失去通信工作的能力。

但是,干扰机如何才能干扰对方的通信信号呢? 这就要求干扰机必须具备三个条件。

① 信号频率重合准确。

要有效地干扰敌方无线电通信,干扰的频率必须对准敌方接收设备的工作频率。

② 必要的干扰辐射功率。

发射的干扰信号功率必须超过通信信号功率,才能取得干扰效果。它是靠干扰发射机和天线设备来保证的。

③ 最佳干扰样式。

干扰机通常具备多种干扰样式,对不同的通信信号,有与它相对应的一种最佳干扰样式。如通信发射方式有调幅报、移频报、调频话、传真、电视……对于不同的工作方式,采用最佳的干扰样式,能收到事半功倍的效果。

(2)无线电通信干扰的分类。

无线电通信干扰,目前都采用积极干扰(又称有源干扰)。根据干扰性质的不同,可分为压制性干扰和欺骗性干扰两大类。

① 压制性干扰。

压制性干扰,就是在敌方通信的频率上,用专门的干扰发射机,发射功率强大的干扰信号,以压制敌方的通信信号,使敌方通话时话音不清,发报时信号模糊。

压制性干扰的主要形式有:

瞄准式——干扰频谱与敌信号频谱相重合。其优点是干扰功率集中,干扰效果好,缺点是干扰频谱窄。

半瞄准式——干扰信号的频谱没有和信号频谱完全重合,但其频谱的全部或大部分能通过敌方接收设备的频带。

阻塞式——是一种宽频带干扰,其主要优点是不需要频率重合,能同时干扰某一频段内的多部电台,缺点是对某一频率的电台干扰效果较差。

② 欺骗性干扰。

欺骗性干扰,就是发出和敌方通信十分相似的干扰信号,使敌人难以辨别真假。主要形式是冒充敌台的无线电通信,发出各种假电文,扰乱敌军指挥。例如第三次中东战争,以色列成功地使用了欺骗性干扰,冒充埃及指挥部,令第四坦克师撤离苏伊士运河,结果使埃及的反突击遭到失败。

2. 雷达干扰

雷达干扰,就是扰乱或欺骗敌方雷达系统,使其效能降低或完全失效的电子干扰。

雷达干扰分为有源干扰和无源干扰两大类。

(1)有源干扰。

有源干扰又称积极干扰。它是利用干扰发射机发射与敌方雷达频率相同的电磁波,对敌方雷达造成干扰。按照对雷达设备的干扰性质不同,又分为压制性干扰和欺骗性干扰两种。

① 压制性干扰。

压制性干扰又称杂波干扰,就是利用干扰机发射强大的干扰信号,压制住敌雷达的目标回波,使其淹没在干扰信号之中,在距离显示器荧光屏上呈现一片"茅草"(杂波)状亮区,目标回波被淹没在"茅草"之中。如图5-28,压制性干扰的形式同无线电通信干扰。

图 5-28

② 欺骗性干扰。

欺骗性干扰,是用干扰发射机巧妙地模仿敌方雷达信号造成干扰,使敌人上当受骗。欺骗性干扰的方法通常采用回答式干扰机进行距离欺骗或角度欺骗。如进行距离欺骗时,当回答式干扰机收到对方雷达信号时,将信号放大并延迟一定时间转发回去,敌方雷达接收后,在显示器荧光屏上就出现一个与真目标相似且信号较强,但在距离上却是稍远的假目标回波,使其真假难分(见图5-29)。

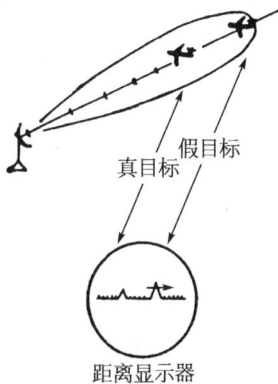

图 5-29

(2) 无源干扰。

无源干扰又称消极干扰,就是利用能强烈反射或吸收电磁波的器材来对雷达进行干扰。反射无线电波的器材叫反射性器材,衰减无线电波的器材叫吸收性器材。

① 反射性器材干扰。

一是消极干扰丝(片、条)又称干扰箔条,是最早使用的干扰器材。当今常用的有金属丝、镀锌玻璃丝和镀金属的尼龙丝等。干扰丝在空中投撒后,可在空中停留几小时。无线电波照射到干扰丝(片)后产生较强的反射。反射的无线电波,在雷达荧光屏上会出现强大的干扰信号,使其难以发现目标。

干扰丝(片)的长度为雷达波长的二分之一时干扰效果最好。为了同时干扰不同频段的雷达,把不同长度的干扰丝(片)按一定比例装在一起,制成各种宽频带干扰包、干扰弹,用飞机、火箭或炮弹等投放,在空中形成干扰走廊和干扰云团,能同时干扰各个频段的多部雷达。

二是电离气悬体。在特定空域喷洒易燃烧电离的金属粉末,在高温气流下使空气产生电离,形成局部空间的等离子云,长时间悬浮在空中。它能强烈地反射电磁波,形成干扰信号,对雷达形成干扰。

三是角反射体。用互相垂直相交的三个金属导体平面(如图5-30)做成,电波射到角反射器的任何一个面上,都是经过三次镜面反射,使电波仍按原入射方向平行地反射回去,这种角反射体对雷达波的反射远远强于普通目标对雷达波的反射。

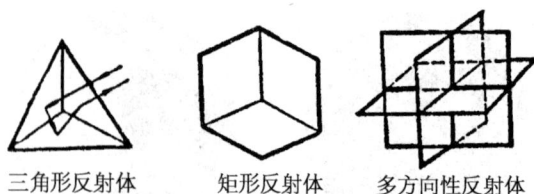

| 三角形反射体 | 矩形反射体 | 多方向性反射体 |

图 5-30

角反射器可用作各种假目标,欺骗敌雷达,使其真假难分。

② 吸收性器材干扰。

就是用吸波材料,衰减无线电波的反射。常用的吸波材料有金属粉末橡胶、尼龙橡胶和以碳粉为添料的聚四氟乙烯等金属、陶瓷、塑料。这些器材由于吸收、散射等原因使无线电波大量衰减,雷达收到的目标回波极其微弱,难以发现目标。用它涂覆在飞机、导弹上,可以大大减少雷达反射面积。如美军的 F—117 战斗机,全面使用了上述技术,降低了雷达反射面积 99% 以上,被称为"隐身飞机"。

(四) 电子反干扰

1. 无线电通信反干扰

无线电通信反干扰是指为削弱和消除敌方通信干扰对己方无线电通信的影响,保证己方通信正常而采取的对抗措施。

无线电通信反干扰措施主要包括以下方面。

(1) 采用抗干扰能力强的通信方式;

(2) 增大发射功率,缩短通信距离;

(3) 采用定向天线,合理选择台站位置;

(4) 采用抗强阻塞干扰、抗干扰纠错编码和伪随机码(高速跳频)等新技术。

2. 雷达反干扰

雷达反干扰,就是为削弱或消除敌方干扰对己方雷达的影响,保证雷达发挥正常效能而采取的措施。

(1) 提高雷达设备自身的抗干扰能力。

要消除雷达设备受到的干扰,一是不让干扰信号进入接收机,二是把进入接收机的干扰信号分开。实现的办法有:增大发射功率,使有用的信号强于干扰信号;展宽频段,使雷达设备在受到干扰时,迅速跳频到没有干扰的频率上工作;发展抗干扰能力强的新体制雷达设备,如频率捷变雷达、动目标显示雷达、相控阵雷达等。

(2) 运用战术手段抗干扰。

在复杂多变的干扰环境中,一部电子设备的抗干扰能力总是有限的。如果把不同波段、各种体制的雷达交错配置,合理展开,相互弥补,可发挥雷达网的整体抗干扰能力。

大学

（五）电子摧毁

电子摧毁是指在电子侦察的基础上用火力或其他手段摧毁敌方无线电电子设备。

电子摧毁是破坏电子设备最彻底、最有效的手段。通常用火炮、飞机和反辐射导弹或派遣武装小分队等办法对敌电子设备实施摧毁。这里着重介绍的是专门用于攻击电子设备的空对地反辐射导弹的摧毁手段。

反辐射导弹是随着电子对抗技术装备发展而出现的一种特殊的电子对抗手段。它是专门用来摧毁敌防空体系中的各种雷达,故这种导弹也叫反雷达导弹。当导弹载机被敌方雷达跟踪后,导弹引导头立刻接收该雷达电磁波,导弹发射后,导引头自动控制导弹沿敌雷达波束飞向雷达站,将雷达摧毁。

（六）电子反摧毁

电子反摧毁是指为保证己方电子设备不被敌方摧毁而采取的措施。

（1）适时控制辐射电磁波、减少反雷达导弹的攻击机会。

（2）多站轮换开机,用几部雷达巧妙地转换接替工作,诱使导弹脱离雷达波束,使导弹改变飞行方向。

（3）使用多种跟踪手段。使用雷达、红外、激光、电视等多种跟踪方法,并根据反辐射导弹制导的方式灵活变换跟踪手段。

（4）修筑坚固的防护工事,并采用升降天线。这样,即使导弹命中雷达站,也可以减少兵器和人员的损伤。

第四节
激 光 技 术

激光是20世纪60年代世界上出现的一项重大科学技术成就。激光的出现,标志着人类对于光的掌握和利用进入了一个新阶段。世界上第一台激光器是美国于1960年7月首先研制出来的。1961年9月,我国第一台激光器研制成功。激光一出现,便立即引起了人们的极大注意。在过去40多年的时间里,激光技术发展速度十分惊人。目前,它已被广泛应用于工业、农业、国防、医疗和科研等许多领域。

一、概述

（一）什么是激光

1. 物质结构与能级
一切物质都是由原子组成的,而原子又是由原子核和绕核高速旋转的电子所组成。原子核带正电荷,电子带负电荷。通常情况下,电子在距原子核最近的轨道上运动,即原子处于稳定状态。当外界向原子提供能量时,原子中的电子就会从低轨道跃升到某一高轨道上运动。外界提供的能量越大,电子的轨道就越高。电子的轨道高,意味着原子处于高能级;电子的轨道低,意味着原子处于低能级。

2. 受激吸收与自发辐射

物质中的原子吸收外来能量后,从低轨道跃升到高轨道的过程称为吸收过程。由于吸收是在外来能量的刺激下产生的,所以也叫受激吸收(见图5-31)。

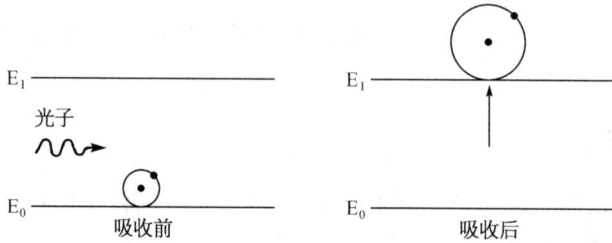

图 5-31

被激发到高能级上的原子是不稳定的,它们在高能级上只能停留极为短暂的时间(约一亿分之一秒),然后立即向低能级跃回,这个过程是在没有外界作用的情况下完全自发地进行的,所以称为自发辐射(见图5-32)。自发辐射过程的特点是:由

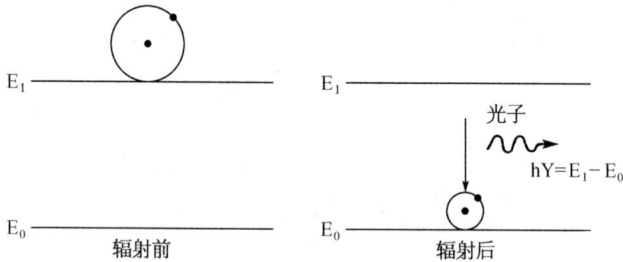

图 5-32

于物质(发光体)中每个原子都独立地被激发到高能态和跃迁回低能态,彼此间没有任何联系,所以各个原子在自发辐射过程中产生的光子没有统一的步调,不仅辐射光子的时间有先后,波长有长有短,而且传播的方向也不一致。因为自发辐射光是由这样许许多多杂乱无章的光子组成的,通常我们见到的阳光、灯光、火光等都属于自发辐射光。

3. 受激辐射

原子从高能态向低能态跃迁,也可以在外界因素的诱发下进行,而且在跃迁过程中同样也向外辐射光子。这就是说,辐射过程不仅可以自发地进行,还可以在外来光子的刺激下被迫地进行。后一种过程由于是被"激"出来的,所以叫做受激辐射。

受激辐射的特点是:处于高能态的原子,在满足一定条件的光子的刺激下向低能级跃迁,同时辐射出一个与外来光子完全相同的光子(见图 5-33)。这样,一个光子诱发一个原子产生受激辐射,得到两个完全相同的光子,这两个光子再去诱发两个原子产生受激辐射,就可以得到完全相同的四个光子,如此连锁反应,完全相同的光子数目便会越来越多。

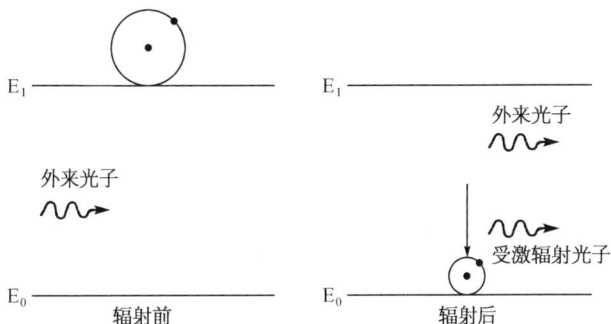

E₁ 外来光子 辐射前

E₁ 外来光子 受激辐射光子 E₀ 辐射后

图 5-33

可见,受激辐射过程也是光放大的过程。在受激辐射过程中产生并被放大了的光便是激光。

(二) 激光产生的条件

通常情况下,物质中绝大多数原子处于稳定状态,能态越高,原子数目越少,呈宝塔形分布。原子的这种能量分布状态,属于正常分布状态,也叫粒子数正常分布(见图 5-34)。此时即使有外来光子射入,由于大多数原子都处于低能态,高能态原子极少,所以引起的受激辐射十分微弱,受激吸收占主导地位,故不能形成激光。

要大量产生受激辐射,最终形成激光,需具备一定的条件:

1. 要有一个足够强的激励源,实现粒子数反转

受激辐射是产生激光的必要条件。要形成受激辐射,必须打破原子的正常分布状态,使高能态原子多于低能态原子,即造成一种反常分布状态,这种反常分布状态称为粒子数反转(图5-35)。要实现粒子数反转,首先要有激励源把处于低能态的原子激发到某个高能态上去。只要激励源足够强,使被激发到某高能态的原子数超过自发辐射回到低能态的原子数,就有可能在这个高能态上积累更多的原子,实现粒子数反转。

2. 要有一种特殊的工作物质

在一般的发光物质中,原子被激发到高能态以后,会很快地自发跃迁回低能态,因为高能态是不稳定的。因此就要选择特殊的发光物质作为激光工作物质。这种发光物质的特殊性在于高能级上的原子,能稳定一段较长(大约 $\frac{1}{1\,000}$ —1 秒)的时

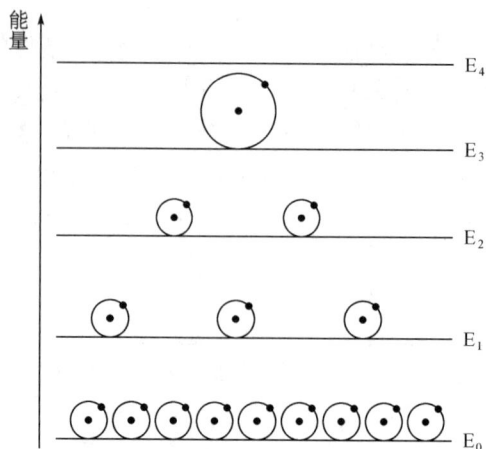

图 5-34

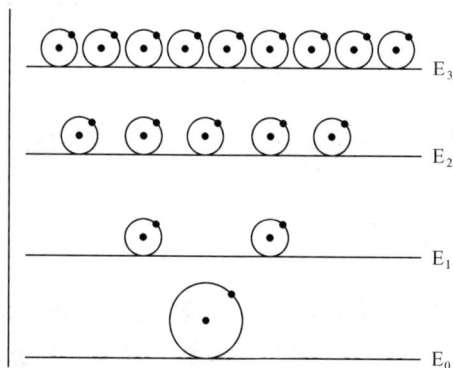

图 5-35

间,从而在这个能级上就能积累起大量原子,实现了粒子数反转。

与稳定较长时间的高能级对应的能量状态称为亚稳态。激光工作物质实际上是具有亚稳态能级的物质。

3. 要有一个光学谐振腔

要想获得激光,只有设法使受激辐射和光放大的过程持续进行下去,这就需要一个经过精心设计安装的光学谐振腔(图 5-36)。它在激光工作物质的两端放置两块反射镜,它们互相平行且与激光工作物质的轴线相互垂直。两块反射镜之间的光学长度等于受激辐射光的半波长的整数倍。其中,一块是全反射镜,另一块是部分反射镜(部分透射,输出激光)。

由于谐振腔两端有反射镜的控制,只有沿着激光物质轴线方向的受激辐射和光放大能够持续进行,不沿激光物质轴线方向运动的光子都很快地从激光物质的侧面逸出,离开谐振腔。沿轴线方向前进的光子垂直地射到反射镜上,如是全反射镜,它

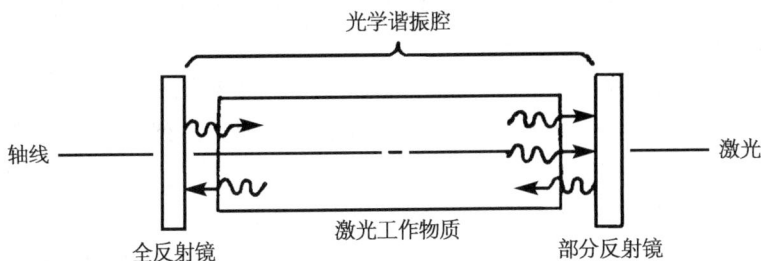

图 5-36

们全部按相反方向重新返回激光物质。如是部分反射镜,除透射一部分外,剩余部分又被返回激光工作物质。在这些光子的刺激下,引起受激辐射的连续进行,光得到放大。受激辐射光在谐振腔内如此往返振荡,光子像滚雪球似的越滚越多,光就越来越强。当光的放大量正好等于部分反射镜透过的量和其他原因所损耗的量时,达到了动态平衡,激光工作物质就可连续稳定地输出激光。因此,谐振腔的一个重要作用是保证激光的连续输出,同时,它还具有控制激光的输出方向和激光波长的作用。

(三) 激光的特点

激光和普通光一样,既是电磁波,又是粒子流。都以光速传播。但激光又是一种特殊的光,与普通光相比,有以下四个主要特点。

1. 方向性好

方向性即光的指向性,可以用光束在空间传播时的发散角来衡量,发散角越小,方向性越好,反之则差。激光的方向性之所以好,是因为激光在形成过程中,凡是偏离工作物质轴线方向传播的光子,都很快地从腔壁逸出。只有沿工作物质轴线方向传播的光子,才能保持在谐振腔中来回振荡,放大后形成激光。所以输出的激光是一束与工作物质轴线方向一致的平行光,因而方向性好。

2. 亮度高

简单地讲,亮度是指单位面积的光源,向某一确定方向的单位立体角内发射的光功率。

自然光源中,太阳最亮。人造光源中,氙灯曾经是最亮的,其亮度和太阳不相上下,有"小太阳"之称。但激光的亮度要比它们亮得多。尽管激光的亮度比太阳表面高得多,但一个激光脉冲的能量相对太阳辐射能来讲却小得多。激光具有极高的亮度是因为激光在辐射过程中,它的能量在时间和空间上的高度集中。

3. 单色性好

光的颜色是由光的波长决定的。不同的颜色,是不同波长的光作用在人眼视网膜上的不同反应的结果。但是,我们平常所说的某一种色光,其波长并不是单一的。譬如红光,就包含了 0.63—0.76 微米范围内各个波长的光。所以严格来说,它并不

军事

213

是单色光。激光的谱线宽度通常均小于 10^{-7} A。因此激光的单色性极好。

4. 相干性好

光的相干性,是指相干光波在叠加区形成稳定的干涉图形所表现的性质。频率相同、振动方向相同、相位相同或相位保持恒定的两列或两列以上的光波在空间重叠时,重叠区的光强分布会出现稳定的强弱相间的现象。这种现象叫做干涉,相应的光波和光源叫做相干光波(简称相干光)和相干光源。

由于激光来源于受激辐射,同一光源发出的激光光波彼此具有相同的相位、相同的频率、相同的振动方向,因此具有极好的相干性。

(四) 激光器

1. 激光器的基本组成

激光器由激光工作物质、激励源和光学谐振腔三部组成。

——激光工作物质(简称激光物质)是发射激光的材料。不是所用的物质都能成为激光工作物质。到目前为止,世界上只有上千种物质具有亚稳态能级,可以作为激光物质。

——激励源是向激光物质输入能量,把原子不断从基态激发到高能态的能源。它是实现粒子数反转产生激光的基本条件。常用的激励能源有:光源、电源、热源、化学能源、电子束等。

——光学谐振腔的重要作用是保证激光的连续稳定输出。同时,它还具有控制激光的输出方向和激光波长的作用。

2. 几种常用激光器

(1) 固体激光器。

比较成熟的固体激光器有红宝石激光器、钕玻璃激光器和掺钕钇铝石榴石激光器。这类激光器的特点是小而坚固、功率较高。世界上第一台激光器就是红宝石激光器,它输出的激光相干性、频率稳定性和保密性较差,因此在军事上的应用已逐渐被其他激光器所取代。

(2) 气体激光器。

气体激光器是目前品种最多、应用最广的激光器。如:氦氖激光器和二氧化碳激光器。它的特点是单色性和相干性都比较好,能长时间稳定、连续地工作。气体激光器结构简单、造价低廉、操作方便。因此在民用和科学研究中应用很广。

(3) 半导体激光器。

半导体激光器的最大特点是体积小、种类多、效率高、使用方便。这类激光器寿命长,工作电流小。其缺点是激光性质受温度影响大。最成熟最常用的是砷化镓激光器。

(4) 液体激光器。

液体激光器的工作物质为有机染料或无机溶液等。其特点是输出激光的波长连续可调。这类激光器在科研方面用得较多。

（5）化学激光器。

化学激光器是通过化学反应提供能量,形成受激辐射的激光器。工作物质可以是气体,也可以是液体。由于激光物质本身蕴藏着巨大的能量,不需要外加激励源,因此化学激光器是最有希望的大功率激光器之一。一些国家在强激光武器的研制中,把化学激光器作为重点。多数化学激光器产生的激光对大气透过性能良好,且红外制导元件对它又较敏感。因此,化学激光器在用作激光武器、受控核聚变等方面潜力很大。缺点是多数激光物质有毒,且单色性较差。

二、激光技术在军事上的应用

（一）激光测距

激光测距是发展最早、最成熟的一种军用激光技术。1962 年,美国就生产出了第一台激光测距仪（机）的样机。

1. 激光测距原理

脉冲激光测距机的测距原理与雷达测距原理相似。激光器产生的激光信号通过发射望远镜射向目标。与此同时,用反射镜从发射的激光脉冲中取出一小部分作为参考信号,直接送至接收望远镜,并传递给光电转换器,光电转换器把光信号转变为电信号,经过放大器放大后送给计时器。计时器立即启动,开始计时。射向目标的激光到达目标后被反射回来,接收望远镜接收到目标反射的激光后,同样也经过光电转换、放大,再送给计时器,使计时器关闭,停止计时。所记录下的信号往返时间可直接换算成距离,并在距离显示器上显示出来。

2. 激光测距的优缺点

与一般光学测距相比,激光测距有以下优点。

（1）测量距离远,精度高。一般光学测距机的测距误差的大小不仅与操作手的经验和观察条件有关,而且还随被测距离的增大而增大,误差范围往往达到 30—50 米,甚至更大。激光测距则不同,它的精度与操作手的经验及被测距离无关,误差一般在 10 米以下。性能较好的测距机,测距精度可达 0.15 米。高精度的激光测距机测量距离可达几十万千米,而且误差很小。如测量地球与月球之间的距离（384 000 多公里）时,精度可达 10 厘米。

（2）操作简便、速度快。只要瞄准了目标,几秒钟便可测得一个数据,而一般光学测距机测一个数据需要几分钟。

（3）体积小、重量轻。由于激光的频率高,所以不用巨大的天线就能发射极窄的光束。如发射发散角为 1/20 度的红宝石激光,只需直径 7.6 厘米的天线。而对微波来说,要想得到同样的发散角,天线直径则要在 305 米以上。因此激光装置小而轻。已经装备的激光测距机,重量一般为 10 千克左右,最小的只有 0.36 千克,体积只有香烟盒那么大。

激光测距在军事上可用于地形测量、战场前沿测距、坦克及火炮的测距,测量云层、飞机、导弹及人造卫星的高度等等。

激光测距机的主要缺点是不能全天候使用,其作用距离受天气和战场条件(硝烟、尘埃等)影响较大。

(二) 激光雷达

激光雷达是在激光测距的基础上发展起来的。它不仅可以精确测距,而且可以精确测速、跟踪、警戒防撞、控制飞船会合等。

1. 激光雷达的组成及工作原理

激光雷达主要由发射、接收、测量—控制和电源四部分组成。发射部分主要有激光器、调制器和发射望远镜。接收部分主要有接收望远镜、滤光片、光电探测器。测量—控制部分包括距离、速度、方位的测量系统和自动跟踪伺服系统。

激光雷达的工作原理和微波雷达相似,它先向目标发射激光信号,光波碰到目标后被反射回来成为回波,由于回波经历的时间等参数的变化恰好反映了目标的情况和目标运动状态的变化,所以通过测量回波信号的到达时间、频率变化和波束所指的方向就可以相应地确定目标的距离、速度和方位。测速有两种方法:一种是测量目标在通过一段已知距离前后,激光反射信号的时间差,从而计算出目标运动速度;另一种是根据光学中多普勒效应来测量目标的运动速度。多普勒效应告诉我们,被运动目标反射回来的激光信号的频率会发生变化,用光电倍增管测出变化的频率(即差频信号)可以推算出被测目标的运动速度。

2. 激光雷达的优缺点

与微波雷达相比,激光雷达有以下优点。

(1) 分辨力高。实践表明,波的频率越高,分辨率越高,识别能力越强。这是因为频率越高,波长越短,波的衍射(绕射)能力越弱,反射能力则越强。激光的频率比微波高得多,因而具有很高的分辨力。比如,微波雷达一般只能发现高大的建筑物和山丘,而激光雷达则能识别电线杆、空中电线、烟囱等小障碍物。

(2) 抗干扰性能好。激光分辨力高,加上它单色性好,脉冲宽度比微波小得多,所以利于抗干扰。比如,探测地面或低空目标时,微波回波信号常被地面反射波所淹没,由于干扰的存在就出现无法探测的区域(即通常所说的雷达盲区)。而使用激光时则可排除背景或地面杂散回波的干扰和噪声的影响,因而它能对超低空目标进行探测。

(3) 体积小。实践表明:波长越短,所需的发射天线直径越小。从地球照射到月球上一平方千米的区域,激光雷达的发射天线直径30厘米就足够了,而微波天线的直径约需几千米。

激光雷达也有其局限性。由于激光方向性强、波束发散角小,大面积搜索和监视时就容易丢失目标,不适于用作搜索雷达;由于波长短,大气成分对激光的散射和吸收较微波严重,尤其在雨、云、雾天,其作用距离更短,甚至难以正常工作。

3. 激光雷达的主要军事应用

(1) 武器鉴定试验。在靶场进行武器鉴定试验,可以选择好天气进行使用合作测量。为此目的而发展的靶场测量激光雷达主要用于:导弹发射初始段和低飞目标测量;目标姿态测定;再入目标测量与识别。

(2) 武器火控。激光雷达能弥补微波雷达低空盲区、受电子干扰、测量精度有限等不足,目前已研制出能在几千米内对目标进行精密跟踪测量的激光雷达,例如舰载炮瞄激光雷达能跟踪掠海飞行的反舰导弹,使火炮可在安全距离以外拦截目标。

(3) 跟踪识别。20 世纪 70 年代以来,外军着重研制与武器配套的激光雷达,用于导弹制导、空中侦察、航天器与再入飞行器的跟踪识别等。

(4) 指挥引导。这种激光雷达可用于航天器对接、会合的精确制导,卫星对卫星的跟踪、测距和高分辨力测速,地形和障碍物的回避等。

(5) 大气测量。如用于大气中化学毒剂的侦测和气象观察。

(三) 激光通信

利用激光作载波传送信息的通信叫激光通信。把需要传递的信息变成电信号,寄载在激光光波上传送给对方,就实现了激光通信。按照激光传播途径的不同,激光通信可分为大气激光通信、空间激光通信、水下激光通信和光导纤维通信等。

1. 大气激光通信

所谓大气激光通信,就是载有信息的激光光波通过大气传输给对方,其原理及通信过程均与无线电通信类似。大气激光通信系统包括发送和接收两大部分。

在发送端,话音信号通过发话器变为电信号,经放大器放大后,送给调制器。调制器按话音信号变化规律调节激光器的输出,这样就把话音信号寄载在激光光波上,然后通过发射望远镜发射出去。载有话音信号的激光,透过大气传输至接收端,接收望远镜将激光信号传给光电探测器,把光信号转换成电信号,经过放大解调后送给受话器,还原成话音信号,从而实现了大气激光通信。

大气激光通信具有以下优点。

(1) 抗干扰能力强,保密性好。由于激光光束发散角很小,能量集中在狭小的范围内,所以,抗干扰能力强。由于激光光束狭窄,对方只有在光斑范围内才能接收到信号,故不易被截获。加之还可采用不可见光,因而保密性好。

(2) 设备轻便、经济。激光通信系统的天线是光学望远镜,直径只有几十厘米,重量几千克。而微波天线直径达几十米,重量几十吨,甚至上百吨。

(3) 传输容量大。

大气激光通信的主要缺点有以下几点。

一是光波在大气中传输时受云、雾、雨、尘埃、大气湍流等的影响,产生散射和吸收损耗,衰减严重,故通信距离短(通常只有几千米),不能全天候使用。

二是激光光束过于狭窄,通信双方不易对准,通常只用于近距离固定阵地之间的通信。

三是激光光束只能直线传播,不能绕过障碍物,故通信范围受到限制。

2. 空间激光通信

空间激光通信就是利用激光作为载波在外层空间进行的通信,如卫星之间、卫星与飞船之间的通信等。由于激光在接近真空的外层空间传播几乎不衰减,采用小功率的激光器就能进行远距离的通信。所以空间激光通信系统可以做到体积更小,重量更轻,通信容量更大,还不受电磁信号干扰,这对发展空间通信十分重要。目前空间激光通信仍处于发展阶段。

3. 水下(对潜)激光通信

现已发现,波长为 0.46—0.53 微米的蓝绿激光能穿透几百到上千米深的海水,从而为开辟深海通信的新途径提供了可能。美国于 1981 年成功地进行了从海面上空 12 000 米的高度上与水下 300 米深处的潜艇激光通信试验。

目前,对潜艇通信主要有星载系统、机载系统和陆基反射镜系统等三类。

4. 光导纤维通信

光导纤维通信即光纤通信,由华裔科学家高锟博士发明。光纤通信与电缆通信类似,所不同的是电线电缆传输的是载有信息的电信号,而光导纤维传输的是载有信息的光信号。

一般光导纤维由芯和皮两层构成,它的总直径为 100—120 微米,芯的直径约50—60 微米。芯和皮的主体材料都是二氧化硅,但芯的折射率高于皮的折射率。这样,光束以大于临界角的角度射在芯与皮的交界面上时,只发生光的全反射,不会从光纤的侧面逸出。即光线射入光纤后,曲折前进,实现了光导纤维的"导光"。

光纤通信的优点包括以下几点。

(1)信息容量大、损耗低。目前可以做到一根光纤能容纳 30 000 路电话。用100 根光纤组成的光缆可以满足两个中等城市之间的通信需要。光纤的通信容量远远超过了同轴电缆和微波的容量。

(2)与电缆相比,能节省大量有色金属。光纤的原料是石英,资源丰富。对于最细的"单模纤维",1 千克石英可拉制几万千米的光纤;对于较粗的"多模纤维"也可拉制一百多千米的光纤,而要生产传输容量相同的1 000 千米同轴电缆,则需 500 吨铜和 2 000 吨铅。

此外,光纤通信还具有保密性好、抗辐射、不受电磁干扰等优点。

光纤通信也有自身的一些弱点。如中继器所消耗的电能仍需要用铜线或铝线供给;当纤维断裂时,故障点很难寻找,也不易接续。所以光缆内一般留有一部分光纤作为备用,当纤维断裂时就可以放弃,换上备用的纤维。

(四) 激光制导

利用激光控制弹体的飞行方向,引导弹体命中目标的技术叫激光制导技术。激光制导按工作原理,可分为波束制导(又称驾束制导)和半主动寻的制导两类。

1. 激光波束制导

这种制导方式是利用激光照射器发射激光束对准并跟踪目标,导弹在飞向目标的过程中始终保持在激光束中心。如果导弹偏离了激光束中心,安装在弹体尾部的激光接收器便会发出偏差信号,然后通过控制系统纠正弹道偏差。

2. 半主动式激光制导

半主动式激光制导是利用装在地面、舰艇或飞机上的激光照射器向目标发射激光束,目标反射的激光信号由安装在弹体头部的目标寻的器(四象限探测器)接收,然后通过控制系统将导弹或弹丸引向目标(见图5-37)。

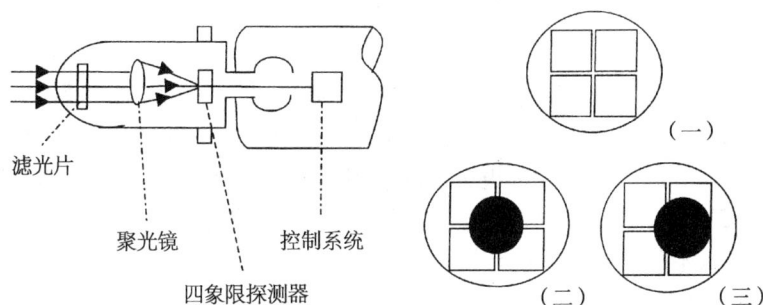

图 5-37

半主动激光制导多用于对付地面目标的制导系统中,如激光制导炸弹、空地导弹和激光制导炮弹等。它是目前技术上较成熟的一种激光制导方式。

激光制导主要有以下一些优点。

(1) 精度高。由于激光的方向性好,所以激光制导武器具有很高的命中率。例如,激光制导炸弹的圆概率误差为 1 米左右;激光制导炮弹的圆概率误差仅为 0.3— 0.9 米。

(2) 抗干扰能力强。由于激光单色性、方向性好,能量集中,使激光制导的抗背景干扰能力比红外和电视制导强,更不怕无线电干扰。另外,目前对激光的人工干扰技术尚不成熟。所以,激光制导具有抗干扰能力强的突出优点。

(3) 结构简单、成本低。与电视制导、热成像制导系统相比,激光制导系统的结构简单、成本低。与非制导武器相比,虽然激光制导武器价格昂贵,但从总的效能来看,还是大大降低了作战费用。激光制导炸弹的价格为普通炸弹的三倍,但一枚激光制导炸弹的毁伤效能却相当于 100 枚同重量的普通炸弹。

激光制导也存在一些缺点,具体包括以下几个方面。

受天气和战场条件影响大,不能全天候工作;在弹体飞向目标的过程中,仍需激光照射器持续不断地照射目标。这就使地面的观察人员或空中的指示飞机较长时间暴露于敌火力之下,从而降低了生存能力;激光光束狭窄,搜索能力差,所以激光制导还只能补充或部分取代其他制导系统。

(五) 激光侦察

在军事技术侦察中,激光技术侦察是一支"新军",具有反应灵敏、分辨率高等特点。

(1) 战略激光侦察。战略激光侦察分为高空激光侦察和空间激光监视。用于高空机载激光侦察的设备主要有激光侧视雷达、激光行扫描摄影机(行扫描传感器)、激光帧扫描摄影机。用于空间监视的激光侦察设备,一般以预警卫星和侦察卫星为观察平台。

(2) 战术激光侦察。激光夜视仪是常用的战术侦察设备,技术上比较成熟。该观察系统包括激光照射器、激光测距机和红外探测器等。

水下激光侦察是常用的战略战术侦察手段。由于蓝绿激光能穿透海水,所以可以用作水下照明、摄影、电视的光源,也可以用来探测水下障碍物和敌海军基地、海港的水下地形,探测水雷和敌方潜艇。这种水下侦察任务通常由飞机和卫星来完成。飞机和卫星可以自身发射,也可将陆基发射的蓝绿色激光反射到海面。这种激光可以穿透300米以上的海水。利用这种手段可大范围的搜捕敌方的潜艇和其他水下设施,进行水下侦察活动。

激光窃听是间谍人员最新侦察手段之一。例如,用不可见激光照射敌方一办公室的玻璃窗。如果室内开会或打电话等,就有声波使玻璃随之振动。这样,从玻璃上反射回来的激光就包含了室内声波振动信息。利用外差技术分离出语音信号,就能在较远的距离上达到窃听的目的。

(六) 激光武器

利用激光的能量直接杀伤和破坏目标的武器称为激光武器。

激光武器有多种分类方法。按激光能量的不同,分为低能激光武器(又称激光轻武器)和高能激光武器(又称激光炮);按其位置或运载工具的不同,分为陆基、车载、舰载、机载、星载激光武器;按用途分为战术激光武器和战略激光武器。

1. 激光武器的特点

(1) 不需要计算弹道。用火炮攻击目标时,弹丸在飞行过程中除受地心引力作用而使弹道发生弯曲外,还要考虑弹丸自旋及横风影响引起的偏差,所以射击时要根据距离、高度、风速、风向及弹丸初速等因素进行弹道计算,确定射击诸元。激光武器发射的是高能激光束,其弹道是一条笔直的直线,用不着计算弹道,指哪打哪,命中率很高。

(2) 不需要提前量。激光武器发射的是以光速飞行的"光子弹"。战场上任何高速运动的目标相对于光速来说都可以看成是静止目标。所以激光武器射击时不需要提前量,只要对准目标便可命中。

(3)不产生后坐力。激光武器发射的是高能激光束,其静止质量为零,不会产生后坐力,是一种无惯性武器。因而激光武器能灵活而迅速地改变射击方向,而不影响射击精度和效果。

(4)效费比高。百万瓦级氟化氪激光武器,每发射一次费用约为1千—2千美元。与之相比,"爱国者"防空导弹每枚为30万—50万美元;"毒刺"短程防空导弹每枚为2万美元。因此激光武器比它们具有更高的效费比。

(5)不受电磁干扰。激光在传输时不受外界电磁波的干扰,因而目标难以利用电磁干扰手段避开激光武器的攻击。

激光武器也有其固有的弱点。如:随着射程的增大,照射到目标上的激光束功率密度也随之降低,毁伤力减弱,使有效作用距离受到限制;在稠密大气层中使用时,大气会耗散激光束的能量,并使其发生抖动、扩展和偏移。恶劣天气和战场烟尘、人造烟幕对其影响更大。因此,激光武器不能取代现有的各种武器,只有与它们相互配合,才能发挥出更高的效益。

2. 激光武器的杀伤破坏效应

激光武器的杀伤破坏效应主要有三种。

(1)烧蚀效应。激光照射目标,部分能量被目标吸收,转化为热能,使目标表面汽化,产生的蒸气高速向外膨胀,同时将一部分液滴甚至固态颗粒带出,从而使目标表面形成凹坑或穿孔。这是对目标的基本破坏形式。如果激光参数选择得合适,还有可能使目标深部温度高于表面温度,这时内部的过热材料由于高温产生高压,从而发生热爆炸。

(2)激波效应。当目标蒸汽向外喷射时,在极短的时间内给目标以反作用力,相当于一个脉冲载荷作用到目标表面,于是在固态材料中形成激波。激波传播到目标后表面产生反射后,可能将目标拉断而发生层裂破坏。

(3)辐射效应。目标表面因汽化而形成等离子体云,它能辐射出大量紫外线和X射线,使内部电子元件损伤。实验发现,这种紫外线或X射线对电子元件的破坏比激光直接照射更为有效。

3. 激光武器的应用

(1)低能激光武器。

低能激光武器主要有激光枪、激光手枪和激光致盲器。

第一支激光枪于1978年3月研制成功。美国陆军研制的一种激光枪重6公斤,射程800—1 500米,形似轻机枪。它脉冲式工作,射速每秒1次以上,可以像轻机枪、冲锋枪一样进行单发或连发射击。在射程内能致人死亡、击穿钢盔等防护装备;在1 500米以外,能使人致盲、皮肉灼伤、衣服着火、炸药起爆、使光电设备或电子仪器失效等。

已经研制成功的激光手枪有多种样式。有一种袖珍激光手枪,外形似一支自来水笔,连电源一起仅重0.5公斤,输出功率1瓦,有效射程30—50米。

激光致盲器是用激光束在一定距离内照射人的眼睛。轻则,使视网膜损伤造成短时间失明;重则,使视网膜大面积出血,造成永久性失明。

英军在英阿马岛战争中曾使用了激光致盲器。阿根廷空军的飞机先后被英军舰艇上的激光致盲器照射后,一架飞机坠入大海;一架偏离航线被已方防空部队击落;多架飞机被迫改变作战计划。

（2）高能激光武器。

高能激光武器主要由激光器、精密瞄准跟踪系统和光束发射与控制系统组成。它包括防空激光武器、反卫星激光武器和反洲际弹道导弹激光武器等。目前,这些武器中的多数还在研制过程中。

第一,防空激光武器,利用大功率的激光器,通过破坏目标的关键元部件或毁伤壳体等方式,拦击精确制导的导弹、炮弹、炸弹和飞机等。其中,对巡航导弹的防御意义尤为重大。这类武器可置于地面、车辆、舰船或飞机上。

第二,反卫星激光武器,可通过干扰、破坏卫星上的仪器设备或摧毁卫星平台,使敌方的指挥、控制、侦察、导航、通信与情报等系统瘫痪。由于卫星的轨道一般可测,相对于地面的角速度不是很大,卫星上的光电仪器设备的破坏阈值较低,因而反卫星激光武器的技术难度较反战略导弹的激光武器低。

第三,反洲际弹道导弹激光武器,要求激光平均输出功率应达到10^8瓦,亮度为10^{21}焦耳/球面度,光束发散角约10^{-7}弧度,光束质量接近极限。这些要求很高,各种高能激光器在近期内都难以达到。

高能激光武器经过30多年的发展,至今不能定型批量生产和列入装备,它的技术难点主要有两个:一是天气条件对激光在大气中传输影响太大;二是高能激光武器的瞄准、跟踪、火控问题突出。

第五节
夜 视 技 术

夜视技术是应用光电探测和成像器材,将人眼不可视目标转换（或增强）成可视影像的信息采集、处理和显示技术。它是20世纪30年代兴起的一门新型综合性技术应用学科。目前,夜视技术已成为现代军事科学技术的重要组成部分。

一、概述

（一）人眼的视觉原理和影响夜间视觉的主要原因

人眼的视觉原理就像一架特殊的"照相机"的工作过程。瞳孔好比是光圈,眼球是透镜,视网膜则是胶卷。在光照充足(光照度一般为1 000—10 000勒克司)的白天,它使我们看到自然界五光十色的景物,此时视网膜体现的是彩色胶卷的功能;在光线不足的黎明或黄昏,我们只能分辨物体的形状,视网膜就变成了黑白胶卷;而到了夜间这架照相机就难以工作了。原来视网膜上有两种感光细胞:一种是既能感光又能辨别颜色的视锥细胞,另一种是灵敏度很高,能感受形状但没有感色功能的视杆细胞。当光线从物体反射到这些细胞上后,就相当于视网膜"曝光",产生生物脉冲信号,通过视神经传输到大脑,于是就引起视觉,反映出物体的形状和颜色。到了夜间光线减弱,环境照度低于0.01勒克司(相当于四分之一月光)时,不仅视锥细胞不能感光来分辨物体的颜色,就连灵敏的视杆细胞也得不到足够的"曝光"来识别物体的形状,于是就产生了"黑暗"的感觉。但是,这种"黑暗"并不是不存在任何光。由于星光、月光和大气辉光等自然光的存在,空中总是存在着微弱的光线,术语称其为微光。只是由于人眼的灵敏度不够高,不能感受到这些光而已。此外还有一个原因:前面所指的光,仅仅是指人眼敏感的那一部分波长的光,即可见光,其波长为0.40(紫光)—0.76微米(红光)。比红光波长长的一部分光叫红外光(红外辐射),其波长从0.77微米到1 000微米,但人眼视网膜对它却"视而不见"。

自然界任何温度处于绝对零度(−273℃)以上的物体,都要辐射红外光,温度越高辐射能力越强。由此可见,在夜间当可见光极度减弱之后,红外光依然存在,可以说仍然是一个"明亮的世界"。只要能克服人眼在敏感波长方面的局限性,这个"明亮的世界"就能成为现实。

(二)夜视技术的基本原理

从对人眼视觉原理的分析得知,使人眼夜间无法识别物体的原因有两个。第一是夜天光即可见光太弱,无法引起人眼视网膜组织细胞的感光。第二是自然界存在着红外光,但人眼视网膜对其却不敏感。所以,只要能克服上述障碍,就能使黑夜和白天一样明亮。迄今为止,人类研制的各种夜视器材都是针对上述两点原因。即把微弱的夜天光放大到足以引起人眼视觉的程度;把红外光转换成可见光。

(三)夜视器材的分类

由于夜视技术的发展,夜视器材不断更新换代,目前夜视器材品种繁多,用途各异,有多种分类方法,其中有两种主要分类方法:按工作波段不同,夜视器材可分为红外夜视器材和微光夜视器材两大类;按工作方式的不同又可分为主动式和被动式两大类。表5-1是以工作方式的不同,按主动式和被动式两大类列举出有代表性的夜视器材。

表 5-1

军用夜视器材
- 被动式
  - 目标反射夜天光
    - 微光夜视仪
    - 微光电视
  - 目标的热辐射
    - 红外热像仪
    - 红外电视
  - 目标反射夜天光和发射红外光 —— 微光照相机
  - 目标的微波辐射 —— 合成孔径微波雷达
- 主动式
  - 目标被近红外灯照明 —— 主动式红外夜视仪
  - 化学红外光源发光 —— 红外照明弹
  - 目标被近红外光照明 —— 近红外照相机

主动式,就是在工作时,需使用外加红外光源照射目标,其工作效果受外界自然条件影响较小。

被动式,就是在工作时,不需使用外加任何光源照射目标,而是利用目标自身辐射红外线或反射的自然光来工作,其工作效果受外界自然条件影响较大。

二、几种主要夜视器材

(一) 主动式红外夜视仪

1. 主动红外夜视技术的发展概况

主动红外夜视技术的历史最为悠久,1934 年荷兰科学家霍尔斯特研制出第一支近贴式红外变像管,标志着人类最早夜视技术进入了实用阶段。20 世纪 40 年代主动红外夜视仪正式诞生,并在第二次世界大战的后期,首先由德军和美军将它应用于战场。德军在车辆上安装了主动红外夜视仪,使其在夜间能快速行驶,在夜间将 V-2 导弹运至前线,成功地避开了盟军的监视和空袭。美军在攻占太平洋岛屿的夜战中,在步枪上安装了这种夜视仪,当时日军对夜视仪一无所知,因而处境十分被动。

20 世纪 50 年代后期,红外变像管在欧美国家发展成熟,使主动红外夜视仪的性能不断提高。苏军研制出主动红外机枪瞄准具,作用距离 350 米,重量 10 公斤。同一时期美军装备的主动红外机枪瞄准具,作用距离 300 米,重量 5 公斤。直到 20 世纪 60 年代末,这类夜视仪一直占据统治地位。我军 69-Ⅱ 主战坦克上的 1970 式炮长夜间瞄准镜,即是这一时期的产品。

2. 主动红外夜视仪的构成和工作原理

主动红外夜视仪,主要由红外变像管、红外探照灯、光学系统(物镜和目镜)和电源四大部分组成(见图 5-38)。其中红外变像管是主动红外夜视仪的心脏,主要用来将不可见红外光图像转换成可见光图像。

主动红外夜视仪的基本工作原理是:由红外探照灯发射红外光照射目标,从目标反射回来的红外光通过物镜聚焦在红外变像管的光电阴极面上,形成人眼看不见

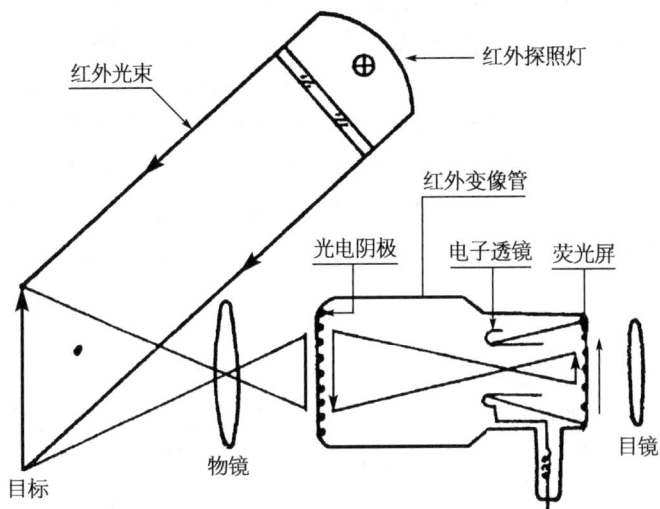

图 5-38

的目标红外图像。光电阴极受光照射后发射电子,受强光照射的部位发射的电子数目多,受弱光照射的部位发射的电子数目少。此时就把目标的红外图像转换成电子图像。光电阴极发射的电子经过电子透镜的聚焦和加速,轰击变像管另一端的荧光屏,使之发光。荧光屏各部位的发光亮度和受轰击的电子密度成正比,于是荧光屏又将电子图像转换成可见光图像。使用者即可通过目镜,看到荧光屏上所显示的图像——被红外光所照射的目标。

3. 主动红外夜视仪在军事上的应用

主动红外夜视仪适用于近距离的侦察和搜索;适用于各种军用车辆和坦克等的夜间驾驶;适用于各种短程武器的夜间瞄准。主动红外夜视仪的作用距离,取决于所配备的红外探照灯的功率。功率越大,作用距离越远。表5 2 记载的是部分红外探照灯和作用距离的关系。

表 5-2

用　　途	红外探照灯功率(瓦)	作用距离(米)
车辆驾驶	10	50 — 200
步、机枪夜瞄	30	100 — 300
观　察	200	400 — 1 000
坦克瞄准	500	800 — 3 000

在接通电源但不开启红外探照灯的情况下,可用其探测敌方的红外光源,搜索敌人正在工作的主动红外夜视器材。此时的探测距离约是观察距离的3倍。

主动红外夜视仪由于其工作时使用红外探照灯主动照射目标,使目标"亮度"提

军事

225

高,场景反差大,因此成像清晰,较适用于夜间观察和驾驶,且成本低,技术成熟,曾一度得到快速发展。但是,由于它以主动方式工作,尽管探照灯发射的红外线人眼看不见,但可被对方仪器探测,因此其存在一致命弱点——容易暴露。第四次中东战争期间,埃、以双方的坦克都配有这种主动红外夜视仪,部分坦克就是因为随意使用红外探照灯而被对方击毁。此外,这种夜视仪由于要配备红外探照灯和蓄电池,使其体积大而笨重,难以作为一般的轻武器的瞄准具使用。20世纪70年代以后,已逐渐被微光夜视仪和红外热成像夜视仪取代,目前国外尚有少量生产。

(二)微光夜视仪

微光夜视仪是20世纪60年代发展起来的一种夜视器材。它是通过其核心部件——"像增强器",将目标反射的月光、星光等夜天光放大,达到人眼看清目标图像的一种夜视器材。微光夜视仪本身不需要主动光源,是一种被动式成像系统。因此,它克服了主动红外夜视仪容易暴露的缺点,更适合战时夜间使用。

微光夜视技术已经发展了四代。20世纪60年代开创的第一代微光夜视技术以采用级联像增强器为特征;20世纪70年代的第二代像增强器则采用了微通道板;20世纪80年代中期开始生产的第三代像增强器的主要特征是采用砷化镓作光电阴极和镀离子阻挡膜的微通道板;20世纪90年代末研制的第四代像增强器则采用了不镀膜微通道板和自动门控电源的技术。

1. 第一代微光夜视仪

第一代微光夜视仪主要由微光光学系统(物镜和目镜)、像增强器和电源三大部件组成(见图5-39)。

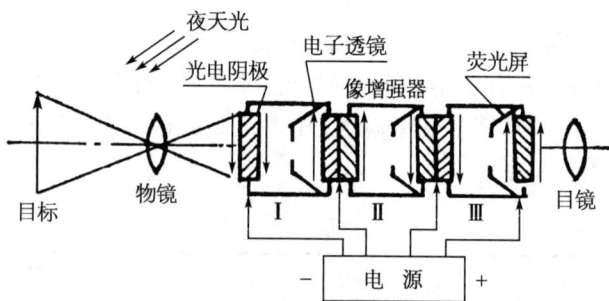

图 5-39

第一代微光夜视仪的基本工作原理是:当夜视仪的物镜接收到目标反射来的微光,经聚焦成像于第一级微光管的光电阴极上。光电阴极受到照射便产生光电效应而发射电子,这些电子经电子透镜的聚焦和加速,轰击荧光屏,使之呈现亮度放大50倍左右的可见光图像。然后,该图像再经第二级、第三级微光管的连续放大,最后在第三级微光管的荧光屏上出现一个亮度增益达10万倍以上的目标图像。使用者可通过目镜看到目标的清晰图像,从而达到夜间观察的目的。

第一代微光夜视仪亮度增益倍数高,观察距离可达 3 000 米。但它的体积和重量较大,且易受强光干扰。

2. 第二代微光夜视仪

第二代微光夜视仪与第一代级联式微光夜视仪结构大致相同,也是由微光光学系统,像增强器和电源三部分组成(见图 5-40)。它和第一代产品的主要区别在于将一块叫微通道板的新型光学纤维元件置于单级微光管的荧光屏前面。由于微通道板的 2 次电子倍增功能,使一块微通道板和单级微光管的亮度增益效果达到三级级联式像增强器的同等水平。

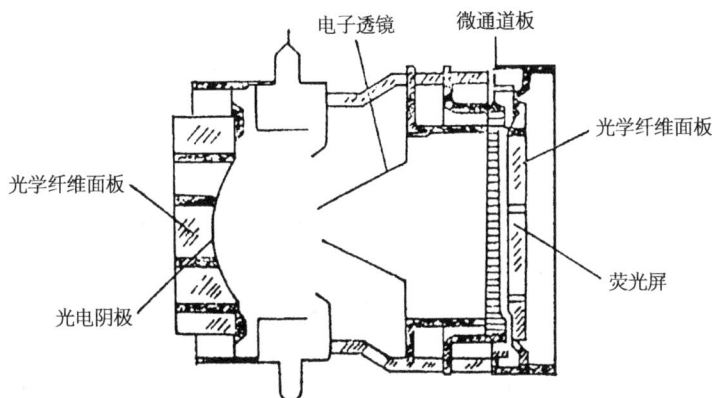

图 5-40

微通道板是一个电子倍增元件,它由许多直径约 10 微米整齐排列的空心丝组成。空心丝内壁是半导体材料,具有良好的 2 次电子发射性能,每根空心丝就是一条电子通道,每个进入通道内的电子在电场的作用下碰撞通道壁,产生 2 次电子,2 次电子又碰撞通道壁,又产生更多的 2 次电子,如此反复,形成“雪崩”现象。这样一个电子从通道一端进入,就有成千上万个电子从另一端输出,最终在微通道板的出口处,形成了一股数量剧增的电子流,电信号被极度放大了。

一块微通道板可以获得 1 000—10 000 倍的电子增益,于是加装微通道板后的单级微光管的亮度增益就可以从 50 倍提高至 50 000 倍以上,从而能够用一只装有微通道板的第二代微光管去代替由三只第一代微光管串联而成的三级级联式像增强器。第二代微光夜视仪的体积和重量都大为减小。

第二代微光夜视仪不仅隐蔽性好、体积小、重量轻,而且由于微通道板中电流量的饱和控制,从而对强光干扰有一定的抑制作用。第二代微光夜视仪的这些优点使其比第一代微光夜视仪有更广的用途:如车辆驾驶、武器瞄准和制作夜视眼镜等。

美国在 20 世纪 70 年代初开始生产第二代微光夜视仪,并将首批产品送往越南战场。当时生产的枪用瞄准镜虽然在许多方面优于第一代产品,但视距却不如第一代,此后做了多方面的改进,到了 20 世纪 70 年代中期定型生产的第二代微光瞄准

军事

镜,视距可达 1 200 米。同一时期,英国、日本、荷兰等国也有了同等水平的产品。

3. 第三代微光夜视仪

第三代微光夜视仪采用装有高灵敏度的砷化镓(GaAs)作光电阴极,带有微通道板的薄片管制成的夜视仪。这种使用第Ⅲ和第Ⅴ族元素制成光电阴极的薄片管就是第三代像增强器。它由一块荧屏光纤面板,一个含微通道板的金属陶瓷体和一个连接光电阴极衬底的金属化阴极玻璃面板组成,光电阴极和微通道板的输出端分别与微通道板的输入端和荧光屏近贴聚焦,形成一种尺寸小、重量轻的薄片管。这种薄片管由于采用砷化镓作光电阴极,其敏感波长为 1.6—2 微米,这正是夜天光中很强的辐射波段。因此,同等功率的第三代微光夜视仪的作用距离较第二代提高 1.5 倍以上。

第三代微光夜视仪由于采用了双近贴式像增强器,其性能虽然比第一代、第二代更先进,但其制造工艺复杂,造价昂贵。这种像增强器主要用于制造各种夜视眼镜。

4. 第四代微光夜视仪

由于第三代像增强器采用了镀离子阻挡膜的微通道板,这种离子阻挡膜既可以防止离子反馈,又能保护灵敏的光电阴极。但是,它却降低了管子的分辨率和信噪比,影响了成像质量。因此,找出既不用阻挡膜又能保护光电阴极的方法,一直是夜视技术领域的研究课题。

第四代微光夜视仪采用不镀膜微通道板的像增强管。这种像增强管采用能大幅度减少离子反馈的新型高性能玻璃制作的微通道板,以及采用能减少离子反馈的光电阴极的自动门控电源。与使用连续直流电源不同,加在光电阴极上的自动通断的电压是脉冲式的,即电源感知进入像增强管的光量,自动高速接通和切断。通断的频率在光照强时较高,光照弱时较低。于是,观察者始终能看到均匀一致的图像。

第四代管不仅增加了夜间的观察距离,而且扩大了徒步士兵和驾驶员使用像增强器的范围。试验表明,采用二代管、二代半管、三代管和四代管的微光夜视眼镜,在 1/4 月光条件下的作用距离分别为 145 米、225 米、335 米和 390 米;二代管能在满月到 1/4 月条件下工作,三代管则能在星光下观察,四代管不仅能在云遮星光的极暗条件下有效工作,而且能在包括黄昏和拂晓的各种光照条件下工作。

2000 年末,美国利顿公司的第四代管已通过了美国陆军合格鉴定试验,并将这种管用于美国特种作战司令部所属部队使用的 M4A1 卡宾枪上的新型夜视瞄具,不久还将向陆军航空兵提供采用第四代管的新型夜视眼镜,且还将用第四代管取代现役夜视眼镜上的第三代管。

微光夜视仪由于工作方式是被动的,隐蔽性好,不易暴露,而且体积小、重量轻、耗能少,所以受到各国军队的欢迎。就世界范围而言,它是目前产量最大、装备最多的一种夜视仪。但是,由于微光夜视仪主要靠目标反射的夜天光工作,所以它的作用距离与观察效果受天气条件影响较大,不适合在有烟、雾以及漆黑的环境中使用,而且在受强光干扰的情况下,都会受到不同程度的影响。

大学

(三) 红外热像仪

红外热像仪是基于任何物体的表面温度高于绝对零度(即 – 273℃),都要向外辐射红外线这一物理现象为基础,而研制的一种依靠接收目标自身各部位之间,目标与背景之间辐射红外线的差异(即温度的高低),用可见的黑白图像显示出来,从而达到发现和识别目标的。所以,它属于被动式夜视器材。

第一代红外热像仪大多采用扫描的方式来进行观察,所以又被叫做光机扫描型热像仪,它主要由光学系统(含扫描器)、红外探测器(含制冷器)、电子放大线路和显示器等几部分组成。图5-41 就是第一代扫描型红外热像仪的结构示意图。

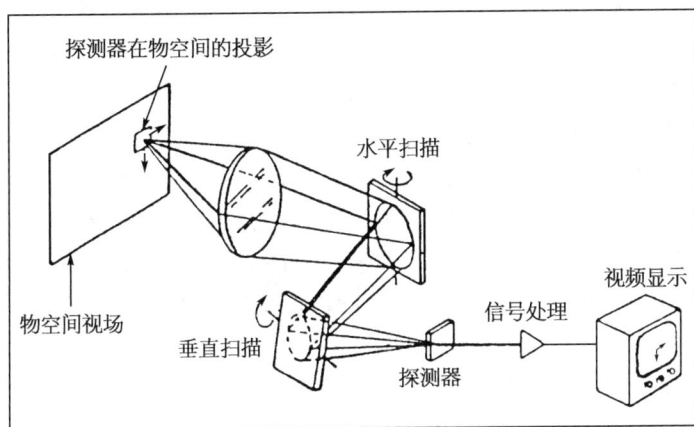

图 5-41

扫描型红外热像仪的基本工作原理是:光学系统将目标和背景的热辐射汇聚起来,经过光学扫描器的反射,将目标和背景各部分的热辐射先后投射到单元探测器上。光学扫描器包括两个扫描镜组,一个作垂直扫描,一个作水平扫描。当扫描器转动时,从目标到探测器的光束随之移动,探测器就逐点接收目标和背景的热辐射并转换成相应的电信号。经过放大和视频处理后的信号被同步显示在显示器上,我们就看到了物体的热像图。

早期使用的单元红外探测器的热像仪性能较差,特别是在探测运动目标时。为此,各国开始研制非扫描型热像仪,即第二代凝视型热像仪。它采用了 CCD 焦平面阵列技术,即在光学系统焦平面上的一块如同邮票大小的芯片上,不仅集成了成千上万个红外探测器,而且与各探测器相匹配的信号放大与处理电路也集成在一起,形成一个整体,使第二代热像仪不仅取消了光机扫描器,能够像眼睛一样摄取目标的完整图像,而且缩小了体积,降低了能耗。不仅如此,由于 CCD 成像器件具有更高的灵敏度和热分辨率,使探测距离和识别能力也有明显提高。但是,第二代凝视型热像仪技术复杂,价格昂贵,因而各国装备数量较少。

为了结合两者的优点,人们研制了采用多元探测器阵列的热像仪。它仍属于扫描型热像仪,但其探测器不止一个,而是由若干个红外探测器组成,其方向与扫描方向垂直,可以起到"一目十行"的作用。这种热像仪既不像凝视型那样难以制造,又比只用单元探测器的热像仪效果好。在显示方式上,除了采用类似于电视的阴极射线管显示外,还采用了发光二极管阵列。它的电子通道和发光二极管的数目都与探测器数目相等,并一一对应。红外探测器产生的信号经电子线路处理后,送至发光二极管阵列,产生相应的可见光,然后经扫描反射镜的背面(可见光反射面)反射进入目镜。观察者就可以通过目镜观察到无闪烁的目标图像。

由于热像仪既克服了主动红外夜视仪容易暴露的致命弱点,又克服了微光夜视仪不能在全黑的条件工作的缺点,因此它是目前技术最为先进的夜视器材。

热像仪是靠接收目标自身的红外辐射而成像的,而一切物体,只要其温度高于绝对零度都会辐射红外线,因此可以说,热像仪的工作是不依赖于任何外界条件的,是一种全被动的工作方式,它具有极好的隐蔽性;由于红外线无论在白天和黑夜,或在雨、雪、云、雾天气都有较强的传输能力,因此热像仪能实现"全天候"观察,在激烈的炮火闪光中也不会迷盲;热像仪是靠探测目标与背景间的温差来识别目标的,因而其具备了识别伪装的能力,一种手持式热像仪,便可探测隐藏在灌木丛中60米深处的人;由于热像仪利用温差成像,因此它不仅能探测目标,还能获得目标的状态信息,如刚发射过的枪、炮,刚停止运动的车辆,以及机场上飞机起飞不久留下的"影子"。

热像仪在军事上应用很广。可用于战术与战略侦察,武器的观瞄与制导,各种战斗和运输车辆的夜间驾驶,并可供飞机在夜间的起飞和着陆等;热像仪用于地面观察时,可识别1 000米处的单兵,2 000米处的车辆和坦克;用于空中侦察时,在1 500米高度上可发现地面的单兵活动,在20千米高空可侦察到地面的人群和行驶的车辆;用于水面侦察时,可发现15—20千米处的舰艇。

(四) 隐身红外照明弹

隐身红外照明弹是以发出很强的人眼看不见的红外线为主、仅产生轻微可见光的一种照明弹药。它可作为工作在近红外波段的光电器材的辅助光源,在扩展光电器材使用范围、提高其夜视能力的同时,还具有自身隐形的效果,从而使夜间战场变成对自己单方面"透明",顺利地实施对敌侦察、监视、观瞄、跟踪与攻击。佩戴红外夜视眼镜的直升机驾驶员借助红外照明弹后,观察距离可增加4—7倍。如果某型号第三代夜视眼镜的视距为300米左右,借助红外照明弹后,视距可达2 000多米。

研制隐身红外照明弹药的设想,最初是美国陆军提出的,1989年研制成功并进行了发射试验,1990年3月正式交付美国陆军使用。这种隐身红外照明弹由M257型可见光照明弹演变而来,两者具有相同的弹体结构和外形,采用标准的70毫米火箭发动机。目前,红外隐身照明弹由机载航空火箭发射,射程可达4 200米,下降速度为4.26米/秒,燃烧时间达3分钟。

隐身红外照明弹药技术日趋完善之后,将作为重要的战斗力倍增器,可望在夜战场的诸多方面得到广泛应用,如战场监视、导航、空袭、渡河以及治安和营救等。

三、夜视技术对作战的影响

夜视技术的发展,夜视器材的大量装备,使夜战部队的信息获取能力、机动能力、协同能力和打击能力等,均得到很大程度的提升,对现代作战样式,对战役战术理论的发展等产生了广泛而深远的影响。

(一) 夜战地位上升

夜视技术诞生以前或未大量装备之前,敌我双方的大规模作战行动通常在昼间进行。夜战常用于袭扰,偶尔用于较大规模的作战行动,属用兵的"奇"着,更多用在改变己方的不利态势或被动地位。这时的夜战,靠的是指战员的勇敢无畏精神。因此,装备处于劣势的一方,为达到"以劣胜优"的目的,往往利用夜战,以夜暗、近战避敌装备之优势,去夺取作战的胜利。但夜战终是偶尔为之,并没有改变战争"昼行夜止"的一般规律。

夜视器材在战场上的大量使用,改变了传统的作战模式。对大量装备夜视设备的一方,夜暗不再是"作战行动的天然屏障"。相反,夜暗更强化了作战双方装备的技术落差,变成了对装备优势方的"单向透明"。优势装备的一方,将充分利用这种技术优势,选择夜间发起进攻并实施昼夜不间断的连续作战行动。这也是 20 世纪 80 年代以色列突击伊拉克核反应堆、美国空袭利比亚和入侵巴拿马、发动海湾战争都选择夜间发起进攻的原因。在海湾战争和波黑战争中,美军作战飞机的夜间飞行架次均占总出动架次的 70% 以上,"联盟力量"中也有 70% 以上的空袭是在夜间进行的。战争的实践表明,今后的夜战将更加频繁,更加激烈,对达成战略和战役目的将更具影响力。

(二) 倍增武器效能

夜视装备是现代光电侦察、监视、瞄准、火控和制导系统的关键组成部分,是武器实施夜战的保障。1991 年的海湾战争充分证明,夜视技术与武器装备相结合将大大提高武器装备在夜间和不良天气下获取信息、实施打击、指挥军队和协同作战的效能。在各类作战中,武器的攻击效果,从表面上看是由其威力和射程等因素决定的。但从实质上看,对目标的发现和定位,应是摧毁目标的前提条件。夜视器材的作用就是为武器"有的放矢"提供信息保障。海湾战争中,激光制导炸弹投放精度小于 1 米,激光制导导弹精度约 0.3—0.9 米。是什么因素保证了如此之高的命中精度呢? 机载微光电视和红外前视系统是激光制导系统的瞄准具,是它帮助驾驶员用激光束准确照明攻击点,炸弹、导弹才能飞向目标。海湾战争结束后,美中央司令部总司令海湾战争盟军总指挥诺曼·施瓦茨科普夫上将说:"装备我们部队的夜视装备是我们胜于敌人的重要有利条件。"

(三) 夜战的规模扩大,形态多样

以往的夜战,主要为战术范围内的袭击性交战,作战地域小、时间短。作战形式以小分队作战为主,以短兵相接为主,以陆地作战为主。

现代夜战出现海、天、空、地一体,大纵深、全时辰交战的景况。火力战、导弹战、电子战和心理战,各种形式均向夜间延续。夜间奔袭、机降渗透、夜间火力运用等等,战术不断创新。作战方式既有与昼战相同之处,又有适合于夜战隐蔽性、突然性的独特战法,夜战规模扩大到战役乃至战略范围的大兵团作战。夺取夜战胜利已成为赢得局部战争全局胜利的重要因素之一。

(四) 夜视技术的发展促使传统战法推陈出新

一切战术都不能离开有关技术水平的制约。夜视技术的快速发展,必然促进夜战战法推陈出新。我们要认真分析夜视技术对我军夜战传统战法的冲击。在技术上知己知彼,在战术上更新思路,继承和发扬我军善于近战、夜战的传统,在现代夜战中争取主动权。

在我军的战争史上,敌人曾怯于夜战,并留下多次败绩。但是,自 20 世纪 60 年代以来,夜视技术装备发生了很大变化。夜视技术的发展必然导致对某些传统战术概念的否定与更新。隐蔽、伪装、渗透、袭击和夜间补给等传统战术均有必要补充新措施,以适应新技术的挑战。越南战争、中东战争、马岛战争以及海湾战争中,工业发达国家的军队展示了一整套新的夜战战法,并凭借技术优势获取了战争的主动权。为此,寻求对策、扬己之长、击敌之短,转变观念、创新战法,这是我们面对现代夜战的当务之急。

(五) 夜视技术装备的应用与对抗成为夜战的主要内容之一

由于夜视技术装备性能的优劣对军事抗争产生不可低估的影响,使得夜战与昼战有许多不同之处。夜视器材的广泛应用,使夜间作战方式,作战进程出现自身的特点。制定作战计划,必须掌握(估计)敌人夜视装备的技术性能,把夜视能力作为评估敌战斗实力的重要依据之一。在攻防作战中,军事装备实力的角逐,谋略的较量,均与夜视器材的使用与对抗密切相关。

摧毁或干扰敌方的夜视装备,减弱其夜视能力,形同"点穴术",能够使敌人的信息力和打击力随之瘫痪。现代战争中,交战双方不可避免地要把更多的兵力和精力投入对夜视器材的对抗与反对抗的行动中,竭尽全力地争夺制夜权。

隐身与伪装技术

由于现代侦察技术的快速发展,使与之相抗衡的反侦察技术也发生着巨大变化,在侦察与反侦察的对抗中,由于任何侦察手段都有其自身的局限性,如通信侦察易受假信号的欺骗;可见光照相侦察卫星受天气影响较大,只能发现露天部署的武器装备;电子侦察卫星在地面电台和雷达关机的情况下无法收到信号等等。侦察手段的这些局限性为反侦察提供了可能。反侦察的基本措施主要有:伪装、隐蔽、隐身、保密、机动、佯动、干扰、摧毁等等。本节主要讲述隐身与伪装技术。

一、隐身技术

(一) 隐身技术概述

1. 什么是隐身技术

"隐身"一词源于英国作家威尔斯 1879 年的一部科幻小说《隐身人》,书中主人公服用一种药水后,就可以使别人看不见他的肉体。

隐身技术在军事上,又称隐形技术或低可探测技术。它是通过各种技术措施,降低武器装备等目标的信号特征,使其不易被敌方发现、识别,或遭到攻击。

2. 隐身技术的产生和发展

隐身技术是第二次世界大战后出现的重大军事技术之一,它在现代战争中起着举足轻重的作用,是新一代突防兵器取胜的关键。

第二次世界大战期间,德国曾设计制造飞翼式喷气试验机,在潜艇上尝试使用吸波材料,这便是当今雷达隐身技术中的外形隐身和材料隐身的首次应用。

战后美国率先开始了对隐身技术的研究,但当时对这一技术的重要性尚缺乏全面和足够的认识,基础理论研究也未被重视,因此发展缓慢。期间美国仅在 SR-71 和 U-2 高空侦察飞机上进行雷达隐身和红外隐身的尝试。

进入 20 世纪 60 年代,以美、苏为代表的包括部分西方国家有计划地开始了隐身技术的研究和试验工作,特别是把基础理论研究放到了重要的位置。其中电磁散射机理、雷达散射截面计算、目标红外辐射特征和雷达吸波材料的研究都获得了重要进展。美国研究发现了铁氧体对雷达波的强力吸收,且对铁氧体材料的实用性研究取得重要突破。从 20 世纪 70 年代中期,美国提出的各种隐身飞行器的方案设计成功地应用了上述各项研究成果,并开始设计研制 F-117A 型隐身战斗机。

隐身技术基础研究的快速发展,有力地推动了应用研究。20 世纪 80 年代初期开始,美国在各种新设计的武器系统中,如先进巡航导弹(ACM)计划,也将隐身技术列为武器系统战术技术要求的重要组成部分。美、法、英、瑞、以等国还开展了隐身舰艇的研制,特别是如何应用声频隐身技术。如美国研制了"海影"号隐身试验艇,瑞典研制了"司米奇"隐身试验艇,而法国制造的"费耶特"号隐身护卫舰和以色列制造的"埃拉特"护卫舰已开始服役,俄罗斯成功地在现役坦克上采用了毫米波和红外隐身涂料,美国还成功研制了举世瞩目、隐身能力极强的 F-117A 隐身战斗机和 B-2 隐身战略轰炸机等。20 世纪 80 年代开始,隐身技术的发展进入了快车道。

(二) 隐身技术的基本原理

由于现代战场上的侦察探测技术主要使用雷达、红外、电子、可见光和声波等作为工具,所以隐身技术也主要体现在反雷达、反红外、反电子、反可见光和反声波等五个方面,也可简称为雷达隐身技术、红外隐身技术、电子隐身技术、可见光隐身技术和声波隐身技术。

1. 雷达隐身技术

要了解雷达隐身,必须首先了解雷达在侦察探测过程中是如何工作的。雷达要探测某一方位上的军事目标,必须对该目标发射一雷达波束实施照射,雷达波遇到目标后,由于军事目标(如舰艇、导弹、飞机等)形状各异,波束将向四面八方散射,其中与入射波方向一致的那一小部分反射波被雷达接收机接收,经放大处理后在显示器上显示出目标的有关数据或图像。目标要增强自身的隐身能力,就必须使与入射波方向一致的那部分反射波尽可能减弱,即减小目标的雷达散射截面积。

为了减少目标对雷达波的反射,世界各国主要通过改变外形与结构设计,使用各种吸波、透波材料等手段。

(1) 外形隐身。

武器装备的外形直接决定着雷达截面积的大小。合理的外形设计不仅能减弱武器装备反射雷达波的强度,而且还能使某些方向上的雷达波相互抵消。隐身武器装备在外形设计上,通常会避免大平面、大凸状弯曲面,以抑制镜面反射(雷达波垂直入射到目标表面所产生的反射,它是雷达散射截面积的主要组成部分);采用多面体或多角体结构,避免出现两面体、角反射器的矩形槽等凹状反射结构;采用转折处尽可能圆滑过渡,取消外挂吊舱,设置嵌式机舱,尽可能减少外露武器装备和设备。因此,隐身武器装备,如美国的 F-117A 重型战斗机、B-2 战略轰炸机,都有古怪奇特的外形,其目的就是依靠这种奇特的外形来削弱敌方雷达波的反射强度,使敌方雷达无法发现目标,从而达到雷达隐身的效果。

(2) 材料隐身。

采用对雷达波具有吸收和透射能力的材料,是武器装备实施雷达隐身的一项重要技术。目前研制的雷达吸波材料和雷达透波材料,按其使用方法可分为涂料型和结构型。在减小雷达散射截面积方面,透波材料所起的作用并不大,主要是使用雷达吸波材料。

雷达吸波材料是将电能转换成其他形式的能量或使电磁波因干涉而消失的一种材料。当前被各国广泛采用的涂料型吸波材料是各种铁氧体材料,它被涂抹在武器系统的外表。结构型吸波材料是以非金属材料为基体,经装填吸波材料所形成一种既能减弱电磁波的散射,又能承受一定载荷的结构型复合材料。目前较多采用以环氧树脂和热塑材料为基体,装填铁氧体、石墨等结构型吸波材料。

雷达透波材料是一种透过电磁波,减少电磁波反射的材料,由于透波材料所起的作用较小,所以只有少量材料被采用。

(3)等离子体隐身。

等离子体是空气分子在外界作用下,部分或全部被电离成电子和离子,这些电子、离子和中性的分子、原子混合在一起便构成了等离子体。等离子体对电磁波的传播有很大影响。在某种条件下,等离子体能够反射电磁波;在另一条件下,等离子体又能吸收电磁波。当存在磁场时,在等离子体沿磁场方向传播的电磁波极化方向会产生旋转,从而使雷达接收的回波极化方向与反射时不一致,造成失真。

俄罗斯克尔德什研究中心研制出的新的飞机等离子体隐身技术,在不需改变飞机外形结构的情况下,可使飞机被雷达发现的概率极大降低。他们利用等离子体发生器、发生片或放射性同位素在飞机表面形成一层等离子体"云团",好似给飞机穿上了"隐身衣"。当雷达波照射到等离子体"云团"上,就会与等离子体的带电粒子相互作用,把部分能量传递给带电粒子,而自身能量逐渐衰减,同时受一系列物理作用的影响,电磁波绕过等离子体,从而使反射回雷达接收机的能量大幅减少。

等离子体隐身吸波频带宽,吸收率高,隐身效果好,使用简便,价格便宜,特别是无须改变飞机的外形以牺牲飞机的飞行性能获得隐身效果。据报道,可与美国高性能战机 F-22 相抗衡的俄罗斯最新战斗机米格 1.44(又称 MF1)就采用了等离子体隐身技术。

(4)其他隐身。

国外正在研发的其他雷达隐身技术有:对消隐身技术、有源与无源电磁干扰隐身技术、微波传播指示隐身技术等。

2. 红外隐身技术

我们知道,温度高于绝对零度(即 -273℃)的任何物体都在不停地向外辐射红外线,通常情况下,物体的温度越高,辐射红外线的能力越强。飞机、坦克、舰艇、导弹等军事目标均属于强红外辐射目标。目前研究发展的红外探测技术,就是利用目标和背景辐射红外线的差异,即辐射的强度和频率不同,将目标和背景区分开来,从而达到侦察的目的。

与红外探测相对应的红外隐身技术,就是寻找对抗红外探测系统的技术措施。要使对方的红外探测系统难以发现目标,就要设法隐蔽目标的红外信息特征,核心是隐蔽目标的红外辐射强度和辐射波段。当前,尽管为此目的采用了诸多技术措施,但基本可以归纳为以下三个方面的技术。

（1）减弱目标的红外辐射强度。

减弱目标的红外辐射强度是红外隐身的主要技术措施。飞机、坦克、舰艇等兵器的红外辐射的主要部位是其自身的发动机,因此有的飞机采用散热量小的高函道比的涡轮风扇发动机,坦克采用陶瓷绝热发动机等。对发动机的进、排气管的形状、材料、安装方向进行整合改造,采用新型喷嘴,使燃油充分燃烧,减弱红外辐射;使用新型燃料以降低排气的红外辐射等。兵器的另一重要红外辐射部位是其表面。当兵器在高速运动时,其表面与空气摩擦产生较强的红外辐射。为此各隐身兵器在表面采用涂敷红外隐身涂料,在涂料中加入隔热和抗红外成分,以抑制兵器表面的红外辐射。

（2）改变目标的红外辐射波段。

改变目标的红外辐射波段,使处于红外探测器的响应波段范围之外,也就是说使其红外辐射波段避开三大大气窗口而在大气层中被吸收和散射掉,从而达到隐身的目的。当前较多采用的技术措施如:用可以改变红外辐射波长的异型喷管,改变推进剂的组合以改变红外辐射的波长等。

（3）采取红外干扰措施。

采取红外干扰措施,使对方红外探测系统无法获取目标的准确信号,也是红外隐身技术的一项重要措施。当前常用的有投放红外诱饵、发射红外干扰信号等。

3. 电子隐身技术

各军用目标除了容易被对方的雷达和红外探测系统发现外,它们自身所携带的电子设备因不停地辐射电磁波也容易被对方的电子侦察系统发现。为了使目标不被性能越来越高的电子侦察系统发现,作为抑制目标本身所产生的电磁信号特征的反电子侦察隐身技术,也就成为一项重要的隐身技术。

武器装备自身的电磁辐射源主要为其构成中的各种电子设备,如雷达、通信设备、控制系统、电子对抗系统、电子探测系统等。通常采用抑制目标自身电磁辐射的主要技术措施有以下几个方面。

（1）尽量减少无线电设备。如用红外设备替代多普勒雷达;用激光高度表替代雷达高度表;用全球卫星定位系统替代无线电导航系统等。

（2）采用低截获概率技术改进电子设备。如采用发射功率自动管理技术。雷达一旦捕获到目标,其发射功率即刻自动降至跟踪目标所需功率的最小值,并随着逐渐接近目标继续自动降低发射功率;在时间、空间和频谱方面控制无线电设备的电磁波发射;采用频率捷变技术,以降低信号被探测和识别的概率;武器装备等目标多采用被动雷达等电子探测系统,使其处于无源状态等。

（3）减少电缆的电磁辐射。如尽量缩短各种电子设备间的距离,用光缆取代电缆连接各电子设备等。

（4）避免电子设备天线的被动反射。如将天线做成能嵌入目标体内的结构,不使用时将天线收回体内等。

（5）对电子设备实施屏蔽。如改进武器装备的结构,采用特殊材料或涂料,以减少向外辐射电磁波等。

4. 可见光隐身技术

可见光探测系统的探测效果取决于目标与背景之间的亮度、色度、运动这三个视觉信号参数的对比特征,其中目标与背景之间的亮度比是最重要的因素。目标的结构体和表面的光反射,发动机喷口的喷焰、尾流和烟迹,灯光和照明光等均为目标的亮度源。当目标亮度与背景亮度对比非常大时,就容易被视觉探测发现;如果双方的亮度比相当,但色度比大也容易被视觉探测发现;当目标对背景呈现强烈的亮度、色度时,目标相对于背景的运动很容易被探测。可见光隐身技术,就是通过减少目标与背景间的亮度、色度和运动的对比特征,达到对目标视觉信号的控制,从而降低敌方可见光探测系统发现的概率。当前使用的可见光隐身技术主要有以下几点。

（1）改进目标外形的光反射特征。如飞机的座舱罩采用小平面的多面体代替曲面体外形,这种座舱罩能将太阳光向各个方向散射,从而减小目标被光学探测系统发现的概率。美国陆军的贝尔 AH-IS"眼镜蛇"直升机的座舱由圆拱形透明罩改为7个平面组成的多面体,隐身性能大大提高。

（2）控制目标的亮度和色度。如在武器装备的表面涂敷迷彩涂料或挂伪装网,使目标与背景的亮度和色度匹配。在夏季,最常见的迷彩是绿色、暗褐色和砂土色。绿色具有植物树叶和青草的特色,暗褐色具有阴暗地段、潮湿土地的颜色,砂土色具有光亮土壤和干燥耕地的颜色。冬季则用白色和暗褐色。据悉,某些国家正在研制一种涂料能随环境亮度变化而改变自身的亮度与色度,以保证目标与背景随时处于一致的状态。

（3）降低目标发动机喷口的火焰和烟迹信号。实际使用中常采取以不对称喷口降低喷焰温度,从而降低喷焰光强;采用转向喷口或进行遮挡,使目标在探测方向上减小发光暴露区;改进燃烧室设计,在燃料中加入添加剂,使燃料充分燃烧并减少烟迹等。

（4）控制目标的照明和信标灯光。如对夜间照明和信标灯光多的军事目标实行灯火管制,对必要的灯光在一定的角度范围内进行遮挡。

（5）改变目标运动构件的闪光信号。试验表明,飞机二叶螺旋桨的闪烁信号要高于四叶或多叶螺旋桨,高于 16 赫兹的螺旋桨频率可以避免螺旋桨叶的明显闪光信号。这方面的研究正在深入进行中。

5. 声波隐身技术

声波隐身技术也叫声频特征信号控制技术,就是控制目标的声波辐射特征,以降低敌方声波探测系统对目标的探测概率的技术。

许多武器装备(如飞机、坦克和潜艇等)都要向周围介质(如空气、大地和水等)辐射高能级噪声声波,易被敌方噪声传感器、声纳等声波探测系统发现。目标的噪声源主要是发动机等机械的工作噪声,目标及其部件(如螺旋桨)运动和排气对周围介质的扰动声,以及目标体与构件的振动噪声等。为了降低目标向周围介质传播的噪声,目前研究和采用的技术措施主要有以下几条。

(1)改进发动机和辅助机的设计、研制超低噪声的发动机和辅助机。

(2)使用吸声和阻尼声材料。如使用橡皮、塑料等非结构型雷达吸波装置,既可降低雷达散射截面积,又可作为噪声阻尼器衰减机械振动等。

(3)采用减振和隔声装置。采用双弹性支承基座、橡胶和软塑料座舱及履带等,可以起到减振作用;采用隔声罩、消声器、消声瓦等可以隔声。

(4)减小螺旋桨运动对介质的扰动噪声。如增加螺旋桨叶数并降低旋速,舰艇采用主动气幕降噪法等。

(5)合理进行目标整体设计,以避免发生共振现象。

采用上述技术措施虽能降低噪声,但不能完全消除噪声。因此,消除目标的噪声问题目前还未能从根本上解决。

(三)几种主要隐身兵器简介

当前,隐身技术已由基础理论研究阶段进入实用阶段,特别是 20 世纪 80 年代以来,由于各种隐身技术取得重大突破,加之战争对武器装备的隐身要求,使得隐身武器装备异军突起。各种隐身技术的综合运用,导致一系列新型隐身武器装备的问世。目前,美国和欧洲一些发达国家已先后研制出隐身轰炸机、隐身战斗机、隐身侦察机、隐身巡航导弹、隐身舰艇和隐身坦克等。

1. 隐身飞机

很多国家对飞机隐身技术的研究,都投入了大量的人力、物力和财力,并取得了许多突破性进展。因此,飞机隐身技术代表了当前隐身技术应用于军事领域的最高水平。美国的飞机隐身技术的研究又领先于其他国家,它的 F-117A、B-2、F-22 等飞机代表了当今世界隐身兵器的先进水平。F-117A隐身攻击机和 B-2 战略隐身轰炸机已投入实战,在海湾战争、科索沃战争和伊拉克战争中均发挥了重要作用。

(1)F-117A 隐身战斗轰炸机。

F-117A 隐身战斗轰炸机(图 5-42)是由美国洛克希德公司研制生产的,它的隐身技术措施主要有:一是它的奇特外形。它采用后掠翼和 V 型尾翼,V 型尾翼间的夹角小于 90°,使其不会成为向上的强反射体,同时也不会与其他表面构成两面体。机身为多角多面锥体菱形结构,外表几乎是由许多小平面拼合而成,以抑制和散射雷达波。二是机身机翼融为一体,飞机下部没有突出部和外挂物,导弹、炸弹等武器全部在机身或机翼内。三是发动机进气口和排气口都装有吸波挡板,进气口和排气口也都在机身上部,并装有降低雷达截面积和红外辐射特征的装置。四是大量使用复合材料。全机纯金属材料不超过结构重量的 5%,有效地缩小了雷达反射截面积。五是采用各种吸波材料。有的还涂有红外隐形涂层,以降低机体与背景的对比度。六是取消了发射功率强大的微波雷达,整个飞机几乎不装任何有源传感器,以降低电磁辐射达到隐身效果。

图 5-42

　　F-117A 由于采取了上述种种隐身技术措施,使其获得了极佳的隐身效果。它的雷达散射截面积仅为 0.01—0.1 米^2,比常规飞机的雷达散射截面积缩小 2—3 个数量级,它的红外特征和噪声也显著减小。这使得该机成为一种名副其实的隐身战斗机。在 1991 年海湾战争中,美军出动了全部 56 架 F-117A 中的 48 架,在 38 天的空袭中,共出动 1 296 架次,其击毁的战略目标占伊拉克被美军击毁的战略目标的40%,而其自身在这场战争中却无一损失。这充分证明了 F-117A 的出众的隐身效果。

　　(2)B-2 隐身战略轰炸机。

　　B-2 隐身战略轰炸机是由美国诺斯罗普公司研制生产的。该机于 1989 年首次试飞,于 1999 年在科索沃战争中首次使用。如果说 F-117A 主要是通过多面体外形设计达到隐身的目的,那么,B-2 则是通过综合采用多种低可探测技术隐身的。这也正是 B-2 隐身战略轰炸机被称为先进轰炸机(ATB)的原因。其独特的外形如图 5-43 所示。

图 5-43

　　该机所采用的主要隐身技术措施有:一是独特的外形设计。B-2 采用飞翼式气动布局和锯齿形后缘,机身外形似一只巨大的蝙蝠,前后缘主要由直线构成,上下两面主要呈圆滑的曲面状。两个笔直的中等后掠翼前缘在机头处相接,这可确保来自前方的雷达波偏离飞行方向散射。巨大的锯齿状后缘由 10 条直的边缘组成,这些边缘按两个固定方向分别与两机翼前缘平行,这样能把雷达波从后缘上沿两个方向反射出去,很好地偏离飞机的尾后区域。该机没有垂尾翼,进一步减小了雷达的散射截面积。二是隐身结构。B-2 的发动机、油箱和武器挂架均安装在机身内。为避免地面雷达的探测,两个发动机舱设计在左右两翼的上部,进气口亦置于机翼上表面,进气道采用背负式 S 形。发动机排气口位于机翼后缘上方,采用敞开式鸭嘴二元喷口。该喷口不但对雷达和红外隐身效果较好,还能提供矢量推力。三是采用吸波材料。B-2 是最大限度使用复合材料和吸波材料的飞机。它使用了蜂窝型雷达吸波材料和铁氧体磁性-耗能型吸波涂料制造机体构件和蒙皮。据称,新型隐身复合材料的使用量约占飞机材料总重量的 40%。

B-2 采取上述隐身技术措施后,其隐身性能远远超过以往的战略轰炸机。它的雷达散射截面积仅为 0.3 米^2,相当于 B-52 战略轰炸机的 1/1 000、B-1B 战略轰炸机的 1/100。B-2 自 1999 年参战以来,至今尚无被击落的记载。

2. 隐身舰艇

作为海上特定环境中的目标,舰艇的可探测信息特征主要是雷达的散射回波、自身的红外辐射、噪声、舰载无线电台和雷达的电磁辐射、可见光散射等。所以,舰艇的隐身就是控制舰艇的上述可探测信息特征,以降低其可探测概率,提高生存力。目前较多采用的舰艇隐身技术措施主要有以下几种。

(1) 减少舰艇的雷达散射截面积。首先是改进舰体及上层建筑形状。如美国"宙斯盾"驱逐舰的舰体和上层建筑尽可能采用了圆弧形的表面和棱角,避免镜面强反射。又如英国的"海上幽灵"隐身护卫舰,舰面上除了两座 76 毫米舰炮外,其余武器装备(如 8 联装反舰导弹、2 座 12 管 270 毫米火箭炮、鱼雷、反潜设备和水雷战装备等)全部装入一个怪异的多面型舰体内。图 5-44 为瑞典"维斯比"级轻型护卫舰,该舰于2000 年 6 月 8 日下水。其次采用吸波和透波材料。如英国的某些舰艇的上层建筑和舰艇武器装备因安装了吸波材料屏蔽板,有效地减小了雷达散射截面积。我国在潜艇外壳上试用吸波涂料也达到了隐身效果。

图 5-44

(2) 降低舰艇的噪声辐射。舰艇的主要噪声源是发动机、电动机、各机械部件的振动噪声和螺旋桨的空泡噪声等,这些噪声向空中和水下传播,极易被声测系统探测。目前各国用以降低噪声辐射的主要技术措施有:第一采用低噪声发动机、辅助机和传动机械部件。第二采用隔声罩、双弹性基座和消声器等,以降低振动噪声。第三在舰艇表面使用消声瓦,如美、俄、英等国有不少核潜艇在壳体上安装了消声瓦。第四采用大型低速螺旋桨增加桨叶数目,以减少螺旋桨的空泡噪声。

(3) 抑制舰艇的红外辐射。对于水面舰艇来说,红外辐射具有明显的可探测特征。其红外辐射源主要是烟囱、主机舱及其排出的废气和热水等。舰艇的红外隐身就是抑制红外辐射。红外隐身的主要措施有:一是冷却排气烟流和降低可见烟道表面温度。将主排气口设置在水线以下,在排气管四周加装冷却或回收热能装置,采用主机排气的红外抑制系统等。二是采用吸波和绝热材料或利用涂料改进表面辐射特性。三是在烟囱内加装隔热吸热装置和红外辐射挡板或加装冷却系统来降低烟囱温度。四是在舰体表面涂敷绝热层,减弱对太阳能的吸收和辐射,来降低舰体表面的温度。除了上述红外隐身技术外,英国"海上幽灵"级护卫舰还采用了一种新型的喷雾系统。需要时,能在几秒钟内在舰体周围产生一层薄雾,将舰体笼罩其中,把舰艇的光反射和红外辐射遮盖起来。

(4)控制舰艇自身的电磁特征。如采用低截获概率技术改进电子设备;减小电缆的电磁辐射;对电子设备进行屏蔽;用全球导航星定位系统代替无线电导航系统;采用非磁性或低磁性材料建造舰体和设备等。

3. 隐身坦克

随着坦克在地面作战中"主将"地位的确立,各种高科技反坦克武器也获得了飞速发展。现代作战中,坦克一经被发现就很容易被击毁。因此,提高坦克的隐身性能,使其不易被发现是提高坦克生存力的首要因素。20世纪80年代中期以来,美、英等国都在秘密进行隐身坦克技术的研究,并取得了较大进展。图5-45是有可能成为替代法国现役"勒克莱尔"主战坦克的隐形坦克——AMX-30DFC。目前,尽管隐身坦克尚处于预研阶段,但相信不久的将来主战坦克

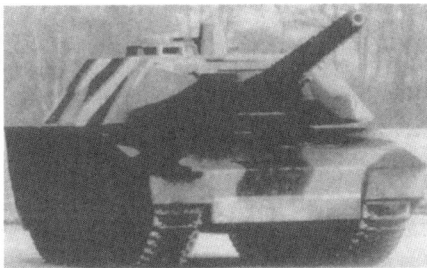

图 5-45

都将尽可能采用隐身技术。这些技术主要包括以下几点。

(1)降低坦克的雷达波散射截面积。如采用矮小和平滑的外形设计,使用复合材料制造坦克的车体和炮塔外壳。

(2)降低坦克的红外辐射。如采用绝热式发动机;改进发动机燃烧室结构,减少排气中的红外辐射成分;在燃油中使用添加剂,使排气的红外频谱大部分处于大气窗口之外;改进通风和冷却系统,降低坦克温度等。

(3)涂敷迷彩和使用伪装网。根据背景条件正确选择单色或多色迷彩涂敷于坦克表面,或使用伪装网,不仅会获得很好的隐身效果,有的迷彩还兼有吸波作用,以减弱坦克的红外辐射。图5-46为日本74式坦克在雪地中使用白色迷彩的情景。

图 5-46

(4)配备烟幕施放装置。坦克为对付高性能的热成像探测仪,配备了防红外探测的红外烟幕弹,使用这种烟幕可遮蔽0.3—14微米的红外光。

军事

隐身技术除了用于上述各种武器装备之外,还用于其他技术装备。如隐身导弹、隐身无人侦察机、隐身机器人、隐身作战服等等。预计在今后若干年内将会有更多的隐身技术装备问世。

二、伪装技术

(一) 伪装技术概述

1. 什么叫伪装技术

伪装就是对军事目标实施隐真示假,为欺骗和迷惑敌人而采取的各种隐蔽措施。具体说,伪装是通过设置假目标、散布假情报、实施佯动和将真目标隐蔽起来等措施,使敌方的侦察器材(包括人员)降低侦察效果,从而造成敌方的判断以至指挥失误。

2. 伪装的基本原理

伪装的基本原理有两条:第一是减小目标与背景在可见光、红外、微波等电磁波波段的散射或辐射特性的差别,以隐蔽目标或降低目标的可探测特征。第二是模拟或扩大目标与背景的上述差别,以构成假目标欺骗敌人。

任何目标都处于一定的背景之中。目标与背景之间在形状、颜色、阴影、声音、痕迹(如坦克行驶后留下的痕迹)、电磁波(指目标和背景辐射或反射的电磁波)和热辐射(目标和背景辐射的红外线)等方面,都存在一定的差异。这种差异为敌方的侦察提供了可能性。军事伪装就是通过电子的、光学的、声学的、热学的技术手段,或改变目标本身的原特征信息,缩小目标与背景的差异,实现目标的"隐真";或模拟目标的可探测特征,扩大假目标特征与背景的差异,仿制假目标以"示假"。

3. 伪装的分类

军事伪装有各种不同的分类,其中最基本的有两种。

(1) 按军事伪装在战争中的运用范围分类,可分为战略伪装、战役伪装和战术伪装。

(2) 根据侦察器材的工作波段的不同采用不同的伪装技术,它可分为雷达波段伪装、可见光波段伪装、红外波段伪装和防声测伪装等。

(二) 伪装技术在战争中的应用

现代战争的实践证明,伪装是对付各种雷达设备的侦察,对付各种光学相机、电视摄像机、红外扫描仪、热像仪等光电设备侦察的有效手段。下面重点介绍防雷达侦察伪装和防光电侦察伪装。

1. 防雷达侦察伪装

防雷达侦察伪装,主要是使用各种防雷达伪装器材,消除、破坏和干扰雷达回波在雷达荧光屏上的光标信号,造成敌方的判断错误。目前,防雷达侦察伪装的技术措施主要有以下一些内容。

（1）设置防雷达伪装网，构成反雷达隔绝遮障。

防雷达伪装网是利用金属网络，产生屏蔽效应，掩盖遮障面下的武器装备，使雷达显示屏上仅出现伪装网面形成的遮障亮点。雷达伪装网通常有散射型和吸收型两种。散射型反雷达伪装网是通过特殊的网面结构，降低雷达入射波的后向散射，且使网面的后向散射系数与背景的后向散射系数相接近，造成敌方雷达难以识别目标。吸收型防雷达伪装网是采用雷达吸波材料制成的。当这种伪装网受到敌方雷达波照射时，会通过材料内部的电导损耗、高频介质损耗和磁滞损耗，将入射雷达波转化、吸收，减弱雷达波的表面反射，同样在雷达荧光屏上无法展现伪装网下的真实目标。

（2）设置假目标，以假乱真。

各类军事目标在雷达显示器上只有亮点大小和概略轮廓上的区别，雷达标图员对它的识别主要是依靠地形地貌和方位物关系位置的推断进行的。当在地形地物大致相同而方位又很接近的地域内，同时出现数个亮斑相似的光标，雷达标图员就很难识别真假目标。因此，如果使用某些材料制成尽可能小的体积和重量、并能产生足够强的反射回波的形状、且能模仿目标的雷达回波特征的假目标，就能起到干扰敌方的雷达侦察的目的。目前，设置假目标的器材主要有角反射体、偶极子反射体和烟幕等。

角反射体是由三个相互垂直的金属薄片构成的立体角状物（示意图见5-47）。角反射体的最大特点是使入射的雷达波经 3 次反射后，大部分能量沿入射方向反射回去，使敌方雷达收到强烈的回波信号。角反射体可以制成各种形状，可以设置在地面、海面，也可悬于空中，或被飞机作为诱饵投放。

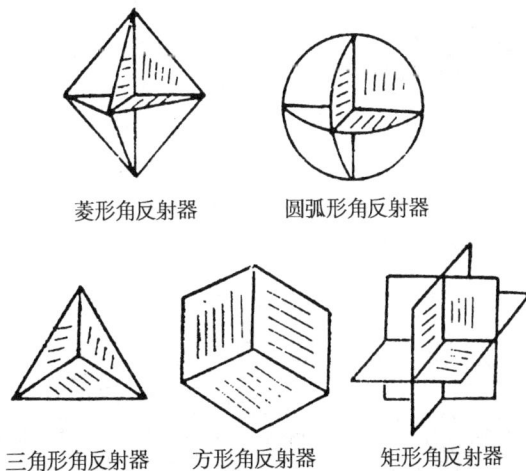

菱形角反射器　　　　圆弧形角反射器

三角形角反射器　　　方形角反射器　　　矩形角反射器

图 5-47

偶极子反射体最常见的有金属箔条,也有镀有金属的丝状物或金属丝。投撒金属箔条是军事上最早用于干扰敌方雷达侦察的一种手段。箔条的特点是能强烈反射雷达波,当大量箔条投放空中,它们对雷达波的共同反射,将会在雷达显示屏上出现大片亮点,使雷达标图员难以发现要探测的目标。实验证明,当箔条长度为雷达波长的 1/2 时,干扰效果最佳,且干扰效果与箔条直径无大的影响,因此目前大多使用镀铝的玻璃纤维来取代锡箔条。这种新型箔条可制成直径为20—30 微米的细丝状,投放时可配有自动切割机,根据截获敌方雷达波波长而实施自动切割和投撒,以达到最佳干扰效果。

烟幕也能形成雷达假目标。例如,利用环氧树脂、酚醛树脂和硅酮树脂等高分子材料金属粉末制成反雷达遮蔽烟幕。这种直径在 1—100 微米之间的微粒在空中呈悬浮状态,下降速度缓慢,在雷达荧光屏上便能形成雷达假目标。

2. 防光电侦察伪装

防光电侦察伪装技术主要是对付敌方各种可见光、红外激光侦察器材的侦察。常见的防光电侦察伪装技术有下面几种。

(1)实施迷彩伪装。对目标实施迷彩伪装,就是在目标表面涂敷迷彩。对目标迷彩斑点、花纹的设计,一种是与背景融合,难以区分;另一种是与背景形成强烈反差,并将目标外形"歪曲",这都造成敌方光电侦察器材难以发现和识别。

(2)使用伪装遮障。防光电伪装遮障是一些具有可见光、激光、紫外、红外综合

图 5-48

遮蔽性能的制式伪装网,其遮障原理,是利用网中编织的各种伪装饰物,散射入射电磁波,或吸收电磁波,或衰减热辐射,使敌方的光电侦察器材难以探测目标,从而达到防光电侦察的目的。图 5-48 是利用就便材料实施防光电侦察伪装的高炮群。

(3)设置假目标。为防敌方光电侦察而设置的假目标,最为重要的是其外形、尺寸应与真目标一致,另一种是在红外辐射及电磁波反射特性上,与真目标的特征相同。1991 年海湾战争中,伊拉克军队制作了大量假导弹、假高炮、假飞机、假坦克等,给多国部队的侦察及打击效果判定都造成了一定困难(见图5-49)。

图 5-49

（4）施放烟幕。由于广泛使用高分子材料、轻质材料、红外吸收材料以及空心技术，如前文所述烟幕分子直径已达到1—100微米，使烟幕既可遮挡可见光，又可遮挡激光、红外光等。这种烟幕在遮挡、伪装己方部队的战斗行动和重要目标方面效果极为明显。在1999年的科索沃战争中，南联盟军队就制造和施放了大量烟幕，采用土洋结合的方法，把重要目标隐藏起来，使北约部队的打击效果大打折扣。

第七节
自动化指挥技术

　　军队指挥自动化系统是军队的重要军事装备，是军队现代化的关键标志之一。1991年海湾战争以来发生的历次高技术局部战争，特别是伊拉克战争，向世人表明，只有建立并正确使用军队指挥自动化系统，才能最大限度地发挥各种武器的效能，增强军队的战斗力。因此，军队指挥自动化系统被人们看成是战场上的"力量倍增器"。现在，研究、发展和有效使用这一系统，已成为各国国防建设的一项重要而迫切的任务。

一、自动化指挥技术的基本概念

　　自动化指挥技术是指在军队指挥体系中，使用以电子计算机为核心的各种技术设备，通过通信网络，与各部门的技术终端相连接的自动化指挥和控制系统，也称作自动化指挥系统，或称指挥自动化系统。它的本质是：在军事指挥体系中，采用以电子计算机为核心的技术装备与指挥人员相结合，对部队和武器实施指挥与控制的"人—机"系统。

　　自动化指挥系统，是用电子计算机将指挥、控制、通信和情报各分系统紧密联在一起的综合系统。因为指挥（COMMAND）、控制（CONTROL）、通信（COMMUNICATION）的英文第一个字母都是C，情报（INTELLIGENCE）的英文第一个字母是I，所以人们又把它简称为 C^3I 技术系统。近年来，又加上计算机（COMPUTER），则称为 C^4I 技术系统。

二、自动化指挥技术系统的组成

　　尽管各种自动化指挥技术系统的规模大小各不相同，但就它们的功能来说，都必须具有与人体的大脑、神经和感官这三个器官相似的部分，即相当于大脑的电子计算机中心、相当于神经系统的通信网络和相当于感官的信息终端。一个自动化指挥技术系统，是由若干个分系统组成的。对同一个系统，从不同的角度考虑和认识，划分出的分系统是不相同的。如从构成系统的基本要素的角度考虑,可分为人、机、网三个分系统;从自动化指挥技术系统的基本功能的角度考虑,可分为探测预警分系统、指挥控制分系统和通信分系统;从自动化指挥技术系统的信息流程角度考虑,可分为信息收集、信息传递、信息处理、信息显示、决策监控和执行分系统(见图5-50)。

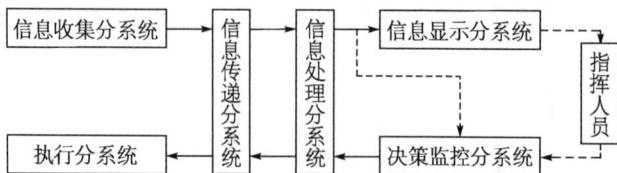

图 5-50

(一) 信息收集分系统

信息收集分系统(也称探测系统或情报系统),由配置在空间、空中、地面、海面和水下的侦察设备,如侦察卫星、光学仪器、侦察飞机、遥控飞行器、侦察船和声纳等各种侦察、探测设备组成。它的作用是及时收集敌我双方的兵力部署、作战意图、作战行动、战场地形和气象等情报信息,并发出警报。该分系统的性能和效率对作战的指挥和控制极为重要。为此,外军均配置最先进的设备。

(二) 信息传递分系统

信息传递分系统主要由传输信息的各种信道、交换设备和通信终端等设备组成,俗称通信网。通信信道主要包括有线载波、微波中继(接力)、散射、卫星通信及光通信等。交换设备主要有电话自动交换机,电报、数据自动交换机等。通信终端设备主要是电传机、传真机、文字终端机、电话机、图形显示器等。上述设备组成的具有各种功能的通信网,可迅速、准确、保密和不间断地传输各种信息,并能自动进行信息交换、加密、解密和选择路由。数据(字)信息可经信道自动进入计算机;书面或口头情报则需先经人工格式化处理后经信道或直接进入计算机。

信息传递分系统的基本要求是快速、准确和安全。快速是指传输信息的时间应尽可能短。准确就是接收点获得的信息与发送点传出的信息应该完全一致。安全是指在信息传输过程中,不允许非信息用户截获、增删或改动。通信系统的安全对作战影响极大。二战期间,美军截获并破译了日本的密码通信,在中途岛海战中成功地设伏,击沉日军4艘航母和330架战斗机,从而扭转了太平洋战争的战局。

信息传递的自动化是实现军队自动化指挥的基础。没有先进的通信网,就不可能实现军队的自动化指挥。

(三) 信息处理分系统

信息处理分系统由计算机硬、软件及其输入、输出设备组成,用于进行文字、图形和数据的处理,并输出文字、图形(像)、声像等信息。它是自动化指挥技术系统的核心部分。

电子计算机的硬件是指构成电子计算机系统的各种机械的、磁性的、电子的设备的总称。通常将电子计算机称为主机,外存储器和输入、输出设备等均称为外部设备。

电子计算机软件分两类:一类是系统软件。它是保证计算机系统正常运转、操作、管理的整套程序。另一类是应用软件。它是指针对某种特定的需要所编制的程序。主要包括自动化情报分析、处理、检索软件;图形处理软件;通信软件;辅助决策专家系统;通用机关业务处理软件;军用加密软件及有关标准、规范、军训、装备、动员、后勤等软件。

编制自动化指挥系统的应用软件,需将指挥过程中要解决的问题用数学或其他方法加以描述,建立各种模型,确定算法,然后编制计算机程序。此项任务工作量很大。如美国空军自动化指挥技术系统的中央电子计算机系统软件拥有50万条指令。编制时,几千个人花了一年时间才编制完成。

信息处理分四步进行:① 对获取的信息进行分类、编码,去除其中的重复、虚假和错误,使信息完整、一致。② 对第一步获得的战场态势进行分析、判断,弄清敌方企图。③ 根据分析判断的结果,自动提供多种作战方案,并对其进行比较,供指挥员决策参考。④ 根据选定方案,制定出作战计划,并以报表或命令形式下达。

(四) 信息显示分系统

信息显示分系统主要是由各种显示技术设备组成。其功能是把信息处理分系统输出的各种信息,包括军事情报、敌我态势、武器装备情况、作战方案、命令及其执行情况等,以文字、符号、图表等形式,按指挥员的要求直观地显示在用户的屏幕上。信息显示分系统主要的硬件设备有大屏幕显示器、计算机显示设备、管面显示器、光学投影仪和记录仪等。

(五) 决策监控分系统

决策监控分系统由监视器、键盘、打印机、多功能电话机、记录装置等组成,通常以工作台的形式组装在一起,以便实现人—机对话。它的作用是辅助指挥人员决策、下达命令、实施指挥控制,并可用于改变自动化指挥系统的工作状态及监视系统的运行情况。

(六) 执行分系统

执行分系统可以是下属部队的自动化指挥系统,也可以是自动执行命令的装置,如导弹的制导装置、火炮的火控系统等。执行分系统的工作情况,如武器的打击效果等信息,可通过信息收集分系统反馈给决策监控分系统,以便指挥员随时作出新的判断。

三、自动化指挥技术系统的分类

自动化指挥技术系统可从不同角度进行分类。

按系统执行的任务划分有战略自动化指挥系统、战役自动化指挥系统和战术自动化指挥系统。

按使用系统的军、兵种划分有陆军自动化指挥系统、海军自动化指挥系统、空军自动化指挥系统、战略导弹部队自动化指挥系统和各兵种自动化指挥系统(如美国的炮兵战术射击指挥系统)等。

按用途划分有作战自动化指挥系统、武器控制自动化指挥系统、防空自动化指挥系统和后勤指挥自动化系统等。

按部队编成和指挥级别划分有国家级自动化指挥系统、战区级自动化指挥系统和战场级自动化指挥系统等。

总体上来讲,自动化指挥技术系统主要有两类:作战自动化指挥系统和武器控制自动化指挥系统。

四、自动化指挥技术系统的工作过程

自动化指挥技术系统的工作过程或运行原理,包括六个主要环节。

(1)获取情报。这是系统工作的首要步骤,通过情报设备的侦察、监视跟踪,提供敌方有关情报、天气和地理数据信息,在指挥员指导下,经过计算机辅助,由情报人员和机器共同完成分析、综合情报,得到敌方兵力及其部署,最后输出战场态势图,传送给整个战场。

(2)评估。系统通过输入战场态势、本方通报和数据库信息以及上级下达的战斗任务,由指挥员、作战和情报参谋一起,在计算机帮助下,判断敌方意图,分析敌我双方兵力对比,确定敌方威胁和我方机遇,并根据作战任务,判定是否作出反应,如果需要作出反应,输出评定结果。

(3)方案产生。系统在输入敌方兵力部署、意图、双方兵力对比及敌方的威胁与己方的机遇后,指挥人员与机器合作,制定多个可能方案,并对其进行计算机模拟和评估,最后得出各个方案的优劣。

(4)方案选择。根据输入的方案好坏,指挥员根据自己的经验,在机器的帮助下,选出最好的方案。这一选择实际上就是决策。

(5)制订计划。按照作战方案和指挥控制模式,由专门人员制定作战计划。实际上,除遭遇战外,各种作战方案与执行这些方案的作战计划都已事先存放在计算机中。需要时,便可从中选出对应方案的计划,打印或直接传给下级或武器控制系统。

(6)命令下达。这一环节由指挥员、参谋人员和机器合作完成,最后通过指挥员核定后下发执行并报上级。

五、自动化指挥技术系统的功能

自动化指挥技术系统已广泛应用到作战指挥、武器控制、情报处理、后勤指挥及军务管理等各个领域。现代战争对军队自动化指挥技术系统的基本要求是:缩短收集情报、判断情况、定下决心、拟制作战计划和下达命令的时间并提高它的准确性,辅助参谋作业,保证实时处理,提高指挥效率。

军队自动化指挥技术系统的基本功能主要有以下几个方面。

(一) 迅速收集和处理情报

高技术条件下作战,情报来源广泛、数量大、变化快,为保障指挥员能在尽可能短的时间内作出判断、定下决心,必须对大量情报实时、准确地进行分析和处理,否则就不能适应现代作战指挥的要求。由于自动化指挥技术系统便于和现代化的各种探测、侦察设备相连接,或者使后者作为一个终端,成为军队自动化指挥技术系统的一部分。这样,就能将无论采用何种途径、何种手段获取的情报直接并及时地汇集起来。如将声纳设备和计算机联在一起,不仅能测出目标的方位、距离,而且还能测出目标的类型,甚至能立即指出是敌人的哪一艘舰艇,从而大大节省了时间。因为计算机的数据库里可以存贮敌人所有舰船的噪音资料,供鉴别使用。又如,在防空技术方面,过去由人工读取雷达情报。现在的三维坐标雷达和相控阵雷达不但探测距离远、精度高、抗干扰能力强,而且具有自动录取情报的能力。目标一旦进入荧光屏规定的某一区域,录取设备即自动跟踪目标,将目标的方位、距离、高度、速度、航向等数据传到指挥中心,使指挥人员实时掌握情况,确定对策。海湾战争中每天的信息量至少达上千万字,对如此浩繁的信息,手工作业是无能为力的,主要由自动化指挥技术系统处理。

(二) 自动查找和提取情报

通常情况下,要从大量的情报资料中寻找所需要的材料,是一件十分困难和费时的工作。要想解决这一问题,就必须建立电子计算机情报检索系统。各种军队自动化指挥技术系统都能“记住”大量的军事、政治、经济情报和军队编成、兵力部署、敌我态势、作战方案、勤务保障计划以及各种作战资料。一旦指挥员需要,都可以随时调阅。如美军大西洋总部舰船航行中心的计算机中存有15 000艘舰船的各种数据。现代战争中反导弹系统预警时间只有10分钟左右。在这样短的时间内,要从多个弹头中识别出真假弹头,算出真弹头的飞行弹道,分配和控制拦截武器实施拦截,只能求助自动化指挥技术系统。海湾战争中伊军的“飞毛腿”导弹从发射、升空、穿过大气层到击中目标,一共飞行 7 分钟。而美军的"爱国者"导弹是从"飞毛腿"导弹钻入大气层时的尾焰中捕捉"飞毛腿"的信息。此时"飞毛腿"离弹着点的飞行时间仅 40 秒。"爱国者"导弹对"飞毛腿"进行真假识别,计算导弹的弹道、速度、弹着点等,尔后发射导弹拦截,以上过程实际上只用了 20 秒左右。可见"爱国者"导弹系统的信息收集、数据处理和计算能力之强。

(三)辅助参谋人员拟制军事文书

电子计算机是自动化指挥技术系统的核心技术设备,类似于人的大脑。它具有逻辑判断能力,可协助指挥人员拟定各种作战方案、模拟战斗过程、评价效果、选择方案。既可以把作战指挥的有关规则编成程序,预先存入计算机,当情报输入时,就按规则处理并显示处理结果,供指挥人员参考选用;也可以由指挥人员根据作战任务和已知情况,拟定几个作战方案,同时拟定几个敌方可能采用的反击方案,输入计算机"推演",以便分析各个方案的优劣,否定和完善某些方案,最后选定最佳方案。这样,它不仅能协助指挥员制定作战方案,而且还能根据实际情况对各种预案进行比较,迅速选择出最佳方案供指挥员参考。可以说它是指挥员决策的"高级参谋"。

指挥员根据决策方案,可以利用自动化指挥技术系统生成的作战计划和作战命令,只要按一下相关按钮,已确定的作战命令就会通过通信网络自动迅速下达,在执行命令的各个部队的终端设备上显示出来,部队据此立即展开行动。

(四)实时观察战场情况

作为一个指挥员,必须实时了解和掌握战场情况。在战斗过程中,必要时指挥员可通过大屏幕显示,实时了解主要方向上某一地域的实况。目前,由于大屏幕显示占用的频带太宽(成千个话路以上),远距离传输成本太高,用电视传输战场实况又不现实,所以,只能采用占一个或几个普通话路的静态图像传输方式,每隔一两分钟,改换一个现场画面。

(五)对武器进行自动控制

现代武器射程远、速度快、威力大,要求指挥员在十分短促的时间内就能定下对武器系统使用和控制的决心。自动化战略武器控制系统,可以在预警时间很短的情况下迅速完成预警、识别、跟踪、拦截等一系列步骤,保障指挥员不失时机地实施指挥。例如,预警卫星发现发射的导弹以后,立即报告给指挥中心的电子计算机,电子计算机进行处理后,能自动识别目标,区分敌我,并把处理结果显示在屏幕上,向指挥员报告面临的威胁。指挥员根据情况,或者发出警报,组织军民紧急疏散;或者命令己方的导弹起飞,组织拦截;或者针锋相对,用导弹回击敌方目标。同样,火炮射击、对空防御系统等,在实现指挥自动化后,效率大大提高。再如,炮兵射击自动化指挥技术系统的使用,可使 10 门火炮计划射击 35 个目标的时间由 2 小时压缩为 1

分 26 秒;单炮射击准备时间由 1 分钟减少到 6 秒钟。

(六) 提高后勤指挥效率

在高技术战争中,军队对各种物资供应的依赖性越来越大,后勤保障过程也更加复杂、紧张,从而对后勤指挥提出了更高的要求。若仍用人工方法处理,已远远不能满足需要。采用后勤自动化指挥技术系统,可以实时处理大量数据,迅速拟制各种报表、计划、方案。如 20 世纪 70 年代初,美军约有 27% 的电子计算机用于后勤。用来登记和清理陆军仓库中炮兵技术器材的计算机,能综合 20 万种物资的资料,使供给情报的处理效率提高 30 倍以上,文书往来减少 85%。美军战场后勤保障由于采用了自动化指挥技术系统,总的开支减少了 41%。实践证明,采用后勤自动化指挥系统后,不仅提高了管理的科学性,而且合理地解决了物资的储存和调运,可以减少物资储备,减少相应仓库的数量。

以上列举的只是军队自动化指挥系统的部分功能。自动化指挥技术系统在军事科研、行政管理等方面的应用也都有了迅速的发展。从未来发展看,任何可以用数学方法描述的有规律的智力活动,原则上都可以由自动化指挥技术系统来完成。

六、自动化指挥技术系统对作战的影响

(一) 对作战指挥的影响

一使指挥机关的组织结构发生变革。装备了包含自动化指挥技术系统在内的大量现代化办公设备,可以使指挥机关的指挥人员从繁忙的手工操作中解脱出来,精简指挥人员,提高指挥效率。这使得指挥机关更加精干、高效。同时,由于系统中的各种现代化的装备必须有技术人员维护,以保证其正常运转,这也使得指挥机关的人员构成必须由指挥人员和工程技术保障人员组成。

二使指挥工作方式发生变革。在自动化指挥技术系统中,各级指挥员可以随时利用各种现代化的设备了解上级意图、收集各种战场信息、分析判断情况、优选可行方案、定下决心、下达命令以及向上级汇报情况等,较之以往的手工操作,这无疑是指挥工作方式的一种变革。为了使指挥机关的工作方式适应自动化指挥技术系统的运行节奏,必须简化工作程序,改革作战文书的写作格式和指挥方式。

三使指挥决策更加科学化。运用自动化指挥技术系统进行指挥决策,指挥员除了能充分发挥主观能动性外,还可以最大限度地利用自动化系统的"智能"功能,对预定作战方案进行可行性验证,从中优选出最佳方案,从而作出正确决策。

四使战场调控更趋完善。由于各种先进通信手段和设备的使用,使战场信息可以及时地反馈给指挥机关。指挥员一方面可以根据这些反馈信息对战场的兵力部署作出及时的调整,控制战场态势朝着有利己方的方向发展,使战场上的兵力损失减少到最低程度;另一方面,指挥员还可以依据这些信息,运用各种战场调控手段,

控制战场节奏。

（二）对军队机动能力的影响

军队机动是进行战争的基本条件,也是战争的重要组成部分。军队自动化指挥技术系统的应用,为军队机动能力的提高创造了有利条件。先进的装甲车辆、飞机、舰船上都装有精确定位的导航设备,不论是在战区内实施机动,还是在其他地域执行机动任务;不论是在一般的地、海、空域,还是在复杂的区域,都可以通过这些先进的设备了解和确定自己的精确位置、运动速度和时间等。卫星通信设备可以保障部队在机动中随时与上级取得联系,便携式计算机中的各种地形资料为机动部队提供了更方便、更可靠的支持,使部队在执行机动任务中,不再像过去那样,一旦与上级失去联系,就无所适从。

（三）对武器效能的影响

武器控制自动化是军队自动化指挥技术系统的一个主要内容。现代的武器系统,从观察、搜索目标到确定攻击方案、实施攻击,均可由计算机自动控制完成。不仅反应速度快,而且杀伤效果好、精度高。例如,法国研制的"阿迪拉"地炮自动指挥控制系统,不仅可以同时指挥 6 个炮兵连,同时处理 3 项射击任务,而且从观察员发出火力申请,到炮兵连完成发射准备,只需 30—60 秒。该系统具有处理前沿观察员的火力呼唤、确定最佳射击方案、为每门火炮计算确定射击诸元等功能。它的使用,可以发挥武器系统的最大效能。

随着计算机技术的发展及其在武器装备上的应用,使无人驾驶坦克、飞机可以按照预先设置在计算机中的指令自动寻找攻击目标。根据目标的位置、大小、防护能力、自身状态、安全界定等因素,自动选择和确定攻击方案,然后将攻击效果反馈给战场指挥中心,初步实现了武器装备的"智能化"。

（四）对作战保障的影响

军队自动化指挥技术系统的应用对作战保障的影响,主要体现在信息保障和后勤保障两个方面。

1. 对信息保障的影响

现代战争是信息化战争。战场信息的收集、传输和处理,不仅渗透到战场的各个领域、各个环节,而且它在作战中的功能、地位和作用也不断提高。现代战争的信息保障特点是立体化、全球覆盖的侦察与监视,全方位、大纵深的预警,多样化、抗干扰的信息传输,高效率、全时空的信息处理手段。各种信息技术装备和战场信息系统构成了作战的"神经系统"。谁的"神经系统"更完善,对战场信息流利用得更好,谁就能掌握战场的主动权,控制战争的全局。也就是说,战场信息已经成为影响整个战争全局的巨大战略资源。对这种资源的掌握与利用的能力和水平,已经成为影响战争胜负的关键。

2. 对后勤保障的影响

现代战争的立体化突击、全天候作战方式，要求后勤也必须实现全方位、全天候的保障。因此，必须前方和后方密切协同，科学、及时地制定保障计划。后勤保障如何做到既满足作战需要，又尽量减少战场过多储备，这是一大难题。而自动化指挥技术系统的应用和发展为解决这一难题开辟了有效途径。通过系统对作战的模拟和仿真试验，可以科学地预测不同规模作战的各种物资消耗量，制定后勤保障需求方案，有计划地组织生产、采购、运输和储备，使后勤保障在宏观上日趋科学化。同时，随着自动化指挥技术系统的不断完善和发展，也使得后勤补给系统的管理日趋自动化。

第八节
新 概 念 武 器

新概念武器是近年来出现的采用最新科学技术研制的武器系统，又称新机理武器。它的特点是：概念新、原理新、破坏机理新、杀伤效能新等。在作战方式和作战效能上与传统的武器有明显的不同，它代表着当今武器的发展趋势，对未来战争将产生革命性的影响。

一、定向能武器

定向能武器是指向某一方向上的目标发射一高能量射束以毁伤目标的武器。即通过一定的能量转换装置，将某种电磁辐射和高速运动的微观粒子聚集成强大的射束，以光束沿一定方向射向目标的武器。常用武器中，如炮弹、炸弹等爆炸后能量是向四面八方传播的，在其杀伤半径内杀伤人员或破坏目标。而定向能武器的能量是沿着某一方向传播的，在其传播方向上，在一定距离内有杀伤和破坏作用，在其他方向上没有杀伤和破坏作用。

定向能武器和传统武器相比较有以下特点：

（1）定向能武器以光速去攻击目标。射击时不需要考虑提前量，打哪里瞄哪里。

（2）定向能武器不受重力和空气阻力的影响。射击时不用计算弹道高。

（3）选择不同的功率和辐射时间，可以对目标造成从功能受损到彻底摧毁等不同程度的破坏。

（4）使用定向能武器作战消耗的是电能或化学燃料，而不是弹药，这就意味着以往的"弹药库"将被"燃料库"所替代，而"燃料库"的容量将大大增加。

图 5-51　机载激光武器拦截弹道导弹

(一) 高功率微波武器

高功率微波武器属于定向能武器中的一种。微波是波长 1 米至 1 毫米之间的电磁波,用作武器的微波波长通常在 30 厘米至 3 厘米之间(频率 1—30 吉赫)。其特征是,将高功率微波原产生的微波经高增益天线向外发射,形成功率高、能量集中且极具方向性的微波束,使之杀伤和破坏目标。

高功率微波武器属于"软杀伤武器",它可以烧坏某武器系统的电子元件,使整个武器系统失效,也能使人精神错乱、眼睛失明,严重的可致人死亡。

高功率微波武器和激光武器的杀伤破坏效应不同,激光武器对目标的杀伤破坏一般来说是"硬杀伤"——它是将激光束聚集,精确瞄准并跟踪目标上的某一点(保持 0.01—1 秒),才能摧毁破坏目标,而高功率微波武器对目标的杀伤破坏主要是"软杀伤",它只是干扰或烧毁敌方武器系统的电子元件,使其不能正常工作。因此,造成这种破坏效应所需的能量比激光武器要小好几个数量级。其次微波射束的半径远比激光射束的半径大得多,因而打击的范围也比激光大得多,从而解决了激光武器长期被困扰的瞄准和跟踪问题。

微波武器的研究工作开始于 20 世纪 70 年代。美国、前苏联以及英、法等国都相继开展这一领域的研究工作,并取得了显著进展。进入 80 年代以后,以高功率微波源为关键的微波武器的研究日趋明朗,且进展显著。

由于各种原因,国外关于高功率微波武器的研究,进入 90 年代后才陆续披露了部分研制情况。美国和俄罗斯在这一领域保持着世界领先地位,个别的系统已经或接近实现武器化,但目前还没有研制出能在战场上使用的高功率微波武器。因此,美、俄、英、法等国都投入巨资,加快了研制的步伐。

(二) 粒子束武器

粒子束武器是指用特定的方法将电子、质子、中子或离子一类的微小粒子先加速到接近光的速度,聚集成密集、狭细的束流,然后以强大的动能或其他效能杀伤破坏目标的武器。因其是具有定向、定点作用的新型能束武器,所以与激光武器和微波武器等同属于定向能武器系列。

粒子束武器的整个系统,由高能电源装置、微粒子产生器、粒子加速器和聚焦电磁透镜等几部分组成。粒子束武器系统产生高能粒子束的基本工作原理是:首先,由发电机输出的巨大电能通过贮能及转换装置变成高压脉冲,然后由微粒子产生器将生成的电子束导入粒子加速器,电子束中的粒子便会被高能电场加速到接近光速,最后再由聚焦电磁透镜中的聚焦磁场,把大量的高速微粒聚集成一股狭窄的束流。经过这样一个过程,粒子束流就能够做到无坚不摧了。

1. 粒子束武器的主要特点:

① 能量高度集中。普通弹药爆炸时,能量向四面八方传播,而粒子束武器能将巨大的能量以狭窄的束流形式高度集中到一小块面积甚至于一个点上。所以,粒子束武器是一种杀伤点状目标的武器。

② 粒子束流运行速度快。粒子束武器发射的粒子流以接近光的速度前进,它比普通炮弹或子弹快几万倍。因此用粒子束武器拦截各种空间飞行器,一般不需要计算提前量。

③ 不受天气条件影响。与同样为定向能武器的激光武器相比较,尽管有着许多相同之处,但在受天气条件影响方面有很大差异。激光在雨、雪、云、雾等天气条件下传播,能量会发生极大衰减,不能在复杂天气时作战。粒子束武器则不同,它发射出的粒子能够穿透云雾,所以受气象条件的影响小得多,从而具备了全天候的作战能力。

2. 粒子束武器的杀伤效能

粒子束武器与常规武器不同,在杀伤机理上,有着极为独特的一面。

① 冲击效应。因为粒子束武器发射的高能粒子是以光速前进的,所以当这些粒子到达目标后会对目标外壳产生极为强大的冲击力,将目标撕裂粉碎。

② 热毁效应。由于高能粒子束能将所携带的巨大能量传递给目标,从而使得在粒子束击中目标的瞬间,便在壳体产生接近一万摄氏度的高温,使得目标外壳熔化或破裂,由此将目标烧毁。

③ 辐射效应。即在高能粒子束穿过电子设备时,引发的强脉冲电流使目标内的各种电子设备或元件受到损坏,从而不能正常工作。

④ 引爆效应。如粒子束击中武器的弹药部分,其冲击波会使弹药内部发生结构性变化,如产生电离或电荷分布不均等,从而使弹药发生爆炸。

3. 粒子束武器的研究现状

20 世纪 50 年代末,前苏联和美国相继开始了粒子束武器的研究工作。从 60 年代到 80 年代的 30 年间,美、苏都投入了大量经费进行了各项技术的研究,并取得一定程度的进展。

进入 90 年代后,美国加大了研制的步伐,并在一些重要领域取得了突破。90 年代中期俄罗斯也加强了对粒子束武器的研究。根据目前粒子束武器技术的现状和发展趋势,可以作出这样的估计:到 21 世纪 20—30 年代,粒子束武器可以进行实战

军事

化部署;40—50 年代,粒子束武器可能成为一种重要的主战兵器。21 世纪中叶,使用粒子束武器作战将成为现实。

(三) 激光武器

激光武器是以激光束直接杀伤破坏目标。激光武器也是定向能武器的一种,本教材在"激光技术"一节中已有叙述。

二、动能武器

(一) 电磁炮

电磁炮是利用电磁力加速弹丸的现代电磁发射系统。电磁炮的军事用途十分广泛:既可用于反卫星和反导弹,又可用于防空,以代替高射武器和防空导弹,也可以用于反装甲。美国的试验证明,用电磁炮发射 50 克、初速为 3 公里/秒的炮弹,可穿透25.4 毫米厚的装甲。另据报道,用某种电磁炮做试验,完全可以射穿模拟的T-72、T-80 坦克的装甲。

电磁炮的主要特点:
① 发射时无烟无声,不易暴露。
② 对于不同射程的要求,只需调节电磁炮的能量即可,而不同于普通火炮要装填不同数量的发射药。
③ 电磁炮的弹丸小,减轻了后勤供应的压力。
④ 从能量成本上看,电磁炮只相当于普通火炮的几十分之一到一百分之一。

(二) 电热炮

电热炮是利用放电方法产生的等离子体推动弹丸的一种动能武器。电热炮中的等离子体产生及其做功过程是在封闭的放电管或炮膛内进行,因其电流是脉冲式的,所以以往人们曾将电热炮叫做脉冲等离子加速器或等离子炮。

目前电热炮的研究已经取得显著进展。1993 年美国国防核武器局已制成炮中动能为 18 兆焦的 127 毫米舰炮样炮,把 25 千克的弹丸加速到 1.2 千米/秒的初速;陆军武器发展中心委托食品机械公司(FMC)研制的 120 毫米反坦克炮已能把弹丸加速到 3 千米/秒。近年来又开展使用固体推进剂(含发射药)作工作物质的电热化学炮研究。可以预料,电热炮将有可能成为最先使用的电炮装置。

三、非致命性武器和新概念弹药

非致命性武器是在尽量减少人员伤亡和设备破坏的情况下,通过作用于人员弱点或物质的方式来强迫或阻止敌方行动的武器。

非致命性武器的种类很多,根据作战对象的不同,大致可分为两大类:即针对人员的和针对物资装备的非致命性武器。

针对人员的非致命性武器有:次声波武器。它是利用强大的次声波(频率小于20赫兹的声波)对人员进行非致命性攻击,可使人员产生头晕、呕吐等不适之症;麻醉剂武器。它实际上是一种镇静剂,可利用飞机进行大面积的喷洒,人员皮肤接触后会产生神经麻木以至昏迷等症状,从而很快失去战斗力;再如"肥皂泡"化学黏结剂是一种特殊的化学物质,它与空气接触后会迅速凝固。因此,用喷射装置将其射到人员身上,可迅速将人缠住,使之丧失反抗能力。另外,低能激光致盲器、高功率微波武器等也是具有良好效果的非致命性武器。

针对物资装备的非致命性武器有:反基础设施非致命性武器。如破坏配电弹药,该弹药中装有导电的碳纤维,这种纤维具有磁性,其长度能缠绕输电线路或暴露的配电触点,造成发电厂、雷达站、通信台等重要军事设施的输电线路短路,进而使大型武器装备系统不能正常运行。例如,1999年6月7日科索沃战争中,美空军对南联盟5个大的电站和输变电工程,投撒了大量石墨炸弹。这种炸弹内装有大量经过处理的石墨丝。石墨丝比头发还细,具有极强的导电能力。当炸弹在一定高度爆炸后,弹内的石墨丝就像一片乌云一样慢慢飘落。石墨丝一旦落到电站或变电站的高压线上,立即造成高压线短路。这次空袭造成了南联盟70%的地区供电中断,军事通信、指挥、防空系统等部分瘫痪。

反计算机非致命性武器。是指使用计算机病毒等攻击敌方计算机系统,使其指挥自动化系统不能正常运行。现代战争中,各种高技术武器装备系统都配置了计算机,尤其在作战中显示主导地位的各种制导武器系统,更是离不开计算机。作战时,一旦计算机遭到病毒攻击,整个武器系统就将处于瘫痪状态。因此,使用计算机病毒这一技术进行作战,可能比使用威力巨大的硬杀伤武器更有效。

新概念弹药。这种弹药与传统的特种弹药相比,无论在结构、性能和战术使用上都赋予了新的含义和内容,它给指挥员进行作战指挥、提高武器作战综合效能提供了充分的灵活性,其神奇功能将扬威21世纪战场。现在已经研制出的和正在研制的新概念弹药主要有:通信干扰弹、新型烟幕弹,光学弹药、碳纤维弹、非穿透性射弹、红外线遮挡装置等等。

通信干扰弹。这种弹药用火炮发射。可用来干扰敌人的通信联络和雷达。如保加利亚防务工业公司正在生产的122毫米和152毫米干扰弹,炮弹内装有R-045L和R-046L式干扰机。当炮弹飞至目标区上空时,干扰机从弹中抛出,下落时干扰机后部的减速翼展开并以尖头插入地面呈竖立状,机器立即开展工作。它可给工作频率在20—100兆赫范围内的敌通信系统造成阻塞性干扰,其作用距离700米,持续工作时间60分钟。干扰弹可用普通火炮发射。

新型红外诱饵弹。该弹以燃烧的烟火剂作诱饵,制造一个与所保护目标相同的红外辐射源,诱骗红外制导导弹上当受骗。另一种是正在研制的更为先进的诱饵弹,又叫"飞机多用途防御武器",这种诱饵弹从载机上发射后,能干扰雷达,并且可以模拟飞机的轨道来牵制地面防空火力或导弹的攻击。

光学弹药。这是一种利用爆炸能量产生强闪光或激光,使人眼暂时失明,光电传感器损坏或暂时失能的弹药。如多向同性辐射器,是利用爆炸时的冲击波加热惰性气体,形成多向、宽带的强光辐射。定向辐射器是一种单向光发射装置。光学弹药可使用火炮发射。

第九节
高技术与新军事变革

20 世纪发生的两次世界大战,极大地促进并揭开了军事高技术迅猛发展的序幕。20 世纪 80 年代发生的几场局部战争,特别是 90 年代的海湾战争和科索沃战争,再次证明:军事高技术的崛起与发展正在军事领域引起一场深刻的变革,现代战争已进入了高技术时代。战争的特点已经表现为军事高技术的较量,谁拥有和掌握了军事高技术,谁就更容易取得战争的主动权。胡锦涛总书记强调指出,要加强对世界新军事变革的研究,把握趋势,揭示规律,采取措施,积极应对。这"十六字方针"言简意赅,极其重要,为研究和应对世界新军事变革指明了方向。

一、新军事变革的含义

"新军事变革"一词出现于 20 世纪 90 年代,美国 1997 年国防报告正式对这一概念进行定义:"军事革命是采用新技术的军事系统同新的作战理论和组织体制改革相结合,从根本上改变军事行动特点和进行方式的过程。"远程精确打击和信息战可能是未来战争的主要变化和军事系统发展的作战理论创新,以及组织结构的调整。

所谓新军事变革,就是指由工业时代的机械化军事形态向信息时代的信息化军事形态的全面转型。在人类战争史上出现过冷兵器战争向热兵器战争转型,热兵器战争向机械化战争转型等几次军事史上重大变革。当前正在发生的新军事变革,其影响力是迄今为止最深刻、最广泛的一次。

二、新军事变革产生的动因

新军事变革的产生与发展是人类社会由工业化时代向信息化时代转变的必然产物。其历史动因主要有以下几个方面。

1. 科技进步的推动

以信息技术为核心的军事高技术群是新军事变革产生与发展的原动力。信息技术的飞速发展所带来的信息革命,既是推动工业社会向信息社会转变的主要动力,又是引发和推进信息化军事变革的直接动力。科学技术发展的日新月异,涌现出大量的高新技术群,主要包括以微电子技术、计算机技术、通信技术、人工智能技术等为基础的信息技术群,以人造地球卫星和航天飞行器为代表的航天技术群,以核聚变为代表的新能源技术群,以复合材料和耐高温材料为代表的新材料技术群,以遗传工程为代表的生物技术群。其中,信息技术群处在核心地位。信息技术群包括微电子、激光、光子、分子电子、超导电子、计算机等技术,作为"系统集成技术"通常又包括信息获取、传输、交换、处理和控制技术,以及电报、传真、广播、电视、电话、光纤与卫星通信、遥感、仿真等技术群。信息技术的巨大进步,促使军事技术装备"跨时代的飞跃",从而大力推进了信息化军事变革。

人类正大步迈向信息时代,美国等西方发达国家已率先进入信息社会初始阶段,并拥有强大的经济基础和发达的信息基础设施。其主要表现:一是信息成为与资金、物质、能源同等重要并可独立使用的战略资源。二是信息产业成为国家的基础性产业和社会生产力发展的主流。三是劳动力结构产生根本变化,从事第三产业的人数超过了第一、第二产业的总和。社会的变化与军事息息相关,社会技术形态的变革,必然导致军事变革,导致信息化战争的形成。

2. 国家安全战略的需求

军事力量是体现国家综合国力的重要部分,是维护国家安全与地区稳定的最有效手段。要增强军事力量,使其能够产生出最大作战效能,就必须加快信息化军事变革,这是各国安全战略的内在需求。当代文明正处于由工业时代向信息时代过渡的时期,哪个国家对于信息化军事变革问题上有着更早的认识、更快的行动,它就能抓住机遇,加速推进军队信息化建设,大幅度地提高军事综合能力。

推进信息化军事变革,提高军事实力,是各国共同的战略要求,但每个国家的战略目的又各不相同。美国的战略目的是尽早建成信息化军队,拉大与发展中国家军队的"时代差",以求建立绝对的军事优势,在全球推行强权政治和霸权主义。俄罗斯积极推行新军事变革的目的是,在军费不足的情况下尽最大限度增强军事力量,以维持自己的大国地位。英、法、德等发达国家则要求使本国军事力量的发展跟上时代的步伐,跟上美国军队的进步,以在处理国际事务特别是国际安全问题时有更大的发言权。发展中国家启动新军事变革,则是为了消除与发达国家军事技术上的差距,避免出现机械化军队对抗信息化军队的不利情况。

3. 国际环境演变的驱动

从历史经验来看,军事变革产生与发展的外部政治、经济、科技和军事条件各不相同,但有一点是共同的,即军事变革大多不发生在大规模的战乱或危机年代,而是发生在相对和平稳定的经济与科技迅速发展时期。美国军事理论家在阐述其原因时说到:"在和平时期,由于需要更有效地使用紧缺的资源和适应安全环境的重大变化,或者由于认识到当时的新发明和新技术可能对军事产生的影响,各国军队都致力于革新,长期的和平能为试验提供实践和资源。同样重要的是,和平时期如果作出错误的选择,其风险也最小,所以没有大规模战争的长期和平时期通常会发生最伟大的军事革命。"信息化军事变革之所以发生在冷战后,其原因就在于此。

20世纪90年代初,世界两极格局彻底瓦解,开始形成多极化的国际环境,苏联的解体使得以美国为首的西方国家失去了明确的战略对手。冷战后,世界进入了较长时间的相对和平稳定时期,为信息化军事变革提供了有利的客观条件。虽然局部战乱与地区冲突仍然频发不断,以强凌弱,霸权主义肆虐,但世界相对和平稳定的发展环境并没有被打破,和平发展的主题得以延续。在今后相当长的一段历史时期,这种"全局稳定,局部动乱"的国际环境将继续下去。而造成相对和平稳定的国际环境的原因是:发展经济已成为世界各国处理相互关系的重点因素,致力于提升综合国力尤其是经济与科技实力的增强与竞争成为国际社会的主流;大多数国家在解决国际争端问题时,更多地采取对话与谈判方式而不是动用军事力量;大国间不可能出现冷战时的军备竞赛,裁减军备的势头将持续进行;世界反战力量日益增强,对大战的制约因素越来越多。

4. 高技术局部战争的直接催生

20世纪70年代,美军在越南战争的失败,使美国领导人深刻地意识到进行新军事变革的必要性和紧迫性。此后,他们在武器装备、作战思想、军事训练和作战编成等方面进行了一系列改革和创新,使军队的战斗力得到了大幅提升。80年代以来先后发生的英阿马岛战争,美国对利比亚的军事打击,伊拉克战争等几场高技术局部战争,对新军事变革的发展起着巨大的推动作用。具体表现在三个方面:一是军事观念发生变化。现代高技术战争形态正由机械化战争快速向信息化战争转变,这就使人们深刻认识到,必须更新观念,开拓创新,摆脱"机械化军事思维"模式,树立"信息化军事思维"观念。二是凸显出发展新军事变革的巨大军事效益。在上述战争中,以美国为首的西方发达国家以极小的代价赢得了战争胜利,南联盟、阿富汗、伊拉克等发展中国家失败的根本原因是:西方发达国家率先推行信息化军事变革,其军事技术装备的主体实现信息化,信息化武器装备已大量投入实战。与此相比,广大发展中国家的武器装备则仍以工业时代的机械化、半机械化装备为主,军事力量形成鲜明落差。占有优势的一方能向对方实施远程精确打击,并且自身免受攻击。这些高技术局部战争使发达国家军事领导人坚定了继续推行新军事变革的信心和决心,加快了信息化建设的步伐,同时也使处于落后地位的发展中国家更清楚地认识到,必须启动和进行新军事变革,实施全面的军队信息化建设,发展信息化武器装备,从而摆脱落后挨打的局面。三是展现军事发展的大方向。世界军事发展由机械化向信息化迈进,这是大势所趋,符合事物发展的客观规律。要想在军事技术上摆脱"时代差"和在战争中被动挨打的不利局面,积极推行信息化军事变革是唯一的途径。

三、新军事变革的实质

新军事变革的实质是将工业时代的机械化军事形态向信息时代的信息化军事形态转变的过程。纵观人类历史上的军事革命,冷兵器时代的军事变革主要是为了增强人的体力,是以体能为基础的革命;热兵器时代的军事变革是为了提高物能的利用效力,是以物能为基础的革命。与之前相比,目前正在进行的这场新军事变革是为了充分发挥信息的巨大效力,是以信息为基础的革命。信息之所以成为新军事变革的实质与核心,主要是由于信息技术的发展及其在军事领域广泛应用的结果。

1. 信息技术是支柱性技术

二战后,军事技术的发展主要围绕怎样提升武器装备的物理性能,即提高其火力和机动力来展开的。主战武器装备的物理性能在 80 年代逐步达到最大值,杀伤破坏性极大提高。同时也极大地限制了战争手段的灵活性。60 年代以后,以信息技术为核心的高新技术迅猛发展,并开始广泛应用于军事领域,为军事技术的发展和武器装备的革新提供了坚实的技术保障,导致了军事信息革命的全面展开。这种革命直接导致了信息化弹药、信息化与隐形化作战平台、C^{4}ISR 系统等一大批高技术武器装备的产生,使武器装备和军用系统中电子信息技术含量迅速增强,信息化程度不断提高,从而提高了整个军事体系的战斗效能,为新军事变革的发生与发展奠定了重要的技术基础。

2. 信息能力成为军事能力的重要因素

信息技术的飞速发展和广泛应用,推动了军队全面进行信息化建设,使信息成为军队整体作战能力的关键。同时,信息化本身也逐渐成为一种重要的战争资源和重要的作战力量,是军事力量构成的关键因素。

当代高技术局部战争和各国军队建设的实践都充分说明,掌握信息技术,取得信息优势,信息支配权,不仅是取得战争主动权的基本条件,而且是最终赢得战争胜利的重要保证。因此信息的获取、传输、处理、利用及对抗能力,作为军队的信息能力的诸源,已成为不断强化而且影响巨大的一种新的作战能力。

3. 信息战成为主要作战样式

在信息成为一种重要的战争资源,并对战争的胜负起着重要作用的情况下,信息与信息系统将成为未来战争中打击与保护的首要对象,而且围绕信息与信息系统的攻防而展开的信息战将成为未来战争基本形态。

四、新军事变革的特点

军事变革是一种特殊的社会现象,它的本质特征与基本特点一般是通过战争形态和作战方式的变化表现出来的。从发展进程趋势看,新军事变革的特点,主要表现为以下几点。

1. 发展速度快

人类历史上曾发生过的两次军事变革,持续时间都很长。一次是冷兵器战争向热兵器战争转化的变革,一次是热兵器战争向机械化战争转化的变革。第一次大规模军事变革大约持续了 800 年。12 世纪初,中国人开始制造各种火器,发起热兵器军事变革。火药传到西方后,与欧洲机械制造业相结合,使火器成为主战兵器,到了拿破仑战争时期,使得火器与军队编制体制、作战方式和军事理论有机结合,完成了一次突破,随后在欧洲各国全面展开了军事变革,到 1871 年普法战争时基本完成,此后进入了完善期。紧接着,随之而来的是以机械化装备为主导的第二次大规模军事变革,大约持续了 200 年。瓦特发明了蒸汽机,并广泛应用于工业生产,军事上也随之开始酝酿一场全新的变革。19 世纪后期,随着内燃机、无线电和黄色炸药、线膛武器等的广泛使用,标志着机械化战争作为一种新的战争形态登上历史舞台。它以化学能和机械能为动力,以火力和机动力为主要制胜要素,到 20 世纪初,这一变革已经形成了一定的规模。第一次世界大战中,坦克、飞机等新型机械化装备初露锋芒,进一步推动了机械化装备变革的全面展开,到了第二次世界大战,机械化装备军事变革基本完成,战后则进入完善期。

现今正在进行的是人类历史上第三次大规模军事变革,即机械化战争向信息化战争转移的变革。在人类文明由工业时代向信息化转变时期发生的这次军事变革,从开始酝酿、全面展开,到加速发展,其整个过程预计为 20 世纪 70 年代到 21 世纪 70 年代,总共大约 100 年左右。与之前的两次军事变革相比较,这一变革的时间之短,发展之快,是以往任何一次军事变革都无法比拟的。

新军事变革之所以发展速度快,持续时间短,其原因是多方面的。首先,人类社会的进步越来越快。据估计,现在人类社会 3 年的变化,相当于 20 世纪初期 30 年,牛顿时代 300 年,石器时代 3 000 年的变化。这主要是因为社会生产力和科学技术的发展日新月异,各国的经济可承受力越来越强,世界各国的交往越加紧密。社会与军事密不可分,社会进步的加速必然导致军事发展的加快,导致军事变革的快速进行。其次,由工业社会向信息化社会的过渡,其进程将大大快于之前由游牧社会向农业社会,再向工业社会的转型。人类文明由工业时代迈向信息时代标志着人类技术社会形态的转变,是新军事变革发生的根本原因。由工业社会向信息化社会过渡的过程,也就是新军事变革进行的过程。这次社会形态转变过程的加速,必然造成新军事变革持续时间的缩短。再次,信息技术能量呈倍数增长的特性,使这场变革的加速度越来越大。纵观近代武器与战争的发展史,一种新兵器能被军队列为制式装备并投入实际使用,需要 15 至 20 年的时间;而要被军事体制完全吸纳,则需要20 年左右的时间。造成这种现象的根本原因在于新的军事技术突破和理论创新,几乎都经历从承认到否定,再从否定到承认的过程,并且还需要通过战争的实践才能最终被广泛承认。

新军事变革则不同于以往,以信息技术为支持的高新技术的突破,其能量总是在军事领域迅速得到释放,并广泛渗透于各个方面。每一种新的军事理论,也总能很快转化为建军作战的实际步骤。信息技术刚起步,马上就在军事领域得到了广泛运用,信息战的理论也随之出现,并且迅速进入实战运用,成为军事理论创新最引人注目的亮点。这种由理论创新、技术突破,到军事运用,直至融入整个军事体系的发展过程,迅猛通畅,这与过去军事变革的漫长进程形成了鲜明对比和强烈反差。

2. 涉及范围广

与之前的军事变革相比,此次新军事变革涉及的范围更为广泛,主要表现为以下三点。

(1)不只是发生在个别国家,而是在全球范围内进行。从当前国际形势来看,世界上的主要发达国家和发展中国家都已逐渐开始进行新军事变革。已经宣称进行军事变革的国家有20多个。

(2)将大大拓展军事活动空间,使战争更加广域化。新军事变革使未来战争不再局限于陆、海、空这三维战争空间。军事活动开始涉及新领域,主要包括外层空间、信息空间和认知空间。外层空间是第四维的空间战场,在目前的高技术战争中,在外层空间部署的军事信息系统对陆战、海战、空战提供信息保障,只起辅助支援作用,而在未来的信息化战争中,天基军事系统将能直接攻击目标,空间战将成为一种重要作战样式。认知空间是一种非物理战争空间,是指作战人员的意识、思想、心理等领域,既包括知觉、感知、理解、信仰、价值观及决策,也涉及军事领导能力、部队士气与凝聚力、训练水平与作战经验、态势感知能力和公众舆论等。

(3)军事形态包括的各个方面,涉及各个领域,都要触及且都要发生质的变化。军事形态的内涵包括客观要素和主观要素。客观要素包括构成国防和武装力量的所有物质成分,如国防预算、军事技术、武器装备、军队领导指挥体制、部队编制、军事训练、军人素质、后勤保障等等。这些要素都要发生跨时代的变化,从而最终导致工业时代的机械化武装力量过渡到信息时代的信息化武装力量。军事形态中的主观要素是指军事理论、军事观念、军事思维方式,特别是人们变革原有军事形态的主观能动性。在新军事变革伊始,这种主观能动性具有特别重要的意义。正在兴起的新军事变革并不完全是自然形成的,而在很大程度上是人们自觉地改造客观军事世界的结果,是人们主观能动性的产物。新军事变革所依赖的军事技术和武器系统,需要人们去创造革新;军队的体制编制需要人们按照信息化战争要求进行调整;作战理论或学术思想、作战方法等,需要人们不断去创新,因此军事形态包含的任何一项要素的变革,都离不开人的主观能动作用。

相比以往的几次军事变革,新军事变革更具广泛性的主要原因是:在之前的历史时期,社会科学技术相对落后,地域的差异与距离的相隔,致使国际交流很少,因此当时军事变革的发展仅仅只限于一域一国,影响小、扩散慢;而随着人类社会的进步,由工业时代向信息时代过渡时期所发生的军事变革,正处于一个可快速传输信息的网络世界中,地域与距离所造成的限制大大降低,新的信息得以迅速扩散到世界各地。

3. 发展不平衡

世界政治、经济、科技等诸多因素直接影响着新军事变革的发展。由于各国的经济基础,科技水平和军事实力都存在不同程度的差异,导致新军事变革的发展存在着不平衡性。主要表现为起步时间不一致,发展程度不一致,发展重点不一致,完成先后不一致。

新军事变革首先只在符合某些条件的国家开始,并不可能在整个世界范围内同时进行。因为作为一种整体性、革命性变革,它就必须有雄厚的经济实力,工业基础作支撑,尖端的科技水平作先导,以及一定的军事能力作基础,离开了这些基础和条件,任何军事变革都无法进行。然而上述条件不是任何国家都具备的。只有那些具备条件,又有创新意识和革命精神的国家才能率先实现军事变革,在军事竞争中取得有利地位。目前,美国具备这一系列客观要求,因而推进军事变革问题上起步早,力度大,发展速度快,成效最明显。预计2030年左右将可能率先完成新军事变革的主要任务。其他各国因限于政治、经济、军事等方面的条件,发展速度相对迟缓,预计2050年左右才能基本上完成新军事变革的主要任务。

但是,不平衡状态并非一成不变。新军事变革绝不是大国和强国的专利,是人类军事发展的必然趋势,后起步的国家可能以吸收和利用先起步者的成果和经验。火药发明于中国,盛行于欧洲,西方人的火器性能反而大大超越中国的火枪、火炮。目前美国在新军事变革的竞争中赢得了暂时的优势,甚至支配地位,但随着时间的推移和发展的深入,这场竞争将会更加激烈,其他国家也可能利用其不断增长的经济、技术实力在军事变革的竞争中取得主动。

五、局部高技术战争对新军事变革的影响

新军事变革的过程就是战争形态由机械化战争向信息化战争转化的过程,随着军事变革深入发展,将推动高技术战争不断由初级阶段向高级阶段演进。高技术战争是新军事变革的产物,高技术战争信息化程度的提升,是新军事变革不断发展的结果。新军事变革的发展及其取得的最新成果集中体现在高技术战争信息化的提高上。

20世纪90年代之初,爆发的海湾战争是以信息化为主要特征的新军事变革在现代战争中的首次实践。它是在人类文明由工业时代向信息时代转化过程中发生的第一场具有部分军事形态"时代差"的高技术战争。关于这场战争对军事领域的影响,国内外军事理论界有大量评述。前美国参联会主席沙利卡什维利称海湾战争是"反映了正在进行中新军事变革的一个缩影,我们正在进入一个战争新时代。"美国著名未来学家托夫勒讲:"1991年的海湾战争预示着新战争形态的出现。"俄罗斯

军事理论家基里连科认为海湾战争"预示着战争形态急剧变化时期的来临。"英国《星期日泰晤士报》载文称海湾战争"是一个伟大的新战争时代来临的先兆。"

这场局部高技术战争的爆发,给正在进行的新军事变革带来了重要影响。

1. 信息化战争特点初显

在海湾战争中大量的信息化武器装备开始投入实战,使得这场战争呈现出局部高技术战争特别是信息化战争的初期特征。通过战争,人们意识到传统的战斗力要素发生了变化,信息成为重要的战斗力,信息控制的重要性已提高到了战略的层次。美国始终牢牢掌握着战场的制信息权。凭借其掌握的制信息权和指挥控制通信系统,使得战场呈现出"单向透明"的特点,即多国部队对伊拉克部队的战略部署、战场机动、军事通信等方面了如指掌,而伊拉克军队基本呈现"眼盲耳背"的状态,陷入被打的境地。海湾战争的实践证明,支配信息和信息系统将是未来战争中敌对双方争斗的中心。电子战技术已延伸到各作战环节之中,使得现代电磁斗争尤为激烈,获得电磁频谱的控制权是赢得战争主动权的重要因素。海湾战争所反映出的信息化战争的初期特点,极大地推动了新军事变革的发展,使其发展方向也变得日益清晰。

2. 战争在尖端武器的作用下呈现出明显的高技术特点

现代高技术武器的大量使用及其所发挥的巨大威力,令世人对现代高技术战争产生了全新认识。美国认为其赢得"沙漠风暴"行动胜利的最重要原因是:第一,拥有强大的空中力量;第二,高技术武器在战争中发挥了"关键性作用",从而确保了美军部队拥有决定性的优势,使空中和地面部队能更出色地完成作战任务。隐身远程突击、精确火力打击、电子压制,这一系列高技术武器所演绎的战争手段,给世人耳目一新的感觉。人们开始认识到未来战争将以高技术武器为主,战争将形成"陆、海、空、天、电"五维一体的立体化战场;作战将是在高技术武器装备的支撑下,以"空地一体作战"为主要打击,远程杀伤,破坏威力大的作战效能。

海湾战争既有现代战争的某些特点,同时也反映出未来高技术战争的发展趋势。高技术运用于军事领域,使得新武器研发、指挥与控制系统等诸多方面都展现出全新的面貌,它使得战争的性质发生了革命性的变化。

3. 高技术武器促使传统作战方式发生转变,推动了新军事变革的发展

大量高技术武器在海湾战争中频繁使用,使现代战争的作战思想、作战样式、作战方法、指挥方式、作战部队组织结构,以及战争进程与结局等方面都出现了重大变化。二战以来形成的一系列传统战争观念被打破,军事新观念逐步产生,主要表现为:战争目的不再以占领对方领土和歼灭敌军为最终目标,夺取战争胜利不仅是击败对方军队,更主要的是摧毁对方的综合实力。战争内涵不断扩大,战争行动与非战争行动之间的界限模糊难辨。敌对双方的斗争范围涉及政治、经济、文化、外交、宗教、心理等各个方面。未来战场攻防的界限模糊,没有明确的前后方之分。作战目标选择上,将由消灭敌人有生力量为主转变为破坏敌作战系统的结构为主。作战指挥形成陆、海、空、天、电磁等多维空间的多元信息指挥,指挥体制"网络化"将通过

减少指挥层次缩短信息流程,从而实现信息流程的最优化,信息流动实时化和信息采集与使用一体化。武器装备发展已由提高其物理性能转向提高武器横向系统作战能力,使每件武器和每个士兵都处在计算机网络中。军队作战能力的提高将不再是单一的通过武器的"硬件",更多的通过对武器进行控制的"软件"来实现。海湾战争后,新的战场观念、战术观念、作战效益观念和战争胜负观念应运而生,促进传统军事观念的革新,成为新军事变革的重要标志。

多国部队在海湾战争期间,投入的新式武器装备就有100多种。这场战争为大量高技术武器装备提供了一个非常理想的试验场,战争充分检验了高技术武器装备的各项性能和作战系统各要素效能的发挥,通过实践来发现问题,并进行相应改进。

随着科学技术的飞速发展,大量高技术武器投入实战,产生了全新的作战样式,反导战、电磁战、隐身突袭战、反空袭战等作战样式改变了传统战争模式,以软打击为主的信息封锁、压制及"外科手术"等非传统的作战样式将在未来战争中占有重要地位。在全新的作战样式背景下,新的作战理论开始快速发展,非对称作战、空地一体战、应急作战、电子战及信息战等理论日益受到重视。非接触作战和超视距作战将成为主要作战方式。现代条件下的高技术局部战争开启了以机械化战争全面向信息化战争转变为特征的世界性军事变革的大门,它激励着世界各国军事理论界对新军事变革进行研究与探索。

复习思考题:

1. 精确制导武器有哪几种制导方式? 这些制导方式有哪些异同点? 各有什么优缺点?

2. 伪装的技术措施有哪几种?

3. 反雷达探测隐身技术措施和红外隐身技术措施各有哪几种?

4. 激光有哪些特点? 在军事上有哪些应用?

5. 实现夜视的条件和途径是什么? 夜视技术有哪些主要军事应用?

6. 电子对抗的目的是什么? 基本手段有哪些?

7. 什么是航天技术? 它由哪几部分组成?

8. 自动化指挥技术系统有哪些功能?

9. 新概念武器的种类和特点是什么?

10. 新军事变革的含义和特点是什么?

第六章

信息化战争

随着以信息技术为核心的科技革命迅猛发展，现代战争正在从传统的机械化战争向信息化战争转变，信息化装备已成为战斗力生成、维持和恢复的"倍增器"。目前，美国陆军的信息化装备已占其装备总量的50%以上，海、空军的信息化装备已达70%，其他发达国家军队信息化装备建设也在迅猛发展。我军的装备建设也正在由机械化向信息化转变。本章的学习目的主要是了解信息化战争的基本特征和发展趋势，信息化战争与国防建设的关系，树立打赢信息化战争的信心。

第一节
信息化战争概述

一、信息化战争的含义

信息化战争是我国学者提出来的概念，体现了我国学者对于信息化战争形态的正确认识，凝聚了军内外理论研究者的集体智慧。信息化战争是一个科学的概念，同时也是一个发展的概念。

在信息战理论的发源地美国的英语语汇中，没有"信息化"一词，因而也就不会有"信息化战争"这一概念。在美国军语中，类似的概念有"信息战争"、"以信息为基础的战争"和"信息时代的战争"。但前两者往往是美军对"信息战"的不准确表述，后者才是指战争形态。在我国军事理论界，"信息化战争"是近几年来特别是科索沃战争之后才经常使用的术语。我国科学巨擘钱学森1995年在国防科工委首届科技学术交流大会上的书面发言中指出："现阶段和即将到来的战争形式为核威慑下的信息化战争。"这是首次开创性地提出"信息化战争"概念。这一概念的提出不仅顺应了我国我军研究世界新军事革命的潮流,而且具有巨大的启迪和规范作用,使人们认识到人类面临的下一个战争形态将是信息化战争。

从概念上讲,信息化战争是信息时代的一种战争形态,是交战双方在信息化战场上,以信息化军队为主要作战力量、以信息化武器装备为主要作战手段、以信息战为主要作战形式、以信息主导权为主要争夺对象的一种战争形态。它是继以士兵体能为基础的冷兵器战争、以机械能和化学能为主导的热兵器战争之后出现的以信息能为重点的新的战争形态。新军事变革催生了信息化战争形态,信息化战争最终将取代机械化战争,成为未来战争的基本形态。信息化战争是信息时代的典型战争形态,但是并不排除其他战争形态的继续存在。信息时代的战场将以信息化战争为主导,多种战争形态并存。

二、信息化战争是新军事变革的必然结果

创新军事理论是军事变革的活的灵魂和重心。它既是军事技术变革的必然结果,又是进一步开展武器装备变革和编制体制变革的指针。军事变革必然导致各种新的军事理论应运而生,而新的军事理论的产生,又对军事变革实践起到导向作用和牵引作用。

(一) 新军事变革的实质是军事形态由机械化向信息化演变的过程

军事形态取决于战争形态,而战争形态又是由社会技术形态决定的。就像生产技术推动社会形态的变革一样,由军事技术引发的军队形态的变革往往比技术本身的变革更彻底。机械化向信息化的转变是军队形态由低级向高级发展的质的飞跃。最终必将带来信息化形态对机械化形态的彻底否定。

人类社会的技术社会形态共经历了三次转变,第一次是农业社会向工业社会的转变;第二次是工业社会向机械化社会的转变;第三次是工业社会机械化向信息社会的过渡。与之相适应,工业时代的机械化军事形态也开始向信息化军事形态转变,这就是世界"新军事变革"的实质。其核心是战争形态的演变,即把工业时代的机械化军队建设成信息化时代的信息化军队,使工业时代的机械化战争形态经过高技术战争阶段的发展转化为信息时代的信息化战争。

机械化战争形态是工业时代的主导性战争形态,其基本的构成要素:一是机械化的武器装备,包括坦克、飞机、舰艇等;二是机械化战争的军事组织;三是机械化的军事理论。工业革命的发生标志着人类社会开始由农业时代步入工业时代,机械化战争形态也随之产生。而20世纪初第一次世界大战的结束,是机械化战争形态的形成阶段。在思想理论方面,机械化战争理论还处于探讨和争论阶段,没有形成系统和权威的机械化战争理论。第一次世界大战至第二次世界大战结束,是机械化战争的快速发展时期,在这一阶段,机械化战争随着战争实践的发展而得以快速的发展。

具体表现为:军队的机械化程度迅速提高;机械化战争理论空前繁荣,适合于机械化战争的军事组织结构得以确立。从第二次世界大战结束到20世纪80年代是机械化战争走向成熟的阶段。

信息化战争形态是信息时代的主导性战争形态,它是随着信息社会的发展而逐渐形成的。信息社会最早起源于20世纪50年代的美国,信息技术的发展和产业结构的调整标志着信息社会开始形成。以信息化战争为核心的战争理论、军队建设理论、军事战略理论以及国家安全理论等,都已经开始向信息时代的理论形态转变。

(二) 高技术战争是机械化战争向信息化战争转变的过渡形态

高技术战争形态,是随着新军事变革的发生而产生,并且随着军队信息化建设的推进而发展的一种战争形态。战争形态从机械化向信息化转变,需要经过一个从量变到质变的过程,在这个过程中的战争形态一部分具有传统机械化战争的特征;另一部分也具有未来信息化战争的一些特征,但是它既不同于经典的机械化战争形态,也达不到实现完全的信息化战争形态的要求。随着新军事变革的不断深入发展,这种过渡性战争形态中机械化战争的成分会越来越少,信息化战争的成分会越来越多。这个既具有机械化战争特性,又具有信息化战争特性的混合型的战争形态,我们通常把它称之为高技术战争。

正因为高技术战争是一种过渡性质的战争形态,所以它具有以下特性。

第一,战争的本质没有改变,但是可控性大大增强。信息技术的普遍应用和信息化武器装备系统的大量使用并没有改变战争的本质,战争仍然是政治的继续,仍然是扫除政治障碍的一种手段。但是由于信息化武器装备系统的大量应用以及军队体制不断按照信息化的内在要求进行调整,高技术战争在这二十多年中表现出越来越强的可控性。这种可控性一方面体现为战争规模的可控性,由于军队作战效能的不断提高,可以以更小规模的战争来达到同样的政治目的。另一方面,战争作为解决政治障碍的一种暴力手段,使用的灵活性也大大增强。

第二,信息要素在战争中的作用越来越突出,信息能力已成为衡量军队战斗力的重要标准。高技术战争的突出特点之一就是信息成为军事力量构成的关键要素。信息能力成为制胜的基本条件。高技术条件下,信息已成为现代武器系统作战效能的"倍增器"。从某种意义上讲,信息左右着战斗力的释放。据美军统计,带自卫电子战设备的轰炸机,生存率可达70%—95%,反之则不到25%;作战飞机带电子战设备出击时的生存率为97%,反之不到70%;水面舰艇不装电子战设备,被导弹击中的概率为加装电子设备的20倍。火炮、坦克、飞机、舰船以及各种制导武器,如果没有先进的信息设备引导和控制,就无法发现远距离目标并实施准确攻击。特别是制导兵器能否发挥精度高、杀伤力大的作用,不仅取决于弹体和弹头的威力,更主要的是取决于信息系统的控制作用。目前信息能力已成为衡量军事能力的重要标准。当代历次局部战争和世界各国军队建设的实践都充分说明,掌握信息,获得信息优势

（即支配信息），不仅是取得战场优势的基本条件，而且是最终赢得战争胜利的重要保证。一个国家不管有多少军队，如果不能跟上战争信息化的发展趋势，不具备相当的信息技术水平，在战争中就要被动挨打。

第三，战争空间不断扩展。由于信息化武器装备系统的不断发展以及在战争中的广泛应用，极大地扩展了作战空间，使高技术战争更加呈现出由机械化战争的陆、海、空三维立体向陆、海、空、天、信、心全维同时展开的特点。高技术战争在作战空间上的空前增大，首先表现在高技术兵力兵器远距离作战能力的空前提高，使得作战空间向远、近交叉的大纵深发展，作战行动更加强调实施大纵深打击。其次，表现为武器装备的分布高度层次拉大，使作战空间向高低结合的高立体发展，作战行动更加强调"空地一体"、"海空一体"的高立体作战，战争的立体性特点更加明显。随着高新技术的继续发展，战场正在由区域战场向全球战场延伸；从空中战场向太空战场延伸；从有形战场向无形战场延伸。

第四，作战力量的一体化程度不断提高，军兵种界限逐步打破。高技术战争最突出的特点之一是作战体系、作战行动和指挥控制的一体化。作战体系的一体化是一体化作战的基础。机械化战争以前的作战，一项任务要由几件单独的武器来完成，作战单元的功能是单一的；作战的各个功能要素，如目标探测、跟踪识别、火力控制、作战指挥、火力打击、战场机动等，也都是相对独立的。在高技术战争中，由于信息化武器装备系统的广泛使用，战争体系和作战行动趋向一体化，包括功能上的一体化和结构上的一体化。在功能上，许多任务将由同一个武器系统来完成；在结构上，一体化联合部队将取代目前的军兵种分立的功能单一的部队，军兵种之间的界限开始逐渐打破。

第五，传统面式打击与点式精确打击并存，精确打击的地位不断提高。在高技术战争阶段，传统的面式打击与点式精确打击方式共存于战场之中。随着信息技术的发展和信息化武器装备的大量使用，传统的面式打击运用的越来越少，而点式精确打击使用的比例则越来越大。据有关资料表明，在海湾战争、科索沃战争和阿富汗战争中，精确弹药占所有弹药的比例是8%、35%和60%，而到了伊拉克战争中，美军使用的精确制导弹药达到了80%以上。由此可见，精确打击的地位正在不断提高。

第六，战争持续时间总体缩短，战争节奏不断加快。以往战争的时间都比较长，且不说历史上长达百年的英法战争，就是第一次世界大战也打了4年，第二次世界大战打了6年，朝鲜战争打了4年，越南战争打了14年，两伊战争打了8年。而高技术战争是以天、小时甚至分秒来计算。由于高技术武器装备快速作战的能力，以及克服夜间和不良气象条件的能力日益增强，使高技术条件下的局部战争的作战节奏大大地加快了，因而大大缩短了战争的进程。马尔维纳斯岛战争只打了74天，科索沃战争78天，海湾战争虽然规模比较大，也只打了42天，阿富汗反恐战争，美军也仅用2个月的时间就摧毁了塔利班政权与"基地"组织。而在一些小规模的局部战争中，作战时间就更为有限。例如,叙利亚在贝卡谷地的 19 个防空导弹基地,在短短的 6 分钟之内就在以色列空军的袭击下化为乌有;美国第二次袭击利比亚的作战行动在 12 分钟内结束。

第二节
信息化战争的特征和发展趋势

一、信息化战争的特征

信息化成为军队现代化的本质特性,信息化战争取代机械化战争已成为必然趋势。信息化战争的骤然来临,给世界各国军队建设提出了新课题。信息化武器装备在战争中的大量运用,强制地改变了战争的形态和作战的方式、方法,呈现出与以往战争所不同的特点。

(一) 战争手段信息化

在工业时代的机械化战争中,战争手段除了简单的通信和探测以外,信息技术的含量很低。信息时代的战争手段,由于信息技术的发展而发生了质的变化,主要表现在以下方面:第一,作战平台的信息化程度极大提高。在信息时代,战争将是一种信息的较量,要求武器平台的信息化程度极高,以适应战争的需要。信息化作战平台不仅装备有多种传感设备和计算机,能够准确地探测跟踪敌方目标,并且能准确掌握己方部队的信息,为实施精确的作战行动提供目标信息,而且还有足够的计算机系统和高带宽的网络能力。第二,精确制导弹药将普遍应用。未来的精确制导弹药将实现智能化。武器系统具有自主能力,能够自动完成对目标的探测、分析、攻击和评估,普遍具有发射后不管,自主识别和遂行多目标攻击的能力。第三,电子计算机成为重要的软杀伤武器。在未来战争中,网络战和黑客战成为重要的作战方式。只需敲击键盘就可以达到瘫痪对方的军事信息枢纽、破坏经济秩序等多种目的。虚拟现实技术的发展,使计算机这种战争工具更具威力,利用计算机全息图像技术可以很容易的实施战场欺骗。因此,计算机是未来战场上最重要的软杀伤武器。

(二) 战争力量一体化

军队的组织结构是联系军事技术和作战理论的纽带,是军队发挥整体作战效能的杠杆。在未来信息化战争中,伴随着新军事变革的步伐,军队组织将高度小型化和一体化。第一,军队规模将加速小型化。未来战争中,由于军队作战能力的极大提高,小规模高度一体化的军队,就可以完成过去庞大军队才能完成的战略任务。

因此,未来的信息化部队一般采用较小的规模。进入本世纪,美国军队的规模已经从 20 世纪 90 年代的 200 万人减至 138 万人。俄罗斯军队也从原来的 280 万人减至 70 万人。第二,军队的编成高度一体化。未来军队的一体化主要表现为,按照系统集成的观点,建立"超联合"的一体化作战部队。军队组织的编成,将打破传统的陆、海、空、天等军种体制,而按照侦察监视、指挥控制、精确打击和支援保障四大作战职能,建成探测预警子系统,指挥控制子系统、精确作战子系统和支援保障子系统。这四个子系统紧密衔接,有机联系,构成一个一体化作战大系统。第三,军人与平民之间的界线也在模糊。工业时代的战争,军人在前方,平民在后方;军人拿枪打仗,平民生产支援,两者界限分明。而在未来的信息化战争中,战场不分前后,科学家和工程师不仅可以为军队的信息系统提供维护与防护支持,特别是在计算机病毒防治与对抗、与网络"黑客"的斗争中充分发挥优势,而且可以直接利用军用或民用通信网络、计算机网络和电视网络,以及各种能够产生电磁频谱的器材,释放电磁脉冲、注入计算机病毒、编造各种假图像和假信息,干扰、破坏敌人的电磁频谱输入、输出系统,单独或综合地、直接或间接地进行信息对抗。

(三) 战争空间多维化

随着信息技术和航天技术在战争中的应用,战争空间发生了新的变化,不仅从陆、海、空三维物理空间扩展到外层空间,而且,一种新的作战空间——信息空间正在悄然形成。第一,物理空间急剧扩大。第一次世界大战,战场的范围仅有数百至数千平方公里;第二次世界大战,战场范围也不过数万平方公里或数十万平方公里。而海湾战争,战场空间急剧扩展到 1 400 万平方公里。阿富汗战争,其规模虽然远不及海湾战争和科索沃战争,但是战争的相关空间却延伸到美国本土乃至全球。其中,有 89 个国家向美国飞机授予领空飞越权,76 个国家授予美国飞机着陆权,23 个国家同意接纳美国部队。其空间范围又要远比海湾战争和科索沃战争大得多。随着军事信息技术的高速发展,未来信息化战争的作战空间还将进一步拓展。第二,信息空间多维广阔。信息空间是一个全新的概念,它包括电磁空间、网络空间和心理空间,渗透于陆、海、空、天各个战场。电磁空间是信息空间的重要组成部分。电磁战场被称作继陆、海、空、天之后的"第五维战场",是信息化战争的重要作战空间。网络空间是人类进入信息化时代的产物。目前,全世界已经有 170 多个国家和地区的计算机网络连为一体,并仍在不断扩展中。信息高速公路的发展使时空的概念正在急剧的缩小,地球正在变成一个数字化的小村落。网络空间的出现使地球上的距离概念和国家之间的地理分界线失去了意义,凡是与网络空间联系的目标都可能遭到攻击。心理空间特别是决策者的思维空间是信息化战争的重要作战空间。近期三场局部战争中都采取了军事打击与攻心并重的方针,成功实施了心理战。战争的实践证明,心理空间已成为信息作战空间的一个重要组成部分。

（四）战争实施可控化

政治家们都希望战争能够按照自己的方式运转,去实现他们理想的目标。但是,由于以往战争中的武器装备在精度、威力、作战距离等方面的不足,使得战争的可控性不强,当战争机器启动后,它往往不以人的意志为转移地向前运转,不仅在预定的时间内难以达到作战目的,造成资源的大量消耗,而且还会产生大量的平民伤亡,造成政治上的被动,战争最后的结果往往与政治家们当初的设想大相径庭,甚至截然相反。信息化武器在战争中的使用,使战争开始具有较强的可控性,成了政治家实现政治目的的有效工具。

如下表所示。

| | 侦察 | 控制 | 打　　击 | |
			近程打击	远程打击
冷兵器战争 （二维）	人	旗语、锣鼓	步兵、骑兵	
机械化战争 （三维）	侦察机、雷达声纳、人	有线电话、无线电台	步兵、装甲部队	炮兵、空军、航空母舰
信息化战争 （多维）	卫星、预警机、雷达、侦察机声呐、人	自动化控制系统	步兵、装甲部队	导弹、远程轰炸机、计算机病毒

信息化战争的可控性主要表现在三个方面:

第一,能有效控制打击目标。信息化武器对目标的打击,已不再像以前那样狂轰滥炸,由于其命中精度高,已经能够做到指哪打哪,以前需要多次轰炸的目标,现在只需一两次攻击即能达到目的。第二,能有效控制战争的规模。在战场上,交战双方都追求较高的军事经济效益。一般来说,能使用一件武器完成的任务,就不需使用两件以上的武器;一个班、一架飞机、一颗卫星能够做到的事,就不需使用更多的人员和器材。信息化武器装备精度高、威力大,作战效能成百上千倍地增长,这样,双方就无须投入更多的兵力兵器。另一方面,武器的高精度,也能有效避免战火外延和战争升级。第三,能有效控制战争的进程。信息化战争作为一种新的战争形态,虽然战争中使用的武器装备发生了变化,作战的方式、方法产生了变化,但它仍是一场战争,仍是为政治服务的,是政治的继续,而且战争为政治服务的目的性更加明确;反过来,政治因素对信息化战争的目的和规模等方面的制约反而更加明显。现代战争在行动方式的选择上,不仅要考虑到军事行动的主动权问题,更要考虑到这种方式能否适应政治斗争和外交斗争的需要,是否有助于政治目的的实现。由于政治目的的有限性,从而决定了信息化战争目的也具有有限性。信息化战争由于作战兵器侦察范围广,打击距离远,战争不再像以往那样,从战场的前沿到纵深逐次进行,信息化武器已经能够通过对纵深重要目标的打击,直接达成战略目的,这样也就避免了战争的久拖不决,缩短了战争的进程,使战争能按照预先计划的那样如期结束。

二、信息化战争的发展趋势

信息是信息化战争的精髓,信息优势是打赢信息化战争的战略制高点。现代战争中的信息量急剧增加,涉及战略决策的要素呈现多维一体互动的形势。战场空间的全方位性和战场形式的多样性,决定了信息优势也在这种多维互动的新的战场性质中呈现出一种动态优势。要准确预测信息化战争的发展趋势是很困难的,运用唯物主义的研究方法,遵循战争发展的一般规律,我们仍然可以描绘信息化战争发展的大致趋势。

(一) 在武器装备方面,信息化武器装备将成为军队作战能力的关键因素

1. 信息技术使武器装备的作战效能越过物理极限向前发展

战争是通过使用武器来进行的。在战争中使用武器装备的技术水平,决定了战争的形式和状态。信息技术的广泛应用,推动了武器装备向信息化和智能化发展。使用信息化武器装备是信息化战争的重要特征。信息化武器装备的出现是武器装备发展史上的一个重要转折点。它改变了机械化武器装备和核武器发展的道路,即单纯追求射速、航速、射程、杀伤力等物理性能的极限。信息化武器装备的核心是增强控制能力和智能水平,也就是为武器增添"大脑"(电子计算机和信息系统),使其具有一定的信息功能和控制功能。信息技术与能量相结合,实现了武器装备的智能化和一体化,使常规武器的作战效能大幅提高。随着空气动力学的发展,现代战斗机的机动载荷已经超过 9 个 C,而飞行员的极限载荷仅为 2 个 C,超过这个极限,飞行员就难以保持头脑和体能的正常状况。但是,信息化武器装备越过了物理极限的限制。如美军的 M109A6 自行火炮,从外观上看,它和原来的 M109 没什么区别,但由于嵌入了大量的信息化模块,使得它的作战效能获得了巨大的提升。借助于战场信息网络,M109A6 可以在 1 分钟内完成对目标的发现、识别、打击和毁伤评估。射击后,从敌方炮位侦测雷达发现 M109A6 到引导炮火对其进行反击,往往需要 3 分钟以上的时间,而其早已机动到了安全地域。

2. 信息技术使武器装备成体系化发展

信息化武器不是单指一两件武器装备采用信息技术,而是形成一个以信息技术为中介联结而成的武器装备体系。信息化武器装备体系包含以下几个方面:一是单兵信息化武器装备,如信息化头盔、服装、通信工具和武器等。二是各种内嵌信息系统的作战平台,包括坦克与装甲车、火炮与导弹发射装置、作战飞机与直升机、作战舰艇等武器载体。三是各种信息化弹药,如各种导弹等。四是信息化战场的基础设施,如各种卫星、C^4ISR 系统等:一体化 C^4ISR 系统,即 Command(指挥)、Control(控

制)、Communication(通信)、Computer(计算机)、Intelligence(情报)、Surveillance(监视)和 Reconnaissance(侦察)系统,是一个集战场感知、信息融合、智能识别、信息处理、武器控制等核心技术为一体,旨在实现军事指挥自动化的综合电子信息系统,将战场上各种不同的武器系统、电子装备和作战平台"黏合"成为一个一体化的新型作战系统,从而形成巨大的战斗力。它几乎涵盖了战场上所有的军事电子技术功能和装备,受到了世界各军事大国的高度重视,目前这一系统又发展为 C^4IKISR,增加了"Kill"(杀伤),这种系统就像人的神经网络,可以指挥庞大的躯体和四肢去完成各种动作。五是用于计算网络系统作战的数字化、程序化武器,如病毒、黑客等。计算机病毒武器是一种信息化武器,是一种价格低廉、使用方便的软杀伤武器。随着信息技术的发展,战争形态由机械化战争向信息化战争转变,信息化武器装备成为未来军队战斗力构成的关键要素。

(二) 在作战方式方面,非线式、非接触作战将成为重要的作战方式

1. 非线式作战是信息化战场上的机动作战思想的体现

信息技术的迅速发展和信息化武器装备的大量使用,使得作战方式由"线式"向"非线式"转变,非线式作战将是信息化战争条件下的主要作战方式。信息化战争条件下的非线式作战,是在信息技术支持下的机动作战思想的重要体现。

机械化的高度发展使得各种运载平台及武器装备的速度和航程大大提高,机动能力极大的增强。实际上,在机械化战争时代,非线式作战就已经发挥了重要的作用。德国"闪击战"、苏联的大纵深作战、美国空军的远程战略轰炸和海军的越岛进攻,都是非线式作战方式的具体体现,但是在机械化战争时代,占主导地位的还是线式作战。

信息化条件下的非线式作战,是充分发挥军队多维机动能力的信息化机动作战。机械化战争时代,非线式作战主要是围绕地面战场展开。而在信息化战争条件下,则是在立体空间全面展开,在战场全纵深同时运用空中、地面、海上、太空和特种作战力量,在整个地球空间采取非线式作战方式打击敌人。信息时代的非线式作战已经不是线式作战的补充,而成为战争中最主要的作战方式。

2. 高度信息化的指挥控制系统是非线式作战的重要依托

非线式作战成为主要的作战方式,首先有赖于军队机动能力的普遍提高。高速度、大航程的运载平台和武器装备为实施非线式作战提供了物质基础,是军队的非线式作战的首要条件。其次,信息化战争标志着信息传递的高速度和指挥决策的高效率,而决策效率也是实施非线式作战的重要条件。如果没有决策和反应速度的大幅提高,即使具有高度的机动能力,也难以发挥作用。所以,只有在信息化战场空间内,在高度信息化的指挥控制系统的支持下,非线式作战才能占据主导地位。

3. 非线式作战是信息化战争的内在要求

信息化战争的战场空间空前广阔,上至太空,下至深海。传统的线式作战方式

难以满足作战空间扩展的要求,因此,从一定程度上来讲,非线式作战也是信息化战争的内在要求,它在本质上是一种多维联合作战。美军参联会《2010年联合构想》认为,只有运用多维空间的诸军兵种实施联合作战,充分发挥各作战力量的信息力、机动力和火力,才能实施真正意义上的非线式作战。

4. 非接触作战将成为信息化战争初始阶段的重要作战方式

信息技术的广泛应用,使先进国家的武器装备发生了质的变化;隐形武器为实施非接触作战提供了可能性与防护力;远程精确制导武器使非接触作战实现了防区外打击,从而使有生力量脱离接触;信息系统为实施非接触作战提供了信息支持。在信息化战争的初始阶段,由新军事变革发展不平衡所造成的"技术差"在一定时期内还将存在,所以非接触作战将是信息化战争初始阶段的重要作战方式。

(三) 在对抗形式方面,体系对抗将成为战场对抗的基本形式

1. 系统集成理论的发展推动了军队的一体化建设

运用系统观点和方法来处理、解决军事问题早在第二次世界大战期间就初现端倪。二战后,特别是20世纪70年代以来,随着现代系统科学不断发展与完善,为人们运用系统方法处理军事问题提供了重要的方法论指导;同时,现代科学技术特别是信息技术的迅速发展和广泛应用,又为人们运用系统方法处理军事问题提供了新的技术手段和物质条件。系统科学方法在军队的组织管理、工程设计、力量建设等各个方面得到了越来越广泛的应用,并且充分显示出它在处理和解决复杂军事问题、提高军事效能方面的巨大优势。因此,在新军事变革过程中,各国都把这次新军事变革看作为一个系统工程,坚持以系统化原则来进行军队建设,即运用系统集成理论使本国军事力量获得革命性发展。美军参联会前副主席欧文斯认为:美军能否成功地进行军事变革取决于综合利用已开发的新技术,未来军事优势的基础是由各系统组成的大系统,这个大系统基本上是一个军事联合体。

2. 一体化军队之间的作战必将进行体系的对抗

在系统集成理论的指导下,军队建设正在向一体化方向发展。战场感知系统、指挥控制系统、打击和防御系统以及保障系统逐步以信息系统为中介实现高度融合和无缝链接,信息共享将广泛的深入每个作战单元。大到航空母舰,小到战场机器人,都可以近实时的获得所需要的信息,作战行动的联合向战术级延伸,军兵种的编成和任务将发生深刻的变化。传统的军兵种结构将被打破,取而代之的是高度一体化的军事力量。他们不再以武器的性能和功能来进行组织编制,而是按照信息系统的特点和运行方式来重新组织,是以信息化的武器装备系统为神经主干,根据不同的任务把各种作战单元进行灵活的组合。军事力量的各个部分通过综合信息网络联结成一个有机系统,各军兵种、各种武器装备,都将变为军事系统中的不同层次、不同类型功能单元,这些单元不仅具有个体属性的功能,而且同时还具有系统属性的功能。随着新军事变革的发展,军事系统的一体化程度越来越高。在未来信息化

战争的战场上,对抗的形式必将发展为体系的对抗。

(四) 在战场空间方面,太空将成为国际军事竞争的新制高点

1. 掌握制天权是维护国家利益的需要

20 世纪 50 年代,航天技术的出现开辟了人类探索外层空间的新时代。太空以其蕴藏的巨大的政治、经济、军事、科技价值,吸引世界各国不断加大空间技术开发和应用的投入。太空资源已经是人类生存和发展不可或缺的资源宝库,并且随着航天技术的发展和人类对空间探索的日益拓展,世界各国对太空资源的开发、利用和竞争日趋激烈。能否进入太空、利用太空和在一定范围内控制太空,直接关系到一个国家在 21 世纪国际舞台上的政治地位。

太空对于提升国家的经济、军事、科技、文化等领域的水平和能力有着巨大的推动作用。太空的竞争是国与国之间的政治竞争、经济竞争、科技竞争与军事竞争,最终表现为国家综合实力的竞争。因此,世界各国特别是世界强国都非常重视和发展空间技术,提高自身的太空竞争实力,以确保本国的大国地位。"谁能控制太空,谁就能控制地球"是美、俄等航天大国抢占太空的根本指导思想。

在信息时代,空间系统是国家信息系统的重要组成部分,对宣传国家的政治主张、政治观点以及意识形态都具有其他信息手段无法比拟的优势。利用太空侦察系统可以获取大量情报,为政治外交斗争提供翔实可靠的资料和数据,利用太空系统对于处理国际事务、争取支持、取得外交斗争主动权以及维护国家的安全都将具有不可替代的作用。

2. 空间系统是信息化战争的重要支撑

信息化战争对于信息的高度依赖需要空间信息系统的全力保障。战争中指挥员处理的主要是信息而不是物质,信息化战争的主动权将属于对信息的占有者。信息化战场上的信息量巨大,没有空间信息系统的支持保障是无法实现的。比如战争中的侦察、预警、监视、定位通信、制导、弹道导弹拦截以及摧毁敌方航天兵器等,各个环节都需要空间系统的支持;因此,空间系统对于信息化战争有着十分重要的支撑作用。

3. 争夺太空利益是社会历史发展的必然

一种新技术出现后,往往首先被应用于军事领域。20 世纪 50 年代以来,空间技术的发展取得了令人瞩目的成就。尽管联合国外层空间委员会的《外空条约》确立了和平利用外层空间的原则,但是,军事力量仍然不可阻挡地进入了太空。现已开发的航天器绝大部分已经用于军事目的,太空军事力量在未来战争中的作用日显突出,太空军事化已经成了当今新军事变革的重要组成部分。太空军事化必然导致太空军事对抗的出现。随着科学技术的发展和进步,人类的战争空间经历了由陆地到海洋再到天空的过程。在未来信息化战争中,传统军事力量与太空军事力量将越来越紧密地联系在一起,太空将成为未来战争新的制高点,成为敌对双方较量的新焦点。

第三节
信息化战争与国防建设

信息化战争是信息时代的战争形式,具有明显的时代特征。它完全不同于核条件下的全面战争和一般技术条件下的常规战争。因此,必须努力增强以信息化为基础的综合国力,完善国防动员机制,积极推进中国特色军事变革,实现国防和军队转型,为打赢信息战争做好全面准备。

一、树立信息化战争条件下的新国防观念

实现国防建设向信息化的转变,成为信息时代国家安全的客观需要,也是信息时代国防发展的必然趋势。

(一)树立信息化国防的新理念,创新信息化战争条件下的国防理论

新军事变革的灵魂就在于军事理论的创新,国防理论作为军事理论的重要组成部分,也面临着在信息化条件下创新与发展的挑战。战争发展到信息化阶段,其胜负越来越取决于理论的超前思维和超前设计。孙子的"先胜而后求战"已经成为当今战略谋划的重要原则。必须重新构建信息化战争条件下的新国防理论。

(二)树立现代全方位的国家安全观,充分认识信息安全的重要性

信息时代的信息安全日益成为国家安全的"基石"。经济信息安全关系到国家经济的正常运转,军事信息安全关系到国家军事力量的可靠程度,科技信息安全关系到国家的发展潜力,文化信息安全关系到民族文化的发展和价值理念的传承。政府、企业应尽快联手建立信息安全救助的紧急通道,以应对日益增加的突发性事件。把信息安全提高到国家安全的最顶层。

(三)确立建设信息化国防的指导思想,调整国防建设的思路

国防建设的目标应定在确立信息技术、武器装备和系统的质量优势上;国防建设的规模应缩小现实的,增强潜在的;应该调整传统国防建设的项目,把更多的与国防建设相关的企业和行业都纳入国防体系;国防力量要形成精干的实战力量与强大的后备力量相结合的综合力量体。

二、加强信息化战争条件下的国防教育

国防教育作为建设和巩固国防的基础,必须为打赢未来我国可能面临的信息化战争服务。

(一) 引导人民群众认识维护祖国统一和领土完整的正义性

战争形态的转变并没有改变战争的性质,战争仍然是政治的继续,人心向背决定战争胜负的规律没有改变。人民战争仍然是我们打赢未来信息化战争的法宝,而战争的正义性,是我们进行人民战争的根本前提和重要基础。我们要赢得未来信息化条件下的人民战争,必须得到人民群众对战争正义性的真正理解和认同,必须赋予人民战争以新的内涵,创新人民战争的理论和战法。国防教育必须引导人民群众认清我们捍卫国家安全和领土完整,维护国家和民族尊严之战的正义性,争取广大人民群众的支持,发挥人民战争的政治优势。

(二) 引导人民群众正确认识和理解信息化武器装备的作用,树立敢打必胜的信心

伊拉克战争中,伊方的农民用简易的武器打下美军的"阿帕奇"直升机;在科索沃战争中南联盟较落后的装备打下美国不可一世的隐形战斗机 F—117。这些充分说明,只要发动群众、战术对头,就可以弥补武器装备的不足,有效地打击敌人。要引导人民群众正确认识和理解信息化武器装备的作用,充分展示我军武器装备的威力,了解我国国防科学技术发展的巨大成就,让广大人民群众真正看到我国的许多尖端技术在世界所处的领先地位,感受到人民解放军的强大战斗力和不辱使命的坚强决心,做到先声夺人,才能为战争胜利创造条件。

(三) 立足国情,加快信息化条件下人民战争准备步伐,构筑坚不可摧的精神长城

现代战争追求的不再是攻城掠地式的军事征服,而是更侧重于对于民族精神和国防意志的摧毁。在伊拉克战争中,美英联军拥有先进的侦察系统和精确制导武器,但仍然害怕掌握在伊拉克民间的 800 万支步枪,害怕伊正规军以外的准军事组织。美军曾扬言要在一周内打进巴格达,面对战争初期伊拉克军民分散而较有成效的抗击,不得不改口为"要作长期作战准备"。因此,国防教育必须紧紧围绕打赢信息化战争,加快信息化条件下人民战争准备步伐,塑造民族精神这个主题,增强民族的向心力和凝聚力。

三、建立信息化战争条件下的国防动员体制

随着国家信息化建设的不断发展和军队信息化程度的不断提高,建立信息化战争条件下的国防动员体制,已经成为打赢未来信息化战争的重要保障。

(一) 信息化要求推进国防动员的体系创新,把动员的重点转到与信息相关的资源上来

信息化时代的国防动员,重点则转变为信息化战争所需要的各种信息资源。主要包括安全情报信息、科技与装备信息、高科技产业信息、高技术人才信息、信息基础设施情况等,国防动员的重点由工业资源转变为信息资源。这一转变要求我们必须更新观念,拓宽国防动员的领域。但是,由于受到传统动员观念的束缚,信息化动员还没有引起足够的重视。从客观上讲,信息行业作为新兴行业,其资源大多分布于科研机构、高等院校、外资合资企业和民营企业,而这些单位在传统动员体系中恰恰处于薄弱部位。因此,必须通过转变观念,把动员的目光聚焦于信息资源密集的部门和行业,加强对这些部门和行业动员机构的设置。在此基础上,还要注重利用信息资源与军事需求之间的衔接和转化,使国家和民间拥有的巨大信息能力,平时为武器装备的发展提供技术支持,为打赢信息化战争训练技术型后备兵员;战时则为作战提供信息服务、技术支援和硬件设备,提供能直接从事电子战、网络战、情报战、心理战和虚拟战的参战力量。

(二) 推进国防动员手段的信息化建设

信息化国防动员,必须依托信息技术实现动员手段的信息化,其核心是建立纵向贯通横向连接的动员指挥管理网络。在纵向上,国家、战区、省均应考虑建立动员信息管理中心。在横向上,国家动员信息管理中心应与军队最高作战指挥机构、各总部、国家有关部委和中央新闻宣传机构相联结。战区动员信息管理中心应与战区联合作战指挥机构、军区有关部门、战区军兵种部队、所属省级政府有关部门相联结;省级动员信息管理中心应与战役方向作战指挥机构、省军区及驻军师以上部队相联结;动员系统内部,各级的人民武装、国民经济、交通战备、人民防空和国防教育等动员机构之间也应相互联通。加强统一领导、统筹规划,特别应增强动员系统各部门之间、动员系统与军队和政府网络之间的技术通用性和兼容性。

(三) 完善动员体制,逐步形成信息化国防动员的运行机制

建立信息化国防动员体系,除了从观念、对象、技术手段上实行转变外,最重要的还需从体制上加以改革和完善。体制改革的重点,一是形成纵短横宽的网状体制。我国目前的动员体制基本上仍是垂直体制,人民武装、经济、交通、人防四个重

点动员领域都是以垂直管理为主,这种状况必须改变。信息化动员体制,不仅要求各动员系统之间加强横向沟通,而且动员部门与军队和政府部门、社会团体之间也要形成顺畅的关系。要保证中央和战区动员机构在紧急时刻以越级指挥,能跨战区、跨省市实现快速调动社会资源。二要强化动员机构的综合计划功能。信息化国防是陆、海、空、天、电多维并用的立体国防,信息化战争是诸军兵种联合作战、前后方融为一体的快节奏战争。这样的战争特点,要求国家必须随时拥有强大的经济实力、国防实力和民族凝聚力,以使国家在安全受到威胁时能够迅速调动各种力量从容面对。必须强化中央、战区、省三级动员机构的宏观调控和综合计划功能,包括加大综合部门的计划规划和综合协调职权、加大政策法规的调控力度、加强超前准备和完善各种动员预案、在重点方向和重点地区预置的战略能力,确保在发生危机时能快速作出反应。

四、推动信息化战争条件下国防工业的全面转型

信息技术的发展使人类社会正在由工业时代进入信息时代。国防科技工业是催生战争形态变化的直接的物质技术基础,是实现新军事变革的重要领域。因此,必须推动国防工业的全面转型,为国防和军队的信息化建设提供强大的物质技术基础。

(一) 以军事信息产业为先导,带动国防工业的整体提升

军事信息产业是与其他国防工业部门关联度大,对整个国防工业发展和产业结构调整具有强大拉动作用并由此导致军事领域发生重大变革的产业。随着以信息产业为核心的军事高技术产业的快速发展及其向陆、海、空、天等战争所有领域和要素的渗透,军事信息产业已经成为军事先导产业。推动国防工业的发展,关键是要以信息产业的发展为先导,用信息技术为核心的现代高科技改造和提升其他产业,使整个国防工业不断向高层次发展。因此,必须确定军事信息产业优先发展的地位,加大对军事信息等高层次产业投入的力度,并且以政策引导其他社会资源向军事信息等高层次产业投资。建立以信息技术为核心的现代高科技的传导机制,充分发挥以信息技术为核心的军事高科技在推动国防工业现代化中的作用,推动国防工业基础由机械化向信息化转型。

(二) 推行军品市场准入制度,建立公平有效的市场竞争机制

把目前军品科研生产定点制度改为市场准入制度,科学规定从事军品科研生产的条件,无论是现有的军品科研生产单位,还是民品科研生产单位,凡符合条件的,均可发给军品科研生产许可证。在此基础上,逐步建立开放式的面向所有科研生产单位的国家军事订货制度。这样,既有利于从根本上解决军工行业封闭垄断、条块

分割、专业分工过细的弊端，加快军工科研与生产的结合，促进军工能力结构的调整，培养一批具有较强实力的军工承研承制单位，真正实现寓军于民。同时，也有利于发挥民用部门的技术优势和潜力，使装备科研生产建立在更广阔、更雄厚的物质基础之上。

推行军品市场准入制度，必须要完善和规范军品市场规则和秩序。要建立健全军品科研生产资格审查制度、军品市场信息披露制度、军品项目招投标制度、军品价格形成制度和监督与仲裁制度等，通过这些制度的建立和完善，进一步规范军品市场规则和秩序，形成有效的竞争机制，为企业参与军品市场竞争，创造公平、公正、公开的市场环境。

（三）建设创新型国防工业、实现主战装备从"引进仿制"向"自主创新"转变

依靠外国的武器装备来保障我们国家安全是靠不住的，也是不可能的。美俄之所以成为军事强国，重要原因就是他们自主研制武器装备。我们要想成为军事强国，在武器装备特别是主战装备发展方面，必须要实现从"引进仿制"向"自主创新"转变，自主研制武器装备，特别是像"杀手锏"之类的主战装备。只有加强自主创新，才能快速缩短与世界军事强国的差距。

五、做好信息化战争条件下局部战争的准备

近期世界上发生的几场战争表明，战场空间已突破了人们的传统认识，对于未来信息化战争有了新的认识，世界各国都把军事战略的重点转到了应对信息化的局部战争上。只有立足打赢信息化战争，掌握和落实信息化战争准备中亟待解决的问题，才能掌握战略上的主动权，立于不败之地。

（一）做好信息化战争条件下的军事斗争准备，必须要以军事理论创新为先导

当前军事领域的深刻变革，迫切要求我们丰富和发展毛泽东军事思想和邓小平新时期军队建设思想，努力创建中国特色的信息化军队和信息化战争理论，特别要着眼中国军队面临的军事斗争现实任务，重点在信息化条件下联合作战理论、非对称、非接触、非线式作战理论以及情报战、电子战、火力战、心理战、媒体战、特种作战等战法理论上大胆创新。

一是冲破传统经验的束缚，知难而进，创新军事理论。阻碍军事理论创新的首要障碍，是军队建设的传统经验的束缚，特别是对于有过辉煌战绩的"胜利之师"而言，对创造新的军事理论有一种自然的心理障碍。我们必须清醒地看到，某些传统的经验往往会成为未来失败的教训。新的历史时期，我们必须既正视传统经验，又敢于冲破传统经验的束缚，勇于向困难挑战，只有这样才能创新出先进的军事理论，来牵引军队转型。

二是冲破教条主义的束缚,开拓进取,创新军事理论。教条主义束缚人的思想,容易使人的思想僵化,不思进取。而历史是发展的,战争是发展的,军事理论必然也是向前发展的。而要使军事理论不断向前发展和创新,就必须勇于冲破教条主义的束缚,打破本本主义,才能从根本上创新先进的军事理论,才能对毛泽东军事思想、邓小平新时期军队建设思想和江泽民、胡锦涛国防和军队建设思想进行不断地丰富和发展。

三是营造氛围,健全机制,鼓励创新,确立"知识军人"的观念。在信息时代,那些掌握大量知识并能够创造性运用知识的学者型、专家型、创新型的知识军人,是军队建设和打赢未来信息化战争的关键和支柱。强化"人才资源是第一战争资源"的思想,积极营造一个尊重劳动、尊重知识、尊重人才、尊重创造的新环境,使研究者充分享有实现自身价值的自豪感,献身军队建设的成就感,得到广大官兵承认和尊重的荣誉感。

四是立足现实,借鉴创新。我军要加快转型,做好打赢信息化条件下局部战争准备,一方面,要靠自主创新军事理论,但另一方面也不要忽视借鉴创新军事理论。在信息社会,任何一支军队,关起门来搞建设、谋发展是行不通的,必须面向世界,跟上世界发展的潮流,积极借鉴先进国家军队的建军理论。

五是着眼未来,超前创新。在构成社会的各个领域中,军事是最活跃的领域。江泽民同志指出:"要注重理论研究的超前性、实用性和综合性,着重研究世界军事发展趋势,探索信息化战争的特点和规律。"当今世界,科学技术的发展已是日新月异,武器装备和军事理论更新的周期更是越来越短,理论的创新片刻都不能停顿。

(二)做好信息化战争条件下的军事斗争准备,必须要以武器装备建设为重点

要坚持以信息化为主导,以机械化为基础,以信息化带动、提升机械化,以机械化促进信息化,走机械化和信息化复合发展的路子。要充分发挥后发优势,在高起点上利用高新技术,实现国防和军队现代化的跨越式发展。要坚持有所为、有所不为,加快发展有自主知识产权的核心技术,拿出让敌人害怕的"杀手锏",争取以局部优势对敌形成必要的战略威慑能力。

1. "聚焦前沿"式发展

一要有"聚焦前沿"的眼光,始终居于世界信息化和信息化战争发展的制高点,敏锐觉察和把握装备领域信息化的最新动向;二要有"聚焦前沿"的勇气,勇于放弃被动追赶的发展模式,省略一些不必要的环节;三要有"聚焦前沿"的目标,锁定前沿目标,以此换时间、争速度,达成短期内赶上并与强国军队同步发展的目的。

2. "局部先行"式发展

一是优先发展战略层次,抓好战略性力量建设。支撑信息作战的核心技术是信息和情报,而目标信息和情报,主要依靠卫星、预警机、侦察机、无人飞行器和传感器等支撑起的信息网来提供,战场监控、信息传输、导航定位、精确制导,都依赖卫星等

传感器来支持,这已经被近期几场局部战争所证明。因此,我们可以利用我国卫星技术较为成熟的优势,以建设战略卫星侦察、预警、定位、探测信息系统为主要发展方向,使作战区域变得"透明",从而确保我军信息作战力量和精确打击力量效能的发挥。二是优先发展"杀手锏"信息化武器装备。在有限的军费条件下,只能确保信息作战武器装备建设的重点,积极发展"杀手锏"信息化武器装备,以缩短同发达国家军队武器装备信息化的差距。例如,发展精确制导信息化武器装备、电子战武器装备和反卫星武器装备等。三是优先加快作战指挥控制系统信息化建设。加强作战指挥系统的信息化建设就是要把信息化武器装备进行系统集成,完善信息链建设,加强指挥链建设。

3. "借鉴"式发展

一是要坚持"非零式"起步。"非零式"起步,就是不拘泥于原始初级阶段的技术,不重复开发国内外已有的东西,提升起点,推进武器装备信息化建设。二是要坚持"选择性"吸收。综合运用引进、移植、嫁接、粘贴、嵌入等手段,达到武器装备系统信息能力的迅速提升。三是要坚持"创新式"研制。研制新型的信息化武器装备,是建立信息化武器装备体系的重要支撑,是加快信息化武器装备体系建设的主要手段。在这方面,发达国家军队目前重点是加强精确制导弹药和信息化平台的研制开发。

4. "兼容"式发展

一是大胆引进与自主研发兼容。限于我们在信息技术方面与强国军队的差距和西方国家对中国军用技术输出的限制,我们不可能完全依靠自己的研发力量来解决某些急需的信息化装备,这就需要利用各种渠道来引进这些先进的武器装备,这样既可以解决部队的急需,又可以为自行研发提供借鉴。与此同时,我们也必须依靠自己的力量,瞄准技术前沿,主动借鉴别人的经验,组织"攻关"队伍来发展自己的信息化装备,与大胆引进形成有机的互动,真正做到"两条腿走路"。二是民用与军用兼容。限于目前军用技术与民用技术在某些方面的差距,军队和军事工业部门不可能完全依靠自己的研发力量,解决某些急需的信息化装备的需求,军事装备技术水平的提升必须通过军民兼容的途径来实现,形成民用与军用互动的良性循环,为加快我军武器装备发展提供更广阔的天地。三是新装备与现有装备改造及全面配套兼容。就我军目前的装备而言,不可能进行全面的更新,这就需要在积极引进先进装备的同时,狠抓对原有装备的技术改造,坚持"一新、二改、三配套"的兼容发展思路,形成新老装备战斗力同时提升的局面。以此推进武器装备信息化建设的全面跨越发展。

(三) 做好信息化战争条件下的军事斗争准备,必须要以体制编制调整改革为突破口

1. 适度压缩军队规模

近期几场局部战争告诉人们,信息时代的军队是技术密集型军队,也是拥有高

素质的作战人员的军队。由于高技术特别是信息技术广泛应用于战场,军队的数量、质量与战斗力之间的关系已发生根本性变化,质量已上升为主要地位,而且质量可以弥补数量上的不足,数量却不能抵消质量上的差距,再加上信息化战争的目的有限,持续时间大大缩短,其主要作战样式是信息战和精确打击。这些因素决定了未来的军队维持的规模趋向小型化。面对新形势,为了积极推进中国特色军事变革,党中央、中央军委决定,在“九五”期间裁减军队员额50万的基础上,2005年前又裁减军队员额20万。这一战略决策,顺应了世界军队发展的趋势,也为军队结构的调整奠定了良好的基础。

2. 优化军事力量结构

调整武装力量构成应该有新思路,即现役兵力的比例适当下降,预备役兵力比例适当上升;调整核力量和常规力量比例,核力量和常规力量的比例要平衡发展,注重质量上的提高;调整陆、海、空三军比例,陆军比例要下降,海、空军等技术军兵种比例要上升;调整战斗部队和保障部队比例,战斗部队要精干,保障部队要多能;调整技术保障兵力和勤务保障兵力比例,技术保障兵力比例上升,勤务保障兵力比例要下降;调整军官构成,技术军官比例要上升,其他军官比例要下降;调整士兵和士官比例,士兵比例要下降,士官比例要上升;此外,还要根据战争的发展,及时创建新的军兵种部队,使军队的结构更加趋于合理、完整。

3. 创新军队编制结构

第一,编制要向小型化发展。部队目前的编制是“军区—集团军—师(旅)—团”,这种编制已经不能适应现代高技术战争和未来信息化战争。第二,构建一体化的作战力量编成。一体化部队比合成部队的合成程度更高,内部结合紧密,协同作战能力更强。一是构建“模块式”的战术力量编成。构建“模块式”的战术力量编制,就是在军种范围内,打破兵种界限,按照信息化作战要求,编组合成、精干、灵活、快速的“模块化部队”作为基本战术单元,包括火力单元和信息单元,最终实现战术层面上的力量组合。二是构建“集群式”的战役力量编成。构建“集群式”的战役力量编成,就是打破军兵种界限,根据联合作战的需要,组建功能全,融多军兵种作战平台于一体,集侦察预警、跟踪识别、信息处理、指挥控制、火力打击、战场机动、毁伤评估等功能于一身的“打击集群”,最终实现战役层面上的力量组合和战略层面上的力量组合。

4. 理顺指挥体制

理顺指挥体制,就是要以追求战时的指挥效率为目标,主要解决目前多层树状指挥体制复杂低效的问题,以提高快速反应能力。随着信息技术的快速发展和在军事上的主导性应用,机械化战争时代的“树状”领导指挥体制暴露出了明显的弊端:信息流程长、横向信息阻塞;抗毁能力差、系统脆弱,被切断“一枝”,则影响一片,切断“主干”,则全部瘫痪。这就要求对指挥体制进行重新整合,以适应信息化战争的需要。

(四) 做好信息化战争条件下的军事斗争准备，必须要以高素质军事人才培养为根本

应根据军队和未来战场需求，在以下六大方面创新人才培养的机制。

1. 科学化的人才领导机制

一是总体规划。军事人才的建设是一项重要的战略工程，要坚持党管人才的原则，加强总体规划。要从人才成长规律出发，详细规划军事人才的选拔、培养、使用，逐步使军队人才走上正规、有序、梯次成长的轨道。二是搞好协调。把抓好"第一要务"、"第一战斗力"和"第一资源"有机地结合起来，协调好不同兵种、不同专业、不同系统和不同层次上的人才工作。三是科学管理。要根据军队实际和人才特点，合理配置人才资源，加强科学管理。要通过多种途径和办法，更好地利用社会人才资源为军队建设服务，为打赢未来可能发生的信息化条件下的局部战争，提供强大的人才和智力支持。

2. 多元化的人才培养机制

一是培养对象多元化。根据军队现代化建设的需要，应有计划地培养不同类别的各种人才，形成一个初、中、高不同层次人才分类开发、逐级提高的"塔式结构"，实现人才队伍的协调发展。二是培养方式多元化。人才培养应该由"终生培养"代替"一次性培养"。多管齐下，在加快发展学历型教育的同时，大力发展在职教育和专门培训，鼓励自学成才。三是培养内容多元化。既要重视军事理论知识、专业知识和军事技能的培养，更要重视提高实践"三个代表"重要思想的政治素质和道德品质的教育，使人才既有过硬的本领，又有健全的人格，德才兼备，全面发展。

3. 公平化的人才使用机制

一是公开选拔。打破各种条条框框的限制和论资排辈等习惯势力的束缚，不拘一格选人才。二是平等竞争。按照客观公正、民主公开的原则，建立人才考核评价机制。三是公正评价。健全考核内容，按照德才兼备的标准，作出全面的评价。完善民主推荐、民主测评、民主评议制度，增加透明度。

4. 合理化的人才流动机制

一是拓宽渠道。在把好人才入口关的基础上，拓宽地方人才进入军队工作的渠道，整合军队科技人力资源，对于军队特别需要的各种专业人才和社会上具有特殊才能的人才，应当制定出相应的优惠措施，积极特招地方人才入伍。二是建立交流机制。建立适应未来军事斗争要求的人才交流机制，确保人才在最能发挥作用的岗位上，发挥最大作用，实现最大价值。三是对外交流。选拔一批优秀军事人才出国留学、见习、考察、交流，学习外军特别是科技发达国家军队的作战训练和治军经验，加深对外军的研究，丰富军事人才的理论知识。

5. 系统化的人才激励机制

一是物质激励。根据军队实际情况，在财力可能的情况下，制定更加完备合理、更具吸引力的人才物质待遇制度，适当提高和改善军事人才的生活质量。二是精神

激励。重视精神激励和感情投资,大力提倡敬业精神,靠事业凝聚人心。对作出重要贡献的人才,给予立功和授予必要的荣誉称号。三是政治激励。根据人才综合能力,量才使用。对具有领导才能、群众拥护的人才,经过组织考察,及时提拔到领导岗位,为他们施展才能创造更加广阔的空间。

6. 人性化的人才服务机制

一是营造人性化的创业环境。切实尊重军事人才成长的客观规律,鼓励官兵大胆探索、积极创新,为官兵提供良好的创业环境。二是营造人性化的军营环境。强化“人才资源是第一战争资源”的思想,营造尊重劳动、尊重知识、尊重人才、尊重创造的军营环境。三是营造人性化的生活环境。努力为各类人才营造适合居住、出行方便、工作安心的生活环境。

复习思考题:

1. 信息化战争的特征和发展趋势如何?
2. 如何做好信息化战争条件下局部战争的准备?

军事

参 考 文 献

1. 《辞海》,上海辞书出版社,1999 年。

2. 《高等学校军事课教材》(上册),武炳主编,国防大学出版社,1993 年 7 月。

3. 《毛泽东军事思想概论》,张德良主编,辽宁大学出版社,1985 年。

4. 《毛泽东军事思想研究》学术论文集,解放军报社军事工作宣传处和《军事学术》杂志社编,解放军出版社,1984 年。

5. 《军事学教程》(第二版),《军事学教程》编委会组编,高等教育出版社,1996 年。

6. 《军事学教程》,迟仁成主编,大连海事大学出版社,1997 年 7 月。

7. 《军事学教程》(第三版),《军事学教程》编委会组编,高等教育出版社,2000 年 8 月。

8. 《军事理论教程》,军事理论教程编委会组编,高等教育出版社,2002 年 9 月。

9. 《军事理论教程》,王和中主编,清华大学出版社,2002 年。

10. 《军事理论与军事技能》,张国清、刘汉庭主编,同济大学出版社,2002 年 8 月。

11. 《环球军事力量概览》,汤奇、杨国保等编著,解放军出版社,2005 年 12 月。

12. 《新编大学军事教程》,姚有志、杨家祺主编,中国人民大学出版社,2007 年 8 月。

13. 《信息化条件下军事理论创新研究》,奚纪荣、时刚主编,军事科学出版社,2005 年 6 月。

14. 《世界新军事变革热点问题解答》,薛国安、王海编著,解放军出版社,2004 年 1 月。

15. 《新概念武器与未来战争》,蔺督学、王琪编著,军事谊文出版社,2001 年 1 月。

16. 《波束与粒子束武器》,肖玏父等编著,军事谊文出版社,2002 年 1 月。

图书在版编目(CIP)数据

大学军事理论教程/翟毓兴主编. —4 版. —上海：复旦大学出版社，2017.6(2025.9 重印)
ISBN 978-7-309-10471-4

Ⅰ. 大⋯ Ⅱ. 翟⋯ Ⅲ. 军事理论-高等学校-教材 Ⅳ. E0

中国版本图书馆 CIP 数据核字(2014)第 058151 号

大学军事理论教程(第四版)
翟毓兴 主编
责任编辑/孙 晶

复旦大学出版社有限公司出版发行
上海市国权路 579 号 邮编：200433
网址：fupnet@ fudanpress.com http://www.fudanpress.com
门市零售：86-21-65102580 团体订购：86-21-65104505
出版部电话：86-21-65642845
杭州日报报业集团盛元印务有限公司

开本 787 毫米×960 毫米 1/16 印张 18.5 字数 303 千字
2025 年 9 月第 4 版第 10 次印刷

ISBN 978-7-309-10471-4/E·08
定价：49.80 元